Planifiez votre retraite!

Données de catalogage avant publication (Canada)

```
Kerr, Robert John, 1945-
  Planifiez votre retraite
  Traduction de la 2e éd. de: The only retirement guide
you'll ever need.
  Comprend des réf. bibliogr.
  ISBN 2-89089-666-8
  1. Retraite — Canada. 2. Rentes de retraite — Cana-
da. 3. Retraités — Canada — Finances personnelles. 4.
Retraités — Santé et hygiène — Canada. I. Titre.
HQ1063.2.C3K4714 1995    646.7'9'0971    C95-940093-1
```

Cet ouvrage a été originellement publié par Penguin Book

sous le titre: The Only Retirement Guide You'll Ever Need

LES ÉDITIONS QUEBECOR INC.
7, chemin Bates, bureau 100
Outremont (Québec)
H2V 1A6
Téléphone: (514) 270-1746

Copyright © 1995, Les Éditions Quebecor
Dépôt légal, 1er trimestre 1995
Bibliothèque nationale du Québec
Bibliothèque nationale du Canada
ISBN: 2-89089-666-8

Éditeur: Jacques Simard
Coordonnatrice à la production: Dianne Rioux
Conception de la page couverture: Bernard Langlois
Illustration de la page couverture: David Tamura/The Image Bank
Photo de la page arrière: Jean-François Bérubé
Correction d'épreuves: Francine St-Jean
Infographie: Atelier de composition MHR inc.
Impression: Imprimerie Quebecor

ROBERT J. KERR, C.A.

Planifiez votre retraite!

**TRADUIT DE L'ANGLAIS
PAR GILLES GAGNON**

Les Éditions
Québecor

LES CONSEILLERS FINANCIERS KERR INC.

Les Conseillers Financiers Kerr Inc. a été fondée en juillet 1980 et offre des services de planification financière aux particuliers ou aux cadres d'entreprises. CFK ne vend aucun véhicule de placement, mais donne des conseils (et les services connexes) objectifs et inintéressés.

Les services de CFK sont offerts tant en français qu'en anglais. Nos bureaux desservent la plus grande partie du pays à partir de Vancouver, Calgary, Toronto et Montréal.

La démarche de CFK est basée sur une écoute attentive et une intelligence des besoins de nos clients. Nous nous engageons auprès d'eux à les aider à atteindre leurs objectifs financiers et sommes à leur disposition pour optimiser leur potentiel financier.

La clientèle de CFK regroupe trois types de profils: cadres supérieurs, professionnels et entrepreneurs.

Nous avons au fil des ans acquis une expertise particulière et une vaste expérience dans les domaines de la fiscalité hors-frontières, de la planification successorale, de la création et du suivi de compagnies de portefeuille (*holding*).

Conseillers Financiers Kerr
a/s de François J. Beauregard, Pl. fin.
1, Place Ville-Marie
Bureau 2131
Montréal (Québec)
H3B 2C6

téléphone: (514) 871-8213
télécopieur: (514) 393-9516

AVANT-PROPOS

C'est avec fierté que nous vous présentons, conjointement avec Placements Optimum du Saint-Laurent, notre guide de planification de la retraite.

L'ouvrage original *The Only Retirement Guide You'll Ever Need* fut, dès sa publication en janvier 1994, accueilli par la critique comme le premier guide complet privilégiant une approche pratique en matière de planification de la retraite.

Le livre que vous avez entre les mains est bien plus qu'une simple traduction. Il fut littéralement réécrit avec à l'esprit le contexte et les préoccupations de nous, Québécois.

Notre association avec Placements Optimum du Saint-Laurent redouble notre fierté. Placements Optimum du Saint-Laurent, qui fait partie du Groupe Optimum, est une firme d'ici. Son professionnalisme et son expertise en font le partenaire idéal pour cet ouvrage; son savoir-faire et son expérience de l'investissement et des régimes de retraite ont été d'une aide inestimable.

Jean-Daniel Côté, a.s.a., directeur de Placements Optimum du Saint-Laurent, a cru en notre projet dès le départ et en fut l'un des principaux artisans. Nous tenons à remercier M. Côté pour son énergie, son souci constant du travail bien fait et son expertise.

L'œuvre originale a été le fruit des efforts de plusieurs collaborateurs, dont ma fille Krista Kerr, c.a., et Mary Holder, psychologue.

Il importe de mentionner les précieux conseils et l'appui de Huguette Poirier, formatrice en gérontologie et de Me Céline Michaud, notaire. Chacune dans leur domaine respectif a donné au livre la justesse et la rigueur nécessaires.

L'apport de Gilles Gagnon mérite aussi d'être souligné. Enseignant depuis une quinzaine d'années à l'Université de Montréal, M. Gagnon a fait bien plus que traduire. Son amour de la langue et son intérêt personnel pour la planification financière ont permis la création d'un véritable guide québécois de la retraite.

Enfin, rien de tout cela n'eût été possible sans l'enthousiasme et l'énergie de François J. Beauregard, pl. fin. M. Beauregard, des Conseillers financiers Kerr, a joué un rôle de chef d'orchestre du début à la fin. Sans lui, ce livre ne serait encore qu'un beau projet et nous tenons à lui exprimer toute notre gratitude.

Robert J. Kerr

PLACEMENTS OPTIMUM DU ST-LAURENT INC.
Une société membre du Groupe Optimum

Placements Optimum du St-Laurent est une société membre du Groupe Optimum, un groupe financier québécois fondé en 1969 et tirant ses origines de la consultation actuarielle. Le Groupe Optimum compte environ 450 employés, dont une quarantaine d'actuaires, et plus de 250 millions de dollars d'actifs. Le Groupe Optimum possède des filiales au Canada, aux États-Unis et en Europe, dans des secteurs aussi diversifiés que la consultation actuarielle, la gestion de placements, l'assurance générale, l'assurance et la réassurance-vie, ainsi que l'immobilier.

La mission de Placements Optimum du St-Laurent est d'offrir des services et des produits reliés principalement à l'épargne-retraite. Placements Optimum du St-Laurent se distingue des autres institutions financières par la *compétence* de son personnel, issu de la consultation et de l'administration de régimes de retraite.

Placements Optimum du St-Laurent administre sa propre famille de fonds communs de placements, appelés Fonds Optimum.

Ces fonds, parmi les plus performants au pays, sont gérés par Les conseillers financiers du St-Laurent, l'une des dernières sociétés québécoises indépendantes de gestion d'actifs. Ces derniers œuvrent dans la gestion de grandes caisses de retraite, de portefeuilles de compagnies d'assurance-vie, de fonds communs de placements, et de fortunes personnelles. Les actifs gérés par Les conseillers financiers du St-Laurent dépassent le milliard de dollars.

Notre philosophie de placement vise tout d'abord la *préservation du capital*, avec une approche *prudente* visant à *réduire les fluctuations* et à obtenir *d'excellents rendements à long terme*.

Placements Optimum du St-Laurent est rémunérée exclusivement sur une base d'honoraires de gestion. Les Fonds Optimum ne font donc l'objet d'aucuns frais d'entrée, d'aucuns frais ou pénalité de sortie et d'aucun versement de commission.

Placements Optimum du St-Laurent vise une relation à long terme avec sa clientèle et, pour ce faire, lui offre donc des conseils professionnels personnalisés, de bons rendements et un service impeccable.

Placements Optimum du Saint-Laurent
a/s de Jean-Daniel Côté a.s.a.
425, boul. de Maisonneuve Ouest
Bureau 1620
Montréal (Québec)
H3A 3G5

téléphone: (514) 288-1600
1 800 363-7675
télécopieur: (514) 288-3317

PROLOGUE

Le Groupe Optimum compte de nombreux actuaires ayant une vaste expérience des régimes de retraite. Ces professionnels sont à même de constater les besoins et les préoccupations des gens se préparant à la retraite, peu importe leur âge.

Les régimes dits «d'accumulation», comme les REER collectifs et les régimes à cotisation déterminée ont connu un développement rapide au cours des dernières années. Ces régimes permettent à leurs participants d'accumuler des sommes d'argent qui seront plus tard converties en revenus de retraite. Ces régimes font donc en sorte qu'il est primordial pour les participants de se fixer un objectif de revenus et d'en évaluer régulièrement le degré d'atteinte.

D'autres participants profitent de régimes dits «à prestations déterminées». De tels régimes garantissent les revenus que les participants pourront retirer du régime à leur retraite. Ces revenus sont souvent établis en fonction du ou des derniers salaires. Une formule fréquemment rencontrée est la suivante: un certain pourcentage du salaire, par exemple 1 % multiplié par le nombre d'années de participation au régime. Or, bien que ces participants aient une meilleure idée des revenus auxquels ils auront droit à leur retraite, de nombreux éléments demeurent inconnus.

Il arrive fréquemment que ces régimes ne soient pas suffisants, par exemple en ne considérant pas les augmentations de salaire en cours d'emploi, ou en n'offrant qu'une rente fixe indépendante du salaire. De plus, même dans un régime basé sur le salaire final, un travailleur qui change plusieurs fois d'emploi durant sa carrière est pénalisé, puisque sa rente auprès de chaque régime est «gelée» au niveau atteint lors du départ.

Les travailleurs autonomes et les gens sans emploi font face à une situation encore plus pressante; ils se retrouvent tout à fait seuls avec la responsabilité de se bâtir une retraite convenable.

La situation financière des gouvernements et les mouvements démographiques différents des prévisions faites durant les années soixante nous permettent de prévoir que les régimes publics subiront des modifications importantes dans l'avenir. Ainsi, les citoyens ne pourront plus compter automatiquement sur les revenus des régimes comme la *Pension de sécurité de la vieillesse (PSV)*. Des changements ont d'ailleurs déjà été apportés quant à l'imposition indirecte de la PSV.

Le *Régime de rentes du Québec (RRQ)* pourrait également connaître certaines modifications afin de préserver sa santé financière. Par exemple, le régime américain correspondant au RRQ, le *Old Age Security and Disability Income (OASDI)*, a récemment été modifié de façon à retarder progressivement l'âge de retraite normale au-delà de l'âge de 65 ans. D'ailleurs, le taux de cotisations versées par les travailleurs et les employeurs au RRQ augmente sans cesse depuis plusieurs années déjà, de façon à préserver, autant que possible, les prestations payables par ce régime.

Tous ces éléments font en sorte que la préparation financière à la retraite est plus importante que jamais. Les Québécois devront de plus en plus compter sur eux-mêmes pour atteindre le niveau de vie qu'ils souhaitent avoir à la retraite.

Les actuaires du Groupe Optimum, et plus particulièrement sa filiale *Placements Optimum du St-Laurent,* sont très actifs dans le domaine de la planification de la retraite. Par exemple, *Placements Optimum du St-Laurent* offre des séminaires de retraite, des assemblées d'information aux participants de divers régimes, et des conseils personnalisés à ses clients.

C'est donc dans cet esprit que nous sommes fiers de nous associer à monsieur Robert J. Kerr dans la rédaction et la publication d'un guide complet de la retraite.

Le professionnalisme, l'objectivité et l'intégrité des *Conseillers financiers Kerr* et de *Placements Optimum du St-Laurent,* ainsi que la synergie entre les connaissances de planificateurs financiers indépendants et d'actuaires spécialistes de la retraite et des placements a mené à un ouvrage qui, nous l'espérons, s'avérera indispensable dans la planification de votre retraite.

Claude Lamonde, f.s.a., f.i.c.a.
Président et directeur général,
Placements Optimum du St-Laurent inc.

TABLE DES MATIÈRES

Chapitre 1

La retraite
se planifie dès maintenant

Pour la plupart des gens, la retraite évoque deux sentiments: liberté et crainte. Liberté de faire ce qu'on veut quand on veut. Crainte de ne pouvoir faire ce qu'on veut quand on veut. Dans certains cas, il ne s'agit que d'une toute petite préoccupation. Dans d'autres, c'est presque une obsession.

Prenez la mort, par exemple. Elle inquiète. Comme le dit Woody Allen: «*Je n'ai pas peur de mourir, je ne ne veux tout simplement pas être là quand cela arrivera.*» Il y a d'abord notre propre mort, celle de nos parents, celle de notre conjoint, de nos enfants. La mort fait aussi naître d'autres sentiments. Prenez celle du chien du voisin qui n'arrête pas d'aboyer en pleine nuit...

Il y a aussi l'argent qui préoccupe. Certains ont des besoins gigantesques afin de pouvoir atteindre l'indépendance financière. Pourrez-vous maintenir le même niveau de vie une fois à la retraite? Et si vous décédiez subitement, laisseriez-vous assez d'argent à votre conjoint, à vos enfants?

Il y a aussi des gens qui s'inquiètent de leur rôle dans la société lorsqu'ils seront à la retraite. Vous sentirez-vous encore utile après avoir quitté votre emploi? Si votre emploi vous valorise au plus haut point, comment combler le vide une fois à la retraite?

Écrivez sur une feuille ce qui vous préoccupe vrai-ment lorsque vous pensez à plus tard. Servez-vous de la feuille de travail 1; écrivez tout ce qui vous passe par la tête. Ne vous souciez pas du style: ce n'est pas un concours! Prenez le temps qu'il vous faut. Ce n'est pas toujours facile de traduire en mots nos inquiétudes profondes. Commencez par mettre en ordre de priorité trois ou quatre énoncés seulement. Faites appel à votre conjoint. Demandez-lui de faire le même exercice. Comparez.

Vous n'êtes pas seul à vous en faire face à l'avenir; c'est normal. En fait, nous avons à peu près tous les mêmes préoccupations. Et l'argent revient souvent. En aurons-nous assez à la retraite? Il y a aussi le style de vie, l'état de santé, les relations avec le conjoint, avec les amis. Allons-nous nous ennuyer? souffrir de solitude? nous sentir encore utile? devrons-nous déménager? serons-nous heureux ailleurs? Et la mort?

Il sera question de ces préoccupations tout au long de ce livre. Plusieurs feuilles de travail, plusieurs renseignements vous aideront non seulement à projeter

---

Mes préoccupations au sujet de la retraite   **FEUILLE DE TRAVAIL 1**

votre style de vie à la retraite mais aussi à assurer que vous aurez la santé morale et physique pour en jouir.

Plusieurs de nos craintes sont nourries par les mythes que suscite la vieillesse. Notre société place la jeunesse bien haut dans ses valeurs; l'âge d'or, bien bas. Essayons de cerner certains de ces mythes.

Mythe: Les gens tendent à devenir plus religieux en vieillissant.

Faux: Les gens ne deviennent pas plus religieux à cause de l'âge. Il est vrai que plusieurs Québécois se rapprochent de la religion quand ils vieillissent. Mais il faut dire que les traditions religieuses les ont marqués quand ils étaient jeunes. Quand on vieillit, on retourne souvent aux valeurs traditionnelles de notre jeunesse.

Mythe: Les travailleurs plus âgés ont plus d'accidents de travail que les jeunes.

Faux: Plus âgés, les travailleurs plus expérimentés ont ordinairement de meilleurs dossiers au chapitre des accidents.

Mythe: Les personnes de plus de 65 ans ne réussissent pas aussi bien aux tests d'intelligence.

Faux: Une personne âgée réussira aussi bien que lorsqu'elle était plus jeune. Cela peut lui demander un peu plus de temps, c'est tout.

Mythe: Les gens évitent de prendre des risques en vieillissant.

Faux: Les personnes plus âgées sont ordinairement plus réalistes dans leurs décisions; elles prennent seulement des risques calculés et non pas des risques insensés.

Mythe: Nos sens, le toucher, l'odorat, l'ouïe, le goût et la vue, diminuent en vieillissant.

Vrai: Les cinq sens diminuent avec l'âge. C'est particulièrement vrai de la vue, de l'ouïe et du toucher. Le goût et l'odorat diminuent plus lentement.

Mythe: L'activité sexuelle est rare parmi les gens qui ont l'âge de la retraite.

Faux: L'intérêt et la participation aux relations sexuelles continuent normalement et sont une partie satisfaisante de la vie pour la plupart des gens. Plusieurs personnes, même âgées, demeurent actives sexuellement. L'activité sexuelle est influencée par les préférences personnelles, les habitudes, la santé et la disponibilité du partenaire.

Mythe: Les conducteurs de plus de 65 ans ont moins d'accidents que les jeunes.

Vrai et faux: Les conducteurs de plus de 65 ans ont autant d'accidents que les conducteurs d'âge moyen, mais moins que les conducteurs de moins de

---

Les préoccupations de mon conjoint au sujet de la retraite **FEUILLE DE TRAVAIL 2**

_____

_____

_____

_____

_____

_____

_____

_____

_____

_____

_____

_____

30 ans. Les conducteurs plus âgés compensent leur perception réduite et leurs réflexes plus lents en conduisant plus prudemment.

Mythe: La plupart des personnes vendent leur maison et déménagent quand elles prennent leur retraite.

Faux: La plupart des retraités demeurent dans leur maison aussi longtemps qu'ils le peuvent.

Mythe: Les travailleurs plus jeunes sont plus efficaces à leur emploi que les plus âgés.

Faux: La majorité des travailleurs plus âgés peuvent travailler aussi efficacement que les jeunes. Ils sont au moins aussi précis et appliqués au travail, manquent moins souvent et ont moins d'accidents.

Le pouvoir gris

On ne peut pas nier que notre société vieillit dans son ensemble. Si vous pensez que vieillir et prendre sa retraite limitent, qu'il s'agit d'une expérience malheureuse, detrompez-vous. Les retraités d'aujourd'hui sont les plus riches, les plus en santé et les plus actifs que nous ayons jamais connus — indépendants, puissants et engagés. Cela n'est pas le stéréotype de la vieillesse.

Près de trois millions de Canadiens ont plus de 65 ans, 11 % de la population totale. En 2030, près de 25 % des Canadiens auront plus de 65 ans. Non seulement la population vieillit-elle graduellement, mais elle vit plus longtemps que jamais.

Vos préoccupations au sujet de la retraite　　　　　　　　　**FEUILLE DE TRAVAIL 3**

Classez, de 1 à 10, vos préoccupations au sujet de la retraite;
1 désigne votre préoccupation majeure, 10 celle qui vous affecte le moins.

	Vous	Votre conjoint	Moyenne canadienne
Finances Aurez-vous assez d'argent pour vivre? Vivrez-vous aussi bien qu'aujourd'hui?	_____	_____	1
Santé Aurez-vous l'énergie et la santé pour jouir de votre retraite? Serez-vous malade et dépendrez-vous des autres?	_____	_____	2
Relations matrimoniales et intimes Changeront-elles? Serez-vous capable de remplacer les relations perdues?	_____	_____	3
Solitude Sans vos amis et relations de travail, vous retrouverez-vous seul?	_____	_____	4
Logement Devrez-vous déménager à la retraite? Si oui, où irez-vous?	_____	_____	5
Perte d'emploi Votre travail vous manquera-t-il? Que ferez-vous pour remplacer le défi, la satisfaction et le contact avec les autres?	_____	_____	6
Ennui Que ferez-vous de votre temps? Aurez-vous assez d'intérêts et d'activités pour ne pas vous ennuyer?	_____	_____	7
Valorisation personnelle Sans emploi, vous sentirez-vous encore utile?	_____	_____	8
Mort et deuil Combien de temps vivrez-vous? Perdrez-vous votre conjoint ou vos amis quand ils vieilliront?	_____	_____	9
Testament et planification successorale Avez-vous pris les mesures requises pour protéger votre famille et vos associés?	_____	_____	10

L'espérance de vie des nouveau-nés s'établit à 79,73 ans dans le cas d'une fille et à 73,04 ans dans le cas d'un garçon. D'autres statistiques peuvent surprendre. Une femme de 40 ans peut s'attendre à vivre jusqu'à 81,20 ans; une femme de 75 ans, jusqu'à 86,92 ans. La durée de vie augmentera de quelques années lorsque nous aurons vaincu le cancer et de 10 à 12 ans lorsque nous aurons vaincu les maladies du cœur.

Ce n'est pas seulement notre durée de vie qui s'allonge, c'est aussi notre état de bonne santé. Plus de 50 % des personnes âgées de 75 à 84 ans et 35 % de celles qui ont plus de 85 ans mènent une vie active et sont en bonne santé. Les retraités d'aujourd'hui sont plus en santé que ceux d'hier.

Tous les résidents canadiens de 65 ans et plus ont droit de recevoir la pension de sécurité de la vieillesse (PSV) et le supplément de revenu garanti (SRG). Tous les travailleurs québécois peuvent en outre toucher une rente de la Régie des rentes du Québec (RRQ). De plus, 45 % des Canadiens jouissent d'un regimé de retraite privé. Enfin, des milliers de contribuables possèdent des régimes enregistrés d'épargne-retraite (REER) et d'autres épargnes et placements divers.

Sur les trois millions de Canadiens qui ont 65 ans ou plus, le tiers est propriétaire et demeure dans sa propre maison. La plupart de ceux-ci (92 %) n'ont pas de dettes. On évalue les maisons de ces Canadiens à plus de 60 milliards de dollars. Cette somme colossale permettra de financer de longues et sereines retraites en vendant la maison. Malheureusement, nombre de citoyens vivent dans la pauvreté, privés de toute dignité, plus particulièrement les femmes âgées, que notre système néglige. Par ailleurs, en tant que groupe, les personnes âgées n'ont jamais été aussi riches.

Le marché est bien au fait de cette situation et offre une foule de nouveaux produits et services aux citoyens âgés. Les personnes de 50 ans et plus représentent maintenant le plus grand pouvoir d'achat au pays. Même les *baby-boomers* n'ont pas les liquidités dont jouissent les plus âgés.

Finalement, les citoyens âgés participent à tous les niveaux de gouvernement: municipal, provincial et fédéral. Non seulement ont-ils le nombre, mais ils ont aussi le temps et l'intérêt pour organiser des assemblées, y assister et voter. Leurs organismes et associations gagnent en force. Aux États-Unis, par exemple, l'Association américaine des personnes retraitées (AARP) compte plus de 32 millions de membres. Quand elle parle, le Congrès écoute…

La planification financière importe vraiment

Mais qu'arrive-t-il lorsque nos revenus baissent de façon radicale? Les rentes ne représenteront que 60 % ou moins des revenus que vous touchiez lorsque vous travailliez. Comment vivre avec moins quand ce que vous touchez aujourd'hui suffit à peine? Et l'inflation et les impôts? La meilleure façon d'aborder cette préoccupation est de faire des estimations et des projections; vous serez ainsi plus à l'aise face à l'avenir. En sachant que vous aurez besoin de revenus supplémentaires, vous vous persuaderez de poursuivre diverses activités productrices de revenus. En fait, ces activités peuvent être bénéfiques autant financièrement qu'émotionnellement.

Ce livre privilégie une démarche à petits pas. Il présente des feuilles de travail, des trucs et des conseils pour vous permettre de faire vos propres évaluations et prévisions financières. Une fois que vous aurez rempli les feuilles de travail, vous pourrez vous en servir pour améliorer votre planification et vos placements.

Même si vous décidez de retenir les services d'un conseiller financier, remplissez les feuilles de travail de ce livre. Votre conseiller aura besoin de tous ces détails pour élaborer votre plan financier. En outre, vous comprendrez mieux les conseils qu'il vous donnera et réduirez peut-être sa facture totale — ils facturent à l'heure. Que vous élaboriez un plan financier seul ou avec l'aide d'un conseiller, attendez-vous à y mettre du temps. Mais une fois que ce sera fait, les mises à jour seront rapides. Faites-le plus simple possible, ainsi il sera plus facile à élaborer.

Vous n'êtes pas seul à avoir des inquiétudes face à la retraite. Des sondages indiquent que les préoccupations majeures des Nord-Américains se résument aux quelques questions suivantes: survivrai-je à mon argent? vais-je prendre ma retraite dans la dignité? devrai-je travailler longtemps après mes 65 ans?

En 1992, deux sondages sur les attitudes face aux finances ont fait ressortir certaines contradictions. Un sondage de Gallup Canada et d'Investors a conclu que la moitié des Canadiens s'attendaient à avoir besoin d'au moins 75 % de leurs revenus actuels quand ils seront à la retraite. Un autre de Decima Research et du Trust Royal a découvert que 70 % des Canadiens ne sont pas convaincus que le gouvernement fédéral pourra leur procurer une rente adéquate à la retraite. Ils ne croient pas les gouvernements lorsque ceux-ci leur disent que les régimes d'État pourront subvenir aux besoins d'un nombre croissant de retraités.

Les deux sondages ont démontré que peu de personnes prenaient les moyens nécessaires pour s'assurer une retraite romantique et aisée alors que tout le monde en rêve… En effet, malgré le manque de confiance envers les gouvernements, seulement 44 % des répondants avaient prévu cotiser à un REER cette année-là, même si le REER est un excellent instrument pour se bâtir une petite fortune sans courir de risques inconsidérés.

Pendant ce temps, les employeurs recourent à tous les moyens possibles pour réduire leurs coûts et remettre la responsabilité de la retraite à leurs employés. Une étude de Statistique Canada au début de 1993 a révélé que la proportion des travailleurs qui sont protégés par un régime de retraite privé est tombée de 48 % en 1980 à moins de 45 % en 1990. Les employeurs expliquent le fait par les tracasseries administratives qui croissent à un rythme effarant. Compte tenu des déficits et des dettes de nos gouvernements, il y a fort à parier que l'universalité des régimes étatiques de rentes disparaîtra à plus ou moins long terme. Et le nombre de retraités continuera d'augmenter.

Aujourd'hui, le rapport travailleurs-retraités est de six contre un. En 2030, ce sera deux contre un. Une faible proportion de la population sera donc appelée à soutenir les hôpitaux, les écoles, la voirie et les autres postes de dépenses gouvernementaux, y compris les rentes aux personnes âgées.

Le Canada n'est pas le seul pays à faire face à cette malheureuse conjoncture. Ainsi, les États-Unis porteront l'âge de la retraite de 65 à 67 ans au cours des prochaines années. L'Italie parle de réduire le montant des rentes étatiques. Plusieurs autres pays européens songent à élever l'âge de la retraite et à augmenter le nombre d'années de travail requis pour être admissible aux rentes de retraite.

Au Canada, le premier pas vers la disparition de l'universalité est le remboursement d'une partie ou de la totalité de la PSV par les contribuables et les coupures aux allocations familiales et aux crédits d'impôt. On craint de voir ces mécanismes bientôt appliqués aux rentes de la RRQ. Plutôt que de réduire le paiement des rentes, les gouvernements pourraient bien ne plus relever les rentes en fonction de la hausse du coût de la vie. Nul doute que les contribuables devront assumer eux-mêmes leur retraite grâce, entre autres, aux REER. Si la famille compte deux revenus, il est plus facile d'épargner en vue de la retraite. Certains comptent sur les héritages. Ils doivent toutefois tenir compte du fait que les gens vivent de plus en plus vieux et qu'ils sont susceptibles de se remarier…

Si vous êtes fortuné, il se peut que votre niveau de revenus et de dépenses à la retraite ne vous pose pas de problème. Dans ce cas, vous pourriez peut-être désirer préserver votre fortune afin d'en laisser le plus possible à vos enfants et petits-enfants. Ce n'est pas à négliger. Il vous faut alors vous concentrer sur la réduction des impôts, la gestion de vos placements et la planification successorale.

Cependant, pour la plupart, les ressources financières sont limitées. Notre crainte de pas toucher suffisamment de revenus pour assumer nos dépenses à la retraite découle de deux changements. Premièrement, notre chèque de paie sera remplacé par des chèques de rentes, ce qui peut être un choc en soi. Et sur le montant de ces rentes mensuelles, nous n'avons pratiquement aucun contrôle. On pense ici aux rentes privées, à la PSV et aux rentes de la RRQ. Le choc provient de la baisse soudaine des revenus. Votre rente privée, si vous faites partie des 55 % de contribuables âgés de 45 à 65 ans qui possèdent un régime de rentes privé, sera de 30 % à 70 % moindre que votre salaire durant vos des dernières années au travail. Très peu de rentes se rapprochent du salaire que vous receviez avant la retraite. Comment envisagez-vous la possibilité de vivre avec moins que ce que vous avez présentement?

Deuxièmement, il se peut que vos rentes n'augmentent pas au même rythme que le coût de la vie. Peu de gens jouissent de rentes pleinement indexées. Et même si les régimes étatiques et privés indexent leurs rentes, il est fort possible que ce ne soit pas suffisant pour contrer les effets de l'inflation. Même si vous avez une rente pleinement indexée, ne vous réjouissez pas trop vite: les effets combinés de l'inflation et des impôts pourraient bien annihiler toutes hausses.

Heureusement, plusieurs facteurs aident à amoindrir ces problèmes financiers. Vos dépenses, à la retraite, sont habituellement moins élevées qu'elles le sont avant la retraite. Votre hypothèque sera probablement payée, vos enfants seront partis de la maison et les assurances-vie seront entièrement payées ou ne seront plus nécessaires. Les dépenses reliées au travail disparaîtront: vous n'aurez plus à voyager pour aller travailler, à acheter des cafés ou à dejeuner au bureau, ni à acheter des vêtements appropriés pour le travail. Et vous aurez le temps de vous occuper de vos finances, de trouver des moyens de couper les dépenses et d'améliorer le rendement de vos placements. La retraite peut aussi signifier plus de temps pour entretenir la maison et l'auto, jardiner, coudre, etc. Vous pourrez ainsi réduire vos dépenses au minimum. Vous aurez plus de temps à consacrer à un passe-temps rémunérateur, à une nouvelle carrière.

Les avantages financiers accordés aux personnes de 60 ans et plus se généralisent: taux de faveur sur les épargnes, rabais de taxes foncières, rabais sur les billets de spectacles, ordonnances gratuites. Il est fort possible, au fur et à mesure que les personnes âgées gagnent en pouvoir, que l'éventail de ces avantages s'élargisse. Il y a aussi les crédits d'impôt et les impôts différés qui sont accessibles aux personnes de 65 ans et plus.

Bien entendu, les rentes peuvent ne pas constituer votre seule source de revenu à la retraite. Il y a les épargnes personnelles (dépôts à terme, obligations d'épargne, REER, placements divers et autres épargnes telles que les valeurs nettes de votre maison et de votre chalet et la valeur de vos polices d'assurance). Les Québécois épargnent en général beaucoup, plus que les Américains. Vous devez vous assurer que ces épargnes suffiront à satisfaire vos besoins à la retraite.

Quelques idées pour le travail

Vous avez dit que vous alliez prendre votre retraite. Cela ne veut pas dire que vous allez culbuter et mourir. Il vous reste plein de choses à faire, peut-être même... travailler. Tout le monde doit travailler pour se nourrir, pour avoir un toit et une bonne santé. Certains retraités, eux, travaillent par goût.

Travailler, en effet, est la force dominante dans notre vie, celle qui gouverne nos journées, qui détermine notre emploi du temps. Presque tout ce que nous faisons durant les 24 heures d'une journée a rapport au travail. Quand nous ne travaillons pas, nous voyageons pour nous rendre au travail et en revenir; nous prenons une pause-café, déjeunons au travail; nous faisons des heures supplémentaires, apportons du travail à la maison; nous prenons une bonne nuit de sommeil pour être frais et dispos le lendemain; nous achetons des vêtements appropriés pour le travail; et ainsi de suite. Nous rêvons de congés et de vacances loin du travail. Et nous rêvons même à la retraite.

Mais le travail est-il si mauvais? Ne nous procure-t-il pas plusieurs choses que nous aimons? L'argent, d'abord. L'argent pour satisfaire les besoins primaires, mais aussi pour accumuler des biens et se payer du bon temps. Le travail apporte l'estime de soi et donne du sens à la vie. Nous retirons une certaine satisfaction de l'acquisition de nouvelles compétences, de l'obtention de promotions et d'augmentations de salaire.

Quand nous nous plaignons du travail, ne nous plaignons-nous pas en réalité du manque d'intérêt à l'égard de notre emploi, des longues heures passées à faire et à refaire ce que nous maîtrisons depuis des années? Dans un monde meilleur, nous consacrerions moins d'heures au travail chaque jour, moins de journées chaque semaine, moins de semaines chaque année. Nous aurions plus de contrôle sur notre travail et sur ce que nous faisons.

Nous voudrions relever de nouveaux défis et recevoir la formation qui nous permettra de bien nous en acquitter, accomplir de nouvelles tâches, goûter le plaisir du développement personnel. Et nous voudrions moins de pression, moins de stress quand nos choix sont limités, quand nous nous heurtons aux décisions que les autres ont prises ou quand nous semblons perdre le contrôle de notre vie.

Pourtant, grâce au travail, nous savons enfin ce que signifie l'indépendance financière: recevoir de l'argent de plusieurs sources sans avoir à travailler pour le gagner. Nous pouvons planifier notre vie comme nous le voulons, avec ou sans l'influence du travail. Nous pouvons faire la grasse matinée, jouer au golf, voyager, trouver de nouveaux passe-temps, faire ce que nous aimons quand nous le voulons. C'est un tout nouveau match, et nous voulons le jouer. Mais quelles sont les règles du jeu?

Voilà pourquoi ce livre a été écrit. C'est un guide facile à comprendre pour vous aider à planifier une toute nouvelle vie, une vie qui ne sera pas déterminée par le travail mais que vous pourrez choisir. Nous examinerons tous les changements que la retraite amène et nous étudierons ce qu'il y a à faire pour que ces changements deviennent des occasions à saisir. Lorsque l'importance du travail diminuera, vous aurez à organiser vos journées efficacement, mettant une nouvelle structure dans une journée de 24 heures. N'est-ce pas là une structure à laquelle je voulais échapper, demanderez-vous. Essayez de vivre sans structure quelques jours pour voir...

Un grand nombre d'études ont été consacrées aux années de retraite. Conclusion: vous percevrez la vie à la retraite soit comme un désastre, soit comme un défi vous apportant plein de satisfactions. La forme que prendra votre retraite dépend de la façon dont vous la planifiez, de votre attitude vis-à-vis d'elle, du vieillissement et du changement. Ce livre peut vous aider à adopter une approche positive et enthousiaste, à saisir les occasions et à les mettre à votre avantage. Ce livre se veut pratique: il traite de style de vie, offre des choix, scrute l'avenir. La planification de votre retraite commence maintenant. Bonne lecture!

Notes

_____

_____

_____

_____

_____

_____

_____

_____

_____

_____

_____

_____

_____

_____

_____

Notes

Chapitre 2

La forme de votre retraite

Que ferez-vous à la retraite? Lors de nos séminaires, nous donnons aux futurs retraités des feuilles sur lesquelles sont tracés des cercles qu'ils doivent diviser en sections selon la façon dont ils envisagent de passer leur temps.

Il y a quelques années, un participant fixait les cercles sans rien y comprendre. Il n'avait pas la moindre idée de ce qu'il allait faire à la retraite. Soudainement, il sourit et partagea son cercle en deux: d'un côté, il écrivit *dormir*; de l'autre, se *divertir*.

Douze heures de divertissement semblent prometteuses, n'est-ce-pas? Lorsqu'on lui demanda comment il allait se divertir, il répondit: «*Je ne sais pas. Je pense que je vais essayer de faire ceci et cela. Je trouverai bien quelque chose.*» Lorsqu'on lui demanda comment il occupait actuellement ses soirées et ses fins de semaine, ses réponses se limitèrent à: «*Regarder la télévision, lire les journaux et entretenir le logis.*» Il admit qu'il était un obsédé du travail et que l'idée de la retraite lui faisait peur. C'est peut-être pourquoi 12 heures de sommeil lui semblaient bon. Mais les adultes en bonne santé n'ont besoin que de six à huit heures de sommeil par jour. Il pourrait donc avoir quelques petits problèmes…

Vous savez peut-être déjà ce que voulez faire à la retraite. Si c'est le cas, vous avez de la chance. Pour plusieurs, la retraite peut paraître comme un grand vide ennuyeux. Même si vous avez une idée de ce que vous voudriez faire, il est de votre intérêt de penser sérieusement à vos objectifs afin de vous assurer qu'ils vous conviennent. Essayons d'approfondir vos objectifs de retraite. Quels sont vos rêves et vos désirs? Et que devez-vous faire pour les réaliser?

Des façons de voir différentes

Chacun de nous aborde la retraite à sa manière. Voyons un peu quelques exemples.

Pierre ne voulait pas du tout être à la retraite. «*J'aimais mon travail et j'étais persuadé que je n'allais pas pouvoir m'en passer ni me séparer de mes collègues. Je vivais dans une petite ville, tout près de la compagnie où je travaillais. Je ne savais pas comment j'allais m'occuper, il n'y avait pas grand-chose à faire dans une petite ville. Nous avions finalement décidé de nous installer près d'une grande ville. Je suis à la retraite depuis un an et je ne pense pas du tout au travail. Je m'occupe en donnant un coup de main à l'école technique juste au coin de la rue. Françoise travaille comme bénévole au musée et le club de jardinage lui a demandé de donner des cours. Nous sommes très occupés, mais nous avons quand même le temps d'aller nous promener au parc. Et je m'organise finalement pour faire tous les menus travaux domestiques. Je me demande pourquoi je me faisais tant de soucis.*»

Gilbert s'y prenait d'une façon différente. Il avait décidé de continuer à travailler. «*Mon cousin et moi avions, depuis notre enfance, parlé de monter notre propre entreprise. Enfin, j'avais passé cinq ans à planifier une entreprise d'aménagement paysager. Lorsque nous avons atteint l'âge de la retraite anticipée, nous étions déjà préparés. J'avais peur, mais j'étais enthousiaste. Je travaille beaucoup, mais je suis en train de faire une chose que j'ai toujours voulu faire. Je suis plus heureux que jamais. Je suis comblé.*»

Marie-Ange rêvait d'une nouvelle vie. «*J'ai depuis des années envisagé de voyager autant que possible durant la retraite. Voyager seule ne me dérange pas mais, compte tenu de la cherté, je n'étais pas sûre de pouvoir me le permettre. Je savais que j'allais devoir surveiller mes dépenses et j'avais donc décidé de chercher d'autres possibilités. Et je les ai trouvées: les gîtes du passant et les voyages organisés. J'ai même été au Pérou à titre d'assistante guide touristique, en échange de quoi j'ai bénéficié du billet d'avion, de l'hôtel et des repas.»*

La retraite est une occasion. Elle donne la possibilité de faire les choses que vous aimez et d'éviter celles que vous n'aimez pas. Fascinant, n'est-ce pas? Essayons d'y réfléchir et de prendre quelques notes. Regardez la feuille de travail 4, *Ce que j'aime et n'aime pas dans ma vie*, et réfléchissez un moment à ce que vous aimez et ce que vous détestez. Ensuite, regardez la feuille de travail 5, *Changer votre style de vie*. Qu'avez-vous découvert? Êtes-vous surpris? Cela correspond-il à ce que vous ressentez? Cela vous incite-t-il à changer?

La satisfaction est notre baromètre pour juger de l'adéquation de notre style de vie. Une fois à la retraite, vous devez trouver un moyen pour satisfaire les besoins qu'occasionne le vide du travail. Songez à combler ces lacunes d'une manière positive. Une fois à la retraite, vous pourriez songer à travailler comme bénévole dans un hôpital, dans une galerie d'art ou dans une école. Vous pourriez aussi vouloir vivre des situations dont la nouveauté des problèmes et des idées vous stimuleront. Une fois à la retraite, vous pourriez retourner à l'école, devenir membre du club du livre à la bibliothèque de votre quartier ou assister à des conférences dans un musée.

Maintenant, quels sont vos besoins? Prenez la feuille de travail 6, *Satisfaire vos besoins pendant la retraite*, et énumérez vos besoins. En même temps, essayez de trouver le moyen de satisfaire chacun d'eux. Rassurez-vous si vous n'êtes pas satisfait du premier coup: il n'est pas facile de connaître ses propres besoins; il est encore moins facile de savoir les satisfaire. Tout au long de ce chapitre, nous allons voir comment vous pouvez passer votre temps pendant la retraite. Essayez de garder l'exercice en mémoire et retournez à cette page. Remplissez-la partiellement jusqu'à ce que vous ayez identifié vos besoins et que vous soyez sûr de pouvoir les satisfaire pendant la retraite.

Le temps libre

Chacun consacre son temps à différentes sortes d'activités, d'intérêts et de passe-temps favoris. Certains trouvent le temps de faire ce qu'ils veulent; d'autres semblent ne jamais en avoir assez. Il y a ceux qui ont trop de temps — et cela leur pèse. En jetant un coup d'œil à un jour type avant et après votre retraite, vous serez frappé par la différence de temps libre dont vous disposez pendant la retraite.

Vous avez maintenant la possibilité de travailler sur votre propre emploi du temps. Vous pouvez le faire sur la feuille de travail 7. Tout d'abord, examinez la façon dont vous passez les minutes et les heures de chaque jour présent, avant la retraite (temps consacré au sommeil, aux repas, au travail, à l'hygiène, aux tâches ménagères, à la lecture, à la télévision, à la relaxation, à votre passe-temps favori, à bavarder avec vos amis ou au sport). Puis, essayez d'imaginer la façon dont vous aimeriez passer votre temps une fois à la retraite. Vous aurez, chaque jour, une grande partie de temps libre pour les loisirs.

Si la façon dont vous allez passer votre temps pendant la retraite vous préoccupe, voyez-y maintenant. Vos journées, pendant la retraite, ne doivent pas être remplies n'importe comment; il faut que vous en tiriez satisfaction. Vous devriez aussi être souple. Si vous ne désirez pas poursuivre une activité, soit par manque de temps ou par ennui, vous devriez pouvoir la remplacer par une autre. Pouvez-vous dresser une liste, assez longue et variée, de vos centres d'intérêts, d'activités, de divertissements et d'objectifs? Si vous y parvenez, vous trouverez probablement à vous occuper facilement une fois à la retraite. Dans le cas contraire, vous devriez commencer à y songer sérieusement sans quoi vous allez vous ennuyer et souffrir de solitude plus tard.

Ce n'est pas facile. Après avoir été sollicité pendant des années au travail et par notre famille, il nous est difficile d'envisager la façon dont nous pourrions passer notre temps libre. Il est souvent utile de noter ses idées sur une feuille. Mais par où commencer? Soit! commencez par le début. Qu'aimiez-vous faire lorsque vous étiez plus jeune — avant les responsabilités professionnelles et familiales? Pouvez-vous faire une liste de ce que vous disiez vouloir faire mais que vous n'aviez pas le temps de faire? Jetez un coup d'œil aux feuilles de travail 8 et 9, *Loisirs préférés* et *Activités souhaitées*.

Pourriez-vous refaire ce que vous aimiez jadis? Y a-t-il des membres de votre famille, des amis, des

Ce que j'aime et n'aime pas dans ma vie   FEUILLE DE TRAVAIL 4

	J'aime	Je n'aime pas
L'organisation de votre vie		
Le temps de loisir		
Les relations		
La santé		
Le style de vie		
Le stress		
L'image de soi		
Les moyens financiers		

connaissances ou des collègues de travail que vous aimeriez mieux connaître? Des personnes avec lesquelles vous aimeriez passer plus de temps? Pouvez-vous discuter avec elles et leur proposer des activités communes? Y a-t-il une chose que vous désireriez faire, des cours que vous aimeriez suivre ou une chose particulière que vous voudriez réaliser? Qu'est-ce qui vous empêche de le faire?

Vous avez un éventail de possibilités. Le plus important est de limiter vos choix aux possibilités qui vous intéressent le plus et les prévoir pour votre retraite. Il est préférable de choisir les activités que vous aimez et que vous pouvez vous permettre aussi. Votre retraite sera non seulement modelée par vos objectifs mais par vos moyens aussi. En fait, votre retraite pourrait se transformer en une nouvelle carrière.

Changer votre style de vie

Ce que j'aime	Comment en faire plus

Ce que je n'aime pas	Comment en faire moins

Quelques idées sur le travail

Pourquoi a-t-on de telles idées? Cesser de travailler est-il l'essence de la retraite, sa raison d'être? Il est certain qu'être à la retraite signifie se dégager des longues heures, de la routine pesante, du manque de liberté et de jouissance de notre temps. Cependant, beaucoup de gens entreprennent de nouvelles carrières dans les 12 mois qui suivent leur retraite. Lors d'un récent sondage, près de 70 % des membres d'une association de retraités ont dit qu'ils voulaient travailler à temps partiel. Pourquoi? Le besoin d'un revenu supplémentaire est une bonne raison pour continuer à travailler, notamment si vous bénéficiez d'une retraite anticipée ou si votre pension est insuffisante. Toutefois, cela vous permet aussi de faire le travail qui vous a toujours attiré. Enfin, il y a ceux qui aimeraient travailler mais pas au même poste ou dans les mêmes conditions qu'avant la retraite. C'est généralement une série d'éléments qui est à l'origine du retour à la vie active. Mais vous devriez considérer votre retraite comme une autre chance, une occasion pour vous orienter dans le bon sens et laisser derrière vous vos anciennes erreurs.

La première étape consiste à étudier le milieu professionnel autour de vous. Qu'est-ce qui a changé au cours des 10 ou 15 dernières années? Qu'est-ce qui, selon vous, changera au cours des 10 prochaines années?

Le marché du travail évolue rapidement. Le contrôle des coûts et l'informatique sont en train d'éliminer des emplois et de créer de nouveaux postes en même temps. Toutefois, pour accéder à ces nouveaux postes, vous devez consacrer du temps et de l'argent pour votre formation. Malheureusement, peu de compagnies sont disposées à payer pour former leur personnel âgé. Si, une fois à la retraite, vous décidez de réintégrer le marché du travail, il faudra absolument vous y préparer en améliorant vos qualifications professionnelles par des études ou une formation.

L'étape suivante consiste à connaître vos compétences. Examinez de près ce que vous pouvez bien faire et définissez la compétence requise pour cette activité. Vous pourriez découvrir que vous êtes doué pour analyser l'information, organiser des activités sociales, influencer les autres ou faire face à des problèmes complexes. N'oubliez pas que vous avez appris à être persuasif lorsque, jeune, vous vendiez de la limonade aux passants ou lorsque vous recueilliez de l'argent pour une œuvre de quartier ou, il n'y a pas si longtemps, lorsque vous réussissiez à faire faire une sieste à votre petit-fils de trois ans.

Faites une liste de vos compétences. Pouvez-vous conduire une voiture, vous occuper de malades ou d'animaux, tenir des comptes, conseiller les gens, écrire ou corriger, enseigner les mathématiques ou

Satisfaire vos besoins pendant la retraite   FEUILLE DE TRAVAIL 6

Vos besoins d'activités physiques _____

_____

_____

Vos besoins d'apprendre et d'être stimulé intellectuellement _____

_____

_____

Vos besoins de relations sociales ou sentimentales _____

_____

_____

Vos besoins spirituels pour vous accomplir et sentir que vous jouez un rôle utile _____

_____

_____

l'histoire, dresser des plans financiers, gouverner un bateau? Pouvez-vous jouer d'un instrument de musique, préparer un dossier juridique, parler une langue étrangère, faire du théâtre ou créer des habits? Pensez-y. Songez aux choses que vous faites bien; ensuite, inscrivez-les sur la feuille de travail *Vos compétences et vos intérêts* même si elles ne vous paraissent pas monnayables.

Il est important aussi que vous pensiez à la façon dont vous pouvez utiliser vos talents. Vous êtes peut-être doué pour la menuiserie, le dessin, le design, le jardinage, les soins des animaux, l'enseignement ou l'écriture. De tels passe-temps ou objectifs peuvent certainement apporter leurs fruits un jour. Être habile en menuiserie vous permettrait de travailler à temps partiel dans le montage ou la création de nouveaux meubles. Être doué en dessin vous permettrait de créer des publicités, des encarts pour les magasins de votre localité. Aimer le jardinage vous permettrait d'aider les autres à aménager leur jardin ou à faire pousser et sécher des plantes. Avoir des aptitudes pour s'occuper des animaux vous permettrait de les prendre en pension et de les dresser.

Si vos compétences sont directoriales ou techniques, vous pourriez continuer à travailler à temps partiel, soit sous les auspices de la Banque fédérale de développement ou dans un organisme conseil pour les petites entreprises qui encouragent les gens d'affaires retraités à aider les petites entreprises. Il y a aussi des organismes à but non lucratif, des groupes financés par les gouvernements. Il y a le YMCA pour les 55 ans et plus. Consultez l'annuaire téléphonique ou renseignez-vous auprès des organismes pour personnes âgées de votre localité.

Trouver un emploi

Dans le nouveau marché du travail, vous ne réussirez pas seul à retrouver votre chemin. Si votre employeur n'a prévu aucun service conseil pour retraités, vous pouvez avoir recours aux services gouvernementaux. Les collèges et les universités offrent des conseils gratuits aux gens désireux de reprendre leurs études; certains offrent aux étudiants et aux anciens des cours sur la planification des carrières et des conseils sur la recherche de travail. Consultez l'annuaire des pages jaunes et les journaux locaux pour connaître les programmes communautaires. Il existe des agences de placement privées qui rédigent des curriculum vitae pour 75 $ l'heure ou pour un montant forfaitaire de 200 $. (Ne misez pas trop sur le CV; il doit être bien fait mais il ne vous garantit pas un emploi à lui seul.)

Vos loisirs avant et après la retraite   **FEUILLE DE TRAVAIL 7**

Sur l'horloge, indiquez le temps normalement alloué, pendant une journée type avant et après la retraite, aux différentes activités. Sur l'horloge *Avant la retraite*, inclure les activités pour vous préparer pour vous rendre au travail et aller et revenir du travail comme faisant partie de votre temps de travail. N'oubliez pas d'indiquer le temps passé à faire des travaux personnels et ménagers et de loisirs. La différence sera d'autant plus flagrante si vous attribuez à chaque type d'activité une couleur différente.

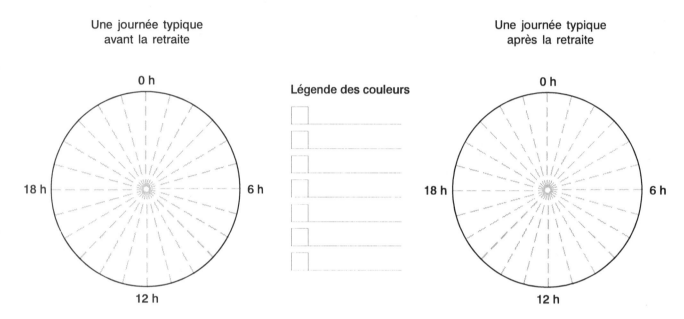

Une journée typique
avant la retraite

Légende des couleurs

Une journée typique
après la retraite

Vous pouvez aussi vous servir d'un livre sur la recherche d'un emploi. Il y a plusieurs façons de s'y prendre pour trouver un emploi lorsqu'on est à la retraite. Par exemple:

■ Répondez par écrit à ces questions: qu'ai-je envie de faire et quand voudrais-je le faire? Votre succès dépend de la précision de votre objectif. Après avoir indiqué ce que vous aimeriez faire, trouvez quelqu'un qui vous paiera pour le faire.

■ Dressez la liste des organismes ou groupes qui pourraient représenter une occasion pour vous. Puis, organisez une rencontre avec deux ou trois personnes créatives et faites un remue-méninges. Voyez combien d'idées et d'occasions vous sont venues à l'esprit — vous pourriez en remplir des pages entières.

■ Explorez quelques-unes de ces idées à la fois. Choisissez celles qui vous attirent le plus. Contactez des gens que vous connaissez ou que vous aimeriez connaître et qui peuvent vous renseigner sur les idées que vous voulez explorer. Demandez des entretiens de 15 minutes. Munissez-vous d'un bloc-notes. La plupart des gens vous consacreront plus de temps et vous suggéreront plus d'idées que vous n'imaginez. Si vous travaillez à temps plein, trois heures par semaine, bien planifiées, peuvent donner des résultats.

■ Consultez l'annuaire téléphonique, les journaux, les magazines; rendez-vous à la bibliothèque. Lisez juste assez pour avoir des idées et des noms, puis contactez les gens pour discuter des possibilités telles que vous les entrevoyez.

■ Faites savoir autour de vous que vous êtes à la recherche d'un emploi. Ne comptez pas seulement sur le téléphone. Déplacez-vous pour des entrevues, déjeunez avec des gens, élargissez vos horizons. Mais soyez efficace: manifestez un vif intérêt face à la personne que vous rencontrez. Soyez attentif à ses besoins et propos, pas aux vôtres.

■ Entretenez votre réseau. Si vous valorisez et appréciez tous vos contacts, ils s'en rappelleront et vous le rendront en vous ouvrant beaucoup de portes.

Énumérez les activités, les intérêts et les compétences qui vous ont comblé le plus et ceux qui vous ont comblé le moins à chaque étape de votre vie. La même activité peut revenir plus d'une fois. Prenez le temps qu'il vous faut, cherchez bien.

À 20 ans _____

_____

_____

À 30 ans _____

_____

_____

À 40 ans _____

_____

_____

■ Recyclez-vous. Assister à des conférences, prendre des cours ou faire du travail bénévole vous donneront plus de chance de trouver un emploi.

■ Vous avez besoin d'un groupe conseil, d'une équipe pour vous encourager. Pour constituer votre équipe, choisissez des gens créatifs et stimulants que vous connaissez ou que vous aimeriez connaître. Que peut leur apporter cette équipe? En échange, vous pouvez leur proposer de les guider et les encourager à atteindre leurs buts. Il n'y a aucune condescendance lorsque les gens s'entraident. Un bon groupe de travail peut se composer de trois à six personnes. Pour obtenir de bons résultats, il suffit de se rencontrer 30 minutes, une fois de temps en temps. Ne continuez à vous réunir que lorsque cela convient à tout le groupe.

■ Ciblez les employeurs éventuels et soyez sélectif en envoyant vos CV. Il est préférable d'envoyer 20 CV aux employeurs appropriés que d'en envoyer 200 au hasard.

■ Adaptez votre attitude au changement et à la transition. Au lieu de vous obstiner, acceptez l'insécurité et l'incertitude.

La recherche d'un emploi

Préparez-vous à l'entrevue. N'oubliez pas que vous recherchez un travail qui vous plaît; posez autant de questions qu'on vous en posera. Avant de vous présenter à l'entrevue, préparez une série de questions susceptibles de vous procurer les renseignements désirés. Vous pouvez aussi essayer d'envisager les questions qu'on va vous poser. Parcourez le scénario d'une entrevue à plusieurs reprises.

Lancer sa propre entreprise

L'idée de lancer une entreprise sourit à bien de gens. C'est l'issue logique d'un loisir ou d'un objectif et cela vous permet d'être à la tête de votre propre affaire. Mais cela peut être hasardeux, surtout si vous n'avez pas étudié tous les détails au préalable. Un bon capital est indispensable; il vous faudra du temps avant de pouvoir réaliser des profits. Si vous désirez diriger votre propre entreprise mais hésitez pour ce qui est de son orientation, renseignez-vous.

Compte tenu des nombreuses difficultés inhérentes, il n'est pas conseillé de lancer sa propre entreprise. Cependant, le moment n'a peut-être jamais été aussi propice pour se lancer en affaires. Pour pallier la récession, les entreprises privées et les gouvernements ont réduit leurs effectifs et ne sont pas disposés à engager de nouveaux employés. Ils comptent sur les petites entreprises et les consultants pour combler les vides au niveau de l'expertise et des services. Et ils auront des besoins. Les affaires vont

_____

_____

_____

_____

_____

_____

_____

_____

_____

_____

_____

_____

_____

_____

prospérer d'ici à la fin de la décennie au fur et à mesure que l'économie se rétablira. Pour vous donner une idée de l'ampleur du phénomène, il s'est créé, au cours de la seule année 1991, 328 000 entreprises au Canada — dont la moitié par des femmes. Cependant, près de 80 % de ces entreprises fermeront leurs portes dans les trois ans qui suivront leur création. La plupart de celles qui survivront permettront tout juste à leurs propriétaires de gagner leur pain; seulement une poignée apporteront la prospérité.

C'est le rêve de tout Canadien d'être son propre patron. Il s'en dégage une impression de créativité, d'autodétermination et de pouvoir. Il y a aussi la fierté de pouvoir dire que vous êtes votre propre patron, que la compagnie vous appartient. Mais ne vous bercez pas d'illusions; ce n'est pas facile. Vous ne pourrez pas engager le personnel qualifié dont votre nouvelle entreprise aura besoin.

Selon le genre d'entreprise, vous pourriez avoir besoin de connaissances dans les domaines suivants:

marketing et vente, production, administration et gestion d'entreprise, comptabilité, ressources humaines, droit et finance. Si l'on devait vous rémunérer pour chacune de ces activités, vous gagneriez près de 500 000 $ par an! Au lieu de cela, vous aurez un petit salaire en attendant la prospérité. Les risques d'échec étant considérables, les banques ne vous accorderont pas de prêts de démarrage sans garanties. La plupart des compagnies de crédit-bail ne vous loueront pas de matériel avant au moins trois ans.

Par où allez-vous commencer? Il est clair que vous devez d'abord concevoir une affaire, une affaire qui a des chances de réussir. Beaucoup de gens trébuchent à cette étape. Certains ont beaucoup d'idées et s'engagent dans différentes directions. D'autres ne croient en aucun de leurs projets. Les idées proviennent de la reconnaissance des tendances de la société — les biens et services dont les gens auront besoin ou qu'ils désireront avoir. Vous pourriez trouver une entreprise qui a déjà fait ses preuves mais qui néglige le marché

Vos compétences et vos intérêts

Vos talents innés

Quelles sont les choses que vous faites bien et naturellement? En d'autres termes, que pouvez-vous faire sans presque réfléchir?

_____

_____

_____

_____

Vos compétences

Énumérez vos compétences. N'oubliez que c'est l'association de vos compétences et de vos talents innés qui font de vous une personne unique. La façon dont vous les associez vous permettra d'identifier vos possibilités d'entreprise et d'emploi.

_____

_____

_____

_____

_____

Vos intérêts

À part le travail que vous avez fait la majeure partie de votre vie, qu'aimeriez-vous faire une fois à la retraite?

_____

_____

_____

_____

_____

ou ne sert pas votre localité. Ou bien, vous pourriez améliorer un bien ou un service en vous basant sur votre propre expérience.

Créez une entreprise dans un domaine où vous êtes compétent, expérimenté et habile. Il vous sera peut-être difficile de trouver votre voie. Mais c'est ce qui vous permettra de réussir. Pour s'orienter, beaucoup de gens s'inspirent de leur expérience antérieure, mais le créneau pourrait venir d'un loisir ou même de votre travail comme bénévole. Choisissez une entreprise que vous aimez car votre mobilisation vous poussera à faire le maximum pour la faire fonctionner.

Méfiez-vous des petites folies: elles passent aussi rapidement qu'elles apparaissent. Le temps de découvrir l'affaire de l'année... et voilà que quelqu'un d'autre l'aura déjà mise sur pied. Au lieu de cela, répondez à un besoin du marché. Étudiez la tendance démographique et les changements qui s'opèrent dans la population. Et une fois que vous trouvez une bonne idée, essayez-la. Des compagnies comme Procter & Gamble Inc. dépensent des millions avant de lancer de nouveaux produits. L'investissement d'un dollar de votre part est relativement aussi important. Prenez votre temps, plusieurs mois s'il le faut, pour savoir si votre idée est bonne, si le marché a besoin de votre produit ou service, et quel prix il paiera. En même temps, vous vous ferez de la publicité auprès de clients éventuels et apprendrez la meilleure façon de vendre.

Outre la chance et le sens de l'humour, tout propriétaire d'entreprise a besoin:

■ d'un capital suffisant pour deux ans, car les ventes peuvent être incroyablement lentes;

■ de qualités d'entrepreneur: dynamisme, ambition, détermination, créativité, engagement et assez d'optimisme pour entretenir la flamme;

■ d'une attitude positive et de l'enthousiasme pour convaincre les clients, les fournisseurs, les employés et les partenaires de participer à son rêve;

■ de grandes capacités de travail et de concentration;

■ d'une confiance en lui et en ce qu'il fait;

■ de savoir bien présenter pour vendre les idées et produits;

■ d'une disposition à courir des risques après avoir étudié la situation;

■ de l'étoffe d'un chef et des qualités pour monter une équipe;

■ d'honnêteté et d'intégrité;

■ de gens qui le soutiennent, partagent son rêve et l'aident à le poursuivre en lui donnant du temps et des ressources;

■ une passion pour l'entreprise et ce qu'elle peut apporter. Sans cela, vous allez vaciller.

Le capital requis pour lancer une entreprise est de deux à trois fois supérieur à ce que vous prévoyez. L'échec de beaucoup d'entreprises est dû au fait que le propriétaire a sous-évalué le montant requis pour soutenir l'entreprise en attendant qu'elle commence à rapporter. En général, une entreprise fait des pertes la première année, atteint le seuil de rentabilité la deuxième et devient rentable la troisième. Il vous faut suffisamment de fonds pour pouvoir aller si loin. Pour savoir combien il vous faut, préparez un plan d'affaires détaillé et réaliste. Une fois tous les éléments analysés, vous serez en mesure d'établir vos besoins de personnel, d'équipement, de locaux, de véhicules, de stocks et de fonds de roulement. Vous pourrez alors estimer les revenus et dépenses sur une base mensuelle pendant une période allant d'un à trois ans.

Un comptable pourra vous aider à dresser un plan d'affaires, mais votre institution financière, les bibliothèques et les organismes gouvernementaux constituent un excellent point de départ. Les caisses populaires et les banques mettent des dépliants à la disposition des gens désireux de se lancer en affaires. La Banque fédérale de développement (BFD) fournit gratuitement un grand nombre de livres et de programmes. Vous pouvez communiquer avec la BFD en composant le 1-800-361-2126 ou en écrivant au 800, square Victoria, C.P. 335, Montréal (Québec) H4Z 1L4.

Dans la plupart des cas, le capital provient du propriétaire de l'entreprise et de ses associés. Les banques n'accordent pas de capital de démarrage, mais elles prêteront sur vos propres garanties (maison, placements personnels et épargnes). Les institutions financières accordent des prêts à terme pour les équipements et des prêts pour fonds de roulement, garantis par les comptes clients et les stocks. S'il vous manque des fonds de démarrage, il vous faudra trouver des associés (bailleurs de fonds ou autres) ou un oncle riche. Souvent, les membres de la famille deviennent associés investisseurs. Ou bien, il vous faudra faire subir une cure d'amaigrissement à votre projet...

Acheter l'entreprise que vous désirez

La meilleur moyen de réussir est d'acquérir une entreprise déjà rentable. Mais vous risquez de vous faire arnaquer en payant très cher ou en ignorant les problèmes latents. Vous devez retenir les services d'un professionnel compétent dans l'achat et la vente d'entreprises. Un courtier ou un comptable agréé spécialisé dans le domaine pourra aussi faire l'affaire. Une décision bien pesée compensera les frais de consultation que vous aurez encourus.

Acheter une entreprise rentable d'un propriétaire âgé pourrait représenter la meilleure occasion. La firme continuera à jouir d'une bonne réputation auprès de l'ancienne clientèle. Les employés sauront faire leur travail et certains pourraient même faire tourner la compagnie sans grand besoin de supervision. Votre énergie et vos idées pourraient apporter juste ce qu'il fallait comme dynamisme pour augmenter la rentabilité de la compagnie. Faites en sorte que la formule actuelle de réussite soit préservée. Nourrissez et appuyez le secret de cette réussite en le parachevant par des rajustements et des améliorations pouvant satisfaire les besoins de la clientèle.

Votre réussite en tant qu'entrepreneur dépend de votre profonde connaissance de la compagnie et de votre compréhension de la concurrence. Observez de très près vos concurrents: leurs faiblesses et atouts vous seront d'un grand apport.

Beaucoup de gens achètent des franchises. Le lancement vous coûtera plus cher que si vous l'aviez fait seul, mais vous en aurez pour votre argent. Toute franchise que vous achetez devrait être solide; elle devrait bénéficier d'une technologie qui a fait ses preuves, d'une marque de commerce réputée, de bons volumes de vente et de stratégies de promotion. Tous les aspects de gestion, d'embauche et de formation du personnel devraient être en place et efficaces. Vos employés et vous devriez pouvoir recevoir une formation complète et un soutien sur place jusqu'à ce que le commerce vole de ses propres ailes.

Vous devrez faire une recherche, rencontrer des franchisés, voir comment ils se portent et si le franchiseur a tenu ses promesses. Si vous le pouvez, essayez de rencontrer quelques anciens propriétaires de franchises pour connaître les raisons de leur retrait des affaires.

Aussi, la présence d'un conseiller en affaires vous sera d'un grand secours pour le choix de la bonne franchise. L'achat d'une franchise ne garantit pas la réussite. Les franchises TCBY (yogourt) ont disparu presque aussi vite qu'elles ont envahi le marché. Même lorsqu'une franchise paraît couronnée de succès dans un endroit, elle pourrait échouer dans un autre si l'emplacement n'est pas favorable. Ou bien votre publicité pourrait ne pas donner les résultats attendus. Les coûts pourraient être trop élevés pour votre capacité. Les directeurs de votre commerce pourraient ne pas inspirer confiance. De plus, n'oubliez pas que les goûts des gens évoluent: ce qui était gage de succès hier pourrait ne pas l'être demain...

Que vous achetiez ou que vous montiez vous-même votre entreprise, vous devez pouvoir compter sur le meilleur soutien professionnel: comptables, avocats, conseillers en affaires, fournisseurs. Faites en sorte qu'ils aient de l'entrain. Ils vous conseilleront non seulement bien dans leur domaine, mais vous feront de la publicité gratuite auprès de leurs relations.

Vous vous demandez peut-être comment une personne de 55, 60 ou 65 ans peut en persuader d'autres qu'elle peut réussir en affaires. C'est simple! Nul ne se préoccupe vraiment de votre âge. Ce qui intéresse les gens c'est de savoir si vous serez en mesure de livrer la marchandise: qualité, prix et fiabilité promis. Nous sommes les premiers à douter de nous-même. Si vous connaissez votre entreprise et que vous êtes enthousiaste, les inquiétudes liées à votre âge disparaîtront rapidement. Les gens vous mettront à l'épreuve. Ensuite, vos compétences prendront le dessus et rendront vos raisons de réussite très claires.

Revoyons maintenant un peu comment combiner plaisir et profit.

■ Faites du travail de bureau pour le compte d'associations. Les associations comptent sur le travail bénévole et ont besoin de personnes qui peuvent faire du traitement de texte, de la tenue de livres comptables et des relations publiques, notamment lorsque les bénévoles ne sont pas à même de réaliser le travail qui demande des compétences professionnelles.

■ Ouvrez un gîte du passant. Vous pouvez aménager votre maison de campagne en un lieu d'hébergement amical et votre hospitalité n'en sera que récompensée.

■ Mettez en contact des acheteurs et des vendeurs d'entreprises. Vous pouvez mettre en place votre propre réseau d'entreprises en vente en ayant recours à des comptables, des juristes ou des franchiseurs.

■ Inspirez-vous de votre propre expérience pour conseiller les gens ayant des problèmes d'alcool, de drogue, d'argent, d'ordre conjugal, de décès ou de maladie en phase terminale.

■ Devenez conseiller en exportation, surtout si vous avez travaillé dans le domaine du commerce extérieur. Vous pouvez aider les petites et moyennes entreprises à commercialiser leurs produits à l'étranger. Elles ont besoin d'être guidées, et souvent manquent de temps et de savoir-faire pour prendre des initiatives. Elles ont aussi besoin d'aide pour établir des contacts avec les entreprises étrangères et les délégués commerciaux, et pour comprendre le marché extérieur, la douane et les langues.

■ Faites du travail à domicile pour les personnes âgées. Ces personnes préfèrent rester chez elles mais ne peuvent pas toujours prendre soin de leur maison ni d'elles-mêmes.

■ Aidez les gens désireux d'acheter une maison et les prêteurs d'hypothèques en vérifiant si les maisons ne présentent pas de défauts aux niveaux de la structure, du chauffage, de la plomberie ou des systèmes mécaniques. Ce genre de travail ne présente aucune difficulté aux personnes ayant une formation en ingénierie ou en construction.

■ Proposez de faire des aménagements extérieurs. Souvent, les gens ne disposent pas d'assez de temps pour améliorer l'aspect de leur propriété. Si vous savez y faire, vous trouverez dans le quartier des voisins qui ne demandent pas mieux.

■ Organisez des réceptions. Beaucoup de compagnies ont besoin de quelqu'un pour planifier et organiser des réceptions à l'intention des employés, des clients, des fournisseurs ou amis. Tout ce qu'il vous faut c'est de l'imagination et de la patience pour régler les petits détails.

■ Ouvrez un magasin d'équipements de sport. Si vous voulez réaliser un objectif précis, vous pourriez penser à ouvrir une librairie spécialisée dans des sujets particuliers tels que la voile, les sports de raquette ou les bateaux.

■ Devenez un guide touristique. Beaucoup de gens préfèrent être accompagnés pendant leur voyage. Servir de guide touristique peut être un autre moyen pour assouvir votre passion des voyages. Mais les voyages doivent être exceptionnels. Si vous avez beaucoup voyagé, même dans un cadre professionnel, vous pouvez vous servir de cette expérience pour déchiffrer les horaires des compagnies aériennes et trouver des hôtels à prix avantageux. Vous pourriez exceller dans un domaine qui ferait de vous un guide d'une grande perspicacité. Par exemple, un professeur d'histoire italienne pourrait proposer des voyages en Italie; un archéologue, des voyages en Grèce.

Vos propres compétences et intérêts vous suggéreront d'autres possibilités. Si vous êtes créatif, songez à la céramique, aux bijoux de fantaisie, au tissage de tapis et d'écharpes ou au cuir repoussé. Si vous êtes doué pour l'enseignement, songez à la formation permanente, aux cours privés ou à enseigner une langue, la musique ou le chant. Les rédacteurs pourraient se faire des revenus comme chercheur, rédacteur ou éditeur — les chefs de pupitre et les correcteurs d'épreuves connaissent particulièrement bien la langue. D'autres pourraient monter une entreprise de travaux domestiques, de soins aux enfants, de garde d'enfants ou d'assistance aux personnes malades. Si vous savez réparer les équipements de sport, vous pourriez réparer les skis, entretenir les cannes à pêche ou préparer les appâts.

Travailler comme bénévole

Les bénévoles font aujourd'hui leur marque. Une quinzaine de millions de Canadiens consacrent près d'un milliard d'heures au bénévolat par année. Quarante-six pour cent de ces bénévoles ont plus de 55 ans et participent à une multitude de programmes tels que la Popotte roulante, la Croix-Rouge et les grands frères ou grandes sœurs. Ils rendent visite aux personnes confinées à la maison, travaillent dans les musées, dans les services d'urgence téléphonique pour personnes vivant seules.

Les gens qui consacrent temps et efforts au bénévolat éprouvent généralement une grande satisfaction. Aider autrui donne un but dans la vie, valorise, contribue au sentiment d'appartenance et peut améliorer les talents et les aptitudes. Cela stimule le corps et l'esprit et procure plaisir et bonheur.

Faire du travail social peut être particulièrement avantageux pour les personnes nouvellement retraitées. Cela aide à minimiser le choc de se retrouver oisif après avoir travaillé dans un milieu professionnel structuré. Les futurs bénévoles ne doivent pas se préoccuper de la formation. La plupart des agences donnent des cours spéciaux. Vous pouvez aussi choisir le travail qui vous intéresse et décider de vos heures et jours de travail.

Consultez l'annuaire des pages jaunes pour savoir où vous pouvez faire du bénévolat. Vous pourriez mobiliser des fonds pour une troupe de théâtre, conseiller des adolescents en détresse, devenir le grand-parent d'une jeune famille, faire de la lecture aux personnes malades ou très âgées, travailler comme guide dans une galerie d'art, réparer des jouets, emballer des médicaments. La liste est inépuisable.

Dans les grandes villes, il y a souvent une agence centrale de bénévolat qui, par l'intermédiaire des services de soutien, coordonne les besoins de la collectivité et ceux des bénévoles. Si vous remarquez une lacune que vous aimeriez combler, tournez-vous vers les programmes gouvernementaux. Certains de ceux-ci financent les projets dans les domaines du sport, des loisirs, de l'artisanat et des passe-temps, de la culture et de l'éducation ou des services sociaux. Pour plus d'information, consultez les pages bleues de l'annuaire téléphonique sous la rubrique Santé et Bien-être social Canada.

Si votre première expérience de bénévole n'aboutit pas du premier coup, ne vous découragez pas. Interrogez-vous sur vos compétences, le temps dont vous disposez; demandez-vous où vous pourriez être utile. Vous devriez tirer satisfaction du bénévolat. Avant de faire un choix, vous devriez rencontrer le coordonnateur du service ou de l'agence où vous envisagez de travailler. Il faut bien vous renseigner sur l'organisme, les attentes des bénévoles, le genre d'activités ainsi que l'emploi du temps et la souplesse des heures de travail.

La formation permanente

Il fut un temps où nous pensions que les études prenaient fin au collège ou à l'université. Nous reconnaissons maintenant qu'étudier est un processus permanent. La plupart des établissements scolaires ont remarqué la tendance et étendent leur enseignement à tous les groupes d'âge — ils proposent même des rabais sur les frais scolaires des personnes âgées. Il y a des cours du soir, des séminaires pendant les fins de semaine et des cours par correspondance. Les bibliothèques proposent des cours de courte durée et des présentations le soir. L'exercice cérébral que les études requièrent maintiendra l'esprit éveillé de la même façon que l'exercice physique entretient la forme du corps. Même la mémoire, à force d'être sollicitée, s'améliore.

Malheureusement, certains, se croyant trop vieux, ne profitent pas de leur retraite pour continuer leurs études. Vous êtes capable d'apprendre tout au long de votre vie. Il pourrait s'agir d'étudier les classiques grecs en langue grecque, de suivre des cours de chant, de massage thérapeutique, etc.

Le refus de reprendre les études s'explique souvent par la peur d'échouer, l'angoisse des examens et l'embarras de se voir comparé aux autres, particulièrement aux jeunes. Rassurez-vous. Les éducateurs tiennent compte de ces inquiétudes; la plupart des programmes sont structurés de manière à créer une ambiance où vous vous sentirez à l'aise. La prochaine fois que vous recevrez du courrier d'un établissement scolaire, prenez le temps de le lire. Vous pouvez aussi téléphoner à l'université ou au collège le plus proche pour vous faire expédier une liste des cours offerts.

Découvrir le monde

Beaucoup de gens voyagent toute leur vie durant. À la retraite, nous avons souvent plus de temps libre pour découvrir le monde. Les possibilités sont là, il ne manque que l'imagination. Pour combler cette lacune, consultez les journaux, les magazines, les livres, les dépliants; prêtez attention à la publicité à la radio et à la télévision; rendez-vous aux bureaux de tourisme, aux expositions, aux bibliothèques, aux agences de voyage, aux universités et collèges; participez à des clubs, à des associations; ou renseignez-vous auprès d'amis et de voisins qui voyagent.

Quelques agences se spécialisent dans les voyages pour personnes âgées. Ce n'est pas toujours aussi cher que vous le pensez. Vous pouvez voyager par autocar plutôt que par avion; par cargo plutôt que par bateau de croisière. Faire du camping revient moins cher que loger dans un hôtel ou un motel. Les gîtes du passant vous assurent non seulement un toit à un prix raisonnable mais vous donnent l'occasion de connaître les gens du pays. Vous pouvez partager les frais de voyage avec des compagnons ou vous déplacer pendant la saison morte.

Si vous disposez de tout votre temps, vous pouvez aussi envisager de devenir membre d'un club de voyage de dernière minute. Ces clubs proposent à la dernière minute des places qui n'ont pu être vendues. Par exemple, il pourrait vous en coûter la moitié du prix régulier pour faire une croisière dans les Caraïbes. Consultez les journaux à ce sujet. Les musées, les galeries d'art et les universités parrainent souvent des voyages éducatifs. Il y a aussi des associations et des clubs qui proposent des voyages organisés. Les voyages en groupe peuvent particulièrement intéresser les personnes seules qui désirent avoir de la compagnie en voyage. Finalement, songez à un voyage au cours duquel vous pourriez travailler. Si vous êtes expert dans un domaine, vous pouvez vous arranger

Voyager pendant la retraite   **FEUILLE DE TRAVAIL 11**

Où voudrais-je aller? _____

_____

_____

Avec qui? _____

_____

_____

Quand? À quelle période de l'année? _____

_____

_____

De combien de temps aurai-je besoin pour bien apprécier? _____

_____

_____

Combien cela va-t-il coûter? _____

_____

_____

Puis-je me le permettre? Sinon, que dois-je faire pour rendre cela possible? _____

_____

_____

Ai-je besoin d'acheter des vêtements ou un équipement spécial? Si c'est le cas, quoi? _____

_____

_____

Idées personnelles sur le voyage _____

_____

_____

pour donner des conférences sur un bateau de croisière en échange de quoi vous voyagez gratuitement. Le travail de directeur touristique est plutôt exigeant; il faut mener un groupe à une destination particulière en échange de ses frais de déplacement.

Il y a plein de choses à faire pendant votre retraite. Pour en faire une réussite, il vous faut connaître vos aspirations, ce que vous devez faire et ensuite mettre votre plan en action. Mais vous êtes le seul à savoir quelle forme prendra votre retraite.

Un chez-soi est plus qu'un simple toit

Un chez-soi est plus qu'un assemblage de briques et de mortier. C'est l'endroit où, confortablement installé dans un fauteuil, on peut regarder un bon téléroman à la télévision ou encore un match de hockey; où on peut faire un somme devant un feu de foyer; où on peut faire sa comptabilité sur la table de la salle à manger un soir de semaine.

Ce n'est toutefois pas une raison pour ne pas regarder objectivement votre situation actuelle de logement. Est-ce l'endroit où vous voulez prendre votre retraite, où vous voulez vivre pour les 10 prochaines années? les 40 prochaines années? La maison où vous avez vécu 20 ans était peut-être idéale pour élever les enfants ou pour vous rendre au travail. Mais est-ce vraiment l'endroit où vous voulez passer le reste de votre vie? Peut-être avez-vous décidé d'emménager dans une maison plus grande, de changer de quartier ou de faire construire la propriété de vos rêves?

Quelles que soient vos intentions, le foyer est un aspect important de l'idée que vous vous faites du bien-être. Malheureusement, certains décident de déménager pour la seule raison que, d'après eux, retraite implique déménagement.

Alors ils vendent tout, se déracinent et prennent leur retraite à l'endroit de leurs rêves, par exemple une copropriété en Floride. Puis, certains commencent à broyer du noir et se demandent pourquoi ils ne sont pas heureux. Le rêve s'est transformé en cauchemar! Leur famille, leurs amis, leurs coins familiers leur manquent. Ils se sentent isolés, déplacés. Ils se rendent compte que quelque chose leur manque.

Ce qui leur manque, c'est précisément ce que veut dire *se sentir chez soi*. Un chez-soi est un concept global plus vaste que l'espace contenu entre le toit et les murs. Il englobe aussi les gens qui nous sont chers: notre famille, nos amis, nos voisins, nos collègues. Un chez-soi, c'est aussi les commodités à proximité, ou encore des facteurs intangibles mais essentiels comme les souvenirs, le confort, la sécurité, les habitudes, les racines. Il importe donc de bien définir vos besoins, d'en discuter avec votre conjoint, un ami proche ou la personne avec qui vous avez l'intention de partager votre demeure.

Votre décision de déménager doit être fondée sur vos propres besoins. Lorsque vous aurez déterminé quel sera votre mode de vie à la retraite, alors vous pourrez juger si un déménagement est de mise. Examinons plus attentivement ce que nous entendons par un *chez-soi* et évaluons les différentes possibilités qui s'offrent.

Votre demeure actuelle

Quels avantages et quels inconvénients y a-t-il à garder sa maison? Nous vivons une période d'incertitude économique: est-il sage de vouloir conserver sa résidence? Le prix de revente des maisons s'est stabilisé ces dernières années.

Les économistes sont moins certains qu'autrefois quant à l'évolution du prix des propriétés. Certains prévoient un déclin continu, ou du moins des augmentations inférieures au taux d'inflation. Le centre d'analyse du marché immobilier de la Société canadienne d'hypothèques et de logement (SCHL) confirme cette tendance. Même les marchés actifs comme celui de Vancouver connaîtront un ralentissement et même une légère baisse de prix.

L'état du marché immobilier ne doit pas être votre seule préoccupation financière. Votre emprunt hypothécaire est-il remboursé? Avez-vous hypothéqué votre maison? Nécessite-t-elle des réparations majeures? Qu'en est-il des taxes foncières et des frais d'entretien? Votre revenu de retraite vous permettra-t-il de les assumer? Si vous décidez de louer un appartement, êtes-vous sûr que la Régie du logement vous aidera à contrer les hausses de loyer? La grande question: pouvez-vous continuer à vivre dans votre maison actuelle, maintenir votre style de vie et votre situation financière sans inquiétude?

Nous aborderons les aspects financiers d'un déménagement au chapitre dix. Limitons-nous pour le moment au style de vie. Vaudrait-il mieux vivre dans plus petit? Votre quartier est-il convivial, propre, disposant des commodités dont vous avez besoin maintenant et dont vous aurez besoin dans l'avenir? Les transports publics sont-ils pratiques et leurs horaires fiables? Y a-t-il des magasins, des services de livraison, un centre communautaire à proximité? Vous sentez-vous en sécurité dans le quartier? Les trottoirs sont-ils bien déblayés l'hiver?

Examinez d'un œil critique votre propre résidence. Y a-t-il trop d'escaliers à monter, des planchers sur lesquels vous risquez de glisser, un éclairage inadéquat? Peut-on apporter des solutions à ces problèmes? Le concierge de votre immeuble est-il avenant? Êtes-vous capable maintenant et serez-vous capable dans l'avenir de vous acquitter des tâches ménagères?

Selon Billy Baldwin, célèbre décorateur américain, *le confort est peut-être le luxe ultime.* C'est en partie la raison pour laquelle plusieurs décident de rester dans la maison familiale. Où pourraient-ils trouver un pareil confort? Vous partagez peut-être la même opinion. C'est votre foyer. Vous y avez vécu pendant des années, vous avez fait des rénovations, vous avez enfin appris à composer avec votre détestable voisin. Les ajouts que vous avez apportés sont uniques, l'emplacement est exceptionnel. Bref, personne ne pourrait reproduire votre demeure pour le double du prix. Sans oublier les bons moments que vous y avez vécus. Un chez-soi est plus qu'une habitation: c'est le lieu des souvenirs. Il faut prendre en considération ces liens sentimentaux qui nous lient à notre quartier et à notre résidence lorsqu'on pense à déménager.

Pensez maintenant à vos besoins si vous déménagiez. Vos enfants vivront-ils encore avec vous lorsque vous aurez pris votre retraite? Même les enfants qui sont déjà partis reviennent parfois, pour des raisons financières ou conjugales. Où pourraient-ils trouver une voiture à leur disposition, un frigo rempli, un service de lessive, le téléphone, toutes les commodités d'un chez-soi... sans frais?

Marcel et Claudette ont connu cette situation. Après avoir élevé cinq enfants, ils avaient hâte de se retrouver enfin seuls. Mais la maison familiale était si confortable et si agréable que les enfants n'étaient pas pressés de la quitter. Pour les inciter à partir, les Thériault ont vendu leur résidence de six chambres à coucher pour en acheter une de trois chambres. Malgré cela, les enfants sont restés. L'un s'est installé dans le sous-sol non fini, trois se sont entassés dans deux petites chambres. La vie a poursuivi son cours. Un an plus tard, les Thériault redéménageaient... dans une propriété de six chambres à coucher. Chacun pouvait à nouveau prendre ses aises.

Outre la question des enfants, il faut tenir compte d'autres facteurs. Avez-vous l'intention de voyager? Allez-vous consacrer l'essentiel de vos activités à la maison, au club, au chalet ou à l'église? Des membres de votre famille resteront-ils avec vous ou vous visiteront-ils régulièrement? Comptez-vous recevoir à la maison ou rencontrer vos amis à l'extérieur?

Maintenant que vous n'êtes plus lié à un emploi, déménager dans un nouveau secteur vous conviendrait-il mieux? Vous pourriez peut-être ainsi éviter les ennuis de circulation, la pollution sonore, la criminalité. Mais vous pourriez aussi vous retrouver loin de vos amis et des membres de votre famille.

Jetez un coup d'œil à la feuille de travail *À la retraite, votre demeure répondra-t-elle à vos besoins?* Cette fiche vous aidera à évaluer vos besoins à la retraite et à déterminer les facteurs importants si vous comptez changer de lieu. Faut-il rester dans votre maison actuelle? La plupart des Canadiens ne bougent pas après leur retraite, mais de plus en plus déménagent. On constate aussi une tendance à être propriétaire de deux résidences: l'une près de sa famille et de ses amis, l'autre dans le sud ou à la campagne. Si vous n'êtes pas sûr de votre choix, envisagez quelles modifications apporter à votre demeure pour en faire votre lieu de retraite.

La majorité des gens, indépendamment de leur âge, de leur état de santé ou de leur situation personnelle, veulent rester chez eux, actifs et autonomes. Mais c'est plutôt difficile à faire pour les personnes les plus âgées. Parfois, elles ne peuvent plus assumer l'entretien et faire les réparations que nécessite la maison; ou elles ne peuvent plus préparer les repas ou veiller

Au moment de la retraite, votre demeure répondra-t-elle à vos besoins?   FEUILLE DE TRAVAIL 12

	Oui ou non	Meilleure solution

Votre demeure

Y a-t-il trop de pièces ou d'escaliers?

Votre demeure est-elle sûre? Faut-il un meilleur éclairage
ou de la moquette plutôt que des carpettes çà et là?

Les dimensions de la maison et du jardin vous conviennent-elles?

Aimez-vous travailler sur le terrain, jardiner, effectuer des réparations?

Votre quartier

Êtes-vous près de vos parents, de membres de votre famille,
de vos amis?

Y a-t-il des magasins ou des centres de loisirs à proximité?

Les voisins sont-ils sympathiques, serviables?

Le quartier est-il sûr?

La rue est-elle trop bruyante ou trop tranquille?

Si vous vivez à la ville, préféreriez-vous être à la campagne?

Si vous êtes à la campagne, aimeriez-vous vivre en ville?

Aimeriez-vous fuir les hivers canadiens pour le soleil du sud?

Y a-t-il des centres sportifs, des associations
ou des centres communautaires dans le voisinage?

Vous sera-t-il facile de trouver de nouvelles activités,
un nouveau travail, de nouveaux passe-temps?

Pourrez-vous faire de l'exercice dans les environs?

Êtes-vous sentimentalement attaché à votre quartier
ou pourriez-vous vivre ailleurs?

Aimeriez-vous faire l'expérience d'habiter à de nouveaux endroits?

Transport

Y a-t-il un service d'autobus, de métro, de train à proximité?

Devrez-vous acheter une seconde voiture?

Pourrez-vous vous déplacer à pied ou vous promener à bicyclette?

Le coût de votre demeure

Votre revenu de retraite vous permettra-t-il d'assumer les coûts
de votre demeure?

Vos coûts vont-ils augmenter?

Avez-vous d'importantes dépenses en vue telles que
des réparations?

Existe-t-il des subventions pour vous aider à assumer les coûts?

Les travaux d'entretien du terrain ou de déneigement
sont-ils dispendieux?

Souhaiteriez-vous dépenser moins d'argent pour votre maison,
peut-être pour voyager davantage?

Avez-vous envisagé de prendre un pensionnaire
et de louer une chambre?

à leur hygiène personnelle. Certains ont des ennuis de santé, des soucis financiers ou craignent pour leur sécurité. Avec l'aide des services publics et le soutien de leur famille, plusieurs viennent à bout de ces difficultés. Après tous, les gouvernements offrent des services répondant aux besoins des personnes âgées.

Les services publics ne sont pas les seuls à pouvoir vous venir en aide. Les promoteurs, architectes et entrepreneurs sont de plus en plus intéressés à satisfaire aux demandes des personnes âgées.

Il faut à tout prix prendre conscience de l'importance de son choix de logement. Il faut planifier, envisager les conséquences d'un changement sur son état de santé, sa situation financière et personnelle, examiner d'autres solutions possibles. Pensez à d'éventuels changements, parlez-en avec votre famille, tenez compte de toutes les possibilités. Sinon, vous pourriez vous retrouver malheureux dans un nouveau logement simplement parce que vous n'avez pas pris le temps de trouver un endroit plus convenable. Les listes d'attente des maisons de retraite intéressantes sont hélas! très longues. Alors, commencez dès maintenant à penser à vos futurs besoins de logement.

Examinons d'autres solutions.

L'habitation partagée

Si vous éprouvez des difficultés financières ou que vous ayez besoin d'aide pour les tâches ménagères, envisagez l'habitation partagée. Cette solution n'est pas nouvelle. C'était même la norme jusqu'au milieu du siècle. Il n'était pas inhabituel de voir, partout au Canada, le père, la mère, les enfants et un grand-parent partager la même table. Puis, les familles ont commencé à se disperser, parce que certains voulaient voir du pays ou cherchaient un emploi. Il devenait de plus en plus difficile de vivre ensemble.

Pour ceux qui occupent un vaste logement, partager son espace offre une solution qui non seulement procure un revenu supplémentaire ou contribue au règlement du loyer, mais encore permet d'avoir de l'aide pour la cuisine, les tâches ménagères, les réparations ou le jardinage. L'habitation partagée vous apporte compagnie et sentiment de sécurité. Votre locataire peut être une autre personne à la retraite ou encore un étudiant ou un parent. Des agences peuvent vous mettre en contact avec un candidat qui convient,

vous conseiller et vous fournir les documents juridiques concernant les ententes de cohabitation. Vérifiez si les règlements de zonage permettent l'habitation partagée.

Prenez le cas de Monique, divorcée, dans la cinquantaine et qui habite Rimouski. Bien qu'elle adore voyager, ne bénéficiant que d'une modeste pension et de faibles épargnes, elle était sûre qu'il en était fini de ses déplacements. Son seul capital important était la vieille mais spacieuse maison familiale. Mais les frais d'entretien risquaient d'engouffrer tous ses revenus de retraite. L'habitation partagée offrait une solution idéale. Elle a pu trouver deux personnes pour vivre chez elle: un jeune étudiant et un voisin âgé.

D'autres propriétaires préfèrent aménager un logement autonome à même la résidence, soit en convertissant un étage ou en agrandissant. Les sous-sols ou les garages peuvent être transformés en appartements accessoires sans que la surface habitable soit modifiée. Vous pouvez soit louer l'appartement et occuper le reste de la maison, soit encore prendre l'appartement pour vous et louer la maison. Un appartement vous procure intimité et autonomie, mais l'habitation partagée vous assure sécurité et compagnie. Encore une fois, vérifiez les règlements de zonage.

Prenons un autre cas, celui de Marie qui, une fois à la retraite, a déménagé chez sa fille aînée. Son gendre, bricoleur habile, a converti le garage double et le sous-sol en un appartement indépendant à même la propriété: entrée séparée, chambre à coucher, cuisine, salle à manger, salon avec foyer et même une petite véranda. Endroit idéal pour une personne seule, et facile à surveiller lorsque Marie est partie en voyage.

Vers une retraite dorée

Si votre résidence actuelle ne convient pas au mode de vie ou à vos besoins à la retraite, il est temps de penser à l'endroit où vous comptez aller et au genre de logement qui vous conviendrait.

La copropriété

La copropriété existe depuis plusieurs années, même si de nombreux Canadiens connaissent davantage cette formule aux États-Unis qu'ici. Il y a malheureusement eu certaines expériences malheureuses. Les problèmes surviennent habituellement parce qu'on s'est engagé avant même que la propriété ne soit construite. Il est toujours risqué d'acheter quelque chose qu'on n'a pas vu, surtout une construction. L'immeuble n'est peut-être pas comme vous l'imaginiez. Il existe, bien sûr, de nombreux cas où les acheteurs ont vu leurs rêves se réaliser. Certains promoteurs ont même *livré la marchandise* au-delà des attentes de leurs clients.

Quoi qu'il en soit, l'achat d'une copropriété en construction peut s'avérer une transaction délicate. Vous devriez toujours faire affaire avec un promoteur qui jouit d'une solide réputation. Informez-vous de ses projets antérieurs et demandez aux propriétaires s'ils sont satisfaits de leur investissement. Il pourrait être utile qu'un notaire jette un coup d'œil aux subtilités des règlements de copropriété. Par exemple, certains règlements interdisent les animaux de compagnie ou les visiteurs qui passent la nuit. D'autres imposent des consignes de décoration très strictes qui peuvent vous sembler contraignantes. N'oubliez pas que les copropriétaires doivent payer des frais d'entretien. Ces frais ne sont pas fixes; ils vont sans doute augmenter avec le temps. Il faut en tenir compte pour votre planification et votre gestion financières.

Vers le sud

Si vous comptez vous retirer à l'extérieur du Canada, il faut prendre en considération des facteurs comme le coût de l'assurance-maladie aux États-Unis, l'impact d'un dollar canadien faible sur le pouvoir d'achat de vos revenus, les incidences fiscales, les impôts fonciers, les règles touchant les régimes de retraite et les prestations de sécurité de la vieillesse, et le coût des soins de santé. L'assurance-maladie est un aspect particulièrement important si vous pensez vous établir aux États-Unis. Il sera question de ces sujets plus en détail au chapitre quatorze.

Même si, après mûre réflexion, vous décidez de quitter le Canada pour les États-Unis, le Mexique ou quelque autre destination, examinez les points suivants pour vous assurer que vous serez à l'aise là où vous vous établirez:

- Tenez compte de vos besoins de soins de santé, de services sociaux, financiers et récréatifs. Pensez à ce qu'implique de ne pas pouvoir s'exprimer dans sa langue maternelle lorsqu'on fait ses courses, lorsqu'on veut se faire des amis ou pour le simple train-train quotidien. Pourrez-vous trouver des livres, des revues, des journaux, des divertissements dans votre langue? Quel est le taux de criminalité? Les transports publics vous conviennent-ils?

- Écrivez aux autorités de l'État, de la province, du pays où vous aimeriez vous établir et demandez des renseignements sur les conditions de logement, les taxes et les impôts, le climat, les programmes à l'intention des personnes âgées et les exemptions fiscales dont elles peuvent bénéficier.

- Écrivez à la chambre de commerce de l'endroit et demandez de l'information sur les activités locales. Faites part de vos goûts; par exemple, si vous jouez aux échecs, informez-vous s'il existe un club local. Si vous vous intéressez aux arts de la scène, renseignez-vous sur le théâtre, l'opéra, le ballet. Demandez qu'on vous envoie un journal de l'endroit; en y jetant un coup d'œil, vous aurez déjà une première impression.

- Au cours de vos prochaines vacances, visitez l'endroit. Faites-en le tour attentivement.

- Avant d'acheter, louez, de sorte que si, pour quelque raison, le déménagement ne peut se faire, vous pourrez revenir sans perdre d'argent.

- Jetez à nouveau un coup d'œil à la feuille de travail 12: votre nouvelle demeure apporte-t-elle des solutions aux problèmes que posait l'ancienne et répond-elle à tous vos besoins?

Les retraités sont souvent attirés vers des destinations plus chaudes comme la Floride, l'Arizona, le Mexique ou les Caraïbes. Pourquoi ne pas combler votre désir de températures plus clémentes en vous établissant seulement pour quelques mois l'hiver? Plutôt que de déménager pour de bon, vous pourriez vous y installer temporairement et fermer votre maison ou la louer. (Si vous ne trouvez pas de locataire, demandez à un ami de l'habiter.)

L'exemple suivant vous fera bien saisir toute l'importance de louer avant d'acheter. Un pilote à la retraite et sa femme ont vendu leur maison pour en acheter une à Phoenix, en Arizona. Comme leurs appareils ménagers avaient de l'âge, ils les vendirent en même temps que la maison et en achetèrent de nouveaux en arrivant aux États-Unis, épargnant ainsi sur les frais de déménagement. Ils vendirent même à qui le voulait bien ce dont ils n'avaient plus besoin. Malheureusement, leur nouvelle vie en Arizona ne répondit pas à leurs attentes. D'abord, des amis qui devaient les suivre changèrent d'idée. Là-bas, leurs voisins américains étaient plus âgés qu'eux et ne partageaient pas du tout leurs intérêts. Après trois mois, ils se rendirent compte que parcourir un terrain de golf tous les jours ne répondait vraiment pas à leurs attentes. Ni le soleil brûlant qui les dardait quotidiennement de ses rayons. Ils décidèrent donc de revenir au pays, heureux propriétaires de meubles de style tropical et de nouveaux appareils ménagers dispendieux à déménager. Ils rentrèrent délestés de quelques milliers de dollars, mais enchantés d'être de retour.

En louant, vous faites d'abord l'expérience de l'endroit et des conditions de logement; vous prenez ensuite la décision d'aller y vivre ou pas. Vous aurez peu de difficulté à trouver un logement à louer. La plupart des journaux regorgent d'occasions de location en Floride et dans d'autres endroits de villégiature. Les journaux locaux, les agences immobilières et les agences de location vous fourniront d'autres adresses.

Il y a, bien sûr, des avantages à être propriétaire. Vous pouvez décorer à votre goût, laisser vêtements et biens personnels, facilitant ainsi les déplacements. Vous voulez peut-être profiter des occasions d'achat des zones surconstruites du sud-ouest des États-Unis. Si vous êtes déterminé à devenir propriétaire, vous devriez d'abord faire un essai.

Trouvez un locataire pour votre propriété et louez dans le sud pour quelques mois. (N'oubliez pas que votre protection d'assurance-maladie provinciale n'autorise que des absences de six mois au maximum.) Si vous avez l'intention d'occuper votre nouvelle demeure à l'année, faites un voyage dans les circonstances les moins favorables. Allez-y, par exemple, hors saison. Visitez la Floride ou quelque destination soleil au moment où le temps est le plus chaud et le moins confortable.

On peut trouver dans les librairies et les bibliothèques des livres qui présentent d'intéressantes suggestions à ce sujet. Mais c'est une bonne idée que de dresser votre propre liste et d'établir vos priorités. Jetez à nouveau un coup d'œil sur les feuilles de travail que vous avez remplies. Assurez-vous de pouvoir faire ce qui vous intéresse et éviter ce qui vous ennuie

dans votre nouvelle demeure. Votre lieu de résidence est déterminant quant au mode de vie que vous aurez. Vous devez avoir en tête une image précise du genre de vie que vous entendez mener pour décider où vous installer.

Vivre dans la dignité

Un chez-soi n'est pas qu'un toit. Nous voulons que notre demeure nous permette d'apprécier la compagnie des autres. Nous voulons nous sentir en sécurité, être à l'aise et nous livrer aux activités qui nous comblent. Nous souhaitons manger des repas nutritifs et avoir rapidement accès aux soins dont nous avons besoin. Seule une résidence pour personnes âgées peut parfois offrir tous ces services.

Il existe plusieurs types de foyers pour retraités; en faisant un peu de recherche, vous serez en mesure de trouver celui qui vous convient. Certains complexes immobiliers offrent des appartements complets, avec cuisine et salle de bain. On peut se faire servir ses repas dans une salle à manger commune et regarder la télévision ou prendre part à des jeux dans une salle de loisirs. Il peut même y avoir un petit centre commercial. Souvent, lorsque les soins de santé ne sont pas dispensés sur place, un médecin, un dentiste et des auxiliaires chargés des soins d'hygiène personnelle viennent régulièrement, peut-être une ou deux fois par semaine.

Certaines maisons de retraite offrent davantage de soins de santé et d'hygiène personnelle. On aide les résidents à la préparation des repas, au ménage, à la lessive; des infirmières ou des auxiliaires donnent des conseils, par exemple sur la prise de médicaments. Les résidents peuvent avoir leur propre chambre à coucher ou disposer d'une chambre-salon avec salle de bain privée, mais sans cuisine. Ils peuvent aussi partager le cabinet de toilette. Enfin, dans un établissement de soins prolongés, une attention médicale complète est assurée.

Malheureusement, nous sommes un peu en retard par rapport aux États-Unis en ce qui concerne le logement des personnes à la retraite. Une des innovations les plus intéressantes aux États-Unis est ce qu'on appelle les *life-care communities*, c'est-à-dire des communautés fournissant des soins à vie. Elles comprennent des centaines de maisons et d'appartements autonomes et offrent aux occupants des soins médicaux et des installations de loisirs et d'activités sociales (magasinage, artisanat, travaux manuels). Il y a une clinique ou un hôpital gériatrique sur les lieux. Les résidents qui ne peuvent plus mener une vie autonome ont la possibilité de déménager dans des centres de soins complets. Comme n'importe où, plus la gamme des services offerts est étendue, plus les frais sont élevés.

Heureusement, la majorité des retraités peuvent rester dans leur maison grâce à l'aide que leur apporte leur famille ou au soutien qu'ils obtiennent de l'extérieur. Seulement de 5 % à 10 % des gens du troisième âge, habituellement très âgés, se retrouvent dans des foyers de soins infirmiers. Mais il en est autrement des maisons de retraite. De telles maisons veillent à ce que ceux qui ne peuvent plus ou ne veulent plus préparer leurs repas se nourrissent quand même sainement. Ceux qui choisissent une résidence pour personnes âgées le font souvent pour des raisons de sécurité, surtout s'ils sont seuls ou ne peuvent compter sur des membres de leur famille vivant à proximité. Qu'arriverait-il s'ils avaient un accident ou un malaise? Des réseaux non institutionnalisés se mettent en place pour servir les maisons de retraite. Les voisins et les membres du personnel sont au courant des habitudes des occupants et font enquête s'ils remarquent quelque chose d'inhabituel, ce qui est rassurant pour les résidents et leur famille.

Il y a une grande diversité dans le choix des maisons de retraite et des centres d'hébergement; il est sage de se procurer l'information pertinente dans les registres de logements disponibles pour personnes âgées ou encore auprès des services de soins à domicile ou des centres de placement. Certains foyers sont privés, d'autres publics ou gérés par des organismes à but non lucratif. Les premiers peuvent être très dispendieux, tandis que les seconds se financent normalement à même les revenus des résidents.

Vendre sa résidence

Si vous avez décidé de déménager, vous devrez vendre votre résidence. Selon les agents immobiliers, les retraités font souvent les mêmes quatre erreurs lorsqu'ils essaient de vendre leur maison.

■ Ils ne connaissent pas la valeur de maisons semblables à la leur dans le voisinage et refusent de s'informer. Aussi sont-ils souvent prêts à accepter beaucoup moins que ce qu'ils auraient pu obtenir. Prenez le temps de repérer les maisons à vendre dans votre quartier et comparez. Discutez avec des agents immobiliers et avec le directeur de la caisse populaire locale.

■ Ils ne se demandent pas si c'est le bon moment de vendre. Informez-vous si la demande est forte pour votre genre de propriété. Ne vendez pas avec précipitation; c'est une erreur que vous ne pouvez pas vous permettre. Mettez votre propriété en vente lorsque le marché immobilier est actif pour votre type de résidence. Donnez-vous au moins deux ou trois ans.

■ Ils oublient les besoins d'acheteurs éventuels. Ne mettez pas beaucoup d'argent sur des décorations spéciales ou des modifications importantes; elles ne conviendront peut-être pas à votre acheteur. Une couche de peinture à l'extérieur et à l'intérieur suffit. Rappelez-vous qu'une maison propre avec un ou deux éléments désavantageux se vend plus facilement qu'une résidence mal entretenue qui possède tous les avantages. Un aménagement paysager attrayant peut aussi faciliter la vente.

■ Ils ne montrent pas toujours leur maison sous son meilleur jour. Fixez-vous certaines journées pour faire visiter, afin de préparer la venue d'acheteurs éventuels. Il est préférable de vendre une maison alors que vous l'occupez encore.

Un chez-soi est plus qu'un simple toit. Lorsque vous prendrez votre retraite, votre bien-être dépendra en grande partie du logement que vous aurez choisi; il devra convenir vraiment à votre style de vie. Prenez le temps d'analyser attentivement vos besoins.

Notes

Chapitre 4

Les relations humaines

C'est un lieu commun de dire que la fin d'une chose marque le commencement d'une autre. Cette observation est particulièrement juste lorsqu'elle s'applique aux changements qui se produisent au moment de la retraite. Rappelez-vous votre départ de la maison familiale, votre premier emploi ou encore votre mariage…

À chaque occasion, les relations avec votre famille et vos amis ont connu des transformations fondamentales. Le même phénomène se produira au moment de votre retraite; vous vivrez certains des changements les plus importants de votre vie.

Nos relations changent-elles vraiment après la retraite? Oui et non. Votre retraite peut soulever des vagues parmi les gens qui vous entourent. Ainsi, un beau jour, Gaston, 53 ans, s'est présenté au travail pour apprendre qu'on lui proposait une retraite anticipée. L'allocation de départ était intéressante; il craignait que l'offre ne se répète pas, c'est-à-dire qu'il y ait tout simplement cessation d'emploi. Mais voilà, Gaston avait prévu prendre sa retraite à 60 ans et non à 53. Il ne se sentait pas prêt pour ce changement, ni sur le plan financier ni sur le plan affectif. De retour à la maison, il fit part de cette nouvelle à sa famille qui réagit vigoureusement. Ce changement dans sa vie allait modifier la leur! Son épouse se demandait comment ils pourraient s'en tirer avec un revenu moindre, ses enfants étaient contrariés de voir compromis leurs coûteux projets de vacances et Gaston savait qu'il devrait renoncer au club de golf. Sans compter la déception des membres du club lorsqu'il démissionnerait de la présidence!

Si Gaston et sa famille avaient déjà discuté de la possibilité d'une retraite anticipé forcée, ils auraient été moins ébranlés lorsque la situation se serait présentée. Il y aurait probablement eu peu de changement dans la qualité et la stabilité de leurs relations. Par ailleurs, si la famille de Gaston est souvent mise à rude épreuve et ne communique pas très bien, les résultats peuvent être très différents: difficultés d'ordre émotif, rupture des relations et insécurité financière.

Ces circonstances peuvent marquer la vie de n'importe qui. Ne croyez pas que la retraite va vous donner tout le temps de régler vos problèmes personnels. Le contraire peut se produire. En fait, le travail et l'éducation des enfants peuvent bien souvent reléguer au second plan un manque de communication. À la retraite, les masques tombent et vous vous retrouvez avec les conflits sous-jacents qui éclatent au grand jour.

Qu'en est-il des gens seuls? Prenez le cas d'Henri. L'entreprise pour laquelle il travaille est transférée à Toronto et on lui offre une retraite anticipée et un emploi saisonnier à temps partiel s'il déménage. Sa sœur vit déjà à Toronto et il aimerait bien aller la rejoindre. Mais il partage sa maison avec un ami qui est très contrarié par cette décision; leur amitié pourrait être compromise. Comme vous voyez, un changement peut avoir des répercussions sur les relations d'une personne non mariée.

Il n'y a pas deux individus qui pensent, sentent ou réagissent aux événements de la même façon. Nous avons tendance à l'oublier dans nos relations avec autrui. Nous nous étonnons ensuite de voir la nature de ces relations évoluer différemment de ce que nous aurions souhaité. Nous oublions que les membres de notre famille et nos amis ont des personnalités distinctes. Il arrive parfois que quelqu'un veuille dominer, prendre des décisions importantes seul et élaborer des projets d'avenir sans consulter personne. Les autres en prennent leur parti sans nécessairement être emballés par les nouveaux arrangements. Nos relations peuvent se maintenir ainsi pendant un certain temps, jusqu'à ce qu'un événement important ou un changement profond provoque une crise, et alors tout s'écroule.

Selon des spécialistes, le secret pour éviter de telles impasses déchirantes est simple: la communication, c'est-à-dire partager ses sentiments, ses pensées et ses préoccupations avec ceux qui nous entourent. De telles relations ne s'établissent que dans le respect, la confiance et la compréhension réciproques; elles sont alors durables et profondes parce que vous tenez compte de vos besoins mais aussi de ceux que vous aimez quand vient le temps de faire des compromis.

Parce que nous sommes des êtres sensibles et que nous tenons à ceux qui nous sont chers, nous avons tendance à réagir émotivement. Il est cependant difficile de résoudre des problèmes quand les émotions prennent le dessus. Bien communiquer demande d'être objectif et de savoir résoudre des difficultés sans avoir recours aux larmes et aux cris. Non pas que les émotions soient par définition néfastes. Il est sain de pouvoir exprimer ses émotions; c'est un fait qu'il faut reconnaître et accepter. Mais une fois que vous vous êtes défoulé, il faut savoir mettre vos émotions de côté et chercher rationnellement une solution.

Comment y arriver? D'abord, il faut que le couple soit d'accord pour discuter des différences de points de vue, des inquiétudes et des besoins de chacun. Il faut être honnête et ouvert. Amorcez une discussion quand vous vous sentez en forme et à l'aise avec vos proches. S'il y a des cris, des pleurs ou des silences boudeurs, attendez que les choses se calment.

Si la tâche est trop difficile, demandez l'aide de quelqu'un qui n'est pas directement en cause, mais qui est prêt à intervenir: un membre de la famille, un ami ou un voisin, quelqu'un qui soit compatissant et juste. Il peut s'agir d'un membre du clergé ou d'un groupe du soutien ou encore d'un professionnel de la santé.

Imaginez le scénario suivant: un mari et son épouse se disputent au sujet du budget familial et la discussion tourne en rond. Ils ne s'écoutent pas parce que les émotions prédominent. Une tierce personne, disons un ami, intervient, et que se passe-t-il? Ils se conduisent de façon on ne peut plus civilisée! Personne ne doit être témoin de leurs invectives…

Pour obtenir plus d'information sur l'efficacité dans les communications, bouquinez dans les biblio-thèques et les librairies et consultez la bibliographie à la fin de ce livre.

Une méthode peut vraiment vous aider à planifier votre retraite: la méthode de *planification par anticipation*. Il s'agit d'envisager différentes hypothèses: qu'est-ce que je ferais si telle chose m'arrivait? Nous le faisons constamment de façon inconsciente. Est-ce que nous ne voyons pas la vie des autres se dérouler sous nos yeux, nous les voyons se débattre avec leurs problèmes, puis nous nous faisons à part des commentaires sur leur attitude.

N'avez-vous jamais dit: «*Il s'en est bien tiré, c'était habile de réagir comme il l'a fait.*» Ou encore: «*Ce qu'elle a été idiote, je n'aurais jamais fait ça.*» Voilà ce qu'on entend par la planification par anticipation: on observe quelqu'un dans une situation donnée, on s'imagine dans des circonstances analogues et on dresse un inventaire de stratégies qui peuvent éventuellement servir.

Comment tirer profit de ces leçons? Observez délibérément les gens autour de vous et repérez les situations qui pourraient s'appliquer à votre cas. Voici comment procéder:

- Identifiez les situations qui pourraient survenir à partir de la quarantaine, comme la retraite, la maladie, le fait d'être grand-parent ou de prendre soin d'un parent âgé.
- Examinez les répercussions sur les gens en cause, comme les soucis financiers, les responsabilités à assumer, le temps consacré à telle ou telle activité, l'impact émotif.
- Analysez les sentiments que vous éprouveriez dans des circonstances similaires, comme l'anxiété, la frustration, la satisfaction, la joie.
- Imaginez les moyens de régler le problème en question.

Vous aurez ainsi plus de maîtrise sur votre vie, vous pourrez affronter les problèmes plus facilement, réduire le nombre de crises et le stress qu'elles impliquent. Examinons maintenant les bouleversements que la retraite pourrait amener dans vos relations; faisons un peu de *planification par anticipation*.

La retraite et le couple

Présumer que les relations conjugales vont se maintenir comme avant, qu'elles soient bonnes ou mauvaises, au moment de votre retraite ou de celle de votre conjoint, est une grave erreur. Un certain nombre de difficultés peuvent survenir. La première concerne la vie propre de chaque membre du couple.

Les couples à la retraite vont passer beaucoup plus de temps ensemble et leurs relations peuvent s'en ressentir. Disons que le bonheur de vivre à deux devient plus imprévisible!

Il serait bon de discuter avec votre conjoint du fait de passer plus de temps ensemble. Comment s'y prendre? Quelles activités partager? Une personne peut trouver, par exemple, que son conjoint mène une vie active qui risque de l'exclure. La perspective de consacrer plus de temps à sa famille peut être contrariée par l'idée que se fait le conjoint. Une personne pourrait même trouver pénible de voir constamment son conjoint à la maison.

Pour la plupart des femmes mariées, le plaisir de partager plus de temps avec leur conjoint et la satisfaction de sentir qu'on a besoin d'elles l'emportent sur la perte de liberté personnelle. Mais, selon les conseillers matrimoniaux, il arrive que ce soit les femmes plutôt que les maris qui se plaignent d'avoir à consacrer plus de temps à leur conjoint et déplorent qu'on exige davantage d'elles.

Une deuxième difficulté, le partage des tâches ménagères, se révèle un sujet délicat. Je sais que plusieurs couples font des blagues sur cette question, mais c'est pour d'autres l'objet d'amères disputes. Il n'y a pas de recette magique; chaque couple doit inventer ses propres solutions, sinon le ressentiment risque d'assombrir les relations.

Une troisième difficulté éventuelle, bien que moins courante, contient le germe d'une tragédie. Certaines femmes et certains hommes intéressants et dynamiques se sont mis à s'ennuyer, à devenir apathiques après leur retraite. Leur confiance en la vie et leur estime d'eux-mêmes en ont souffert, ainsi que leurs rapports conjugaux. Même leur santé en a été affectée. Que faire?

Il faut réfléchir ensemble à ces questions cruciales, trouver des façons de structurer le temps dont on dispose. La planification est essentielle. Bien avant de prendre votre retraite, discutez en commun de vos désirs et de vos attentes. Demandez-vous si vos besoins et vos aspirations sont authentiques; gardez

votre personnalité plutôt que de vous conformer à ce que vous croyez être les attentes de votre conjoint.

En ce qui a trait à la vie privée, de nombreux couples décident de poursuivre au moins quelques activités qui sont propres à chacun. Le mari va au cinéma tandis que sa épouse reçoit pour une partie de cartes. Il promène le chien pendant qu'elle fait le ménage. Vous pouvez même décider d'avoir une seconde ligne téléphonique. Non pas que vous éprouviez moins d'amour l'un pour l'autre, mais chacun a besoin d'un peu de temps à soi.

Vous devez être au courant des activités de l'autre lorsque vous établissez votre emploi du temps. Comme toujours, la clé est dans l'équilibre. Vous pourrez éviter bien des problèmes si vous demeurez vigilant par rapport aux changements qui se produiront après la retraite. Vous serez alors mieux en mesure de trouver une solution aux difficultés qui pourraient surgir.

Maintenant que 50 % des femmes sont sur le marché du travail, un autre problème pourrait se poser: quand deux personnes qui travaillent doivent-elles décider de prendre leur retraite? Faut-il le faire en même temps ou à des moments différents? Pouvez-vous vous permettre d'être tous les deux à la retraite? Êtes-vous prêt à modifier votre mode de vie avant la retraite pour rendre la chose possible ou préférez-vous modifier vos projets? Si vous décidez de prendre votre retraite à des moments différents, qui doit le faire en premier?

Il faut d'abord tenir compte de votre attitude à l'égard de votre travail. Si vous aimez ce que vous faites, votre emploi et vos collègues vous manqueront. Prenez le temps de discuter de vos attentes; essayez de vous entendre sur un mode de vie qui soit satisfaisant pour les deux. Vous y parviendrez si les deux sont prêts à faire des concessions.

La retraite et la famille

Les mutations de la vie économique et sociale ont modifié les plans de retraite de plusieurs. Il est possible qu'au lieu de jouir d'une vie libre et sans souci, vous deviez assumer des responsabilités familiales longtemps encore après avoir pris votre retraite. Le mot à la mode pour décrire ce phénomène est celui de *génération sandwich*. Auriez-vous cru qu'un jour vous auriez affaire à des enfants d'âge adulte et à des parents vieillissants, alors que vous vouliez *décrocher* et jouir de la vie?

La situation économique est assez sombre pour plusieurs de nos enfants d'âge adulte. S'ils réussissent à se trouver un emploi, il s'agit souvent d'un travail mal rémunéré et qui ne correspond pas à leur champ d'études. De nombreux jeunes qui possèdent une bonne scolarité travaillent comme messagers à bicyclette, chauffeurs de taxi, commis ou réceptionnistes, et souvent à temps partiel. D'autres ont renoncé à exercer une profession libérale et sont retournés aux études pour apprendre un métier. Et ceux qui ont déjà une formation dans un métier sont souvent dépassés par les innovations technologiques et doivent acquérir de nouvelles compétences.

Ils ont de la difficulté à subvenir à leurs besoins et reviennent souvent à la maison familiale chercher de l'aide, habituellement financière. Vous souvenez-vous de ce temps doux-amer où les enfants quittaient le foyer? Vos enfants vont sans doute partir, mais il y a de bonnes chances qu'ils rappliquent dans les moments difficiles. Imaginez un peu les discussions qui auront lieu au sujet des règlements de la maison, des droits et des devoirs de chacun, parents et enfants à la maison toute la journée…

Sans parler des responsabilités et des préoccupations d'avoir à s'occuper de parents âgés. Les gens vivent plus longtemps. Cette tendance, ajoutée à celle de la retraite anticipée, signifie que plusieurs seront à la retraite en même temps que leurs parents, ce qui n'était pas le cas autrefois.

Ces réalités nouvelles exigent de nous, la génération intermédiaire, de bien planifier. Sinon, comment faire face à de telles obligations familiales? Il n'y a pas de réponses simples. Encore une fois, il s'agit de partager les responsabilités; qui doit assumer et dans quelle mesure? Pendant combien d'années les parents sont-ils responsables de leurs enfants? Sommes-nous chargés du bien-être de nos parents âgés? On ne peut trouver de réponses à ces questions qu'en discutant des sujets de préoccupation de chacun. Si cela s'avère impossible, une aide professionnelle extérieure peut être utile, particulièrement en ce qui concerne les besoins des parents âgés. Des conseillers familiaux, des travailleurs sociaux ou des membres du clergé peuvent prêter main-forte.

Les grands-parents et la retraite

J'ai brossé un tableau un peu sombre, mais il ne faut pas oublier que la retraite vous donnera aussi l'occasion de passer plus de temps avec votre famille, particulièrement avec vos petits-enfants. Mais il y a toujours un mais. Le temps que vous consacrerez à vos enfants et à vos petits-enfants dépend de ce qu'eux et vous souhaitez. Il se peut que les opinions sur le sujet divergent.

Encore une fois, il est important d'aborder la question et de s'entendre sur certaines grandes lignes. Vos enfants peuvent vous demander de garder leurs enfants et vous ne saurez pas comment leur dire non. Ils peuvent trouver que vous êtes trop présent, que vous vous immiscez dans l'éducation de leurs enfants ou que vous les gâter trop. Il faudra apprendre à exprimer ouvertement vos sentiments, mais sans émotivité excessive.

Les gens seuls et la retraite

À la différence des couples, les gens seuls — célibataires, séparés, divorcés, veufs — jouissent de plus de liberté et de flexibilité pour choisir un mode de vie qui leur convienne à la retraite. À moins d'être profondément engagé dans une relation stable, vous êtes libre de faire comme bon vous semble. Il ne faut toutefois pas planifier en vase clos. Vous avez des amitiés et des responsabilités qui vous importent et dont il faut tenir compte dans votre plan de retraite. Vos besoins rejoignent ceux de tout le monde, seules les circonstances diffèrent. Vous voulez avoir de la compagnie, de l'amour, des activités intéressantes, un but à votre vie et la reconnaissance des autres. Vous devez compter sur vous-même pour que les choses se réalisent. La solitude, l'ennui et l'insatisfaction ne sont pas réservés aux personnes seules, mais la tendance est plus marquée.

Ce ne sont certainement pas tous les gens seuls qui font de mauvais choix au moment de leur retraite, mais il arrive que ce soit le cas de ceux qui mènent une vie étriquée. Chacun a des objectifs qu'il poursuit seul, mais nous avons tous besoin de nous confier à des amis et de partager nos centres d'intérêt. Avoir des amis et des activités variées rend la retraite beaucoup plus agréable.

Malheureusement, les femmes âgées seules comptent parmi les groupes les plus pauvres dans la société actuelle. Leurs soucis financiers constituent un sujet d'inquiétude primordial. Le nombre d'années de travail qu'elles ont à leur actif est en général inférieur à celui des hommes, parce qu'elles ont dû assumer leurs obligations familiales. De plus, leur rémunération a été et continue d'être moins élevée que celle des hommes. Elles ont habituellement versé moins de cotisations de retraite, soit parce qu'elles ont moins d'années de service ou que les régimes de pension n'existaient pas pendant qu'elles travaillaient. Aussi commencent-elles leur vie de retraitées avec de modestes ressources financières et sont-elles réduites à faire des compromis pour survivre économiquement. Elles se retrouvent avec des choix limités quant à leurs possibilités de logement et à leurs activités.

Pour celles qui étaient habituées à partager leur existence avec un compagnon, la transition à la vie de femme seule, à la suite d'un décès, d'une séparation ou d'un divorce, est souvent pénible. Il faut la volonté d'aller de l'avant, la détermination de réussir et une image de soi positive pour s'adapter à la situation nouvelle. Si chacun cultivait sa personnalité propre dans sa vie de couple, peut-être aurions-nous moins de mal à nous retrouver seul plus tard dans la vie.

Les relations sociales

Il est important de se faire des amis avant de prendre sa retraite. Votre vie sociale se confine-t-elle à votre travail? Si c'est le cas, demandez-vous avec combien de collègues vous aimeriez rester en contact après votre retraite. On oublie en général les gens qui quittent leur emploi, à moins qu'ils ne fassent l'effort de rester en contact. Le fait de disposer de plus de temps libre et de le consacrer à diverses activités peut vous éloigner de vos anciens compagnons de travail qui, eux, ont moins de temps ou l'occupent différemment. Plutôt que de vous sentir seul et déprimé plus tard, agissez maintenant.

L'une des meilleures façons de faire de nouvelles rencontres est de vous joindre à des organisations dont les buts et les activités vous intéressent. Faites une liste de telles associations et, chaque mois, prenez contact avec un groupe différent pour en savoir davantage. Il peut s'agir d'un groupe confessionnel, d'un club d'échecs, d'une association horticole, d'un club gastronomique ou encore d'associations sportives comme un club de cartes ou une ligue de quilles. Certains sont attirés par la spiritualité ou le développement personnel, d'autres par les partis politiques, d'autres encore par des organismes de services sociaux comme Centraide ou les Jeux olympiques spéciaux. Cherchez tant que vous n'aurez pas trouvé ce qui vous convient. Adhérez à un groupe avant de prendre votre retraite. La transition se fera d'autant plus facilement que vous aurez des centres d'intérêt nouveaux.

Les clubs de l'âge d'or, qui acceptent en général les gens de 50 ans et plus, constituent des lieux privilégiés pour faire de nouvelles rencontres. Il est curieux qu'ils n'aient pas envisagé de changer de nom, puisque les retraités d'aujourd'hui sont de plus en plus jeunes. Les activités proposées ont également changé. Vous pourrez encore jouer aux cartes ou y faire de l'artisanat, mais il y a aussi des classes de conditionnement physique, des séances de yoga ou des conférences sur divers sujets. Ces groupes fournissent non seulement l'occasion de se faire de nouveaux amis, mais ils offrent des mines d'or de renseignements pratiques sur les rabais qu'on peut dénicher, les prestations du gouvernement, les divertissements possibles. Grâce aux clubs de l'âge d'or, les personnes plus âgées peuvent accéder à un système de surveillance mutuelle ou obtenir des références pour l'entretien domestique.

Les relations sociales sont une source d'enrichissement et de plaisir. Entretenir des liens exige des efforts, de la finesse et de la détermination. Il est indispensable de saisir combien les mutations agissent sur nous et sur nos proches pour résoudre les difficultés qui peuvent surgir. Votre retraite va apporter des changements importants dans votre vie et il faut vous préparer aussi bien sur les plans affectif que financier.

Notes

Chapitre 5

La planification financière de votre retraite

Une institution financière publiait récemment une publicité dans laquelle on voyait une paire de pieds nus, sous lesquels on pouvait lire: *Commencez votre retraite du bon pied.* **Il s'agit en fait de l'une des préoccupations les plus courantes en Amérique du Nord.**

Il est normal de se préoccuper de ses finances. On craint souvent de ne pas pouvoir jouir de la liberté que la retraite apporte. Vous êtes peut-être déconcerté par la variété des placements et des produits financiers offerts: fonds communs de placement, régimes enregistrés d'épargne-retraite, fonds enregistrés de revenu de retraite, rentes, pour ne pas parler de la diversité des comptes bancaires. La faiblesse des taux d'intérêt et le rendement peu élevé de vos placements peuvent vous décourager. Vous vous demandez sans doute si vous profitez de tous les allégements fiscaux auxquels vous avez droit. Et vous vous inquiétez de la sécurité financière de votre conjoint et de votre famille après votre décès.

Ces préoccupations sont fondées et peuvent être surmontées grâce à une planification financière réaliste. Vous considérez peut-être la planification financière comme un souci additionnel et non comme une solution; vous craignez d'avoir attendu trop longtemps. Il est trop tard, pensez-vous, ou encore c'est trop difficile: vous n'y connaissez rien, vous n'avez jamais aimé les mathématiques, vous ne comprenez rien au domaine de l'assurance. Cessez de vous inquiéter. Ce n'est ni trop tard ni trop difficile. Ce livre va vous montrer en quoi la planification financière ne peut qu'améliorer votre situation et vous permettre d'atteindre vos objectifs grâce à une gestion efficace de vos ressources.

Après une première rencontre avec des spécialistes, les gens regrettent souvent de ne pas avoir agi plus tôt en ce sens. Il se peut que, quelques années auparavant, ils n'étaient pas à l'écoute et n'auraient pas su tirer profit des conseils. Le fait que vous lisiez maintenant ce livre démontre que vous êtes disposé à agir. Pourrez-vous réaliser tous vos rêves? Cela est difficile à dire. Mais quoi qu'il en soit, mieux vaut agir maintenant que jamais.

Vous vous sentez encore inquiet? Vous savez qu'il vous faudra disposer d'une bonne somme d'argent au moment de prendre votre retraite, mais vous ignorez combien et vous craignez de ne pas épargner suffisamment. Peut-être que vos impôts et vos frais de subsistance élevés vous laissent peu de jeu pour l'épargne. Ou vous êtes incertain des placements que vous faites avec le peu que vous réussissez à mettre de côté. Vous sentez que vous n'avez pas la maîtrise de votre situation financière, mais vous remettez à plus tard le soin de vous en occuper.

Il y a une autre raison à votre embarras. Vous n'avez peut-être jamais participé à cet exercice auparavant. Si vous n'êtes pas familier avec la planification financière, considérez-la comme une aventure. Dites-vous que c'est le moyen qui vous permettra d'atteindre les buts que vous vous êtes fixés pour le reste de votre vie. Il faut vaincre cette peur et aller de l'avant. La planification financière n'est pas bien sorcier, même si plusieurs conseillers aimeraient vous le faire croire. Il n'y a que cinq étapes pour établir un plan financier, mais elles touchent l'ensemble de votre budget. En identifiant vos faiblesses maintenant, vous aurez le temps de rectifier le tir, et vous pourrez tirer parti de vos forces.

Les cinq étapes pour planifier sa retraite

Si vous avez sauté les chapitres sur la planification du mode de vie pour aborder au plus vite la question de la planification financière, revenez en arrière.

1. Planifiez votre mode de vie fait partie intégrante de la planification financière.

C'est la première étape; elle oriente votre planification financière. Précisez vos objectifs. Que voulez-vous précisément? quand croyez-vous y arriver? combien cela coûtera-t-il? Fixez-vous des délais pour les années qui précèdent votre retraite, afin de rester sur la bonne voie et garder votre motivation. Ne sautez pas cette étape. Si vous ne voyez pas les avantages de la planification financière, il vous sera difficile de vous plier aux efforts que demande un exercice sérieux de planification.

2. Examinez attentivement votre situation financière actuelle.

Établissez précisément combien il vous en coûte actuellement pour maintenir votre rythme de vie et quelles ressources vous avez à votre disposition. Vous serez mieux en mesure de déterminer si votre revenu de retraite vous permettra d'assumer les dépenses courantes. Vous pourrez en même temps identifier les problèmes urgents, chercher les occasions d'améliorer votre situation financière et même les susciter.

3. Repérez chaque occasion de réduire vos impôts.

Il s'agit de maximiser votre revenu après impôt et d'accroître votre capacité d'épargner.

4. Élaborez une stratégie d'épargne et de placement.

Votre stratégie de placement devrait être adaptée aux objectifs de croissance et de sécurité de votre revenu et devrait tirer le meilleur parti possible des REER.

5. Planifiez votre succession de façon à protéger votre famille.

Assurez-vous que vos dossiers et votre testament sont à jour et à portée de la main. Gardez des copies dans votre bureau et dans votre coffret de sûreté. Dites à votre exécuteur testamentaire où tout se trouve. C'est la seule façon pour lui de régler vos affaires avec diligence et de prendre rapidement les dispositions qui s'imposent à l'égard de vos héritiers.

Ces cinq étapes constituent le fondement pour vous assurer une sécurité financière à la retraite. Si vous les avez bien assimilées, vous verrez où il y a lieu d'apporter des améliorations, vous saisirez les occasions de réduire vos dépenses, vous connaîtrez les placements qui vous permettront de réaliser vos objectifs. De plus, votre conjoint et vos conseillers, mis au courant de votre plan financier, pourront vous aider à le mettre à exécution. Plus loin dans ce livre, il sera question du rôle des conseillers financiers. Grâce à votre planification, vous pourrez envisager votre retraite avec sérénité, persuadé que vous avez votre budget bien en main et que vous saurez profiter de toutes les occasions qui se présentent.

Encore un mot avant d'entrer dans les détails. Une planification financière efficace exige que votre conjoint participe aussi activement au processus. Vous devez vous engager à analyser lucidement votre budget et à faire l'effort de comprendre les règles de base qui auront une incidence sur votre situation financière future. La démarche est sans doute plus facile pour une personne seule car il n'y a pas de concessions à faire, à moins que d'autres membres de la famille ne soient en cause.

Si vous êtes prêt à faire vos devoirs, les incertitudes vont s'éclipser d'elles-mêmes. En prime, vous pourrez probablement épargner chaque année des centaines de dollars de plus que vous ne le faites en ce moment et vous offrir une retraite agréable et à l'abri des soucis.

Mettons-nous au travail

La planification financière n'est pas une procédure compliquée. Il s'agit tout simplement de tirer le meilleur parti de ses ressources pécuniaires. Les pages qui suivent vont décrire les étapes qu'implique la planification financière de sa retraite, afin de comprendre non seulement la démarche, mais l'information de nature financière qui nous envahit de toutes parts. Comme la fiscalité et les produits financiers sont de plus en plus complexes, la concurrence pour offrir des services financiers s'intensifie.

Une fois assimilés les principes de la planification financière, vous serez en mesure de dépouiller les journaux, les revues et la documentation que vous fournit votre directeur de caisse populaire ou de banque, votre agent d'assurances ou votre conseiller en placement, et vous saurez rapidement repérer les renseignements utiles.

N'oubliez pas que la publicité vise souvent à vous vendre des produits, pas nécessairement à vous donner une information pertinente. Il faut faire des efforts pour suivre l'évolution du marché des capitaux et du système fiscal, mais une fois votre plan financier structuré, le travail est facilité.

Vos objectifs financiers

Les premiers chapitres de ce livre portaient sur vos choix de logement et votre mode de vie idéal. Il faut maintenant examiner les frais que ce mode de vie suppose. Rappelez-vous que, même à la retraite, vous mènerez différentes activités. Au début, vous aurez une vie active et bien remplie. Vous pouvez amorcer une seconde carrière ou vous consacrer corps et âme à un loisir ou à une activité bénévole. Vous deviendrez peu à peu moins actif, tout en restant autonome et en santé.

Il se peut qu'avec l'âge vous ayez besoin d'aide, surtout si votre santé faiblit. Votre situation pourrait également changer en raison d'un accident, par exemple. Soyez réaliste. La sécurité financière est souhaitable — épargnes, rentes et placements suffisants pour vous mettre à l'abri des besoins financiers —, mais il faut définir précisément vos objectifs. Il y a un certain nombre de buts que plusieurs semblent partager:

- quitter les froids hivers canadiens;
- passer plus de temps avec des amis ou des membres de la famille qui vivent à l'étranger;
- travailler à temps partiel, tout en jouant au golf les jours ensoleillés;
- laisser un héritage à ses enfants et à ses petits-enfants;
- voyager quelques mois par année;
- prendre une retraite anticipée.

Si vous souhaitez voyager, pensez à vos destinations et aux façons de vous y rendre. Combien coûterait une traversée en paquebot vers la Chine ou faire du camping dans le Grand Canyon? Ne sous-estimez pas les dépenses engagées. Il faut savoir rêver tout en gardant un œil sur son portefeuille.

Nombreux sont ceux qui aimeraient bien éliminer quelques années de travail. Ou, même s'ils n'ont pas l'intention de prendre une retraite anticipée, ils souhaiteraient travailler par choix et non par nécessité pendant les dernières années de leur carrière, soit pour alléger la pression et rendre le boulot plus agréable, ou encore pour consacrer plus de temps à un loisir ou à une activité quelconque.

Ne prenez pas trop à la lettre le slogan publicitaire *Liberté 55*. La plupart des gens, à moins qu'ils n'aient commencé très tôt à planifier leur retraite ou n'aient reçu un important héritage, ne pourront prendre leur retraite à 55 ans sans que leur niveau de vie en souffre considérablement. Si vous vous êtes fixé comme but une retraite anticipée, visez une année cible pour acquérir votre autonomie financière. Pour déterminer combien il en coûtera, consultez votre conseiller financier ou procurez-vous un logiciel de planification financière.

Vos aspirations vous motiveront à fixer des objectifs fonctionnels: liquider vos dettes à compter d'une certaine date, faire un remboursement anticipé sur votre emprunt hypothécaire cette année, couper vos dépenses de 5 % et épargner autant, vendre votre bateau et placer les fonds obtenus, épargner 5 000 $ d'ici à la fin de l'année, ou 10 000 $ d'ici à la fin de la décennie. Ces objectifs servent de jalons dans l'exécution de votre plan de retraite et vous rapprochent de votre but ultime.

Il ne faut toutefois pas vous précipiter pour planifier la retraite de vos rêves. Vous devez d'abord vous assurer que vous serez en mesure de faire face aux obligations qui peuvent se présenter avant ou après votre retraite. Pensez à l'avenir, aux membres de votre famille qui pourraient avoir besoin de votre soutien. Aimeriez-vous subvenir aux frais d'études collégiales ou universitaires de vos enfants ou de vos petits-enfants? Mettez-vous de l'argent de côté pour le mariage de votre fille? Voulez-vous contribuer à l'achat de sa première maison? Aurez-vous à prendre soin d'un parent âgé? Vous devriez dresser une liste de vos obligations sur la feuille de travail 13, en estimer le coût et l'impact sur votre situation financière. Si possible, notez à quel moment vous aurez besoin de l'argent en question.

Passez maintenant à la feuille de travail portant sur vos objectifs. Il faut faire correspondre de façon réaliste vos attentes et votre revenu. Chercher à atteindre

Vos obligations financières

Ne vous précipitez pas pour planifier la retraite de vos rêves. Utilisez cette feuille de travail pour faire la liste des obligations dont vous devrez vous acquitter avant ou après votre retraite. Des membres de votre famille pourraient avoir besoin de votre soutien; vous voudrez peut-être contribuer à payer les études collégiales ou universitaires de vos enfants ou petits-enfants, participer aux frais d'un mariage. Inscrivez ici les obligations dont vous devrez vous acquitter, combien il en coûtera et quand vous aurez besoin des fonds nécessaires.

---

l'inaccessible est un exercice vain. Il n'y a, bien sûr, rien de mal à tenter d'obtenir ce qu'on désire vraiment, mais mettez l'accent sur vos priorités. Si vous croulez sous une montagne de dettes, à quoi bon rêver d'acheter un condominium en Floride ou un voilier? Mettez-vous au travail pour régler vos factures et éviter qu'elles ne s'accumulent, ruinant ainsi vos possibilités de retraite. Si vous souhaitez toujours passer les mois d'hiver en Floride, louez-y un appartement pour un mois ou deux avant d'acheter.

Pour ce qui est du yacht, persuadez votre voisin de l'acheter et devenez un membre indispensable de l'équipage. Ou encore achetez-le avec trois autres couples; vous pourrez ainsi partager le travail et les frais d'entretien. On n'utilise la plupart des bateaux que moins de 60 jours par an. Vous pourriez affréter le voilier de vos rêves pour quelques semaines par année. Ainsi, vous réalisez votre objectif tout en ayant encore de l'argent pour d'autres activités.

Il n'est pas indispensable de vivre dans le luxe pour donner un sens à sa vie. Par exemple, l'un des passe-temps préférés d'une missionnaire à la retraite

qui vit à Montréal consiste à se rendre au lac des Castors par un bel après-midi ensoleillé, s'entretenir avec les passants et nourrir les canards. Elle a autant de plaisir à s'adonner à son passe-temps qu'à se rendre sur les plages huppées de la Côte d'Azur!

Les objectifs financiers que vous vous fixez reflètent vos attentes, compte tenu de vos revenus et dépenses. Ils doivent être clairement énoncés, établis par ordre de priorité avec une date d'échéance cible et traduits pour ce qui est des coûts. Dressez une liste de vos objectifs indépendamment de ceux de votre conjoint, puis comparez-les et harmonisez-les. Être réaliste vous aidera à centrer votre planification sur les buts qui vous tiennent le plus à cœur et à parvenir à une stabilité financière. Vous saurez tirer un meilleur parti de vos revenus, tout en acceptant votre situation. Vous serez stimulé pour accéder au style de vie désiré. Un couple vraiment motivé et qui sait se concentrer sur ses objectifs de retraite saura réaliser son autonomie et sa sécurité financières.

Des logiciels qui facilitent la tâche

Il existe des logiciels qui vous aideront à planifier votre retraite en faisant automatiquement les calculs nécessaires. Ils calculent en effet rapidement le montant dont vous devrez disposer au moment de votre retraite et les épargnes que vous devrez faire chaque année.

Ces logiciels sont formidables, mais ils ne font que les calculs. Vous devrez exécuter le travail préparatoire, c'est-à-dire entrer les données concernant le revenu dont vous aurez besoin, le nombre d'années que vous comptez passer à la retraite, un taux d'inflation et un taux d'intérêt prévus et le taux de rendement que vous espérez pour vos placements.

Les planificateurs financiers ont généralement mis au point leur propre logiciel et ils pourront vous aider à déterminer vos objectifs et à faire des projections selon des hypothèses réalistes.

Connaître sa valeur

Nul n'ignore qu'on doit connaître sa destination pour savoir comment s'y rendre. Il est également plus facile de déterminer comment y arriver si l'on sait d'où l'on part. Il en est de même de la planification financière. Vous ne pouvez planifier pour l'avenir sans savoir exactement quelle est votre situation actuelle.

L'étape suivante dans le processus consiste donc à savoir ce que vous possédez et ce que vous devez aux autres. Il vous faudra peut-être faire un peu de comptabilité, mais vous n'avez pas besoin d'être un expert-comptable, ni de mettre au point un système détaillé. Vous n'avez besoin que de l'information de base qui vous permette de planifier votre budget, de saisir les bonnes occasions et de mesurer les progrès accomplis. Une fois établi votre plan financier, il est bon de le réviser tous les six mois ou une fois par année. Faites comme si vous étiez en affaire. Les sociétés ouvertes mettent un rapport annuel à la disposition des investisseurs. Faites-en autant pour vos finances personnelles, en passant en revue l'année qui vient de s'écouler et en planifiant pour celle qui vient. D'abord, préparez un relevé de vos éléments d'actif et de passif. Vos éléments d'actif comprennent les biens que vous possédez : votre maison, l'argent dans vos comptes d'épargne, vos obligations d'épargne, etc. Vos éléments de passif désignent vos dettes: vos emprunts bancaires, votre hypothèque, le solde de vos cartes de crédit, etc. Vous devriez posséder davantage que vous ne devez; cet excédent s'appelle la valeur

nette. Ne vous laissez pas impressionner par la terminologie comptable, mais esquissez un bilan de vos éléments d'actif et de passif. C'est grâce à ce relevé que vous saurez où vous en êtes.

Établir le relevé de vos avoirs et de vos dettes peut s'avérer une expérience intéressante et même amusante, surtout si vous avez recours à un logiciel comme *Quicken*mc. Avec ou sans outil informatique, vous pouvez rapidement établir ce relevé en estimant la valeur de ce que vous possédez et en examinant vos relevés bancaires, hypothécaires et de cartes de crédit. Les feuilles de travail des pages suivantes offrent suffisamment d'espace pour vous permettre d'inscrire les renseignements portant sur vos comptes d'épargne, vos placements boursiers, vos polices d'assurance, vos biens immobiliers, vos emprunts. Remplissez d'abord la feuille de travail qui comporte des indications précises et dressez une liste complète. Une fois cette étape franchie, condensez l'information en une page qui vous donne un bref aperçu de votre situation financière.

Ces feuilles seront extrêmement utiles, si elles sont mises à jour annuellement, à votre exécuteur testamentaire et lui épargner ont un temps précieux pour obtenir les renseignements dont il aura besoin.

Il est simple d'établir un relevé de ses éléments d'actif et de passif, mais voici tout de même quelques lignes directrices à suivre.

■ Ce relevé devrait reproduire votre situation financière complète à une date donnée, de préférence du mois courant. Vous pourriez simplement noter

Vos objectifs financiers

À la différence des obligations familiales dont vous devrez vous acquitter et qui engagent une responsabilité financière, les objectifs de retraite que vous déterminez vous-même sont plus flexibles. Le plus grand défi consiste sans doute à prendre sa retraite à l'âge souhaité et selon le mode de vie prévu. Mais soyons plus précis. À quel âge comptez-vous quitter le marché du travail? Souhaitez-vous conserver le même style de vie? Pourrez-vous diminuer vos frais de subsistance? Ou serez-vous au contraire plus porté à la dépense? Gagnerez-vous un revenu en vendant des objets d'artisanat, en travaillant à temps partiel ou en amorçant une nouvelle carrière? Envisagez-vous d'acheter une maison à la campagne pour votre retraite? Souhaitez-vous laisser un héritage important à votre famille? Quels sont vos intérêt: voulez-vous rassembler des fonds pour un hôpital, soutenir la défense de l'environnement en Afrique, mettre sur pied l'entreprise dont vous avez toujours parlé, militer dans un parti politique?

_____

_____

_____

_____

Déterminez maintenant quels objectifs vous procureront la sécurité financière à la retraite; par exemple, régler vos dettes, rembourser votre emprunt hypothécaire ou encore épargner 1 000 $ additionnels cette année.

_____

_____

_____

_____

Vous ne consacrez pas tout votre temps et toute votre énergie à préparer vos années de retraite. Vous aurez encore beaucoup de dépenses ou d'activités au cours des années qui viennent. Vous voulez peut-être acheter une maison de campagne, un voilier ou une voiture. Ces dépenses risquent-elles de compromettre la réalisation de vos objectifs de retraite?

_____

_____

_____

_____

les renseignements consignés dans les relevés que vous font parvenir votre institution financière, votre compagnie d'assurances ou votre courtier en valeurs mobilières, et qui font état de vos dépôts et de vos avoirs, ainsi que des soldes débiteurs de vos emprunts et de vos factures non réglées. Plusieurs se livrent à cet exercice au moment de remplir leur déclaration de revenus.

■ Faites un relevé séparé pour chaque conjoint. Que vous soyez marié ou conjoint de fait, il existe des raisons fiscales et juridiques pour connaître précisément les biens et les dettes de chacun. Cependant, comme on procède à une planification financière pour la famille entière, on additionne ensuite les éléments d'actif et de passif des deux pour obtenir un tableau complet.

■ Il n'est pas nécessaire que la valeur de vos biens et de vos dettes soit précise. Une évaluation sommaire suffit. Par exemple, en ce qui concerne les obligations d'épargne et les dépôts à terme, vous pouvez tenir compte du montant originel, plus une estimation des intérêts cumulés mais non encore reçus. Pour les actions et les obligations, on se sert des cotes rapportées dans les journaux. Vous pouvez évaluer votre maison en tenant compte du prix de résidences comparables récemment vendues dans votre voisinage. Vous déduisez environ 10 % de frais de vente de votre propriété, mais seulement de 2 % à 3 % en ce qui concerne le courtage de vos valeurs mobilières.

■ Les valeurs qui peuvent être facilement vendues sont appelées *liquides* et devraient être inscrites séparément des placements qui sont bloqués pour une période excédant un an. Les dettes qui doivent être réglées dans les 12 mois sont appelées *courantes*; il faut les distinguer de celles dont le remboursement est à plus longue échéance, comme un emprunt hypothécaire ou un emprunt pour une voiture.

■ Dans le cas de titres *négociables*, comme les actions, les obligations ou les fonds communs de placement, inscrivez votre coût d'achat, courtage compris, ce qui augmente votre coût total. Il ne faut pas oublier les dividendes réinvestis ni les impôts déjà payés sur les titres, sinon vous pourriez payer des impôts deux fois.

■ Calculer la valeur au comptant de son assurance-vie peut s'avérer une opération difficile. Il se peut que vous déteniez plusieurs polices et que vous en connaissiez mal les règles. Prenez toutefois la peine de rassembler vos informations sur ces polices afin de décider s'il est préférable de racheter une police, de l'hypothéquer, de la convertir ou de la maintenir telle quelle. Une police d'assurance-vie entière que vous détenez depuis des années peut avoir une grande valeur. Écrivez au service à la clientèle de la compagnie d'assurances ou à votre courtier pour obtenir l'information précise.

■ Il se peut que vous possédiez plusieurs REER, régimes de retraite, régimes de participation différée aux bénéfices, régimes d'épargne des employés auprès de votre employeur actuel ou de vos em- ployeurs passés. Prenez le temps de déterminer la valeur des régimes que vos anciens employeurs détiennent toujours. La valeur de votre régime de retraite auprès de votre employeur actuel apparaît sur votre relevé annuel de participations ou peut être calculée grâce à l'information contenue dans le chapitre sur les régimes de retraite de ce livre.

■ Faites une liste des capitaux empruntés sur lesquels vous payez des intérêts, en notant le taux d'intérêt sur la feuille de travail. Vous connaîtrez ainsi le coût de votre dette; les intérêts payés sur les dettes personnelles ne sont pas déductibles.

■ Inscrivez l'impôt que vous auriez à payer si vous retirez les fonds de votre régime de retraite ou de vos REER ou si vous disposez de placements qui ont pris de la valeur. Il s'agit dans ce cas d'une dette à long terme. Utilisez un taux d'imposition de 40 % à 50 %.

■ Enfin, le total des dettes doit être soustrait du total des éléments d'actif pour connaître votre valeur nette. Lorsqu'on la compare à celle des années antérieures, cette valeur nette est un bon indicateur qui permet de suivre l'évolution de sa situation financière.

Une fois rempli le bref aperçu d'une page, examinez ce que l'information contenue vous révèle de votre situation financière. Vous cherchez particulièrement à connaître les six éléments suivants:

1. Quel pourcentage de vos ressources consacrez-vous aux plaisirs de la vie comparativement au pourcentage destiné aux placements, y compris à l'épargne-retraite? Si, par exemple, un bon montant d'argent va en versements hypothécaires ou en impôts fonciers pour votre maison de campagne, mais que vous n'y séjournez guère, vous pourriez envisager de la vendre ou de la louer et de placer cet argent en vue de votre retraite.

2. Quel est le fardeau de votre dette, c'est-à-dire le pourcentage de votre endettement total par rapport à votre actif total? Empruntez-vous pour faire des placements ou pour vos loisirs et votre consommation personnelle? Il est en général préférable de payer au comptant les dépenses de vacances ou les biens de consommation. Si vous devez acheter une voiture pour votre travail, contractez alors un emprunt au meilleur taux et remboursez-le aussi rapidement que possible.

Si vous empruntez pour faire des placem.ents, votre rendement après impôt dépasse-t-il vos coûts d'emprunt? Si ce n'est pas le cas, votre richesse s'épuise au lieu de fructifier.

3. Disposez-vous de l'argent comptant nécessaire pour faire face à des situations d'urgence, faire de nouveaux placements ou honorer d'importants engagements? S'il y a déclenchement d'une grève dans votre entreprise ou si vous perdez votre emploi, vous aurez besoin d'argent liquide pour assumer les dépenses des trois à six mois qui suivent. De même, si une excellente occasion de placement s'offre à vous, vous voudriez disposer des fonds nécessaires pour agir rapidement.

4. Quel pourcentage de votre revenu consacrez-vous à l'épargne? Une règle générale de la planification financière veut qu'on épargne 10 % de son revenu annuel. On fait souvent état de cette règle et les gens se demandent fréquemment s'ils doivent épargner 10 %. de leur revenu après déduction des impôts et des prestations, c'est-à-dire leur revenu net, ou 10 % de leur revenu brut, c'est-à-dire leur revenu avant toute déduction. Vous pourriez commencer par 10 % du revenu net et graduellement augmenter jusqu'à 10 % du revenu brut. Si vous ne participez pas à un régime de retraite, il faudrait épargner 10 % en plus de vos cotisations à un REER.

5. Comment placez-vous l'argent de vos épargnes? Dans des titres de croissance ou plutôt dans des valeurs à revenu fixe, des certificats de placement garanti, des obligations d'épargne? dans des titres négociables? Pouvez-vous en disposer ou devez-vous les conserver jusqu'à échéance? Quel est votre rende-

ment? Est-il suffisant pour tenir compte des impôts et de l'inflation, c'est-à-dire pour maintenir le pouvoir d'achat de votre dollar, tout en augmentant votre capital? Quels sont les autres placements possibles et quels en sont les risques? Perdrez-vous votre capital si l'opération spéculative échoue? Vos épargnes croissent-elles suffisamment pour répondre aux objectifs que vous vous êtes fixés?

6. Combien avez-vous placé dans des programmes d'épargne-retraite à impôt différé? Rappelez-vous que les fonds de votre REER croissent et ne sont imposés qu'à leur retrait. La croissance est d'autant plus rapide que vous n'avez pas à payer d'impôt. Comment ces fonds sont-ils placés? Quelle serait la dette fiscale si vous les encaissiez?

N'oubliez pas que votre but est de vous assurer un revenu de retraite. Chacun des six points visés est essentiel pour atteindre cet objectif. L'argent qui sert à payer les intérêts d'un emprunt, par exemple, est de l'argent qui pourrait être versé à votre REER ou être placé dans un titre. Vous pourriez rembourser votre dette et obtenir un nouveau prêt à plus faible taux d'intérêt.

La lecture de ces six points a pu susciter dans votre esprit des questions auxquelles vous n'avez pas encore de réponses. Mais clarifier votre situation financière actuelle vous aidera peu à peu à mettre au point un plan d'action. Si déjà vous avez en tête quelque changement à faire ou quelque amélioration à apporter, notez vos idées dans l'espace prévu à la fin de ce chapitre; elles pourront vous servir pour le plan d'action que vous élaborerez à la fin de ce livre.

Liste détaillée de vos éléments d'actif　　　　　　　　**FEUILLE DE TRAVAIL 15**

Comptes chèques

Institution	Détails	Valeur actuelle Vous	Conjoint	Total
_____	_____	_____	_____	_____
_____	_____	_____	_____	_____
_____	_____	_____	_____	_____
_____	_____	_____	_____	_____
		_____ $ +	_____ $ =	_____ $

Obligations d'épargne

Institution	Détails	Valeur actuelle		
		Vous	Conjoint	Total
_____	_____	_____	_____	_____
_____	_____	_____	_____	_____
_____	_____	_____	_____	_____

_____ $ + _____ $ = _____ $

Dépôts à court terme

Institution	Échéance	Valeur à l'échéance	Taux d'intérêt	Vous	Conjoint	Total
_____	_____	_____	_____	_____	_____	_____
_____	_____	_____	_____	_____	_____	_____
_____	_____	_____	_____	_____	_____	_____

_____ $ + _____ $ = _____ $

CPG d'un à cinq ans

Institution	Échéance	Valeur à l'échéance	Taux d'intérêt	Vous	Conjoint	Total
_____	_____	_____	_____	_____	_____	_____
_____	_____	_____	_____	_____	_____	_____
_____	_____	_____	_____	_____	_____	_____

_____ $ + _____ $ = _____ $

Régimes de retraite

Répondant du régime	Détails	Vous	Conjoint	Total
_____	_____	_____	_____	_____
_____	_____	_____	_____	_____

_____ $ + _____ $ = _____ $

Fonds enregistrés: REER, FERR, RPDB, CRI, FRV

Institution	Type de régime	Croissance annuelle	Vous	Conjoint	Total
_____	_____	_____	_____	_____	_____
_____	_____	_____	_____	_____	_____
_____	_____	_____	_____	_____	_____
_____	_____	_____	_____	_____	_____

_____ $ + _____ $ = _____ $

Rentes et rémunération différée

Institution	Échéance	Valeur à l'échéance	Revenu annuel	Valeur actuelle		
				Vous	Conjoint	Total
_____	_____	_____	_____	_____	_____	_____
_____	_____	_____	_____	_____	_____	_____
				_____ $ +	_____ $ =	_____ $

Assurance-vie entière

Émetteur	Détails		Valeur de rachat		Valeur nette
_____	_____	_____	_____	_____	_____
_____	_____	_____	_____	_____	_____
_____	_____	_____	_____	_____	_____
			_____ $ +	_____ $ =	_____ $

Abris fiscaux

Détails

SPEQ _____ _____ _____ _____

FSTQ _____ _____ _____ _____

Parts permanentes Desjardins _____ _____ _____ _____

_____ $ + _____ $ = _____ $

Fonds commun de placement

Fonds	Date d'achat	Coût	Dividende/rendement moyen		Valeur nette
_____	_____	_____	_____	_____	_____
_____	_____	_____	_____	_____	_____
_____	_____	_____	_____	_____	_____
_____	_____	_____	_____	_____	_____
_____	_____	_____	_____	_____	_____
_____	_____	_____	_____	_____	_____
				_____ $ +	_____ $ = _____ $

Obligations et débentures

Émetteur	Valeur nominale	Taux d'intérêt	Échéance			
_____	_____	_____	_____	_____	_____	_____
_____	_____	_____	_____	_____	_____	_____
_____	_____	_____	_____	_____	_____	_____
				_____ $ +	_____ $ =	_____ $

Actions ordinaires

Société	Date d'achat	Coût	Dividendes	Valeur actuelle		
				Vous	Conjoint	Total
_____	_____	_____	_____	_____	_____	_____
_____	_____	_____	_____	_____	_____	_____
_____	_____	_____	_____	_____	_____	_____
_____	_____	_____	_____	_____	_____	_____
_____	_____	_____	_____	_____	_____	_____
				_____ $ +	_____ $ =	_____ $

Actions privilégiées

Société	Date d'achat	Coût	Dividendes (%)	Vous	Conjoint	Total
_____	_____	_____	_____	_____	_____	_____
_____	_____	_____	_____	_____	_____	_____
_____	_____	_____	_____	_____	_____	_____
_____	_____	_____	_____	_____	_____	_____
				_____ $ +	_____ $ =	_____ $

Placements immobiliers

Emplacement	Coût amorti	Valeur marchande nette	Revenus ou pertes de location nets			
_____	_____	_____	_____	_____	_____	_____
_____	_____	_____	_____	_____	_____	_____
_____	_____	_____	_____	_____	_____	_____
				_____ $ +	_____ $ =	_____ $

Or et autres métaux précieux

Détails		Date d'achat	Coût			
_____		_____	_____	_____	_____	_____
_____		_____	_____	_____	_____	_____
				_____ $ +	_____ $ =	_____ $

Prêts et placements hypothécaires

Débiteur	Date d'échéance	Solde	Taux d'intérêt			
_____	_____	_____	_____	_____	_____	_____
_____	_____	_____	_____	_____	_____	_____
_____	_____	_____	_____	_____	_____	_____
				_____ $ +	_____ $ =	_____ $

Intérêts dans une entreprise

Entreprise	Détails	Valeur actuelle		
		Vous	Conjoint	Total
_____	_____	_____	_____	_____
_____	_____	_____	_____	_____
_____	_____	_____	_____	_____
		_____ $ +	_____ $ =	_____ $

Autres placements
Détails

	Vous	Conjoint	Total
_____	_____	_____	_____
_____	_____	_____	_____
_____	_____	_____	_____
	_____ $ +	_____ $ =	_____ $

Biens immobiliers personnels
Détails

Détails	Date d'achat	Coût	Vous	Conjoint	Total
_____	_____	_____	_____	_____	_____
_____	_____	_____	_____	_____	_____
_____	_____	_____	_____	_____	_____
			_____ $ +	_____ $ =	_____ $

Effets personnels
Détails

	Vous	Conjoint	Total
Meubles _____	_____	_____	_____
Collections _____	_____	_____	_____
Automobiles _____	_____	_____	_____
Bateaux _____	_____	_____	_____
Fourrures _____	_____	_____	_____
Bijoux _____	_____	_____	_____
Œuvres d'art _____	_____	_____	_____
Antiquités _____	_____	_____	_____
Outils _____	_____	_____	_____
Autres _____	_____	_____	_____
_____	_____	_____	_____
_____	_____	_____	_____
	_____ $ +	_____ $ =	_____ $

Liste détaillée de vos dettes

Emprunts bancaires et autres emprunts à court terme

Créancier	Taux d'intérêt	Versements	Échéance	Solde actuel Vous	Conjoint	Total
				_____ \$ +	_____ \$ =	_____ \$

Soldes de cartes de crédit et de comptes d'achats à crédit

Créancier	Taux d'intérêt	Versements	Échéance			
				_____ \$ +	_____ \$ =	_____ \$

Impôts et autres dettes (incluant impôts différés sur REER, régime de retraite et FERR)

Créancier	Taux d'intérêt	Versements	Échéance			
				_____ \$ +	_____ \$ =	_____ \$

Emprunts hypothécaires

Créancier	Taux d'intérêt	Versements	Échéance			
				_____ \$ +	_____ \$ =	_____ \$

Bref aperçu de votre situation financière

Vous pouvez remplir ce bref aperçu en inscrivant les totaux appropriés des pages précédentes.

	Vous	Votre conjoint	Total	%
ÉLÉMENTS D'ACTIF				
Liquidités				
Argent comptant et comptes chèques				
Comptes d'épargne				
Dépôts à court terme				
Obligations d'épargne				
Total des liquidités				
Placements non négociables				
CPG d'un à cinq ans				
Pensions				
Fonds enregistrés				
Rentes et rémunération différée				
Assurance-vie entière				
Abris fiscaux				
Total des placements non négociables				
Placements négociables				
Fonds communs de placement				
Obligations et débentures				
Actions ordinaires				
Actions privilégiées				
Placements immobiliers				
Or et autres métaux précieux				
Prêts et placements hypothécaires				
Intérêts dans des entreprises				
Total des placements négociables				
Autres placements				
Biens immobiliers personnels				
Effets personnels				
Total des éléments d'actif				100 %
DETTES				
Dettes à court terme				
Dettes à long terme				
Impôts et autres dettes				
Dettes totales				
VALEUR NETTE				
Total des éléments d'actif				
Total des dettes				
Valeur nette (soustraire les dettes de l'actif)				

Se tenir au courant

Si vous décidez de planifier votre budget, il ne faudra pas vous laisser dépasser par les événements. La forme financière est comme la forme physique. Vous n'avez pas à connaître l'organisation du corps humain pour le faire fonctionner adéquatement, mais vous devez savoir ce qui est bon et ce qui est mauvais pour l'organisme, comment en prendre soin, le maintenir en bonne condition et quoi faire en cas de problème. Il en va de même pour vos finances. Vous devez avoir une connaissance pratique d'un budget personnel et des principes généraux du système financier et de l'économie. Vous devez prendre conscience des mauvaises habitudes que vous avez prises et repérer les occasions de gérer votre argent avec plus d'efficacité.

Il faut de la discipline pour limiter ses dépenses, éviter de contracter des dettes et savoir placer son argent de façon à obtenir un rendement acceptable après impôt qui tienne compte de l'inflation. Il est important de suivre un plan équilibré d'épargne et de placement, tout comme il est important d'avoir une alimentation saine, un nombre suffisant d'heures de sommeil et de faire régulièrement de l'exercice.

Un bilan financier annuel est nécessaire pour maintenir votre santé financière. N'hésitez pas à demander conseil en cas de difficultés particulières; vous consultez bien un médecin ou un spécialiste en cas de maladie ou d'ennui de santé! Cela semble aller de soi quand il est question de sa forme physique. Il devrait en être de même pour se tenir en forme financièrement.

Tenez votre planification financière à jour; lisez des livres, des journaux et des revues sur le sujet; regardez des émissions télévisées et écoutez des émission de radio. La planification financière est un thème à la mode à la radio et à la télévision, le midi comme le soir. Les émissions sont en général bien présentées et donnent des exemples d'actualité pour permettre aux auditeurs de profiter de bonnes occasions. Vous trouverez des renseignements utiles sur la retraite, sur les différentes étapes de la planification financière et sur l'impôt sur le revenu sous la rubrique financière de nombreux magazines.

Vous pouvez aussi vous procurer une excellente documentation auprès de fournisseurs de produits et de services financiers. Vous n'êtes pas obligé d'acheter leurs produits pour profiter de leurs recherches, mais attendez-vous à faire l'objet de vigoureux efforts de vente une fois inscrits sur leur liste de diffusion. Les réseaux de télévision éducative offrent d'intéressants cours, de même que certains organismes comme l'Institut québécois de planification financière, l'Institut canadien des valeurs mobilières et la Bourse de Montréal. On peut également, pour un coût modique, suivre des cours à l'université, à une commission scolaire, à un centre communautaire ou à une quelconque association, qu'il s'agisse d'une conférence d'une demi-journée ou d'un programme complet.

Les maisons de courtage, les fiducies de fonds commun de placement, les banques et les sociétés de fiducie diffusent leurs propres bulletins. Même Revenu Québec et Revenu Canada y vont de leur contribution. Aux bureaux de Revenu Canda, par exemple, vous trouverez d'excellentes brochures sur la fiscalité, comme *Vous prenez votre retraite?*, *REER et autres régimes enregistrés pour la retraite*, *Résidents canadiens qui séjournent à l'étranger* et *Résidents canadiens qui séjournent dans le Sud*.

Être à la retraite ne consiste pas seulement à ne plus travailler. L'aspect le plus agréable est sans doute de recevoir chaque mois un chèque de votre ancien employeur et du gouvernement sans avoir à aller au boulot. Vous avez occupé un emploi pendant de nombreuses années pour acquérir ce privilège. Mais il y a encore une tâche que vous devez remplir: la gestion de vos affaires. Si vous disposez de beaucoup d'argent, gérer votre fortune peut se révéler une responsabilité de taille. Si par ailleurs vos ressources sont limitées, le coût croissant de la vie vous inquiète peut-être. Il faut vivre pleinement ses années de retraite. En consacrant du temps à l'examen de votre budget et en planifiant pour tirer le meilleur avantage de vos ressources, vous pourrez ainsi surmonter vos préoccupations. Vous trouverez les moyens de contourner les obstacles financiers qui pourraient vous empêcher de jouir de cette nouvelle étape de votre vie. Après avoir travaillé de nombreuses années pour gagner de l'argent, laissez votre argent travailler pour vous.

Les qualités d'un conseiller financier

Sa réputation

Une recommandation personnelle peut être une bonne façon de trouver un conseiller financier, surtout si cette recommandation vient de quelqu'un que vous connaissez bien et en qui vous avez confiance. Vous voulez avoir affaire à un conseiller qui a fait ses preuves et qui a suffisamment d'expérience pour vous guider efficacement et en toute sécurité.

De bonnes références

Vous souhaitez que votre conseiller financier possède une formation et une compétence reconnues dans certains domaines spécialisés. Il peut s'agir d'actuaires, de comptables agréés (CA), de planificateurs financiers certifiés (Pl. fin.).

Appartenance à certaines associations

Différents organismes guident les conseillers financiers en matière d'éthique professionnelle, de règles de conduite et de normes de pratique. Vous auriez intérêt à ce que votre conseiller soit membre de tels organismes, ce qui constitue une garantie de son professionnalisme. Les trois associations connues sont l'Association canadienne des planificateurs financiers (Administrateurs agréés au Québec), l'Institut québécois de planification financière (IQPF) et l'Ordre des comptables agréés du Québec, division planification financière. Ces associations exigent que leurs membres soient protégés par une assurance-responsabilité. Vous devriez également vous informer auprès d'organismes publics (l'IQPF et la Commission des valeurs mobilières) qui réglementent l'activité des planificateurs financiers pour savoir si votre éventuel conseiller a déjà fait l'objet d'une plainte.

Gamme des services offerts

Certains préfèrent qu'une seule personne offre une gamme complète de services financiers. Cette façon de procéder est non seulement pratique mais peut présenter certains avantages. Votre planificateur connaît l'ensemble de votre situation. D'autres préfèrent trouver un spécialiste dans chaque domaine: épargne-retraite, assurances, placements. Demandez à votre éventuel conseiller financier quels services il offre, y compris en matière de planification de la retraite, de conseils fiscaux, de gestion de placements et de planification successorale.

Mode de rétribution

Vous devez demander, et vous avez tous les droits de le faire, à votre planificateur financier comment il est rémunéré. Reçoit-il une commission sur la vente de certains produits comme l'assurance-vie ou des titres de placement? Est-il plutôt rémunéré à l'heure? De plus, s'il vend un produit, prenez garde à d'éventuels conflits d'intérêts.

Affinité personnelle

Vous devez vous sentir à l'aise avec la personne qui détiendra des renseignements privés sur votre situation financière, qui connaîtra vos objectifs et vos ambitions. Aussi préférez-vous peut-être rencontrer personnellement un certain nombre de conseillers avant de fixer votre choix. Vous voulez savoir si vous aurez affaire à un seul planificateur ou à plusieurs dans le cabinet qui gérera votre portefeuille. Une fois votre conseiller trouvé, faites suivre la rencontre initiale d'une brève lettre dans laquelle vous résumez l'entente telle que vous l'avez comprise, y compris les frais, le temps consacré à vos affaires, le nombre de rencontres prévues, etc. Il est prudent de garder une copie de cette lettre, au cas où un malentendu surviendrait ultérieurement.

Trouver une aide efficace

Je crois sincèrement que votre situation financière s'améliorera si vous trouvez un bon conseiller et collaborez avec lui, année après année, à la gestion de vos finances. Ce conseiller se fera payer pour ses services, qu'il s'agisse de frais d'administration, d'honoraires, ou que ce soit par des commissions réalisées en vendant des produits et des services financiers. Ne vous faites pas d'illusion: vous paierez d'une façon ou d'une autre. Mais vos gains seront supérieurs à vos coûts si votre conseiller est honnête et compétent; il élaborera des stratégies adaptées à vos besoins et vous aidera à les mettre en application.

Le coût de la rémunération constitue l'une des principales préoccupations lorsqu'on engage un planificateur financier. Celui-ci peut demander des honoraires variant de 75 $ à 300 $ l'heure. Il peut apporter des réponses à des questions précises ou préparer un plan d'ensemble. Comme cette profession est relativement nouvelle et en rapide évolution, vous devez prendre soin de dénicher un conseiller qualifié qui présente des références vérifiables.

Plusieurs conseillers, empressés de vous faire part gratuitement de leurs recommandations, vendent en réalité des produits et des services financiers sur lesquels ils touchent une commission. Certains pourront vraiment vous aider, d'autres connaissent depuis longtemps votre famille et votre situation financière. Il faut écouter attentivement, savoir déceler les éventuels conflits d'intérêts et s'informer de leur mode de rémunération. Même le vendeur le plus honnête se laisse parfois emporter par l'enthousiasme; il faut donc vérifier attentivement les conseils qu'il vous donne. Par ailleurs, un conseiller qui est rémunéré selon un taux horaire peut prendre un nombre scandaleux d'heures pour concevoir un simple plan.

Un plan financier complet doit comprendre:

- un tableau exhaustif de votre situation financière actuelle, y compris les revenus, les éléments d'actif, les dettes, les assurances, les testaments, les rentes, les titres de placement, etc.;
- la clarification de vos objectifs de retraite;
- l'identification des points faibles; par exemple, détenez-vous suffisamment d'assurance;
- des recommandations écrites accompagnées d'une explication;
- des conseils sur la mise en vigueur de ces recommandations;
- une révision périodique du plan.

Le processus peut prendre de quatre à six semaines et exige que vous soumettiez l'information nécessaire et que vous assistiez aux réunions. Pour de plus amples renseignements, communiquez avec l'Institut québécois de planification financière au 4, place du Commerce, Bureau 420, Île-des-Sœurs, Montréal (Québec) H3E 1J4 ou en composant le (514) 767-4040.

Il est bon de jongler avec les différentes idées glanées au cours de conversations avec plusieurs conseillers financiers. Assistez aux séminaires offerts gratuitement par les institutions bancaires, les compagnies d'assurances, les fiducies et les maisons de courtage. La plupart de ces séminaires comportent une période de questions qui peut s'avérer précieuse. Il faut toutefois être vigilant lorsqu'on applique les idées des autres à ses propres affaires et faire preuve de bon sens.

Il reste à espérer que vous savez maintenant où vous en êtes. L'étape suivante dans la procédure de planification financière consiste à examiner vos possibilités d'épargne. Nous passerons en revue les différentes prestations du gouvernement, les régimes de retraite et les REER avant de calculer le revenu annuel total sur lequel vous pouvez compter au moment de votre retraite. Une projection détaillée de vos frais de subsistance permettra de savoir si votre revenu de retraite sera suffisant. Essayez de terminer le travail de comptabilité le plus rapidement possible afin de mettre au point un plan financier qui convienne à vos besoins de retraité dans les moindres détails.

Notes

Chapitre 6

Le gouvernement donne d'une main et reprend de l'autre

Nous bénéficions d'une grande variété de programmes municipaux, provinciaux et fédéraux qui assurent les bases de notre revenu de retraite. Avec le système universel d'assurance-maladie, ces avantages constituent l'un des systèmes de sécurité sociale les plus généreux au monde. Bien sûr, cette sorte d'*assurance-retraite* n'est pas gratuite. En effet, le coût augmente chaque année; des impôts, des taxes de vente et des retenues sur la paie de plus en plus élevés sont nécessaires pour financer le système.

On craint de plus en plus que notre système d'avantages sociaux ne puisse être maintenu dans sa forme actuelle. Ces avantages, que nous n'avons pas les moyens de nous offrir collectivement, sont la source d'un déficit phénoménal. En fait, nous hypothéquons notre avenir et celui de nos enfants en compromettant la sécurité de nos revenus. Il est temps de nous serrer la ceinture, d'accepter la taxe sur les biens et services (TPS), d'acheter ici d'abord et d'exiger des politiciens qu'ils réduisent la dette nationale et ne compromettent pas notre sécurité financière.

D'une façon ou d'une autre, nous continuerons d'assurer un revenu de retraite à ceux qui sont dans le besoin. Ce sont les programmes sociaux qui constituent le fondement de notre sécurité financière en cours d'emploi et au moment de la retraite.

Le présent chapitre aborde quelques-uns des programmes destinés aux retraités: la pension de la sécurité de la vieillesse (PSV), le Régime de rentes du Québec (RRQ), le Régime de pensions du Canada (RPC), les programmes d'assurance-hospitalisation et d'assurance de soins médicaux et l'assurance-chômage. Ces programmes constituent la pierre angulaire de la planification financière d'une retraite. La lecture de ce chapitre ne sera pas facile; l'information qu'il contient est plutôt aride. Mais si vous ignorez ce que vous êtes en droit de recevoir, vous pourriez tout simplement ne pas l'obtenir.

La première chose à savoir est qu'il faut soumettre une demande pour recevoir la plupart des prestations. Faites parvenir votre demande environ six mois avant votre date d'admissibilité. Les prestations de la PSV sont payables rétroactivement jusqu'à cinq ans si vous faites votre demande en retard, mais vous ne percevrez pas d'intérêt sur le montant qui vous est dû. Quant au RRQ, si vous faites la demande après l'âge de 65 ans, votre pension mensuelle sera plus importante, mais vous n'aurez pas droit aux arrérages.

Les formulaires de demande sont à votre disposition dans les bureaux de la Régie des rentes du Québec. On peut trouver la liste de ces bureaux dans les pages bleues de l'annuaire téléphonique. Vous devez prouver votre âge en soumettant un certificat de naissance ou de baptême. De plus, vous pouvez recevoir certaines prestations même si vous vivez à l'extérieur du Canada, mais il est bon de vérifier plus d'une fois car les règles peuvent changer.

La pension de la sécurité de la vieillesse (PSV)

La PSV est l'un des plus anciens programmes de sécurité sociale au Canada et demeure notre seul régime de retraite *universel* au Canada. Adopté en 1952, il versait à l'origine 40 $ par mois aux personnes âgées de 70 ans et plus; aujourd'hui, les prestations sont beaucoup plus substantielles. À la fin de 1994, la pension mensuelle maximale s'élevait à 387,74 $, les paiements faisant l'objet d'un rajustement quatre fois par année (janvier, avril, juillet et octobre) afin de tenir compte de la hausse de l'indice des prix à la consommation.

Examinons les règles de base:

■ Vous êtes admissible à la PSV si vous êtes âgé de 65 ans et avez vécu au Canada pendant au moins 10 ans. Peu importe que vous ayez travaillé ou non. Vous pouvez recevoir la PSV même si vous continuez à travailler au-delà de 65 ans.

Avez-vous droit aux prestations de la PSV?

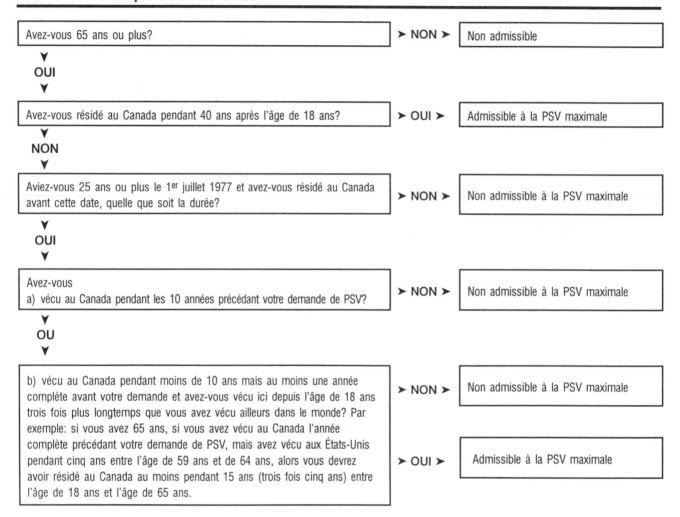

■ Vous devez être citoyen canadien ou résident autorisé le jour précédant l'approbation de votre demande. Si vous ne vivez plus au Canada, vous devez avoir été citoyen canadien ou résident autorisé le jour précédant votre départ du Canada.

■ Les prestations sont payées en dollars canadiens, où que vous résidiez.

■ Si vous avez omis de faire votre demande de PSV à l'âge de 65 ans, les paiements seront faits rétroactivement jusqu'à cinq ans, mais vous ne toucherez pas d'intérêt sur le montant qui vous est dû.

Jetez un coup d'œil sur l'encadré *Avez-vous droit aux prestations de la PSV?* pour savoir si vous êtes admissible.

Le remboursement de la pension de vieillesse

Alors que vous pensiez jouir d'un petit revenu supplémentaire, le gouvernement fédéral adopte une mesure fiscale visant à récupérer la PSV des contribuables à revenu élevé. À la fin de 1994, les contribuables dont le revenu ne dépassait pas 53 215 $ n'étaient pas touchés. Toutefois, ceux dont le revenu dépasse 53 215 $ doivent rembourser 15 % de l'excédent jusqu'au montant complet de PSV reçu.

Par exemple, si vous recevez 4 600 $ de prestations de PSV et si vous disposez d'un revenu imposable de 70 000 $, vous paierez un impôt supplémentaire de 15 % sur les 16 785 $ excédant le seuil de 53 215 $, soit 2 518 $. En plus, bien sûr, l'impôt payé sur les

Si vous n'avez pas droit aux prestations intégrales de PSV, pouvez-vous recevoir des prestations partielles?

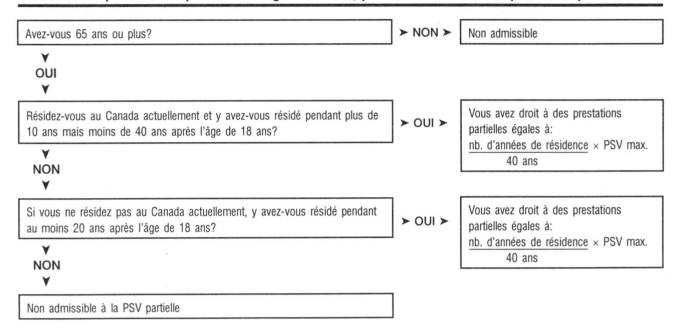

prestations. Le montant total de 4 600 $ de la PSV est récupéré si votre revenu net est de 83 988 $ et plus. Le seuil de 53 215 $ est révisé périodiquement et rajusté à toute hausse de l'IPC dépassant 3 %. Notez qu'en cette période de faible inflation, ce seuil n'est pas indexé et cela pourrait avoir un effet important sur le remboursement réel de la PSV.

Le supplément de revenu garanti

Un peu plus de trois millions de personnes reçoivent des prestations de PSV et presque la moitié des prestataires ont des revenus suffisamment bas pour avoir droit au supplément de revenu garanti (SRG). Quelque 136 000 personnes reçoivent l'allocation au conjoint ou l'allocation aux veufs ou veuves. Le but du SRG et des allocations est de faire en sorte que les bénéficiaires ne vivent pas dans la pauvreté.

Une fois admis à la PSV, vous recevrez un formulaire afin de déterminer si votre revenu est suffisamment bas pour être admissible au SRG. Votre admissibilité et le montant auquel vous avez droit dépendent de votre revenu de l'année civile précédente. Si vous êtes marié ou vivez en union de fait, le revenu combiné du couple est pris en considération pour déterminer si vous avez droit au SRG. Les seuils

de revenu excluent les prestations de la PSV et de SRG et sont périodiquement rajustés à toute hausse du coût de la vie.

Si vous vivez seul, le montant mensuel maximum de SRG que vous recevrez à la fin de 1994 est de 460,79 $. Vous avez droit à cette prestation si votre revenu de l'année précédente est inférieur à 24 $. Votre prestation mensuelle est réduite d'un dollar pour chaque tranche supplémentaire de 24 $. Par exemple, si votre revenu total, à l'exclusion de la PSV et du SRG, s'élève à 5 000 $, vous aurez droit à une prestation mensuelle de 253 $. On obtient ce résultat en divisant par 24 le montant de revenu supérieur à 24 $, c'est-à-dire 4 976 $. Résultat: 207 $, qui est soustrait de 460 $ pour donner 253 $. Le revenu maximum que vous pouvez gagner pour avoir droit à des prestations de SRG est de 11 082 $.

Si vous êtes marié ou vivez en union de fait, l'admissibilité à des prestations de SRG dépend de votre âge et de l'âge de votre conjoint. Si vous êtes tous les deux pensionnés, le montant mensuel maximum que chacun peut recevoir est de 300,14 $. Vous recevrez ce montant maximum si votre revenu combiné est inférieur à 24 $ par année. Encore une fois, votre prestation mensuelle est réduite d'un dollar pour chaque tranche suppémentaire de 24 $. Si vous gagnez plus de 14 454 $, vous n'avez pas droit au SRG.

Vous devez faire une demande pour le SRG tous les ans. Une fois admis, vous recevrez un formulaire de demande en janvier de chaque année. Vous devez remplir ce formulaire et le retourner avant le 31 mars, sinon vos prestations de SRG sont coupées jusqu'à la réception d'une nouvelle demande.

Vous recevrez un seul chèque cumulant votre pension de vieillesse et votre SRG. Cependant, alors que la pension de la PSV est imposable, le SRG ne l'est pas. Si vous remplissez une déclaration de revenus, vous devez déclarer les suppléments fédéraux à la ligne 146, mais vous déduisez le même montant à la ligne 250 de la déclaration.

Les prestations supplémentaires ne sont versées qu'aux seuls résidents canadiens. Si vous quittez le pays, elles sont suspendues après six mois. Elles sont rétablies si vous revenez et si vous satisfaisez toujours aux conditions d'admissibilité, mais vous ne pouvez pas recouvrer les prestations manquées.

L'allocation au conjoint

Si l'un des conjoints a 65 ans et est admis à la PSV et au SRV, l'autre peut recevoir l'allocation au conjoint. Pour avoir droit à cette allocation, il faut avoir entre 60 et 65 ans et satisfaire aux mêmes conditions de niveau de revenu et de résidence que dans le cas de la PSV et du SRG. Il s'agit en réalité d'un paiement anticipé de la pension de vieillesse et du SRG. L'allocation au conjoint, comme le SRG, n'est pas imposable et n'est versée que si les deux conjoints sont vivants.

Si votre revenu combiné est inférieur à 24 $ par année, le conjoint de moins de 65 ans recevra 687,88 $ par mois et le conjoint de plus de 65 ans touchera la prestation maximum de SRG, soit 300,14 $, et la prestation maximum de PSV, soit 387,74 $, pour un total de 687,88 $ par mois. Si vous gagnez plus de 23 688 $ par année, le conjoint moins âgé n'a pas droit à l'allocation, mais celui qui reçoit la pension de vieillesse touchera le SRG maximum de 460,79 $, soit le montant maximum pour un pensionné seul.

Afin de subvenir aux besoins des veufs et des veuves des prestataires de PSV, il existe également une allocation au conjoint-veufs et veuves. Cette pres-

tation porte le nom d'allocation au conjoint prolongée si elle était versée avant le décès du prestataire de PSV. Les règles sont les mêmes que celles qui s'appliquent à l'allocation au conjoint. Le veuf ou la veuve doit avoir été légalement marié au pensionné ou avoir vécu en union de fait avec lui pendant au moins un an. La prestation maximum était de 759,42 $ à la fin de 1994. Le seuil limite de revenu pour avoir droit à cette allocation est de 18 202 $.

Tout comme vous devez satisfaire aux conditions d'admissibilité au SRG chaque année, ainsi vous devez soumettre tous les ans votre demande d'allocation au conjoint et d'allocation au conjoint-veufs et veuves. Si vous présentez votre demande en retard, les deux allocations sont versées rétroactivement jusqu'à cinq ans. L'allocation au conjoint et l'allocation au conjoint-veufs et veuves prennent fin lorsque le prestataire atteint l'âge de 65 ans et sont remplacées par les prestations de PSV et de SRG.

Ces règles peuvent vous sembler déroutantes. Si vous désirez savoir exactement à quelles prestations vous aurez droit, communiquez avec un bureau des Programmes de la sécurité du revenu de Santé et Bien-être social Canada. Le personnel dispose de tables mises à jour qui indiquent les prestations versées, compte tenu du niveau de revenu.

Le Régime de rentes du Québec (RRQ) et le Régime de pensions du Canada (RPC)

Le RRQ et le RPC constituent le deuxième programme de pensions en importance. Ces régimes sont administrés séparément mais se ressemblent. Les deux assurent une pension au moment de la retraite et versent des prestations aux familles des cotisants décédés ainsi qu'aux cotisants invalides et àleurs enfants. À la différence de la PSV, les fonds proviennent de cotisations obligatoires déduites du chèque de paie. Les prestations, pour cause de retraite, de décès ou d'invalidité, sont versées en fonction des cotisations au régime.

Les Canadiens de 65 ans qui prennent leur retraite en 1994 peuvent revevoir jusqu'à 694,44 $ par mois. La pension d'invalidité maximum se chiffre à 839,09 $. Les enfants orphelins ou ceux d'un cotisant invalide ont droit à 50 $ par mois du RRQ et à 157,48 $ par mois du RPC. Les veufs ou veuves des cotisants

Quatre moyens pour éviter le remboursement de votre PSV

Depuis 1952, la pension de la sécurité de la vieillesse était synonyme de sécurité financière pour des milliers de Canadiens. Ce n'est plus le cas. En 1991, le gouvernement a commencé à exiger le remboursement de leur pension de la part de Canadiens suffisamment aisés pour ne pas avoir besoin de l'aide de l'État au moment de la retraite.

Voici quelques stratégies pour éviter d'avoir à rembourser votre PSV:

1. Si vous êtes marié, tentez de répartir vos revenus entre vous et votre conjoint. La meilleure stratégie consiste à établir dès maintenant un REER au nom du conjoint. Plus vous attendez, moins l'impact est important; chaque dollar versé au conjoint dont le revenu est inférieur réduit l'effet du remboursement. Si vous êtes déjà à la retraite, vous pouvez profiter, jusqu'au 1er mars 1995 pour l'année d'imposition 1994, d'un transfert libre d'impôt en versant jusqu'à 6 000 $ dans un REER au nom du conjoint.

   Il existe quelques autres façons de répartir le revenu familial:

   ■ partagez votre pension de RRQ avec votre conjoint;

   ■ le conjoint dont le revenu est le plus élevé acquitte les dépenses courantes, tandis que celui dont le revenu est plus faible s'occupe de placer l'argent épargné;

   ■ si vous possédez votre entreprise ou si vous mettez sur pied une affaire au moment de la retraite, versez un salaire aux membres de votre famille, dont le montant soit raisonnable et proportionnel au travail accompli.

2. Assurez-vous de profiter de toutes les déductions et de tous les crédits d'impôt. Beaucoup de gens ne saisissent pas l'occasion de réduire leurs impôts en ne réclamant pas les déductions fiscales ou les crédits d'impôt auxquels ils ont droit. Pour quelqu'un susceptible de devoir rembourser sa pension de vieillesse, cette négligence peut être particulièrement coûteuse. La première année de la retraite, il faut verser la cotisation maximale à son REER.

3. Gardez vos épargnes aussi longtemps que possible dans votre REER. Évitez de toucher à votre REER jusqu'à l'âge de 71 ans et transférez les fonds dans un FERR. Si vous avez besoin de retirer un revenu de vos placements, dépensez d'abord les épargnes qui ne sont pas dans un REER avant de toucher à celles qui sont à l'abri du fisc dans un REER ou un FERR.

4. Faites alterner une année de revenus élevés et une année de revenus plus faibles. Si vous avez besoin de 60 000 $ par année, vous pouvez retirer 50 000 $ une année et 70 000 $ l'année suivante, évitant ainsi un remboursement pour l'une de ces années. Si vous avez un portefeuille de titres, vous pouvez obtenir le même résultat en réalisant des gains en capital une année, mais non l'année suivante.

peuvent recevoir jusqu'à 649,85 $ par mois. À la différence de la PSV qui fait l'objet d'un rajustement quatre fois par année pour suivre le rythme de l'inflation, les montants de RRQ ne sont rajustés qu'en janvier. Les chiffres mentionnés sont les montants maximums. Nombreux sont ceux qui reçoivent moins, soit parce qu'ils ne participent au régime que depuis quelques années, soit parce que leur revenu n'est pas suffisamment élevé pour justifier le taux de cotisation maximum.

Pour déterminer le montant de prestations auquel vous avez droit, on tient compte du nombre d'années pendant lesquelles vous avez cotisé au régime et de votre revenu moyen pendant cette période. Il y a cependant quelques exceptions. Si vous avez cotisé pendant plus de 10 ans, il est possible qu'on ne tienne pas compte des années où votre revenu était très faible ou inexistant.

Pour chaque année de travail après 65 ans, il faut laisser tomber une année dans le décompte, de même que les années passées à élever des enfants de moins de huit ans. Dans le calcul de vos prestations de retraite, il faut exclure jusqu'à 15 % de vos années de travail si votre revenu était faible parce que vous travailliez à temps partiel ou une partie de l'année seulement.

Règles et dispositions du RRQ et du RPC

Bien qu'il y ait certaines différences entre les deux régimes, il y a un certain nombre de règles et de dispositions communes qui s'appliquent:

■ Vous pouvez commencer à recevoir des prestations du RRQ et du RPC à l'âge de 65 ans, que vous continuiez à travailler et à toucher un salaire ou non. Vous pouvez aussi choisir d'encaisser les prestations avant ou après l'âge de 65 ans.

■ Il est important de faire la demande six mois avant d'être admissible à la pension puisqu'il est impossible d'obtenir un paiement rétroactif. Si vous ne faites pas votre demande à temps, vous risquez de ne pas recevoir des prestations dont vous auriez besoin. Cependant, plus vous attendez, plus votre pension sera généreuse.

■ Les cotisants au RPC et au RRQ sont ceux qui ont effectué au moins un versement à chacun des régimes. Ils touchent leurs prestations conformément aux modalités d'une entente signée en 1975. Si vous avez participé aux deux régimes, vous recevrez vos prestations du RPC si vous résidez en dehors du Québec au moment de votre demande. Sinon, vous les recevrez du RRQ. Si vous résidez en dehors du Canada lorsque vous faites votre demande, vous toucherez vos prestations d'un régime ou de l'autre selon l'endroit où vous habitiez lorsque vous avez quitté le pays. De toute façon, on tient compte de toutes vos cotisations dans le calcul de la pension à laquelle vous avez droit.

■ Vous pouvez demander qu'on partage votre pension entre votre conjoint et vous, pourvu que vous ayez tous les deux au moins 60 ans. C'est une bonne occasion de fractionner votre revenu; cette stratégie fiscale consiste à déplacer une partie du revenu entre les mains du conjoint dont le taux d'imposition est moins élevé.

■ Vous pouvez toucher vos prestations n'importe où dans le monde; elles sont versées en dollars canadiens.

■ Les prestations du RRQ et du RPC sont rajustées au coût de la vie.

■ En cas de divorce ou de séparation légale, les droits au RRQ et au RPC acquis pendant le mariage peuvent être répartis, si le mariage a pris fin après le 31 décembre 1987. Les prestations du RRQ sont partagées d'office après un divorce; il n'est donc pas nécessaire d'en faire la demande.

Vos premières années d'emploi pendant lesquelles vos revenus ne permettaient pas de faire une cotisation maximum peuvent être exclues. Par ailleurs, si vous êtes mis à pied à 58 ans ou prenez votre retraite à l'âge de 58 ans, les deux années entre 58 et 60 ans pendant lesquelles vous n'avez pas cotisé au RPC ne vous empêcheront pas d'obtenir vos prestations intégrales à l'âge de 60 ans.

Ne craignez rien, vous n'avez pas à tenir le décompte des années. Pour recevoir un relevé de votre participation au RRQ, entrez en communication avec la Régie des rentes du Québec. À titre de participant au RPC, vous recevrez un relevé de vos cotisations et de vos revenus tous les trois ans. Si vous désirez recevoir un relevé plus souvent, vous pouvez en faire la demande, à raison d'une fois par année.

Comparez ces relevés avec vos feuillets T4 et vos déclarations de revenus pour vous assurer que les données correspondent et pour éviter toute confusion ou tout retard lorsque vous ferez votre demande de prestations. Vous pouvez également demander une évaluation de la rente de retraite que vous recevrez à l'âge de 65 ans.

RRQ/RPC: est-il préférable d'encaisser tôt ou d'attendre?

L'une des questions que l'on se pose le plus fréquemment est: «*Dois-je présenter une demande au RRQ à 60 ans ou attendre mes 65 ans ou même davantage?*» Le côté embêtant de cette question est qu'on ne sait pas quand votre conjoint et vous allez décéder. Pour donner une réponse satisfaisante, il faut en tenir compte, ainsi que de quelques autres facteurs.

Différences entre le RRQ et le RPC

Lors de leur entrée en vigueur en 1966, les régimes étaient presque identiques. La principale différence réside dans la gestion des fonds provenant des cotisations des participants. Les cotisations versées au RPC sont regroupées et les neuf provinces peuvent emprunter à même cette caisse. Les cotisations faites au RRQ sont gérées par la Caisse de dépôt et placement du Québec.

Au cours des ans, des différences entre les régimes ont vu le jour, puis ont disparu. Le RRQ permet aux cotisants de prendre leur retraite entre 60 et 70 ans, une mesure qui ne fut adoptée par le RPC qu'en 1987. Une autre différence concerne la rente de conjoint survivant. Les prestations touchées par les orphelins et les enfants des cotisants invalides sont plus généreuses en vertu du RPC. Il existe enfin une différence concernant les conditions d'admission pour avoir droit aux prestations d'invalidité.

D'abord, examinons brièvement les règles:

- Si vous décidez de toucher votre pension tôt, elle sera réduite de 0,5 % chaque mois qui précède votre 65e anniversaire, pour une réduction maximum de 30 % à l'âge de 60 ans.
- Cette réduction s'applique pour le reste de votre vie.
- Un encaissement anticipé de votre pension réduit également les prestations de survivant transférées à votre conjoint au moment de votre décès.
- Vous ne pouvez réclamer une rente anticipée si vous gagnez plus que la pension même ne vous rapporte, soit environ 8 000 $ par année.

Ces règles suscitent quelques questions. Prendrez-vous votre retraite à 60 ans? Si vous gagnez plus de 8 000 $ par année, vous ne pourrez pas réclamer de pension. Vous pouvez cependant prendre votre retraite, faire une demande de rente anticipée et reprendre votre travail. Mais n'oubliez pas qu'alors le taux d'imposition de votre pension sera plus élevé que si vous aviez cessé de travailler; après tout, votre revenu sera plus important. C'est vrai, direz-vous, mais si vous n'avez pas besoin de cette rente pour vos frais de subsistance, au moins pourrez-vous placer l'argent obtenu.

Voici alors le dilemme: si vous optez pour la rente anticipée, vous recevrez des prestations pendant un plus grand nombre d'années, mais vous toucherez moins chaque mois. Si vous retardez l'encaissement de la rente, vous toucherez un montant plus élevé chaque mois, mais pendant un moins grand nombre d'années. Quelle option est alors la plus avantageuse? Cela dépend du temps qu'il vous reste à vivre au-delà de 77 ans. Après cet âge, le revenu total reçu d'une pension normale commence à excéder les paiements totaux d'une rente anticipée.

C'est ce qui se produit si vous dépensez votre pension au fur et à mesure que vous la touchez. La situation est différente si vous épargnez et placez l'argent de vos prestations de retraite pendant plusieurs années. Si tel est le cas, il faudra plus de temps aux fonds qui ont été épargnés en recevant une pension normale pour égaler les épargnes accumulées si vous recevez et placez une rente anticipée mais réduite. En effet, la rente anticipée constitue le meilleur choix pendant de nombreuses années. En fait, ce n'est pas avant l'âge de 86 ans que les deux comptes s'élèvent à 38 500 $.

Un autre facteur à considérer pour choisir le moment de réclamer sa rente est la prestation de survivant. Si vous décédez avant votre conjoint, cette prestation représentera 60 % de la pension que vous touchiez de votre vivant, que vous receviez une pension réduite ou intégrale. Si la prestation de survivant est une source de revenu importante pour votre conjoint, il faut prendre cette donnée en considération, surtout si votre santé est chancelante et que votre conjoint est en pleine forme.

Établissons quelques lignes directrices. Touchez une rente anticipée:

- si vous êtes seul, si vous avez l'intention de dépenser l'argent des prestations et s'il est peu vraisemblable que vous dépassiez l'âge de 77 ans.
- si vous êtes seul, si vous avez l'intention d'épargner l'argent des prestations et s'il est peu vraisemblable que vous dépassiez l'âge de 86 ans. N'oubliez pas qu'un tiers des Canadiens de 60 ans dépasseront cet âge.
- si vous êtes marié, si vous avez l'intention de dépenser l'argent de la rente et ne dépasserez vraisemblablement pas l'âge de 76 ans, ou si vous vous proposez de placer l'argent, ne dépasserez pas l'âge de 86 ans et que votre conjoint ne recevra pas une prestation de survivant. C'est le cas si ce conjoint est également un cotisant et touchera une rente de retraite maximum ou si ce conjoint est en mauvaise santé et ne vous survivra probablement pas.
- si vous avez besoin de l'argent à 60 ans, mais n'avez pas à vous inquiéter de votre situation financière ultérieure.

Retirez votre pension à l'âge de 65 ans:

- si vous avez l'intention de dépenser cet argent et s'il est vraisemblable que vous dépassiez l'âge de 76 ans ou si vous comptez placer cet argent et vous attendez à vivre au-delà de 86 ans.
- si, selon toute vraisemblance, votre conjoint et vous vivrez longtemps et si vous vous inquiétez de l'inflation et des impôts.
- si vraisemblablement votre conjoint vivra au-delà de 76 ans et comptera sur les prestations de survivant.

Bien sûr, vous pouvez attendre pour faire votre demande. Si tel est le cas, votre pension croîtra de ½ % chaque mois d'attente, pour un maximum de 30 % à l'âge de 70 ans. Cependant, il est souvent désavantageux d'agir ainsi, à moins d'être sûr de vivre très longtemps. Si vous continuez de travailler et si vous cotisez toujours après l'âge de 65 ans, vous cumulez des droits à retraite, qui augmenteront encore davantage votre pension.

Vos cotisations, historiquement fixées à 3,6 % de votre salaire, ont augmenté de 0,2 % par année pour atteindre 4,6 % en 1991. Vers le milieu de 1994, le maximum était de 34 400 $. Si vous êtes employé, votre employeur paie 50 % de votre cotisation. Si vous êtes travailleur indépendant, vous devez assumer la cotisation complète. Les cotisations augmentent de 0,15 % par année pour atteindre 7,6 % en l'an 2011. Même si cela signifie des déductions accrues de votre paie, on peut espérer que les prestations ne seront pas diminuées dans l'avenir.

Les prestations d'invalidité

Nous connaissons surtout le RRQ à titre de régime procurant une pension de retraite; mais ce régime verse également une rente d'invalidité aux cotisants qui sont dans l'impossibilité de travailler. Malheureusement, pour être admissible à une pension d'invalidité, il faut être incapable de travailler, quelle que soit la nature de l'emploi. L'invalidité doit être permanente, vous empêchant de travailler pour le reste de la vie. Les règles sont plus souples pour ceux qui ont plus de 60 ans; une pension est accordée si vous ne pouvez satisfaire aux exigences de votre dernier emploi.

Pour faire une demande de prestation d'invalidité, vous devez avoir cotisé pendant deux des trois dernières années ou pendant cinq des dix dernières années. Au Québec, il faut avoir cotisé, à partir de 18 ans, pendant la moitié de votre vie active. Le versement des prestations d'invalidité cesse à 65 ans, alors que la pension normale commence. En 1994, le versement mensuel maximum était de 839,09 $.

Les prestations de survivant

La famille d'un cotisant décédé reçoit une prestation forfaitaire de décès et un versement mensuel aux survivants. Pour que votre famille soit admissible, il faut avoir cotisé pendant au moins trois ans. Pour recevoir le montant maximum, il faut avoir cotisé pendant 10 ans ou pendant le tiers de la période que l'on peut cotiser, le moindre des deux étant retenu.

Les prestations sont versées au conjoint marié ou au conjoint de fait. L'expression *survivant* désigne une personne de sexe opposé qui a vécu au moins un an avec le cotisant avant le décès de ce dernier. Cette période d'un an ne doit pas avoir été interrompue par une séparation. Si le cotisant est décédé à la suite d'une maladie, le conjoint de fait doit prouver qu'il n'était pas au courant de sa condition lorsqu'ils ont décidé de vivre ensemble.

La prestation de décès représente 10 % des gains annuels maximums ouvrant droit à pension ou six fois la rente mensuelle de retraite du cotisant, le moindre montant étant retenu. En 1994, la prestation de décès maximum était de 3 440 $.

La pension mensuelle varie en fonction des circonstances. Un montant moins élevé est versé si la personne ne souffre pas d'invalidité ou n'a pas d'enfant à charge. Un survivant âgé de moins de 65 ans reçoit une prestation qui représente 37,5 % de la rente de retraite du cotisant. Les conjoints de plus de 65 ans touchent quant à eux 60 % de la rente.

Si vous recevez une prestation de survivant et êtes vous-même admissible à une pension de retraite, votre prestation de survivant s'ajoutera à votre propre pension dès que vous aurez atteint l'âge de 65 ans. Toutefois, le montant global de prestations ne peut excéder la pension mensuelle maximum, soit de 687,88 $ en 1994. De même, si vous avez droit à une prestation d'invalidité et à une prestation de survivant, le montant maximum autorisé est de 839,09 $.

Une prestation de survivant continue d'être versée même si le conjoint bénéficiaire se remarie. On peut recevoir à nouveau, pourvu qu'on en fasse la demande, une rente de conjoint survivant dont le paiement a été interrompu à cause d'un remariage qui a eu lieu avant le 1er janvier 1984 pour le RRQ. Il est toutefois impossible d'obtenir les prestations rétroactives. Le calcul est établi comme s'il n'y avait pas eu interruption.

L'enfant naturel ou adopté d'un cotisant décédé peut être admissible à une prestation d'orphelin du RRQ s'il a moins de 18 ans. Le montant mensuel maximum de prestation en 1994 était de 50 $. Si l'enfant a perdu son père et sa mère, il peut être admissible à une double prestation.

L'assurance-chômage

L'assurance-chômage (AC) protège les Canadiens en leur assurant un revenu s'ils perdent leur emploi. Le programme est financé par des cotisations obligatoires versées par la plupart des Canadiens qui travaillent et par des cotisations patronales.

Vous recevrez une prestation hebdomadaire d'AC si vous perdez votre emploi ou démissionnez pour une raison valable, mais vous devez à nouveau chercher du travail. Le montant des prestations dépend des cotisations versées au régime et du taux de chômage quand vous faites votre demande. Le bureau d'assurance-chômage prend de trois à cinq semaines pour traiter votre demande et vous faire parvenir votre premier paiement. Vous toucherez des prestations pour une durée de 17 à 50 semaines.

Les prestations sont différées si vous recevez une paie de vacances, une allocation de retraite ou un revenu de pension. Le montant reçu est divisé par le revenu hebdomadaire que vous gagniez lorsque vous travailliez afin de déterminer la période d'attente pour toucher les prestations d'AC. Par exemple, si votre salaire était de 1 000 $ par semaine et si vous recevez une indemnité de départ de 20 000 $, vous devrez attendre 20 semaines (20 000 $ divisés par 1 000 $) avant de toucher vos prestations d'AC. Si vous obtenez une indemnité de départ, vérifiez auprès de votre bureau local d'AC la date d'envoi de votre premier chèque.

Il y a une exception importante à cette règle. Si vous prenez une retraite anticipée, commencez à recevoir une pension, retournez travailler et perdez votre emploi, vos prestations d'AC ne seront pas réduites même si vous touchez une pension de retraite de votre emploi précédent.

Ce ne sont pas tous les travailleurs qui sont protégés par l'assurance-chômage. Les gens qui ne versent pas de cotisations, et ne sont donc pas assurés, comprennent:

- ceux qui travaillent moins de 15 heures par semaine, sont payés à l'heure et reçoivent leur paie à la fin de chaque semaine;
- ceux qui gagnent moins de 20 % du revenu hebdomadaire maximum assurable (34 400 $);
- ceux qui sont employés dans une entreprise dont ils détiennent plus de 40 % des actions avec droit de vote. Autrefois, un employé dont le conjoint détenait plus de 40 % des actions avec droit de vote n'était pas non plus couvert par l'AC; ce n'est plus le cas aujourd'hui.

Les programmes de soins hospitaliers et de soins médicaux

Les programmes de soins hospitaliers et médicaux qui protègent tous les Canadiens sont gérés selon les modalités que chaque province adopte. Au Québec, c'est la Régie de l'assurance-maladie (RAMQ) qui gère le système de santé universel. En général, les indemnités visent les frais d'hébergement et de nourriture en salle commune, les soins infirmiers, les médicaments prescrits, les frais de salle d'opération et d'anesthésie, les services de laboratoire et de diagnostic, ainsi que les services d'urgence externe. Elles visent aussi les soins reçus d'un médecin à domicile, à l'hôpital ou à son bureau.

Vous êtes protégé par un régime provincial d'assurance-maladie après trois mois de résidence dans la province. (Entre-temps, vous êtes protégé par la province où vous résidiez antérieurement.) Si vous déménagez d'une province à l'autre après avoir pris votre retraite, inscrivez-vous auprès des autorités compétentes dès que possible. Obtenez tous les renseignements; certaines provinces offrent plus d'indemnités, d'autres moins.

Votre protection cesse après un certain temps, soit après six mois à l'extérieur de la province. Si vous quittez pour plus longtemps, vérifiez si vous pouvez prolonger votre protection. Il est important de se rappeler qu'aucune assurance médicale pour laquelle on paie ne protège autant que le régime provincial. Aussi devriez-vous vous conformer rigoureusement aux exigences en matière de résidence si vous passez de longues périodes à l'extérieur du Canada.

Votre protection médicale provinciale vous protège également lorsque vous voyagez à l'extérieur du Canada. Cependant, ne sont remboursés que les soins équivalents à ceux que vous auriez obtenus ici, même si la facture des services médicaux est plus élevée. L'assurance-santé est particulièrement chère aux États-Unis, et de nombreux hôpitaux et médecins américains demandent d'être payés ou de présenter une preuve d'assurance avant même de vous examiner, quelle que soit l'urgence de la situation. Il est devenu essentiel de prendre une assurance-santé privée si vous avez l'habitude de voyager. Communiquez avec le ministère de la Santé pour savoir ce qui est protégé et à quelles conditions vous pouvez toucher des indemnités supplémentaires.

Bien sûr, de nombreux Canadiens sont protégés par une assurance-santé supplémentaire offerte par leurs employeurs ou leurs associations professionnelles. Certaines de ces assurances vous protègent même après votre retraite, d'autres non. Si vous n'êtes pas protégé par un tel régime, sachez que seulement certaines assurances privées visent les soins hospitaliers prolongés, les chambres privées, les soins infirmiers privés, le coût des médicaments et les frais d'ambulance. Malheureusement, les périodes de réclamation de ces régimes sont limitées et le pourcentage de remboursement faible.

Si vous décidez de vous établir à l'extérieur du Canada et si n'êtes pas protégé par un régime d'assurance de votre employeur, procurez-vous auprès de compagnies d'assurances ou d'organismes de tourisme la meilleure assurance médicale et hospitalière possible. Il est facile de prendre des arrangements pour de courtes périodes, même six mois, mais une protection pour une durée plus longue s'avère difficile à obtenir et est très dispendieuse. En fait, vous serez peut-être obligé d'acheter plusieurs polices pour obtenir la protection souhaitée. Peu de dépenses peuvent engouffrer vos ressources financières aussi rapidement que celles qu'engage un traitement médical majeur. Nous reparlerons de la protection contre les risques de maladie aux États-Unis dans le chapitre 14, qui porte sur la retraite à l'extérieur du Canada.

Il est indispensable d'avoir une assurance médicale. Il faut cependant savoir que la plupart des polices privées ne visent pas les complications qui surviennent à la suite d'ennuis de santé dont vous souffriez déjà. Si vous êtes atteint de diabète et si vous entrez dans un coma diabétique aux États-Unis, vous devrez assumer les frais médicaux. Si vous êtes victime d'une crise cardiaque mais n'aviez pas manifesté de symptômes auparavant, les dépenses seront remboursées. C'est le cas, que vous ayez acheté une assurance-voyage ou pris une assurance complémentaire pour quelques mois.

La pension d'ancien combattant

Le ministère des Anciens combattants et d'autres organismes offrent aux anciens combattants, ainsi qu'aux personnes qui leur sont à charge, des services de soutien aussi bien en matière d'aide financière que de soins de santé.

La Commission canadienne des pensions accorde des pensions à ceux qui ont servi dans l'armée et aux civils qui ont secondé les efforts des Forces armées canadiennes pendant la guerre. Il existe des pensions pour ceux qui ont été faits prisonniers de guerre ou qui souffrent d'une invalidité, de même que pour les familles de ceux qui sont tombés au champ d'honneur. Certaines rentes continuent d'être versées au conjoint ou aux enfants du bénéficiaire décédé; la rente peut être intégrale pour l'année qui suit le décès, mais elle est habituellement réduite par la suite.

Si vous croyez avoir droit à une prestation de pension, il faut en faire la demande auprès de la Commission canadienne des pensions. Si vous avez besoin d'aide, adressez-vous au bureau de services juridiques des pensions ou à une association d'anciens combattants comme la Légion royale canadienne, où vous pouvez obtenir de l'aide sans frais.

Les vétérans canadiens à faible revenu peuvent recevoir une allocation s'ils remplissent les conditions touchant le service militaire, l'âge et la résidence. Les vétérans des Forces alliées peuvent avoir droit à une aide financière s'ils résidaient au Canada au moment où ils sont entrés dans l'armée ou s'ils ont vécu au Canada pendant au moins 10 ans depuis la guerre.

Le montant de l'allocation varie selon que le vétéran est marié ou vit seul; cette allocation est versée aux anciens combattants, aux veuves ou aux veufs et aux orphelins. Pour de plus amples renseignements, communiquez avec le bureau régional du Ministère. Le numéro de téléphone se trouve dans les pages bleues de l'annuaire sous la rubrique *Gouvernement du Canada*.

Le ministère des Anciens combattants offre également un programme pour l'autonomie des anciens combattants dont le but est d'aider ceux qui veulent continuer d'habiter leur maison, en leur accordant une aide financière à l'égard des frais des travaux ménagers, de l'entretien du terrain, de repas livrés à domicile, de visites d'infirmière pour des soins de santé ou d'auxiliaire familiale pour des soins d'hygiène personnelle, ou d'un service de transport pour participer à des activités sociales.

Des services de soutien sont également disponibles concernant les soins médicaux, chirurgicaux ou dentaires, les prothèses, les modifications à apporter à la maison pour pouvoir continuer d'y vivre ou encore un service de transport à un hôpital ou à une clinique pour subir un examen ou un traitement. Même les membres d'une famille qui subviennent aux besoins d'un vétéran peuvent bénéficier d'une aide de la part du Ministère. Il est également possible d'obtenir une assistance pour les frais du service funèbre d'un ancien combattant, ainsi que pour payer les études des enfants d'un pensionné décédé.

Les ententes avec d'autres pays

Le Canada a signé avec plusieurs autres pays des accords de réciprocité en matière de sécurité sociale. Ces accords font en sorte que les prestations sont transférables et le double versement évité lorsque des gens sont amenés à vivre et à travailler dans différents pays. Ces accords visent différents domaines, y compris:

■ La sécurité de la vieillesse. Si vous n'avez pas résidé suffisamment longtemps au Canada pour recevoir votre pension de vieillesse, le fait de participer au programme de sécurité sociale d'un autre pays peut être pris en considération pour que soient satisfaites les conditions de résidence en vue d'obtenir les prestations, même si vous vivez en dehors du Canada lorsque vous faites votre demande. Ces arrangements administratifs ne concernent que les conditions d'admissibilité. Le montant des prestations sera toujours fonction du nombre d'années vécues au Canada.

■ Le RRQ. Le fait de participer à un programme semblable dans un pays avec lequel le Canada a signé un accord permet d'établir l'admissibilité à une pension de retraite, à des prestations d'invalidité, ainsi que l'admissibilité de membres de la famille à des prestations de survivant ou à des prestations de décès.

■ À l'inverse, les Canadiens peuvent faire état de leur participation à des régimes canadiens pour remplir les conditions d'admission à des programmes d'autres pays où ils sont admissibles en

Vos prestations de l'État — FEUILLE DE TRAVAIL 18

	Mensuelles	Annuelles
Sécurité de la vieillesse		
■ Pension	_____	_____
■ Supplément de revenu garanti	_____	_____
■ Allocation de conjoint, veuf ou veuve	_____	_____
Régime de rentes du Québec		
■ Pension	_____	_____
■ Prestation de survivant	_____	_____
■ Pension d'ancien combattant	_____	_____
Total	_____	_____

vertu de leur citoyenneté ou de leur statut de résidence.

La sécurité sociale aux États-Unis

Un accord de réciprocité en matière de sécurité sociale entre le Canada et les États-Unis permet de coordonner le versement des prestations de sécurité sociale auxquelles ont droit les bénéficiaires des deux pays. Cet accord permet aux Canadiens qui ont travaillé aux États-Unis pendant 18 mois et plus d'être admissibles à un revenu de pension de sécurité sociale.

Le régime américain, appelé *Old Age Survivors and Disability Insurance*, peut verser jusqu'à 1 000 $ (US) par mois, montant substantiellement supérieur aux versements combinés de la PSV et du RRQ ou du RPC au Canada. De plus, cette pension est libre d'impôt si le revenu total est inférieur à 25 000 $ pour une personne seule ou inférieur à 32 000 $ pour un couple marié. Ce montant semble généreux, mais il faut rappeler que la déduction du chèque de paie d'un Américain pendant sa vie active est presque deux fois celle du chèque de paie d'un Canadien.

Pour avoir droit à une pension complète et pour être admissible à l'assurance santé américaine, il faut avoir travaillé aux États-Unis et avoir cotisé au régime de services sociaux pendant au moins 10 ans. Toutefois, si vous avez occupé un emploi pendant au moins un an et demi, vous pourrez combiner vos crédits des deux pays pour obtenir une pension partielle. Si vous êtes admissible aux prestations, votre conjoint recevra d'office environ la moitié du montant qui vous est versé, même s'il n'a pas participé au régime.

Les gens qui résident en dehors des États-Unis doivent y avoir travaillé pendant au moins 10 ans pour avoir droit à une pension de sécurité sociale. Si vous produisez une déclaration de revenus au Canada et si vous recevez une pension de sécurité sociale des États-Unis, la moitié du montant reçu doit être déclarée comme revenu imposable, l'autre moitié étant imposée aux États-Unis. Le gouvernement américain envisage de changer cette règle. Les Américains à revenu élevé doivent rembourser une partie de leur pension de sécurité sociale, tout comme le gouvernement canadien récupère une partie de la PSV. Il n'y a habituellement pas de retenue d'impôt aux États-Unis et vous n'avez pas à y produire une déclaration, à moins d'être citoyen américain ou d'y résider.

Votre revenu de retraite de source gouvernementale

Pour faire une récapitulation des prestations que vous comptez recevoir de l'État à votre retraite, vous devriez remplir la feuille de travail 18. Même si les chiffres mentionnés dans ce chapitre sont basés sur les maximums de 1994 et ne s'appliqueront donc pas au moment où vous prendrez votre retraite, ils vous permettront tout de même d'évaluer le montant des prestations que vous toucherez. Vous reviendrez à ce tableau lorsque vous calculerez votre revenu de retraite au chapitre neuf.

Chapitre 7

Connaître son régime de retraite

Un régime de retraite offert par votre employeur peut être l'outil d'épargne privilégié qui assurera votre sécurité financière au moment de la retraite. Un régime avantageux, auquel vous aurez cotisé durant de nombreuses années, vous procurera un revenu intéressant et une vie confortable pour vos vieux jours. Malheureusement, les régimes de retraite ne sont ni aussi répandus ni aussi généreux que nous voulons bien le croire.

Un bref historique de la question nous permettra de voir l'importance d'un tel régime pour assurer votre sécurité financière à la retraite et d'examiner les répercussions des récentes mesures fiscales sur votre capacité d'épargner.

Au tournant du siècle, seuls les gouvernements, les banques et les compagnies ferroviaires offraient des régimes de retraite. Il s'agissait d'ailleurs de régimes assez sommaires offrant peu d'avantages, et souvent financés uniquement au moyen des cotisations d'employés. La Première Guerre mondiale entraîna en 1914 la création d'une dette nationale et l'instauration de l'impôt sur le revenu. En 1919, la *Loi de l'impôt* accorda aux employeurs le droit de retenir sur le salaire de leurs employés les cotisations aux régimes de retraite et, en 1927, ces cotisations devinrent déductibles du revenu imposable. Mais ce n'est que dans les années 1960 que les employeurs commencèrent à cotiser plus couramment aux régimes de retraite de leurs employés.

Malgré cette évolution, les régimes de retraite n'étaient l'apanage que des grandes entreprises. Nombre d'employés prenaient leur retraite sans ressources financières suffisantes; l'éparpillement des familles aidant, ils ne bénéficiaient pas du soutien nécessaire de leurs proches. En 1951, le gouvernement canadien institua le programme de Sécurité de la vieillesse (PSV) et, en 1957, le régime enregistré d'épargne-retraite (REER). En 1966 et 1967, le gouvernement fédéral introduisit successivement le Régime de pensions du Canada (RPC) et le supplément de revenu garanti (SRG); parallèlement, le Québec introduisit le Régime des rentes du Québec (RRQ). Ces program-

mes étaient devenus nécessaires pour répondre aux besoins des citoyens qui ne bénéficiaient pas d'une rente de leur employeur ou de salariés à la retraite sans une rente suffisante. Un bon nombre avaient été soit à l'emploi de petites entreprises, soit travailleurs autonomes ou à temps partiel. Parmi eux, on comptait de nombreuses femmes ayant réintégré le marché du travail durant la Deuxième Guerre mondiale.

Les multiples modifications apportées durant la dernière décennie, aussi bien aux normes régissant les régimes de retraite qu'à l'administration fiscale, sont autant d'améliorations faites à l'ensemble des programmes pour aider les citoyens à la retraite. Ces mesures avaient pour principaux objectifs la participation des employés à temps partiel aux régimes de retraite et l'acquisition plus hâtive du droit aux prestations; elles avaient également pour but d'inciter les salariés au maintien ou au transfert de leur régime de retraite lors d'un changement d'emploi et de limiter le retrait des cotisations. Les changements apportés à la loi visent à permettre à tous ceux qui épargnent en vue de la retraite de profiter des abris fiscaux offerts par le gouvernement, que ce soit au moyen d'un REER, d'un régime de retraite de l'employeur ou des deux à la fois.

Il existe différents types de régimes de retraite. Les règles régissant ces régimes et les calculs actuariels qu'ils requièrent sont complexes, mais le principe de fonctionnement d'un régime de retraite est simple. Si vous désirez épargner en vue de la retraite, vous devez mettre de côté chaque mois une petite somme d'argent, prélevée sur votre salaire et l'investir dans des placements sûrs qui offrent un potentiel de croissance.

Revenu de retraite des Québécois

En 1987, une étude portant sur les Québécois de 65 ans et plus faisait état des sources de revenus de retraite:

Source de revenu	Célibataire	Marié(e)
Pensions provenant d'un gouvernement	55 %	40 %
Pensions provenant d'une société	16 %	37 %
Placements ou revenus personnels	29 %	23 %
Moyenne des revenus de retraite	12 364 $	19 751 $

SOURCE: STATISTIQUE CANADA

Parvenu à l'âge de la retraite, vous pouvez convertir ces épargnes en un revenu mensuel. C'est exactement ce qu'un bon régime de retraite fait pour vous. Les cotisations à un régime de retraite doivent être retenues chaque mois sur votre salaire ou être entièrement versées par vous ou votre employeur, ou les deux à la fois. Chacun peut cotiser un faible montant chaque mois, particulièrement si cette somme est prélevée à la source. Ce mode d'épargne est plus avantageux encore si l'employeur paie la totalité des cotisations.

Les régimes de retraite sont des outils d'épargne puissants que viennent renforcer les avantages fiscaux qu'ils procurent. Tout d'abord, les cotisations à un régime de retraite sont déductibles de votre revenu imposable: chaque tranche de 100 $ cotisée à un régime de retraite vous donne droit à une réduction d'impôt de 40 $ à 50 $, calculée en fonction de votre taux marginal d'impôt. Qui plus est, nul besoin d'attendre le mois de juillet de l'année suivante pour bénéficier de cette réduction; elle est calculée chaque mois dans les impôts retenus sur votre salaire. Votre employeur bénéficie également d'un avantage fiscal semblable, car chaque versement au régime de retraite que fait votre employeur constitue une épargne fiscale sur l'impôt mensuel de l'entreprise.

De plus, les sommes investies dans un régime de retraite peuvent croître à l'abri de l'impôt. Contrairement aux revenus personnels de placement, qui sont imposables, les régimes de retraite gagnent des intérêts, accumulent des dividendes, génèrent des gains en capital et des revenus de location exonérés d'impôt. Par exemple, si les gains annuels sur l'actif de 20 millions de dollars d'une caisse de retraite se chiffrent à 1,6 million, le gouvernement ne prélèvera pas 600 000 $ d'impôt comme il le ferait s'il ne

s'agissait pas d'un régime de retraite. En d'autres mots, tous les revenus et les gains en capital sont réinvestis dans la caisse, pour le bénéfice des cotisants jusqu'au jour de la retraite. Cet avantage fiscal contribue à faire croître la caisse et à procurer aux cotisants la rente la plus élevée possible.

Bien des années plus tard, le processus est inversé et vous commencez à toucher un revenu de retraite en remplacement de votre revenu d'emploi. Ce revenu sera à juste titre imposable, car il constitue le paiement longtemps différé de gains que vous n'avez jamais touchés et sur lesquels vous n'avez jamais payé d'impôt durant toutes vos années de service. En réalité, ces gains vous ont procuré une épargne fiscale dans le passé et, en outre, vos cotisations à la caisse de retraite et les revenus sur ces cotisations n'ont jamais été imposés.

Toute entreprise qui offre un régime de retraite à ses employés doit avoir un comité de retraite. Le rôle de ce comité consiste à administrer le régime, à recueillir les fonds, à les placer judicieusement et souvent à verser chaque mois les prestations aux employés à la retraite, peu importe le lieu où ils habitent. De manière générale, l'objectif poursuivi est qu'une carrière s'étendant sur 30 ou 40 ans donne droit à des prestations équivalentes à 70 % du salaire gagné au cours des dernières années de service. Si vous ne vivez pas jusqu'à l'âge de la retraite, la caisse versera les prestations à votre conjoint, ou à vos enfants le cas échéant. Si vous n'avez pas d'enfants, les prestations seront versées à la succession.

Juridiquement, l'établissement d'un régime de retraite constitue un contrat qui doit être respecté. Le comité de retraite détient les fonds et voit à ce que les dispositions du régime soient observées. Ces dispositions sont décrites dans le texte du régime, qui peut compter au-delà d'une cinquantaine de pages. Des gestionnaires sont choisis pour gérer la caisse de retraite, conformément à la politique de placement adoptée sur le comité de retraite; ils sont tenus d'observer les lois régissant les régimes de retraite et de respecter les normes professionnelles en matière de placement. Des vérificateurs doivent s'assurer de la bonne gestion des fonds, tandis que des conseillers et actuaires sont appelés à faire des re-commandations concernant l'orientation du régime de retraite et l'actif qu'il faudra constituer.

Tout cela ne vous touche pas de près, mais il peut être rassurant de savoir que votre régime de retraite est soumis à des règles très strictes et qu'une surveillance s'exerce constamment afin d'assurer le maintien d'un fonds suffisant pour vous assurer un revenu à la retraite. Vous devez cependant connaître très bien vos

---

Vous pouvez quand même cotiser 1 000 $

De façon générale, même si vous participez à un généreux régime de retraite à prestations déterminées, vous pouvez cotiser au moins 1 000 $ à votre REER. C'est une occasion à ne pas manquer, car votre argent croît beaucoup plus vite dans un REER que s'il est placé à portée de la main de Revenu Canada. Avec un taux de rendement de seulement 8 %, la modique somme de 1 000 $, placée chaque année de 55 à 65 ans, vous créera une réserve de 17 000 $ à 65 ans et de 26 500 $ à 71 ans.

---

droits et devoirs et, pour ce faire, il est essentiel que vous sachiez à quel type de régime vous participez. Bien qu'ils soient tous appelés *régimes de retraite*, trois types différents existent parmi lesquels votre employeur peut avoir choisi: un régime de pension agréé (RPA), un régime de participation différée aux bénéfices (RPDB) et un régime enregistré d'épargne-retraite (REER). Voyons d'abord les régimes de retraite agréés.

Le régime à prestations déterminées

Un régime de pension agréé peut être de deux types: à prestations déterminées ou à cotisations déterminées. La plupart des gens participent à un régime à prestations déterminées. Ce type de régime précise le montant des versements que vous recevrez lorsque vous prendrez votre retraite. Ces prestations sont généralement établies en fonction de votre revenu moyen pendant une période déterminée, du nombre d'années pendant lesquelles vous avez participé et d'un pourcentage de rente, habituellement de 1 % à 2 %. Votre employeur doit voir à ce que les sommes versées en cotisations dans le fonds de retraite soient suffisantes et s'assurer qu'elles sont placées de manière à fructifier et donc à garantir le paiement des prestations *déterminées*. À titre de participant, vous recevrez la rente de retraite prévue par le régime, sans égard à la bonne ou mauvaise performance des placements effectués par les gestionnaires du régime.

Supposons que les prestations déterminées de votre régime de retraite équivalent à 70 % de votre revenu avant la retraite. Si vous avez travaillé 35 ans, cela signifie que, pour chaque année de service, vous toucherez 2 % de votre rémunération avant la retraite.

Il s'agit dans ce cas d'un régime généreux. La majorité des régimes paient 1 % ou 1,5 % de vos revenus gagnés plutôt que 2 %. Les régimes les plus avantageux sont très coûteux. Pour la même raison, tous les régimes n'indexeront pas vos prestations en fonction de l'inflation, car bien que l'indexation soit fréquente, cette mesure n'est pas obligatoire et dépend alors du texte du régime.

Le calcul des prestations se fait souvent en deux étapes, chacune étant fondée sur un pourcentage différent. Par exemple, un moindre pourcentage est utilisé pour la partie de votre salaire visée par le RRQ; un pourcentage plus élevé s'applique à votre salaire excédant cette partie. Cette partie constitue le maximum des gains, rajusté annuellement, sur lequel sont calculées les primes et les prestations du RRQ. Les prestations de retraite élevées compensent le fait que les contribuables à fort revenu ne sont pas entièrement protégés par le RRQ. Si vous prenez une retraite anticipée, c'est-à-dire avant d'avoir atteint l'âge auquel vous avez droit à la pleine rente du RRQ, certains régimes augmenteront vos prestations jusqu'à ce que celles du RRQ vous soient versées. Ces prestations sont appelées *prestations de raccordement*. La disposition du régime permettant ces prestations est souvent appelée *coordination de prestations*. Comme le calcul des prestations dans la plupart des régimes à prestations déterminées doit tenir compte de cette clause, il se peut que le montant de votre rente soit inférieur à vos attentes.

Le fonctionnement des régimes de retraite et la méthode de calcul des gains varient suivant le type de régime. Certains fondent le calcul de vos prestations uniquement sur votre salaire de base, tandis que

Le régimes de retraite individuel

Le régime de retraite individuel est un régime à prestations déterminées qui peut être établi au nom d'un propriétaire d'entreprise ou d'un cadre de grande entreprise. Un régime individuel offre des avantages fiscaux, mais comme les frais d'administration d'un tel régime sont assumés par un seul participant plutôt que par un grand nombre, ce type de régime est très onéreux. De fait, les coûts reliés à l'observation de la loi et aux exigences de déclaration rendent ces régimes beaucoup moins intéressants. La majorité des propriétaires exploitants et bon nombre de cadres supérieurs se bâtissent plutôt un régime de retraite au moyen d'un régime à cotisations déterminées ou d'un REER. L'avantage principal d'un régime individuel par rapport au REER est la possibilité d'établir un niveau de prestations aussi généreux que la loi le permet et légalement reconnaître des années de services passés.

d'autres tiennent compte du total de vos revenus, c'est-à-dire de votre salaire, des bonis et des primes de surtemps. Certains régimes utilisent la moyenne des salaires gagnés au cours de votre carrière, qui est calculée en additionnant la rémunération pour chaque année et en divisant la somme obtenue par le total des années et des mois de service. La plupart optent pour la moyenne salariale des trois ou cinq meilleures années de service. Quelques régimes ne comptabilisent que les salaires des trois ou cinq dernières années; d'autres ne tiennent absolument pas compte de vos gains. Dans ces régimes à prestations forfaitaires, le montant de la rente est uniforme pour chaque année de service. Ce montant diffère suivant les types d'emploi occupés au sein d'une entreprise.

Le régime à cotisations déterminées

Le régime de retraite à cotisations déterminées ne garantit pas le montant de votre rente de retraite. Ce sont plutôt vos cotisations et celles que doit verser votre employeur qui sont *déterminées*. Ces cotisations sont fonction des dispositions du régime auquel vous participez et ne peuvent pas dépasser un salaire plafond. Vous et votre employeur pouvez verser le moindre de 18 % de votre salaire annuel et de 14 500 $ pour l'année 1994. L'employeur est tenu de verser au moins 1 % de votre salaire à ce type de régime.

Les prestations que vous toucherez au moment de la retraite dépendront du total des cotisations que vous aurez versées au cours des années, de la croissance de vos épargnes résultant de la stratégie de placement des gestionnaires et des taux d'intérêt au moment de votre retraite. Tous ces facteurs font qu'une bonne gestion de la caisse de retraite et une saine politique de placement sont de toute première importance, car c'est votre revenu de retraite qui est en jeu. Afin de diminuer les risques, le gestionnaire du régime doit pouvoir compter sur les services d'un gestionnaire de placements qui a pour mandat de faire fructifier l'actif de la caisse de retraite en accord avec la politique d'investissement adoptée par le comité de retraite.

À titre de professionnel, il est tenu d'observer les lois qui régissent les régimes de retraite et de respecter les normes établies en matière de placement.

Pour mieux connaître le fonctionnement et le rendement de votre régime de retraite, vous auriez avantage à lire l'énoncé de la politique de placement contenu dans le texte du régime. Vous devriez également prendre connaissance du relevé annuel distribué par le comité de retraite, document qui vous fournit des renseignements sur l'accroissement de la valeur de l'actif de la caisse de retraite. Si vous désirez plus de détails sur les placements qui assureront votre rente, vous pouvez obtenir une copie des états financiers vérifiés de votre régime.

Au moment de la retraite, les avoirs accumulés dans le fonds serviront à vous procurer un revenu viager par un FRV ou une rente. L'importance de ce revenu dépendra de la somme que vous aurez amassée et des taux d'intérêt ou de rentes à la date de votre cessation d'emploi. Les taux de rentes fluctuent en fonction des taux d'intérêt; plus les taux d'intérêt seront élevés, plus votre revenu sera intéressant.

Le REER collectif

Le REER collectif ressemble beaucoup au régime de retraite à cotisations déterminées. Dans ce genre de REER, votre employeur s'occupe de déduire à la source vos cotisations à un régime d'épargne-retraite agréé par les ministères du Revenu. Il s'agit d'un moyen pratique de cotiser à un REER; l'impôt prélevé chaque mois sur votre salaire se trouve réduit en fonction du montant cotisé. Vous touchez donc cet argent immédiatement, alors que si vous ne cotisiez pas au REER collectif, vous auriez à attendre au mois de juillet suivant ou même plus tard pour recevoir votre remboursement d'impôt.

À titre de participant à un REER collectif, il vous appartient d'établir votre stratégie de placement. Le plus souvent, vous choisirez parmi les fonds communs de placement d'une société de fonds mutuels ou encore dans l'éventail de certificats de placement garantis offerts par les institutions financières. Votre employeur peut décider de cotiser au REER en votre nom ou vous laisser libre de cotiser comme bon vous semble. Vous pouvez demander qu'un montant soit retenu sur votre salaire en guise de cotisation au REER; également, vous avez la liberté de modifier votre taux de cotisation et le choix du fonds dans lequel vous souhaitez investir.

Vos cotisations à un REER collectif ne doivent pas excéder le maximum annuel déductible au titre des REER. En d'autres mots, pour l'année d'imposition 1994, vos cotisations sont plafonnées au moindre de 18 % de votre revenu gagné au cours de 1993 et de 13 500 $. Aux fins de l'impôt, le revenu gagné correspond à votre revenu d'emploi moins les dépenses reliées à l'emploi, plus les revenus nets d'entreprise ou de location, les allocations de séparation, les prestations d'invalidité du RRQ ou du RPC et diverses autres formes de revenu. (Nous étudierons les REER en détail au chapitre 8.)

Notez que le montant maximum de cotisations à un REER collectif (14 500 $) pour 1995 est en retard d'une année par rapport au régime à cotisations déterminées (15 500 $).

Les cotisations facultatives

Les cotisations facultatives, ou volontaires additionnelles (CVA), sont des cotisations que vous pouvez verser à votre régime de retraite en sus des montants que vous êtes tenu de cotiser selon les dispositions du régime. Les CVA sont utilisées pour amasser des prestations de retraite à l'intérieur d'un régime à cotisations ou à prestations déterminées en vertu d'une clause à cet effet.

Ces cotisations facultatives peuvent être rattachées à des services courants ou passés. Elles peuvent être déduites uniquement si elles sont admissibles comme cotisations agréées dans votre régime de retraite. Le montant que vous aurez versé à titre de cotisations facultatives sera inclus dans votre facteur d'équivalence et le plafond de vos cotisations à un REER sera réduit en conséquence l'année suivante.

Il est important de noter que bien que vos CVA ne soient pas immobilisées, il n'est pas permis d'en effectuer des retraits tant que vous participez au régime de retraite. C'est à votre cessation d'emploi seulement que vous pourrez les utiliser ou les transférer dans un REER.

Le régime de participation différée aux bénéfices (RPDB)

Une société qui crée un régime de retraite est tenue d'y verser des cotisations sans égard aux bénéfices ou aux pertes qu'elle accuse. Dans les années difficiles, beaucoup d'entreprises cherchent divers moyens de réduire les frais d'exploitation afin d'acquérir plus de souplesse de fonctionnement. Elles pourraient alors être tentées de délaisser un régime de retraite à prestations déterminées qui les oblige à verser des montants spécifiques et occasionne des frais d'administration élevés. Elles pourraient souhaiter un régime moins onéreux et sans risque, le régime à cotisations déterminées. Du point de vue de l'entreprise, un plan de retraite à cotisations liées aux bénéfices serait plus avantageux encore, car les cotisations seraient faibles quand les bénéfices diminuent, et plus élevées quand les bénéfices sont en hausse. Voyons maintenant les caractéristiques d'un RPDB, ou régime de participation différée aux bénéfices.

Bien qu'un RPDB ne soit pas un régime de retraite, les employeurs l'utilisent fréquemment afin de créer un fonds de retraite pour le personnel. Dans ce type de régime, l'employeur verse les cotisations en fonction des bénéfices de l'entreprise, du salaire et des responsabilités de chaque employé. Les employés, par contre, ne peuvent cotiser au RPDB. Pour avoir versé des cotisations dans le RPDB, l'entreprise bénéficie d'une déduction d'impôt jusqu'à concurrence d'un montant déterminé dans les dispositions du régime. Les cotisations de l'employeur sont plafonnées au moindre de 18 % du salaire de l'employé et de la limite, soit 7 250 $ pour l'année 1994.

Dans un RPDB, vous ne payez pas d'impôt sur les fonds cotisés en votre nom. Les cotisations et les intérêts accumulés dans un tel régime le sont en franchise d'impôt. Les cotisations versées à chaque année vous sont entièrement acquises deux ans plus tard. La plupart des salariés tendent à laisser les sommes accumulées dans le RPDB jusqu'à la retraite ou jusqu'à ce qu'ils quittent l'entreprise; sur ce point, un RPDB s'apparente à un régime de retraite. Au moment de laisser votre emploi, vous pouvez demander qu'on vous verse un montant forfaitaire, qui sera immédiatement assujetti à l'impôt, ou vous pouvez faire transférer vos cotisations en franchise d'impôt au régime de retraite de votre nouvel employeur, ou encore dans un REER.

La convention de retraite

Une convention de retraite est un régime différent d'un REER, d'un RPDB ou d'un régime de pension agréé. Dans un tel régime, l'employeur fait des versements dans un fonds afin que des prestations soient accordées à chaque employé qui prendra sa retraite ou qui quittera l'entreprise. Il s'agit en réalité d'un régime de retraite non agréé. Les cotisations versées dans ce type de régime par votre employeur n'ont pas de répercussion immédiate sur votre impôt. Toutefois, votre employeur paie un impôt spécial remboursable sur les cotisations et les gains accumulés dans le régime. Par conséquent, dans une convention de retraite, ou régime non agréé, la réserve constituée ne fructifie pas en franchise d'impôt comme elle le ferait dans un régime de retraite agréé. Si les conditions de votre emploi exigent que vous alimentiez un tel régime, vous avez le droit de déduire vos cotisations en autant qu'elles ne dépassent pas les sommes versées par votre employeur. Étant donné que les cotisations de l'employeur à une convention de retraite sont assujet-

ties à l'impôt spécial remboursable, ces conventions ne sont pas très répandues et sont surtout utilisées pour les cadres supérieurs des grandes entreprises.

Les cotisations pour services passés

Dans certains cas, vous pouvez verser à votre régime de retraite à prestations déterminées, des cotisations à titre de *services passés*. Les services passés sont des périodes d'emploi chez un employeur qui, à l'époque, ne comptaient pas comme crédits de retraite, mais sont maintenant reconnues comme services validables. Cette situation peut se produire, par exemple, si, après deux ans à l'emploi d'une entreprise, vous devenez un participant du régime de retraite et décidez par la même occasion de verser des cotisations pour services antérieurs alors que vous ne participiez pas au régime.

Le montant que vous pouvez déduire comme cotisation pour services passés diffère selon que vous avez rendu ces services en 1990 ou après, ou avant 1990. Pour 1990 et les années suivantes, vous pouvez déduire toutes les cotisations pour services passés que vous faites dans votre régime de retraite à prestations déterminées. Vous devez déduire ces cotisations l'année même où elles sont versées. Si vous cotisez pour l'année 1989 ou une année antérieure, votre cotisation sera modifiée selon que vous participiez ou non au régime durant ces années.

Si vous participiez alors au régime de retraite, votre déduction est plafonnée à 3 500 $ moins le total de vos cotisations pour service courant et autres services passés déclaré dans l'année courante. Vous pouvez reporter à plus tard les cotisations au titre des services passés qui ne peuvent être déduites cette année. Si vous n'étiez pas cotisant durant les années antérieures à 1990, vous pouvez ajouter à vos cotisations pour service courant un montant additionnel de 3 500 $.

Vous pouvez également gagner des prestations au titre de services passés, par exemple, quand votre employeur hausse ses cotisations au régime pour les années antérieures. Si vous touchez des prestations de cette nature pour 1990 ou pour toute année ultérieure, cela pourrait entraîner l'application d'un facteur d'équivalence pour services passés, ou FESP. Ce FESP réduit le montant que vous pouvez déduire comme cotisation à un REER dans l'année où le FESP s'applique. Si, avant de connaître votre FESP, vous avez déjà cotisé le maximum auquel vous avez droit, il est probable que vous aurez dépassé le plafond de cotisation. Ne vous inquiétez pas. Il est permis, selon une disposition fiscale que nous étudierons au chapitre 8, de cotiser au REER jusqu'à 8 000 $ en sus du maximum.

Changement d'employeur

Les employeurs utilisent souvent le régime de retraite comme moyen de retenir le personnel dans leur entreprise. Ils peuvent le faire en imposant une pénalité qui consiste en une perte de cotisations non acquises, par exemple. La loi limite toutefois ces pénalités. Même si vous avez acquis des droits à retraite, un changement d'emploi tard dans la carrière peut avoir des répercussions importantes sur votre revenu de retraite. Prenons, par exemple, le cas de François à l'emploi de la firme ABC depuis 20 ans et qui a maintenant un revenu de 60 000 $ par année. Il lui reste 10 années de service avant la retraite. La firme XYZ, qui concurrence son employeur, lui a offert un poste. S'il accepte cet emploi, il perdra les avantages rattachés à sa participation des 10 dernières années au régime de retraite de la firme ABC. S'agit-il d'une somme importante?

Si la firme XYZ lui offre un régime de retraite du même type que celui d'ABC, les prestations qu'il touchera pour ses 10 dernières années de service seront sensiblement les mêmes chez ABC ou chez XYZ. Mais s'il quitte ABC, il renonce à la possibilité d'utiliser son salaire moyen de fin de carrière, qui sera de l'ordre de 101 400 $ en 2003, dans le calcul de la rente pour les 20 premières années de sa carrière.

Si, pour chaque année d'emploi, les deux régimes paient une rente de l'ordre de 1,5 % de la moyenne des salaires des trois meilleures années de service, François perdra ainsi des milliers de dollars de revenu chaque année où il sera à la retraite. Ce calcul se fait comme indiqué ci-dessous.

Si François ne quittait pas ABC, sa pension serait de 1,5 % × 101 400 $ (son salaire moyen final) × 30 années de service, soit 45 600 $ par année. S'il quitte ABC, la rente qu'il touchera de ABC sera de 1,5 % × 56 000 $ (le salaire moyen des trois dernières années calculé pour l'année d'imposition 1994) × 20 années de service, ou 17 000 $. La rente qu'il recevra de XYZ sera de 1,5 % × 101 400 $ × 10 années de service, ou 15 200 $. Au total, François touchera donc un revenu annuel de retraite de 32 200 $, soit 13 400 $ de moins qu'il ne recevrait s'il demeurait à l'emploi d'ABC. De plus, s'il choisit la rente de retraite standard et que sa conjointe touche 60 % de la rente après son décès, elle touchera finalement une prestation de conjointe survivante beaucoup moindre.

Dans certaines circonstances, vous pouvez transférer les droits à retraite d'un régime à prestations déterminées dans un régime semblable offert par votre nouvel employeur, à condition que ce dernier accepte. De façon générale, les employeurs n'acquiescent pas à cette demande. Par ailleurs, si vous participez à un régime de retraite à cotisations déterminées, un RPDB ou un REER collectif, un changement d'emploi en fin de carrière aura une moins grande répercussion sur votre revenu de retraite et vous serez par conséquent plus libre d'accepter un poste plus intéressant. En général, vous pouvez demander à votre ancien employeur de transférer les prestations acquises comme participant à n'importe lequel des régimes mentionnés précédemment dans un nouveau régime à cotisations déterminées, un RPDB ou un REER collectif de votre nouvel employeur. Vous devez tout de même comparer les prestations de retraite que vous offre chaque employeur lorsque vous songez à changer d'emploi. En d'autres mots, réfléchissez bien avant de renoncer à des prestations de retraite avantageuses lorsqu'un employeur éventuel vous propose un régime de retraite moins généreux.

Le choix d'une rente de retraite

L'étape cruciale d'une planification financière de retraite se situe juste avant que vous preniez votre retraite, c'est-à-dire au moment où vous devez choisir le type de rente qui répond le mieux à vos besoins. La plupart des régimes de retraite proposent deux formes normales de rentes. Pour une personne célibataire, la forme usuelle est une rente qui se poursuivra sa vie durant et cessera le jour de son décès. Pour une personne mariée, la rente usuelle est une rente qui lui sera versée jusqu'à son décès et qui, diminuée de 40 %, continuera d'être versée par la suite à son conjoint sa vie durant. Ces deux formes de rentes sont généralement aussi dotées d'une période garantie de cinq ans, qui vous assure le versement de vos prestations durant au moins cette période.

Cette rente, dite réversible, n'est pas aussi généreuse qu'une rente viagère versée à un retraité sans conjoint. Même si votre conjoint est plus âgé que vous, il faut vous rappeler que deux personnes reçoivent les prestations et qu'une des deux survivra à l'autre. Il y a de fortes chances qu'un couple touchera une rente de retraite sur une plus longue période qu'une personne seule. Cette probabilité est d'autant plus élevée si l'un des conjoints est plus jeune et en meilleure santé. Dans un tel cas, les actuaires de régimes de retraite ou des compagnies d'assurance-vie qui sont dans le marché des rentes viagères offrent une rente mensuelle un peu moins élevée afin de s'assurer que le capital-retraite durera plus longtemps.

Vous pouvez parfois refuser la rente réversible normale et choisir de faire verser à votre conjoint 100 % de votre rente de retraite après votre décès. Si vous choisissez cette option, le montant de votre rente sera réduit en conséquence. Vous avez aussi le choix de refuser qu'une rente soit versée à votre conjoint sa vie durant. Dans un tel cas, vous recevrez une rente mensuelle plus élevée jusqu'à votre décès, mais votre conjoint ne touchera pas un cent après votre mort.

Bien qu'une rente plus généreuse soit très attrayante, une personne mariée ne peut pas refuser de faire verser 60 % de sa rente à son conjoint après son décès sans que celui-ci signe une formule de renonciation.

Examinons l'exemple qui suit. Dans la caisse de retraite, le capital accumulé par Thomas en vue de sa retraite à 65 ans s'élève à 200 000 $. Cette somme lui permet d'acheter une rente viagère annuelle de 25 000 $. Mais Thomas est marié et sa femme, Julie, a 63 ans. Tous deux veulent s'assurer que, advenant le décès de Thomas, Julie aura un revenu suffisant pour ses vieux jours. Comme Julie a deux ans de moins que Thomas et que les statistiques indiquent que les femmes vivent en moyenne quatre années de plus que les hommes, la rente devra sans doute être versée pendant six années de plus. Si Thomas et Julie choisissent de préférence une rente réversible, ils

toucheront donc une rente annuelle de 21 500 $ leur vie durant, soit 3 500 $ de moins par année.

Si vous êtes tenté d'opter pour une rente plus élevée et de ne pas faire verser de rente à votre conjoint, pensez-y bien! Vous auriez sans doute avantage à consulter un professionnel à ce sujet. Certains employeurs offrent ce genre de service afin de s'assurer que leurs employés prennent une décision éclairée, car cette décision est irréversible. Dans le passé, trop de salariés ont opté pour une rente plus élevée, en l'occurrence la rente viagère, et à leur décès, leur conjointe, qui n'avait pas de rente à son nom, s'est trouvée démunie.

Lorsque vous prenez ce genre de décision, vous devez être tout à fait renseigné sur vos finances personnelles et connaître plus spécifiquement vos besoins à la retraite, de même que le revenu sur lequel votre conjoint pourra compter lorsque vous serez disparu. Vous devez également connaître la valeur de vos placements, de vos assurances et de vos propriétés immobilières. (N'oubliez pas, en faisant vos calculs, de tenir compte des impôts au décès que votre succession pourrait avoir à payer. Il se peut que votre conjoint ait un revenu amplement suffisant, en particulier s'il touche aussi une rente de retraite. Vous ne devez pas refuser la rente réversible et signer une renonciation en ce sens à moins que votre conjoint ait un revenu personnel suffisant pour assurer sa retraite et que vous soyez tout à fait certain qu'il n'aura pas besoin d'une rente.

Les garanties assurant votre retraite

Au moment de choisir une rente de retraite, un autre choix reste à faire. En plus d'opter pour une rente qui vous sera versée jusqu'au décès, vous pouvez choisir une rente viagère avec période garantie. Il s'agit d'une rente qui assure le versement des prestations pour une période déterminée même si vous décédez avant la fin de cette période.

Bien que la forme normale de rente pour une personne célibataire soit une rente viagère, la plupart des gens choisissent une rente viagère assortie d'une garantie de cinq ans. De cette façon, même si vous décédez le jour où vous prenez votre retraite, votre rente sera versée à votre succession pendant cinq ans. Si vous décédez un an après le début du versement

Questions à poser à votre employeur au sujet de votre régime de retraite　　　　**FEUILLE DE TRAVAIL 19**

Les régimes de retraite sont complexes et créent une certaine confusion dans l'esprit des gens. La seule façon de connaître son revenu à la retraite est de poser des questions. Les questions portant sur les aspects d'un régime de retraite qui semblent préoccuper bien des personnes sont rassemblées ci-dessous. Les premières sont d'ordre plus général et les suivantes sont plus spécifiques. Assurez-vous de connaître la réponse à chacune de ces questions avant de tenter d'évaluer votre revenu à la retraite.

Quelle rente de retraite puis-je compter recevoir?

Le régime de retraite auquel je participe est-il un régime à prestations déterminées ou un régime à cotisations déterminées? Si je participe à un régime à prestations déterminées, quel sera mon revenu de retraite? Si je participe à un régime à cotisations déterminées, quel rendement les gestionnaires obtiennent-ils sur les placements effectués? Quel montant puis-je espérer toucher à titre de rente annuelle lorsque je prendrai ma retraite? Cette rente sera-t-elle indexée en fonction du taux d'inflation?

Quel est le total des cotisations versées chaque année en mon nom dans le fonds de retraite?

Quelle part de ces cotisations ai-je versée? Quelle part mon employeur a-t-il versée?

Les prestations de pension des gouvernements modifieront-elles mon revenu de retraite?

Si je prends ma retraite avant 65 ans, aurai-je droit à des prestations de retraite supplémentaires en attendant de toucher la PSV et les prestations du RRQ? La rente de retraite que je toucherai de mon employeur sera-t-elle en partie diminuée lorsque je toucherai la PSV et les prestations du RRQ?

Qu'arrivera-t-il si je prends une retraite anticipée?

À quel âge puis-je prendre une retraite anticipée tout en touchant intégralement les prestations auxquelles j'ai droit? Si je prends une retraite anticipée avant cette date, quelle pénalité devrai-je encourir? Y a-t-il une formule, basée sur mon âge et le nombre d'années pendant lesquelles j'ai participé au régime, qui puisse m'aider à calculer à quel moment je puis prendre une retraite anticipée sans pénalité?

Qu'adviendra-t-il de ma pension à mon décès?

Combien mon conjoint recevra-t-il? Mes enfants auront-ils droit à une rente si nous décédons tous les deux?

À titre d'employeur, offrez-vous d'autres avantages sociaux à la retraite?

Mon assurance-vie restera-t-elle en vigueur jusqu'à la retraite? Si elle le reste, le montant pour lequel je suis assuré diminuera-t-il une fois que j'aurai été à la retraite pendant quelques années? Si ce montant diminue, pourrai-je m'assurer pour un montant additionnel si cela devient nécessaire? À la retraite, serai-je assuré pour les frais médicaux à l'extérieur de la province ou à l'extérieur du pays?

Notez que plusieurs de ces renseignements figurent sur le relevé de droits que le comité de retraite doit vous faire parvenir annuellement.

de votre rente, les prestations des quatre autres années seront versées à votre succession ou à vos héritiers. Si vous ne choisissez pas cette option, votre revenu de retraite sera légèrement plus élevé. Vous pouvez également choisir une période garantie de 10 ou 15 ans. Plus longue sera cette période, moins votre rente mensuelle sera élevée.

Les options qui vous sont offertes au moment d'acheter une rente sont semblables aux options que vous pouvez choisir lorsque vous achetez une voiture. Il est agréable de les avoir, mais elles ne sont pas gratuites. N'oubliez pas que vous possédez un capital-retraite qui vous permet d'acheter une rente et que vous payez pour chacune des options en acceptant une diminution de votre rente mensuelle.

Voyons quelques exemples et examinons les facteurs qui guideront votre choix. Jacques prend sa retraite et est à étudier trois formes de rente, toutes trois assorties d'une période garantie de cinq ans:

- Une rente mensuelle de 3 000 $ que sa conjointe, Marie, et lui toucheraient jusqu'au décès de Jacques, suivie d'une rente réduite à 1 800 $, que toucherait Marie après la mort de son époux. Il s'agit ici de la rente normale.
- Une rente mensuelle conjointe de 2 755 $ que Jacques et Marie toucheront jusqu'au décès de Jacques, et que Marie pourra continuer de recevoir après la mort de son époux. Dans ce cas, le couple touchera 245 $ de moins par mois mais Marie, à titre de veuve, aura droit mensuellement à 955 $ de plus que le montant qu'elle toucherait si le couple choisissait la rente normale.
- Une rente mensuelle de 3 461 $ versée au couple jusqu'au décès de Jacques, rente qui cesserait à ce moment. Cette option ne prévoit pas de rente pour Marie et ne serait un choix valable qu'à condition que Marie ait un revenu de retraite personnel.

Hypothèses utilisées: table de mortalité GAM-83, hommes et femmes, et taux d'intérêt de 8,5 % pour 15 ans et de 6 % par la suite.

Comme vous pouvez le constater, Jacques et Marie peuvent toucher une rente mensuelle de 3 461 $ s'ils n'ont pas besoin d'un revenu de retraite assuré pour

Options de retraite

Le tableau ci-dessous indique les différents montants de rentes équivalents selon différentes options qui pourraient être offertes à Jacques et Marie.

	Période garantie		
	Aucune	5 ans	10 ans
Rente réversible à 60 %	3 021 $	3 000 $[1]	2 944 $
Rente réversible à100 %	2 756 $	2 755 $	2 749 $
Rente viagère (ou réversible à 0 %)	3 529 $	3 461 $	3 295 $

(1) Rente normale offerte par le régime.

SOURCE: LES ACTUAIRES ET CONSEILLERS OPTIMUM INC.

Marie, ou de 2 755 $ par mois s'ils ne veulent pas voir le revenu de Marie diminuer après le décès de Jacques. Normalement, il est recommandé aux couples de faire verser au conjoint survivant une rente réduite de 40 %.

Cela semble un choix raisonnable pour la plupart des gens. Après le décès d'un des conjoints, les dépenses courantes sont réduites, mais pas de la moitié cependant. Le coût du logement et des services, ainsi que les frais d'entretien de la voiture, ne diminuent pour ainsi dire pas. De même, les frais de chauffage restent identiques. Les dépenses d'entretien d'une propriété peuvent être quelque peu augmentées lorsqu'une seule personne en a la responsabilité. Par exemple, il peut être nécessaire d'embaucher quelqu'un pour s'occuper de la pelouse et du jardin, de même que pour faire le ménage de la maison. Pour ce qui est des divertissements, les dépenses augmenteront sans doute aussi. En d'autres termes, un conjoint survivant aura sans doute besoin de 60 % à 70 % du revenu que touchait le couple auparavant.

Il est intéressant de noter la faible diminution du montant de rente pour obtenir une période garantie de 10 ans plutôt que de 5 ans dans le cas d'une rente réversible au conjoint. Il s'agit là d'une option qui en vaut la peine.

Les personnes célibataires doivent aussi bien réfléchir avant de fixer leur choix de rente de retraite. Prenons le cas de Josée, qui doit choisir entre trois formes de rente:

- une rente viagère normale de 1 840 $ par mois, avec garantie de cinq ans;
- une rente viagère de 2 000 $ par mois, sans période de garantie;

Connaître le jargon du domaine

En vertu des normes établies par la Régie des rentes du Québec (RRQ), tout employé ayant touché au moins 35 % du maximum annuel des gains admissibles ouvrant droit à pension (en l'occurrence 11 000 $) ou ayant travaillé un minimum de 700 heures dans l'année civile précédant sa demande d'adhésion, répond aux conditions d'admission à un régime de retraite. Bien que, selon la loi, la participation à un régime de retraite ne soit pas obligatoire, les dispositions du régime lui-même en font souvent une obligation.

L'acquisition

Pour le participant à un régime de retraite, l'acquisition est le fait d'acquérir le droit irrévocable à des prestations découlant des cotisations de son employeur au régime. L'acquisition des prestations doit se faire au maximum après deux années de participation. Une fois les droits à retraite acquis, les fonds sont *immobilisés* en vue de votre retraite. Si vous n'avez pas acquis de droits aux prestations au moment de quitter un emploi, on ne vous remet que les cotisations que vous avez versées dans le fonds de retraite, et non les cotisations faites par votre employeur en votre nom. Ces dispositions ne s'appliquent qu'aux prestations acquises depuis le 1er janvier 1990. Dans le cas des montants cotisés avant 1990, les anciennes dispositions minimales s'appliquent toujours. Celles-ci stipulent que vous devez acquérir des droits aux prestations dès l'atteinte de l'âge de 45 ans, si vous avez travaillé 10 ans dans une entreprise, ou accumulé 10 années de participation au régime.

Le financement

Dans un régime à prestations déterminées, l'employeur est tenu de financer au moins 50 % de votre rente au moyen de cotisations, aussi bien que de gains réalisés sur ces réserves. Cette disposition s'applique aux prestations acquises depuis 1990, dès que vous avez accumulé deux années de participation.

La transférabilité

La transférabilité est la possibilité que vous avez de transférer votre épargne-retraite lorsque vous changez d'emploi. Dans la plupart des régimes, vous pouvez:

- transférer votre épargne-retraite dans le régime de votre nouvel employeur bien que, dans certains cas, il se peut que celui-ci n'accepte pas ce transfert;

- transférer votre épargne-retraite dans un compte de retraite immobilisé (CRI). Une fois cette somme placée dans ce type de régime, vous ne pouvez l'en retirer. Un CRI sert par la suite à vous procurer un revenu de retraite pour la vie durant;

- acheter une rente viagère. Vous pouvez acheter une rente différée qui vous procurera un revenu jusqu'à la fin de vos jours; ou

- laisser dans votre régime actuel le capital-retraite amassé et toucher des prestations au moment de la retraite. Soyez sur vos gardes lorsque vous laissez votre épargne-retraite chez un employeur. Les prestations peuvent vous sembler généreuses aujourd'hui, mais dans 20 ou 25 ans, elles vous paraîtront plutôt faibles. Malheureusement, il vous est parfois impossible de transférer vos prestations de retraite dans un autre régime s'il vous reste moins de 10 années de service avant l'âge normal de la retraite, c'est-à-dire si vous êtes d'âge à prendre une retraite anticipée. L'âge normal de la retraite est 65 ans, sauf pour quelques catégories de salariés, par exemple les policiers et les pilotes d'avion, pour qui l'âge normal de la retraite est 60 ans. Quand une personne se trouve à moins de 10 ans de l'âge normal de la retraite, on dit qu'elle a atteint l'âge d'admissibilité à la retraite.

Toutefois, certains régimes peuvent ne pas accepter ces transferts. Votre régime doit vous offrir l'option de transférabilité de votre capital-retraite dans le régime de votre nouvel employeur. Du reste, choisir la clause de transférabilité la plus avantageuse exige un examen approfondi de votre situation financière. Plusieurs facteurs guideront votre choix, parmi lesquels entrent en ligne de compte le montant des prestations auquel vous donne droit votre régime actuel, les dispositions du régime de votre nouvel employeur et les taux de rente au moment de votre changement d'emploi.

Il vous faudra déterminer le revenu que vous procurera chacune des options au moment de la retraite, puis choisir celle qui vous apporte le revenu le plus élevé. Vous devriez également comparer le revenu assuré d'une rente viagère achetée aujourd'hui, ou d'un régime de retraite à prestations déterminées, avec le revenu possiblement plus élevé, mais non assuré, que vous tirerez d'un REER bien investi.

Les prestations au conjoint survivant

Dans le but de protéger le conjoint survivant d'un participant à un régime de retraite, la rente normale d'une personne ayant un conjoint est une rente réversible qui assure au conjoint survivant un revenu égal à 60 % du revenu de retraite du participant avant son décès. Vous pouvez refuser cette clause ou choisir de préférence une rente moins élevée, à condition que votre conjoint signe un formulaire de renonciation. Notez que la rente réversible continuera d'être versée même si votre conjoint se remarie.

Si vous décédez avant l'âge de votre retraite, la valeur de votre rente sera versée à votre conjoint ou à vos enfants à charge ou à votre succession. Le capital-retraite accumulé pourra être versé sous forme de montant forfaitaire ou servir à acheter une rente viagère ou être transféré dans le REER du conjoint.

L'indexation

Comme l'indexation est une mesure très coûteuse, à ce jour, peu d'entreprises ont inclus cette clause dans leur régime de retraite. Les prestations de pension du gouvernement sont pour leur part généralement indexées afin de vous protéger contre l'inflation. Toutefois, une large part de votre revenu à la retraite proviendra du régime de votre employeur.

La retraite anticipée

Vous pouvez prendre votre retraite jusqu'à un maximum de 10 ans avant l'âge normal de la retraite et recevoir une pension calculée en fonction des cotisations acquises, et cela même si votre employeur ne veut pas que vous quittiez. Si vous prenez une retraite anticipée, votre rente sera réduite en raison du fait que vous aurez cotisé moins longtemps au régime et recevrez des prestations plus longtemps. Si vous décidez de différer votre retraite passé l'âge normal selon le régime, vos prestations seront augmentées compte tenu du fait que vous aurez cotisé davantage au régime et que vous recevrez des prestations sur une plus courte période.

Les crédits partagés

Dans le cas d'une rupture du mariage, le montant total des prestations acquises sera partagé entre les deux conjoints conformément aux dispositions légales relatives au patrimoine familial. Le partage des prestations en cas de séparation ou de divorce est prévu par la loi. De façon générale, la rente de retraite versée au conjoint après rupture du mariage est limitée à 50 % des droits à retraite accumulés pendant la période où le couple vivait ensemble.

L'administration

Les salariés ont le droit d'être représentés au sein des comités de retraite. Les participants au régime de retraite reçoivent chaque année un rapport annuel traitant de l'administration de la caisse de retraite et indiquant l'évolution des droits qu'ils ont acquis et des prestations payables selon divers événements (départ, décès, invalidité, etc.). Les notices explicatives, les évaluations actuarielles et les états financiers peuvent être consultés par tous les participants. Des assemblées annuelles à l'intention des participants au régime doivent également avoir lieu.

■ une rente viagère de 1 500 $ par mois, avec période de garantie de 15 ans.

Josée touchera un revenu plus élevé si elle choisit une rente sans période de garantie. Toutefois, elle a un neveu à qui elle paie des études au collège technique. Elle peut opter pour une rente avec garantie de cinq ans qui lui procurera un revenu moins élevé et lui permettra tout juste de payer en entier les études de son neveu. Comme troisième option, elle peut choisir de toucher personnellement une rente passablement moins élevée, mais être en mesure d'assurer une meilleure protection financière à son neveu.

Les prestations d'un régime privé constituent un atout précieux une fois venu le jour de la retraite, mais elles sont en général mal comprises en raison de leur complexité. Les cotisations sont habituellement prélevées sur votre salaire, ou versées par votre employeur en votre nom, et votre épargne-retraite s'accroît sans même que vous vous en rendiez compte. Pour cette raison, le plus souvent, les salariés n'apprécient pas à leur juste valeur ces prestations. Il est pourtant essentiel de bien vous renseigner sur les régimes de retraite privés si vous voulez un jour profiter pleinement de votre rente et, d'ici là, planifier votre retraite en tenant compte de l'avantage que constitue le régime de retraite de votre employeur.

Avantages supplémentaires offerts par votre employeur

Bon nombre d'avantages sociaux parfois offerts par votre employeur peuvent vous être d'un grand secours lorsque vous prendrez votre retraite. Ces avantages peuvent inclure une assurance-vie qui reste en vigueur pendant votre retraite, une assurance-maladie et une assurance hospitalisation supplémentaires, une assurance-maladie pour les soins médicaux à l'extérieur de la province ou du pays de résidence.

(Il n'est pas fréquent qu'une assurance pour soins dentaires reste en vigueur après la retraite d'un salarié, c'est pourquoi vous feriez bien de régler tous vos problèmes dentaires au cours des années précédant votre retraite.)

La plupart des entreprises offrent à leur personnel une assurance-vie de l'ordre d'une à trois fois leur salaire. Les salariés ont souvent la possibilité d'y ajouter une assurance supplémentaire moyennant une

prime raisonnable. Toutefois, dès la retraite, cette assurance diminue progressivement jusqu'à une protection minimale, sinon à rien. Il va sans dire que vos besoins en assurance auront beaucoup diminué à ce moment, car vos prestations de retraite de même que les épargnes et les placements faits au cours de votre vie assureront votre sécurité financière. Malgré tout, vous ne devriez pas rejeter d'emblée les avantages que procure une assurance-vie. De fait, le besoin d'une telle assurance pourrait exister encore à ce moment. (Au chapitre 15, nous étudierons plus en détail les besoins en matière d'assurance.)

Si votre employeur ne vous offre aucune forme d'assurance se prolongeant après la retraite, vous pouvez conserver votre assurance collective après votre retraite pourvu que vous ayez droit à ce privilège de transformation. Ce type d'assurance demeure en vigueur votre vie durant ou peut demeurer en vigueur sur une période déterminée, suivant l'entente conclue par votre employeur avec l'assureur. De manière générale, vous devez prendre une décision dans les 30 jours qui suivent votre cessation d'emploi si vous voulez bénéficier de cet avantage.

Bon nombre d'entreprises offrent à leur personnel une assurance-maladie supplémentaire. Une telle assurance paie en général les médicaments sur ordonnance, les soins d'une infirmière privée, les appareils médicaux et l'équipement, ainsi que les frais d'hospitalisation lorsque vous vous trouvez à l'extérieur du Canada. Elle paie aussi les traitements de chiropractie et tout autre service professionnel qui n'est pas entièrement assuré par les régimes d'assurance-maladie des provinces. Parfois, l'entreprise continue d'offrir cet avantage social après la retraite, en fixant un plafond de 10 000 $ à 50 000 $ aux dépenses qu'elle consent à payer jusqu'à votre décès. Il est à noter que beaucoup d'entreprises sont à réduire ou à éliminer ces avantages sociaux très coûteux.

La possibilité d'adhérer à l'association des retraités d'une entreprise fait partie des avantages que les salariés apprécient grandement; ces regroupements sont malheureusement plutôt rares. Ils vous donnent l'occasion de participer à des activités sociales ou à des réunions avec vos anciens collègues de travail, eux aussi à la retraite. C'est une bonne façon de vous tenir au courant des activités de la compagnie et de reprendre contact avec vos amis de longue date. Le Club des pionniers d'Air Canada, qui tient son assemblée annuelle en Floride, est un exemple probant de ce genre d'association. Les cadres supérieurs de la société se rendent chaque année à cette assemblée pour mettre les participants au courant des derniers développements et pour discuter avec eux de leurs préoccupations concernant le régime d'avantages sociaux. Ce genre d'association entretient non seulement la camaraderie mais aussi un sentiment d'appartenance; il fournit également maintes occasions d'aider les moins fortunés. Le Club des pionniers d'Air Canada a contribué à faire ajouter à la liste des avantages sociaux de l'entreprise les soins dentaires pour les employés à la retraite d'Air Canada.

Notes

Placez votre argent à votre guise: les REER

Le régime enregistré d'épargne-retraite représente l'instrument de placement le plus efficace dont disposent les Canadiens pour faire fructifier leur argent. En règle générale, il est difficile pour la plupart des gens de prendre leur retraite à moins de posséder un REER. Les sommes versées dans un REER font beaucoup plus que réduire la facture d'impôt; elles laissent davantage d'argent à placer. En fait, tous les revenus produits par le REER s'accumulent à l'abri de l'impôt pendant de longues années. Malgré cela, seul un contribuable sur quatre cotise chaque année à un REER!

Nous cherchons tous à alléger notre fardeau fiscal; l'économie d'impôt que permet le REER ne constitue pourtant pas son principal avantage. Le plus avantageux, c'est que le REER croît à l'abri de l'impôt durant un grand nombre d'années. Les sommes placées dans le REER s'accumulent en effet sans être imposées. Ces placements constituent un abri fiscal; chaque dollar qu'ils rapportent reste en totalité entre les mains du contribuable, du moins jusqu'à ce qu'il prenne sa retraite et commence à en retirer des fonds. Si le rendement annuel est de 10 %, un placement de 1 000 $ rapportera 100 $ par année. Si votre taux d'imposition est de 40 %, il ne vous restera que 600 $ à placer, à moins que vous placiez cet argent dans un REER. Ces 600 $, à 10 %, ne vous rapporteront alors que 60 $ par année et cette somme sera imposée. Au bout du compte, il ne restera que 36 $ après impôt. Dans un REER, vous conservez la totalité des 100 $.

Si vous cotisez chaque année à un REER, vos épargnes croîtront beaucoup plus vite que si vous placez le même argent sans avantage fiscal. Dans l'immédiat, cela vous passe peut-être par-dessus la tête, mais, n'en doutez pas, les répercussions sur votre revenu à la retraite sont importantes. La déduction d'impôt, conjuguée à une croissance exonérée d'impôt, fera fructifier vos épargnes trois fois plus vite que si vous placiez le même argent en dehors d'un REER.

Prenons, par exemple, deux contribuables, Jean-Guy et Paul. Jean-Guy a obtenu une prime de 2 000 $ et peut se permettre de la placer en entier dans un REER. Si cette somme lui rapporte 10 % par année, 200 $ s'ajouteront à la fin de la première année. Total:

2 200 $. Ces 2 200 $ rapporteront de nouveau 10 %. Au bout de deux ans, les 2 000 $ du début se seront accrus d'un autre 220 $, pour un total de 2 420 $. Si Jean-Guy place chaque année sa prime de 2 000 $ dans son REER, au bout de 20 ans il aura accumulé 126 000 $.

Voyons le cas de Paul. Ayant décidé de ne pas placer sa prime de 2 000 $ dans un REER, il lui reste 1 200 $ à placer une fois l'impôt soustrait. Il place sa prime au même taux d'intérêt que Jean-Guy, soit 10 %. Au bout de l'année, il ne reçoit que 120 $; le fisc perçoit de nouveau 40 % sur les 120 $, ne lui laissant que 72 $. Après un an, Paul n'aura mis de côté que 1 272 $. Ce montant, de nouveau placé à 10 %, croît de 76 $ après impôt, ce qui fait une épargne totale de 1 348 $ au bout de deux ans. Tout comme Jean-Guy, Paul place sa prime chaque année; au bout de 20 ans, il n'aura accumulé que 47 000 $, soit 79 000 $ de moins que Jean-Guy.

La comparaison ne s'arrête pas là. Jean-Guy devra un jour ou l'autre payer de l'impôt sur le revenu qu'il touchera de son REER. Mais une fois à la retraite, il a de fortes chances d'être frappé d'un taux d'imposition moins élevé, 30 % par exemple. Même en retirant tout son argent d'un coup, imposable à 50 %, il recevra 63 000 $, soit presque une fois et demie le contenu du bas de laine de Paul. Bien sûr, Jean-Guy sera bien avisé de ne pas retirer tout cet argent d'un seul coup. La plus large part restera dans son REER pendant de nombreuses années, croissant à l'abri de l'impôt.

Dispositions concernant les REER

Cotisation maximale à un REER

Pour l'année 1994, vous pouvez cotiser à un REER le moindre de 18 % de votre revenu gagné de l'année 1993 et de 13 500 $. Ce plafond sera haussé à 14 500 $ en 1995, puis à 15 500 $ en 1996. Après l'année 1996, le plafond sera haussé au même rythme que le salaire moyen dans l'industrie. Vous avez le droit de verser des cotisations dans votre propre REER jusqu'à la fin de l'année où vous atteignez 71 ans, ou dans le REER de votre conjoint jusqu'à la fin de l'année où votre conjoint atteint 71 ans.

Échéance

Vous pouvez cotiser à un REER n'importe quand dans l'année, ou jusqu'au 60e jour de l'année suivante. Si vous décidez de ne pas cotiser durant l'année, ou si vous cotisez un montant inférieur à la cotisation maximale permise, vous pouvez, sous certaines conditions, reporter ces déductions inutilisées jusqu'à un maximum de sept ans.

Cotisations excédentaires

Si vous cotisez plus que le maximum déductible au titre des REER, l'excédent est appelé une cotisation excédentaire. Le total de celle-ci ne peut dépasser 8 000 $. Il s'agit d'une sorte de coussin créé par les ministères du Revenu pour vous protéger au cas où, par erreur, vous dépasseriez votre maximum déductible. Après tout, étant donné la complexité des dispositions, il est normal que des erreurs se produisent. Si vous excédez ce plafond de 8 000 $, vous devrez payer une pénalité de 1 % pour chaque mois où la cotisation excédentaire demeure dans votre REER. Dans le cas d'une personne de moins de 18 ans, aucune cotisation excédentaire n'est permise; cette personne devra payer une pénalité de 1 % par mois sur toute cotisation excédentaire.

Les cotisants aux régimes de retraite agréés et les REER

Vous avez le droit de cotiser à un REER tout en participant à un régime de retraite agréé, mais votre maximum déductible sera réduit de votre facteur d'équivalence, ou FE, et de votre facteur d'équivalence pour services passés, ou FESP. Votre employeur vous fournit ce facteur d'équivalence et l'inscrit sur le relevé T4. Si vous participez à un régime à prestations déterminées, vous aurez le droit de cotiser au moins 1 000 $ par année à un REER, à moins que vous ayez un FESP important.

Placements admissibles dans un REER

Il existe des restrictions sur les types de placements que vous pouvez détenir dans un REER. Les placements admissibles sont:

- les dépôts dans des comptes d'épargne, les certificats de dépôt garanti et les dépôts à terme détenus dans des compagnies d'assurance-vie, des banques, des fiducies, des caisses populaires ou chez des courtiers en valeurs mobilières;
- les actions ordinaires ou privilégiées transigées aux différentes bourses de valeurs mobilières canadiennes et à certaines bourses de valeurs de 15 pays parmi lesquels figurent les États-Unis, la France et la Grande-Bretagne;
- les obligations gouvernementales, de compagnies et municipales, y compris les obligations d'épargne du Québec ou du Canada;
- les hypothèques prises sur votre résidence personnelle;
- les actions de sociétés individuelles, à condition que vous n'en déteniez pas le contrôle.

Par ailleurs, un bon nombre de placements ne peuvent être détenus dans un REER, parmi lesquels figurent les métaux précieux, les biens immobiliers, les œuvres d'art, les antiquités, les objets de collection, les contrats à terme sur produits de base, en d'autres mots, presque tous les objets tangibles. Vous pouvez cependant investir dans des fonds communs de placement qui, à leur tour, investissent dans ces divers marchés. Si vous détenez un placement non admissible dans un REER, ce placement sera assujetti à une pénalité fiscale et il est possible que le placement soit inclus dans votre revenu de l'année. Vous pourriez également devoir payer de l'impôt sur les intérêts et les gains en capital accumulés pendant que ce placement se trouvait dans votre REER. Les différents types de placements sont décrits plus en détail au chapitre 12.

Biens étrangers

En 1994, vous pouvez consacrer jusqu'à 20 % de votre REER à des placements dans des titres étrangers. Vous ne pouvez contourner cette disposition en investissant dans un fonds commun de placement qui détient un fort pourcentage de placements à l'extérieur du Canada. En effet, pour être agréé à titre de fonds commun de placement pour les REER, un fonds ne doit pas consacrer plus de 20 % de son actif à l'achat de valeurs étrangères. Si un fonds venait à dépasser ce plafond, il serait alors lui-même considéré comme un fonds de placement dans des titres étrangers. Notez que le calcul du pourcentage est fondé sur le prix initial des titres et non sur leur valeur actuelle.

Évolution des épargnes de Jean-Guy et de Paul

Année	Bonus	Jean-Guy	Paul
0		– $	– $
1	2000	2 200 $	1 272 $
2	2000	4 620 $	2 620 $
3	2000	7 282 $	4 050 $
4	2000	10 210 $	5 565 $
5	2000	13 431 $	7 170 $
6	2000	16 974 $	8 873 $
7	2000	20 872 $	10 677 $
8	2000	25 159 $	12 590 $
9	2000	29 875 $	14 617 $
10	2000	35 062 $	16 766 $
11	2000	40 769 $	19 044 $
12	2000	47 045 $	21 459 $
13	2000	53 950 $	24 018 $
14	2000	61 545 $	26 731 $
15	2000	69 899 $	29 607 $
16	2000	79 089 $	32 655 $
17	2000	89 198 $	35 887 $
18	2000	100 318 $	39 312 $
19	2000	112 550 $	42 943 $
20	2000	126 005 $	46 791 $

Le plafond des cotisations au REER

Si un REER constitue un moyen d'épargne aussi puissant, pourquoi ne pas y placer tout l'argent que vous réussissez à épargner? Hélas! comme c'est souvent le cas des bonnes choses, les excès ne sont pas permis. La *Loi de l'impôt sur le revenu* veille à ce que seulement un pourcentage spécifique de votre revenu gagné puisse être placé dans un REER, ce qui peut vous sembler inéquitable. Ce ne l'est toutefois pas autant que vous le croyez. En fait, l'avantage que vous tirez du REER entraîne une perte pour le fisc. Et la perte est même double: non-imposition d'une partie de vos revenus gagnés dans l'année et non-imposition des revenus gagnés dans le REER (intérêts, dividendes, gains en capital, etc.). La générosité du fisc a quand même ses limites!

Pour l'année d'imposition 1994, un particulier peut placer dans un REER le moindre des deux montants suivants: 18 p. 100 de son revenu gagné de 1993 ou 13 500 $. Ce plafond doit être relevé à 14 500 $ en 1995, puis à 15 500 $ en 1996. Par la suite, il augmentera au même rythme que le salaire moyen dans l'industrie. (La cotisation maximale permise diminue si le contribuable participe à un régime de retraite; nous reviendrons sur ce point un peu plus loin dans ce chapitre.) Si votre revenu gagné s'élève à 50 000 $, vous pouvez verser 9 000 $ dans un REER, soit 18 % de

50 000 $, et le déduire de votre revenu. Si votre revenu gagné totalise 100 000 $, vous ne pourrez pas cotiser 18 000 $ en raison du plafond fixé par la loi.

D'où provient le plafond des cotisations à un REER

Le pourcentage de cotisation maximale de 18 % du revenu gagné a été déterminé avec l'aide d'actuaires.

Les spécialistes de la retraite s'entendent pour fixer à 70 % de votre salaire final l'objectif de vos revenus à la retraite. (D'ailleurs, les régimes de retraite à prestations déterminées les plus généreuses créditent 2 % du salaire final par année de service, généralement 35 ans. Ainsi, 35 ans × 2 % = 70 % de votre salaire final!)

Se fondant sur certaines hypothèses économiques, des actuaires ont déterminé que le fait d'épargner 18 % des revenus à l'abri de l'impôt, chaque année durant une période de 35 ans, suffit à procurer un revenu de retraite équivalant à 70 % du salaire final.

Pour déterminer votre maximum déductible au titre d'un REER, vous devez d'abord calculer votre revenu gagné. Il ne s'agit pas ici du revenu de l'année en cours, mais bien de celui de l'année précédente. Ce dernier vous permet de déterminer votre cotisation maximale à un REER pour l'année en cours. Revenu Canada définit précisément le revenu gagné; ce dernier ne comprend pas tous les revenus que vous avez touchés dans l'année.

Votre revenu gagné comprend vos revenus d'emploi, les revenus d'une entreprise exploitée par vous seul ou avec des associés, les revenus de location de biens immobiliers, les subventions de recherche et toute pension alimentaire ou allocation de subsistance qui vous a été versée. De votre revenu gagné, vous devez déduire les cotisations professionnelles, les remboursements de salaires ou de subventions que vous avez faits, les pertes provenant d'une entreprise ou de biens immobiliers, les dépenses reliées à une subvention de recherche et toute pension alimentaire ou allocation de subsistance que vous avez payée. Les employés rémunérés à commission doivent déduire de leur revenu les dépenses reliées à leur emploi.

Votre revenu gagné n'inclut pas les prestations de retraite ou d'assurance-chômage, les allocations de retraite, les prestations de décès provenant d'une assurance-vie, les sommes reçues de vos REER, les prestations d'un régime de retraite agréé, les rentes et les revenus de placement.

Les participants à un régime de retraite et les REER

Si vous participez à un régime de retraite ou à un régime de participation différée aux bénéfices (RPDB), vous avez tout de même le droit de cotiser à un REER. Pour connaître le montant admissible, pour 1994 par exemple, vous devez déterminer votre maximum déductible au titre des REER, comme doit le faire tout contribuable qui ne participe pas à un régime de retraite, en prenant le moindre des deux montants suivants: 18 % de votre revenu gagné de l'année précédente ou 13 500 $. De ce montant, déduisez le facteur d'équivalence, ou FE, pour 1993, ainsi que le FE pour services passés, ou FESP, le cas échéant. Votre employeur doit vous avoir fourni le FE et le FESP sur votre relevé T4. Revenu Canada est supposé avoir précisé ces montants dans l'avis de cotisation visant l'année d'imposition 1993.

Il s'agit d'un calcul assez complexe. Au chapitre 7, nous avons abordé les FE et les FESP. Voyons maintenant comment ils influent sur votre cotisation maximale à un REER. Le facteur d'équivalence est une indication de la valeur des prestations accumulées pour l'année visée dans votre régime de retraite ou dans votre régime de participation différée aux bénéfices, ou dans les deux. Pour déterminer votre FE, multipliez par 9 la valeur annuelle des prestations de retraite accumulées dans votre régime, jusqu'à concurrence de votre plafond au titre des REER. Dans le cas de régimes à prestations déterminées, soustrayez 1 000 $ du résultat obtenu. Ce calcul vous assure de pouvoir cotiser au moins 1 000 $ à un REER chaque année. Si le régime de retraite de votre employeur est mesquin, votre facteur d'équivalence sera faible, et vous pourrez, en conséquence, cotiser davantage au REER. Dans le cas d'un régime à cotisations déterminées, le FE sera simplement égal à la somme des cotisations que votre employeur et vous avez déposées dans le courant de l'année visée.

Le second facteur d'équivalence susceptible d'influer sur votre plafond de cotisation à un REER est le

Les questions les plus fréquentes concernant les REER

Mes économies étant insuffisantes, devrais-je emprunter pour cotiser à mon REER?

La réponse est oui, dans certaines conditions. Si, d'une part, vous faites votre cotisation à temps, vous recevrez quelques mois plus tard un remboursement d'impôt qui vous permettra sans doute de rembourser près de la moitié de votre emprunt. Advenant que vous remboursiez votre emprunt au complet dans l'année, le coût de votre emprunt sera moindre que le total des gains faits au moyen de votre REER et il aura valu la peine d'emprunter. Si, d'autre part, vous prenez plus d'un an pour rembourser, votre emprunt ne se justifie pas.

Devrais-je verser une cotisation à un REER même si je n'ai pas de revenu?

De façon générale, non. N'oubliez pas que les avantages d'un REER découlent des épargnes fiscales qu'il permet de réaliser. Premièrement, vous bénéficiez d'une déduction d'impôt sur le montant que vous cotisez et, deuxièmement, votre placement croît en franchise d'impôt. Si vous n'avez pas de revenu imposable, un REER ne vous procure pas ces avantages. En fait, même si vous n'avez jamais déduit votre cotisation à un REER, vous devrez tout de même payer de l'impôt lorsque vous retirerez cet argent.

Qu'advient-il de mon REER à mon décès?

Au Québec, le bénéficiaire de votre REER doit généralement être spécifié dans votre testament. À votre décès, votre conjoint peut soit ouvrir un nouveau REER, soit regrouper les fonds dans un REER existant. De votre côté, vous pouvez léguer un REER à un enfant ou à un petit-enfant de moins de 18 ans à condition que vous ne soyez pas marié(e) et que votre légataire soit à votre charge. Si vous décédez, l'argent de votre REER doit servir à acheter une rente qui paiera à votre enfant ou petit-enfant des prestations jusqu'à ce qu'il atteigne l'âge de 18 ans. Vous pouvez également léguer votre REER à un enfant adulte qui est à votre charge en raison d'une incapacité physique ou mentale. Dans ce cas, le REER peut être converti en une rente viagère ou en un REER au nom de l'enfant.

Combien d'argent dois-je placer dans un REER?

Autant que vous le pouvez jusqu'à concurrence de votre maximum déductible. Si vous avez l'argent, vous ne pouvez vous permettre de placer moins, car il vous faudra beaucoup d'argent pour jouir d'une retraite confortable. Vous devez par conséquent profiter au maximum des avantages que vous procure un REER.

Quelle est la première chose à faire? Rembourser mon hypothèque ou cotiser à mon REER?

Vous n'aimerez pas la réponse: faites les deux! Si cela vous est impossible, laquelle des deux passe en premier? Cela dépend de votre âge. Si vous avez moins de 45 ans, cotisez le maximum à votre REER, puis faites tous les remboursements additionnels que vous avez les moyens de faire sur votre hypothèque. Si vous avez plus de 45 ans, remboursez votre hypothèque le plus rapidement possible, puis cotisez ce que vous pouvez à un REER. Essayez de compenser l'insuffisance de vos cotisations passées en cotisant davantage maintenant et en tirant profit du report sur sept ans des cotisations excédentaires.

Est-il vraiment si important pour moi de cotiser au REER de mon conjoint? Qu'adviendra-il si nous nous séparons?

Un REER au nom du conjoint permet de transférer des revenus au conjoint dont le taux d'imposition est le moins élevé. Cette mesure réduit le fardeau fiscal du conjoint au revenu plus élevé et laisse à la famille davantage de revenus après impôt une fois à la retraite. Que vous utilisiez ou non un REER au nom du conjoint, advenant une rupture, vous devrez partager les REER et les prestations de retraite. Vous ne risquez pas tellement plus si vous les partagez d'année en année.

FESP, ou facteur d'équivalence pour services passés. Ce facteur s'applique aux régimes de retraite à prestations déterminées ayant bénéficié d'une hausse des prestations durant l'année en cours. Si cette augmentation est rétroactive, votre plafond de cotisation à des REER sera modifié en conséquence. On vous informera chaque année des FE dont vous devez tenir compte.

Votre employeur doit faire attester votre FESP par Revenu Canada. Une fois ce montant attesté, Revenu Canada retournera le formulaire d'attestation à votre employeur qui, à son tour, vous en remettra une copie. Si votre FESP est attesté avant que vous ne receviez votre avis de cotisation de Revenu Canada, le plafond de cotisation au REER indiqué sur cet avis reflétera la diminution du FE. Toutefois, si Revenu Canada atteste un FESP après avoir posté l'avis de cotisation, ce dernier ne reflétera pas l'incidence du FESP sur votre plafond de cotisation. En règle générale, Revenu Canada vous envoie un avis de modification de votre maximum déductible au titre des REER chaque fois qu'un changement est apporté à votre dossier. Étant donné que cette situation est quelque peu complexe, il serait sage, lorsque vous recevez un FESP, de vérifier auprès du bureau de Revenu Canada de votre région pour vous assurer que vous utilisez bien le plafond de cotisation auquel vous avez droit.

L'importance de cotiser tôt dans l'année

Pour bénéficier d'une réduction d'impôt au titre d'un REER, vous devez cotiser dans l'année en cours ou dans les 60 jours qui suivent immédiatement la fin de l'année. Vu la tendance générale à la procrastination, nombre de contribuables ne cotisent qu'en février, ou même aussi tardivement que le 1er mars. Ces contribuables justifient généralement leur retard en invoquant un manque d'argent avant cette date; ils se disent que, de toute façon, mieux vaut cotiser à la dernière minute que pas du tout. C'est bien vrai. Mais si vous en avez les moyens, il vaut beaucoup mieux cotiser au début de l'année plutôt qu'à la fin. Ainsi, l'argent dans votre REER rapportera durant 14 mois de plus, à l'abri de l'impôt.

Les avantages de cotiser tôt dans l'année sont importants. Si, par exemple, vous cotisez 5 000 $ le 1er janvier de chaque année pendant 20 ans, votre REER vaudra 247 000 $ si le rendement est de 8 %. Si vous cotisez le même montant à la fin de chaque année pendant 20 ans, votre REER ne vaudra que 229 000 $.

Le REER au nom du conjoint

Vous pouvez aussi cotiser à un REER au nom de votre conjoint. Vous bénéficierez de la même déduction fiscale pour l'année, mais le REER appartiendra à votre conjoint. Pourquoi donner cet argent à votre conjoint? demanderez-vous. Tout d'abord, vous ne devez le faire que si votre conjoint a un revenu inférieur au vôtre. En transférant de la sorte une part du revenu du conjoint frappé d'un taux d'imposition plus élevé au conjoint qui paie moins d'impôt, un couple réduit son fardeau fiscal à la retraite et épargne des milliers de dollars. Le but de ce transfert est de créer deux revenus aussi égaux que possible à la retraite.

Il s'agit ici d'une forme de fractionnement du revenu, une stratégie de planification fiscale très efficace. Prenez le cas de Marthe et Georges. Georges a l'intention de prendre sa retraite dans 10 ans et compte toucher un revenu annuel de retraite de 60 000 $. Marthe, qui est retournée au travail à temps partiel, pourra quant à elle compter sur un revenu de retraite annuel de près de 25 000 $. À la retraite, Georges paiera 53 % d'impôt sur les revenus supplémentaires qu'il touchera, tandis que Marthe ne paiera que 38 %. D'ici là, Georges a l'intention de cotiser environ 10 000 $ par année à un REER, afin de profiter des 10 prochaines années pour se constituer un capital-retraite additionnel de 100 000 $.

Georges devrait-il verser cet argent dans son propre REER ou le verser dans celui de sa conjointe? S'il place cet argent dans son propre REER, ce qui augmentera son revenu de retraite de 10 000 $, Georges devra payer 5 300 $ d'impôt sur cette somme. Par ailleurs, s'il verse les 100 000 $ dans le REER de sa conjointe, celle-ci touchera un revenu supplémentaire de 10 000 $ sur lequel elle ne paiera que 3 800 $ d'impôt, soit une économie annuelle d'impôt de 1 500 $.

De plus, si Marthe ne reçoit pas de revenu d'un fonds de retraite, elle pourra utiliser le REER pour acheter une rente. Le revenu de cette rente sera admissible à titre de revenu de pension et Marthe pourra en conséquence réclamer un crédit d'impôt pour revenu de pension. Ce crédit constituera une économie d'impôt additionnelle de 370 $. En outre, nous avons noté au chapitre 6 que tout bénéficiaire de la pension de sécurité de la vieillesse dont le revenu imposable dépassait 53 215 $ en 1993 devait retourner au gouvernement 15 % de l'excédent de revenu, jusqu'à concurrence du plein montant de la PSV reçue. Dans le cas de Georges, le fait de réduire son revenu imposable diminuera de plus de 1 200 $ le montant de sa PSV qu'il devra remettre au gouvernement.

Votre plafond de cotisation est fondé sur votre revenu gagné. Vous avez le choix de verser votre cotisation soit dans votre propre régime, soit dans celui de votre conjoint, ou de la partager entre les deux régimes. Cotiser au REER de votre conjoint ne l'empêche pas de verser une cotisation dans son propre REER. De fait, si votre conjoint, tout en ayant le droit de cotiser, n'a pas suffisamment d'argent pour le faire, il est sage de lui fournir les fonds pour l'aider à verser une cotisation. De cette façon, votre REER et celui de votre conjoint accumuleront en vue de la retraite des revenus financés à même des dollars qui, en dehors d'un REER, seraient frappés d'un taux d'imposition plus élevé.

Vous devez garder à l'esprit que placer de l'argent dans un REER au nom du conjoint équivaut à le donner. Cependant, en cas de divorce, la *Loi sur le partage du patrimoine familial* s'appliquant, ce type de REER sera divisé en deux. Les conjoints de fait peuvent aussi cotiser à un REER au nom du conjoint; mais en cas de rupture, il n'y aura pas de partage. C'est pourquoi il est important de conclure une convention entre conjoints de fait qui prévoit ce genre d'éventualité. Toute décision concernant le placement ou le retrait de ces fonds sera forcément prise par votre conjoint. En dépit de cela, si un quelconque montant est retiré d'un REER au profit du conjoint, c'est le cotisant qui paie l'impôt sur ce retrait quand les cotisations ont été faites au cours de l'une des trois années précédentes. Toutefois, si le REER est converti en une rente ou transféré dans un FERR, Revenu Canada permet alors une exception à la règle. Même dans ce genre de situation, le conjoint devra se limiter chaque année au retrait minimum pour que le revenu tiré du FERR soit imposé au taux du conjoint et non

à celui du cotisant. Comme de raison, vous pouvez verser une cotisation déductible de l'impôt dans le REER de votre conjoint, laisser l'argent dans le REER pendant trois ans, et enfin le retirer en payant l'impôt au taux d'imposition de votre conjoint. Toutefois, cela signifie que, pour une période de trois ans, vous renoncez à verser des cotisations dans le REER de votre conjoint.

Cette stratégie peut parfois rapporter, en particulier si le revenu de votre conjoint fluctue beaucoup, ou si votre conjoint cesse de travailler pour retourner aux études, pour élever la famille, pour lancer une entreprise ou pour prendre une année sabbatique. Enfin, le REER au nom du conjoint devrait être considéré comme un moyen d'amasser du capital entre les mains de celui des deux conjoints qui touche le revenu le moins élevé, et de réduire l'impôt familial à la retraite.

Le report des déductions au titre des REER

Si vous décidez de ne pas déduire votre cotisation à un REER, ou de n'en déduire qu'une partie, vous pouvez compléter cette déduction dans n'importe laquelle des sept années suivantes. Le montant reporté est la différence entre votre maximum déductible au titre des REER pour l'année et le montant réel de votre cotisation. Dans le passé, toute cotisation non versée durant l'année d'imposition était perdue!

Supposons qu'en 1994 vous ayez droit à une cotisation de 6 000 $ mais que vous n'ayez en mains que 4 000 $. En fait, cela vous laisse une déduction inutilisée de 2 000 $ que vous pouvez reporter aux années suivantes et qui sera ajoutée à votre maximum déductible pour 1995. En 1995, vous pourriez alors verser, en plus de votre cotisation permise pour l'année, la somme de 2 000 $ dont vous ne disposiez pas en 1994. Si vous ne pouvez toujours pas verser ce montant en 1995, la déduction inutilisée sera reportée à 1996, puis à 1997, et ainsi de suite jusqu'à sept ans plus tard.

La somme ainsi reportée deviendra déductible dans l'année où vous verserez la cotisation, ce qui peut éventuellement vous procurer une déduction très généreuse en une seule année. Il est toutefois préférable de cotiser à votre REER chaque année. Sinon, vous finirez par payer des impôts plus élevés pour les années où vous n'avez pas droit à une déduction, en

Cotisations excédentaires

On se demande souvent s'il est permis de verser une cotisation excédentaire de 8 000 $ chaque année. La réponse est non.

Selon les nouvelles règles, la marge de sécurité de 8 000 $ en cotisations excédentaires constitue un maximum cumulatif, non une limite annuelle. Si vous dépassez ces 8 000 $, vous pourriez être obligé de payer une pénalité.

plus de perdre l'avantage de gagner des revenus de placement exempts d'impôt au cours des années. Il peut certes être logique de retarder votre cotisation durant une période où votre revenu imposable est faible si vous savez que vous jouirez dans l'avenir de revenus plus importants et serez, par conséquent, soumis à un taux d'imposition plus élevé. Mais il ne faut pas vous laisser prendre au piège et négliger de verser une cotisation cette année en comptant vous reprendre plus tard. Chacun sait, en effet, qu'il est beaucoup plus facile d'épargner un peu chaque mois ou chaque année que d'avoir à réunir d'un coup une grosse somme d'argent.

L'avantage des cotisations excédentaires

Devriez-vous verser dans votre REER plus que le maximum déductible? Cela est permis et peut être avantageux dans certains cas, mais il faut procéder avec soin. En cotisant plus que vous ne pouvez déduire dans les années où vous disposez de fonds, il

est possible de bâtir une réserve de déductions dans laquelle vous pourrez puiser les années où vous manquerez de fonds et ne pourrez pas cotiser le maximum.

Les gens qui retournent au travail après une absence d'un an peuvent aussi tirer parti de la possibilité de verser des cotisations excédentaires. (Rappelez-vous que votre cotisation maximale à un REER est établie en fonction de votre revenu de l'année précédente.) Dans ce cas, il est possible de verser de l'argent dans votre REER en tirant parti de la cotisation excédentaire permise de 8 000 $ et en la déduisant au cours d'une année ultérieure — peut-être seulement à la première année de retraite. De fait, pour cette année-là, vous aurez droit à une cotisation établie en fonction de votre revenu durant votre dernière année de travail. Au lieu de cotiser en sortant de l'argent de votre poche, vous pourrez réduire vos cotisations excédentaires.

Si c'est par erreur que vous versez une cotisation excédentaire, et si vous ne désirez pas laisser cet argent dans votre REER, vous pouvez l'en retirer sans payer d'impôt uniquement dans l'année où vous avez fait la cotisation, et ce, seulement s'il était raisonnable, à ce moment-là, de supposer que la somme cotisée serait bel et bien déductible durant l'année en question. En toute autre circonstance, les fonds retirés de votre REER seront imposables. Pour vous, cela signifie que vous payez de l'impôt à deux reprises: lorsque vous avez versé les fonds — vous n'avez pas alors profité d'une déduction — et lorsque vous les retirez. Vous pourriez également devoir payer une pénalité de 1 % par mois si vous excédez le plafond de 8 000 $ de cotisations excédentaires.

Si vous voulez profiter des avantages qu'offre cette stratégie de placement, vous devriez songer à verser des cotisations excédentaires dans le régime de votre conjoint. Vous pourriez même envisager de donner l'argent à votre conjoint ou à vos enfants de plus de 18 ans, afin qu'ils puissent cotiser eux-mêmes. (Nous croyons qu'il n'y a pas

Valeur des cotisations excédentaires à un REER

En supposant que vous versez 8 000 $ de cotisations excédentaires dans votre REER et que vous obtenez un rendement de 8 % par année.

Dans:	10 ans	15 ans	20 ans
Si vous encaissez votre REER et payez 50 % d'impôt au gouvernement, vous aurez:	8 650 $	12 700 $	18 650 $
Si vous placez les 8 000 $ en dehors d'un REER et obtenez un rendement de 8 %, vous aurez:	11 800 $	14 400 $	17 500 $
La stratégie visant les cotisations excédentaires a-t-elle été efficace?	Non	Non	Oui

---

Compte de retraite immobilisé (CRI) et fonds de revenu viager (FRV)

Lorsque vous quittez une entreprise où vous aviez acquis des droits à la retraite, il se peut que vous puissiez transférer les prestations acquises dans le régime de retraite de votre nouvel employeur. Dans le cas contraire, vous devrez faire l'une de trois choses: laisser les fonds dans le régime de votre ancien employeur; les convertir en une rente différée ou les placer dans un compte de retraite immobilisé (CRI). Dans le passé, ces droits devaient être transférés dans un REER immobilisé.

Les REER immobilisés se distinguent des REER usuels par le choix des possibilités à la retraite. De fait, la seule forme de rente que vous offre ce type de régime est une rente viagère; vous ne pouvez ni retirer de l'argent de votre REER ni le convertir en un FERR ou en une rente certaine. Ce manque de souplesse du régime est une garantie que les fonds serviront leur but premier, soit le versement d'un revenu votre vie durant.

Les CRI peuvent servir à acheter une rente viagère ou un fonds de revenu viager (FRV). Le FRV est assez semblable au FERR en ce qu'il offre sensiblement le même genre de placements et les mêmes avantages fiscaux; cependant, il doit servir à acheter une rente viagère avant que le participant atteigne l'âge de 80 ans.

Contrairement au FERR, le FRV plafonne vos retraits annuels, afin que le fonds ne s'épuise pas prématurément et qu'il vous assure un revenu tout au long de votre vie. Cette nouvelle forme d'épargne-retraite est avantageuse pour bien des Canadiens qui recherchaient une plus grande flexibilité et la possibilité d'étaler leurs impôts. Cependant, la législation fédérale ne s'étant pas encore harmonisée aux dispositions provinciales, les régimes de retraite tombant sous juridiction fédérale (principalement dans les grandes compagnies de transport et les banques à charte) ne permettent pas l'utilisation de ces nouveaux instruments de placement.

---

lieu de vous inquiéter des règles d'attribution si vous prêtez de l'argent à votre conjoint ou à vos enfants aux fins de cotisations excédentaires, car aucun revenu imposable n'en découlera. Rappelez-vous cependant que vos enfants auront le droit de disposer de leur REER et qu'ils pourront, par exemple, retirer les 8 000 $ sans vous en parler.)

Une cotisation excédentaire soigneusement planifiée peut être avantageuse, car elle vous permet de gagner des revenus de placement exempts d'impôt durant des années avant d'avoir à la déduire. Si vous n'avez pas l'intention de vous prévaloir de cette déduction, vous devrez conserver l'argent dans votre REER durant environ 20 ans afin que cette stratégie soit rentable.

D'autres moyens de bâtir votre REER

Pour la plupart, bâtir un REER est un processus graduel qui s'échelonne sur des années. Il y a cependant d'autres moyens de le faire. À titre d'exemple, vous pouvez faire verser une allocation de retraite dans votre REER, ou vous pouvez transférer des fonds de votre régime de retraite ou de votre RPDB dans un compte de retraite immobilisé (CRI). Vous pouvez aussi transférer des revenus de retraite dans un REER au nom du conjoint jusqu'à concurrence de 6 000 $ **en 1994 seulement**. Advenant une rupture de mariage, les REER seront partagés entre les deux conjoints. Enfin, en cas de décès de votre conjoint, vous pourrez transférer sa rente de retraite et le contenu de son REER dans votre propre REER. Examinons maintenant ces moyens un à un.

Les allocations de retraite: Les allocations de retraite sont des paiements faits à un salarié pour le dédommager de la perte d'un emploi ou pour le récompenser de ses longues années de service. En tant que contribuable, vous êtes autorisé à transférer dans votre REER jusqu'à 2 000 $ provenant d'une allocation de retraite pour chaque année de service chez l'employeur qui vous paie l'allocation. Vous pouvez également transférer un montant additionnel de 1 500 $ pour chaque année de service antérieure à 1989, si vous n'aviez pas acquis le droit à des prestations d'un régime de retraite ou d'un RPDB.

Par exemple, si vous vous êtes joint à une entreprise en novembre 1980 et l'avez quittée en janvier

---

Profitez pleinement des possibilités d'affaires à l'étranger

La règle qui permet de détenir dans vos REER une certaine proportion de titres étrangers peut être particulièrement avantageuse pour un investisseur qui possède très peu de placements en dehors de ses REER. Elle permet en effet de diversifier votre portefeuille, afin de vous protéger contre les chutes que connaissent parfois les marchés boursiers canadiens. Il faut aussi reconnaître, et ceci est plus important, que les titres d'entreprises de calibre mondial, sauf pour un tout petit nombre d'entre elles, ne sont pas inscrits aux bourses canadiennes; or, il serait avantageux de détenir dans votre portefeuille des actions de grandes sociétés multinationales. Un troisième avantage réside dans le fait de posséder certains placements en devises autres que le dollar canadien, surtout si vous vous attendez à faire des séjours à l'étranger durant votre retraite.

Si votre REER est trop modeste pour vous permettre de détenir les actions et obligations de sociétés ou de gouvernements étrangers, vous pouvez obtenir cette diversification en plaçant de l'argent dans des fonds communs de placement qui se spécialisent dans des placements internationaux ou dans les actions d'un certain pays. Si vous recherchez la diversification des devises, achetez des obligations d'émetteurs canadiens libellées en dollars américains, en marks allemands, en yens, par exemple.

1991, vous avez accumulé 12 années de service. Ne serait-ce qu'un seul jour travaillé au cours d'une année civile compte pour une année. Si vous ne participiez pas à un RPDB ou à un régime de retraite (ou si vous étiez cotisant mais n'aviez pas de droits acquis et ne receviez pas de prestations d'un de ces régimes), vous pouvez transférer dans un REER jusqu'à un total de 37 500 $ (12 ans × 2 000 $ + 9 ans × 1 500 $). Si votre allocation de retraite se chiffre à 25 000 $, la totalité de ce montant peut être transférée dans votre REER. Si l'allocation s'élève à 40 000 $, vous pouvez transférer 37 500 $, et le solde de 2 500 $ sera considéré comme un revenu imposable.

Lorsque votre employeur vous verse une allocation de retraite, le transfert de cette somme dans votre REER doit être effectué directement de votre employeur au fiduciaire qui gère votre REER. L'allocation ne doit pas passer par vos mains, sans quoi votre employeur sera tenu de déduire l'impôt, qu'il vous faudra récupérer par la suite lorsque vous ferez votre déclaration de revenus, en supposant que les sommes transférées dans votre REER aient été admissibles.

Transferts d'un régime de retraite à un REER: Vous êtes autorisé à transférer les prestations d'un régime de retraite ou d'un RPDB directement dans votre REER à condition que les dispositions de ces régimes le permettent. Cela s'applique également aux transferts provenant d'un régime de retraite étranger.

Dans ce genre de situation, les fonds sont versés dans un type de REER appelé compte de retraite immobilisé (CRI), ou REER immobilisé selon l'ancienne législation (voir l'encadré, page 101).

Transferts d'un régime de retraite à un REER au nom du conjoint: Depuis 1989, les contribuables qui sont à la retraite ont eu le droit de transférer un maximum de 6 000 $ provenant de leur régime de retraite ou d'un RPDB, dans un REER au nom du conjoint. Cette disposition met plus d'argent entre les mains du conjoint qui a le revenu le moins élevé et permet au donateur de bénéficier d'une réduction d'impôt tout en donnant au conjoint l'occasion de demander le crédit pour revenu de pension. **Attention!** Cette disposition, dite de roulement, n'est encore en vigueur qu'en 1994. Elle ne s'applique pas dans le cas de la pension de la sécurité de la vieillesse ou des prestations du RRQ ou du RPC, et aucun allégement fiscal de ce genre n'est offert aux contribuables célibataires.

Transferts à la suite de la rupture d'un mariage: Au Québec, la *Loi sur le partage du patrimoine familial* prévoit que des fonds peuvent être transférés du REER ou du régime de retraite d'un des conjoints dans le REER ou le régime de retraite de son ex-conjoint. Encore une fois, les conjoints de fait doivent veiller à mettre en place leur propre convention en cas de rupture.

Transferts des prestations de conjoint survivant: Les fonds du régime de retraite d'un particulier qui est décédé peuvent être transférés à son conjoint survivant, pourvu que les dispositions de ces régimes le permettent. Pour ce faire, le conjoint survivant doit être désigné comme bénéficiaire du régime. Au Québec, le conjoint survivant doit être désigné comme bénéficiaire du REER dans le testament du défunt, sans quoi le REER ne sera pas transféré en franchise d'impôt. Toutefois, de façon générale, les REER détenus auprès des compagnies d'assurance-vie et de certaines sociétés de fiducie peuvent permettre la désignation d'un bénéficiaire, à même le compte.

Placer les fonds de votre REER

Bien entendu, verser de l'argent dans votre REER ne constitue que la première étape de votre stratégie. La deuxième consiste à en investir judicieusement les fonds. Ce qui distingue un placement dans un REER de tout autre placement, c'est que le revenu gagné n'est pas imposé tant qu'il n'est pas retiré.

Votre stratégie de placement, pour être efficace, ne peut pas être établie isolément. Elle doit être l'un des éléments d'une stratégie d'ensemble pour tous vos placements, qui tiendra compte de votre régime de pension (ou de son absence), de votre résidence, des épargnes en dehors de vos REER et de votre capacité

Les types de REER

Chaque hiver nous apporte un déluge d'annonces de REER qui peuvent facilement semer la confusion. Il est utile, pour s'y retrouver, de reconnaître qu'il n'existe vraiment que trois types de REER.

Les REER en comptes de dépôt

Vous pouvez placer les fonds de votre REER dans un compte d'épargne, dans des CPG ou dans des dépôts à terme. Ces régimes de dépôt sont administrés surtout par des banques et des sociétés de fiducie, de même que par les compagnies d'assurances et les caisses populaires. Les taux servis sur les dépôts varient: en janvier et février, la concurrence est féroce. Dans le passé, les plus petites parmi les sociétés de fiducie ont offert de meilleurs taux que les banques. Récemment, les compagnies d'assurances ont fourni des taux concurrentiels.

Les REER en fonds communs de placement

Vous pouvez acheter des parts, ou unités, d'un fonds commun de placement. Les fonds communs de placement en actions canadiennes (qui placent l'argent dans les actions de sociétés inscrites aux bourses canadiennes) sont parmi les plus répandus sur le marché. Cependant, une grande variété de fonds communs de placement sont disponibles: entre autres, les fonds d'actions internationales, les fonds du marché monétaire, les fonds d'obligations et de titres hypothécaires et les fonds de dividendes. Nombre de ces fonds sont admissibles à 100 % aux REER, mais les fonds de titres étrangers sont limités à un certain pourcentage du portefeuille. On peut ouvrir un REER en fonds communs de placement dans les banques, les sociétés de fiducie, les compagnies d'assurances, les maisons de courtage et dans les sociétés de placement collectif elles-mêmes.

Les REER autogérés

Un REER autogéré vous permet de détenir les titres de votre choix tels que certaines actions et obligations, notamment les obligations d'épargne, mais vous pouvez aussi y détenir des fonds communs de placement et des dépôts. Vous êtes maître de toutes les décisions de placement; si vous préférez, vous pouvez confier la gestion du REER à un conseiller en placement et lui laisser le soin de prendre les décisions. La diversification des placements est facile à réaliser à l'intérieur d'un REER autogéré; vous pouvez y détenir une grande variété de placements et votre institution financière vous remettra chaque mois un état de compte de votre portefeuille. La plupart des institutions financières offrent le REER autogéré. Ne négligez pas de payer vous-même les frais d'administration annuels, sans quoi ils seront payés à même les fonds de votre REER et ne seront pas déductibles d'impôt.

d'épargner. La stratégie de gestion la plus répandue en ce qui a trait aux placements dans un REER consiste à rechercher à la fois des rendements élevés et la sécurité du capital. C'est là le but de tout investisseur: voir croître sa richesse sans risque de pertes. Néanmoins, nous insistons davantage sur la sécurité dans le cas des REER. Après tout, il s'agit de l'argent dont vous aurez besoin pour assurer votre subsistance à la retraite. Vous ne pouvez vous permettre d'arriver à la retraite avec un REER vide.

Une raison de plus de ne ménager aucun effort pour éviter les pertes dans votre portefeuille REER, c'est qu'aucun allégement fiscal ne compense ces pertes. En outre, aucune récompense n'est offerte au contribuable qui a couru un risque. Comme nous en discuterons en détail au chapitre 12, le régime fiscal accorde un traitement différent aux divers types de placement. Vous payez moins d'impôt sur les dividendes provenant de sociétés canadiennes, en raison du crédit d'impôt pour dividendes. Les gains en capital ne sont imposables que dans une proportion de 75 %. Vous ne pouvez pas demander le crédit d'impôt pour dividendes ni bénéficier de l'imposition favorable des gains en capital pour les placements dans votre REER; les fonds sont pleinement imposables quand vous les retirez. Par ailleurs, les revenus d'intérêt qui seraient pleinement imposés en dehors d'un REER ne le seront nullement pendant qu'ils s'accumulent tranquillement dans le REER. En l'absence des avantages fiscaux touchant les dividendes et les gains en capital, on est moins motivé à courir les risques associés à la croissance au moment de choisir des placements dans un REER. Pour la même raison, il est recommandé d'éviter de placer l'argent d'un REER dans une petite entreprise privée. Il y a des avantages fiscaux importants à posséder, en dehors d'un REER, les actions d'une société exploitant une petite entreprise.

Les facteurs ci-dessus portent à adopter pour un REER une stratégie de placement dans des obligations, des dépôts à terme et des certificats de placement garantis (CPG). Vous chercherez à inclure dans votre REER les placements qui produisent des revenus, au plus haut rendement possible, et vous conserverez en dehors de votre REER les placements en actions canadiennes et étrangères qui jouissent

d'avantages fiscaux. Si vous détenez 50 % de la valeur de vos placements en dépôts et 50 % en actions, vous devriez placer tous les dépôts dans le REER et garder les actions en dehors. Par contre, si, comme beaucoup de gens, vous avez peu d'argent à investir, vous pourriez conserver la stratégie moitié-moitié, mais en mettant tout, actions et dépôts, dans votre REER, ce qui est fort acceptable.

À mesure que vous accumulez de l'épargne et des placements hors de votre REER, vous devriez entreprendre de réduire les placements en actions dans votre REER et les accumuler en dehors du REER. Prenons le cas d'un employé qui a un tout petit nombre de placements, mais qui détient dans son REER 50 000 $ en certificats de placement et 50 000 $ en fonds communs de placement en actions. En raison d'excellents résultats, la compagnie où il travaille lui accorde une gratification de 20 000 $ qu'il échange contre 20 000 $ en actions de fonds communs à l'intérieur de son REER. Puis, il utilise le comptant dans son REER pour acheter des obligations.

Nous allons examiner les stratégies de placement en détail au chapitre 11, mais je voudrais présenter ici quelques stratégies spécifiques au REER.

Première stratégie

Ceux qui ont peu d'argent dans leur REER et qui ne sont pas encore bien établis sur les plans financier ou professionnel, devraient investir dans des certificats de placement garantis ou des dépôts à terme. Ces placements constituent une façon simple, sans risque et rentable de bâtir un REER pour ceux qui ne font que commencer à amasser des biens.

Comme vos dépôts seront protégés par les régimes d'assurance-dépôt des gouvernements du Québec et du Canada, vous n'avez pas à vous inquiéter de la sécurité de vos épargnes. Vous devriez chercher à obtenir les taux les plus élevés possible, et ce, uniquement auprès d'institutions financières où les dépôts sont assurés. Nous traiterons de l'assurance-dépôt au chapitre 12.

À mesure que vous bâtissez votre portefeuille de certificats de placement, vous devriez répartir votre argent entre des certificats dont les échéances vont d'un an à cinq ans. Commencez par acheter un CPG dont l'échéance vous convient. Puis, chaque année,

Ne négligez jamais vos placements

Bien que cela puisse sembler peu important, une différence de deux points de pourcentage dans le taux de rendement de votre REER peut à long terme donner des résultats fort différents. Vous pouvez constater la différence en considérant la croissance d'une somme unique de 1 000 $ placée pour une période de 30 ans.

Année	6 %	8 %	10 %
5	1 338	1 469	1 611
10	1 791	2 159	2 594
20	3 207	4 661	6 728
30	5 743	10 063	17 449

Même s'il est possible d'accroître fortement votre REER en augmentant votre taux de rendement de quelques points, ne vous faites pas prendre à *courir les taux*; évitez de changer de placement tous les ans afin de gagner 1/8 ou 1/4 de point de pourcentage. Le temps perdu à transférer des fonds, durant lequel ceux-ci ne rapportent aucun revenu, annule habituellement la rentabilité de la manœuvre.

ajoutez un CPG dont la date d'échéance est différente de celle des certificats que vous détenez déjà. Après un certain temps, vous aurez en mains cinq CPG dont les dates d'échéance s'échelonneront sur cinq ans. Vous pouvez maintenir l'équilibre des échéances des certificats de votre portefeuille en réinvestissant, à chaque échéance, dans un nouveau CPG à échéance de cinq ans. De cette façon, vous n'êtes jamais forcé de placer plus de 20 % de votre épargne à la fois et vous n'avez pas à tenter de prédire l'évolution des taux d'intérêt.

Deuxième stratégie

Une fois votre situation financière stable, vous pouvez commencer à ajouter, à votre collection croissante de dépôts à terme, un ou deux fonds communs de placement en actions de croissance canadiennes. Malgré le conseil maintes fois répété voulant qu'il soit préférable de toujours placer les fonds de votre REER dans des dépôts à rendement élevé, n'attendez pas d'avoir les moyens d'accumuler des placements hors de votre REER pour tirer parti de la croissance que les placements en actions contribueront à votre portefeuille. Nous étudierons également les fonds communs de placement de façon détaillée au chapitre 12.

Troisième stratégie

À mesure que vous vous enrichirez, vous en viendrez probablement à épargner chaque année plus que le montant de la cotisation maximale à votre REER.

Quand vous en serez là, il sera temps de voir à détenir en dehors de votre REER tous vos placements en actions et de n'acheter pour votre REER que des obligations, des hypothèques et des unités du marché monétaire. Ceux qui sont en mesure d'assumer le risque et la responsabilité que cela comporte pourraient ouvrir un REER autogéré afin de gérer leurs propres placements. Si c'est votre cas, vous pourrez ainsi échanger des placements hors de votre REER contre des placements dans votre REER et peut-être du comptant contre un fonds commun de placement en actions. Ce faisant, vous pourrez détenir vos actions hors de votre REER, là où toute croissance sera faiblement imposée, et remplir votre REER de placements à revenu fixe.

Quatrième stratégie

Une fois que vous aurez accumulé 200 000 $ dans votre REER, que vous aurez acquis de bonnes connaissances en matière de placement, et que votre situation financière sera stable, vous devriez détenir vos placements dans un REER autogéré. Si vous ne voulez pas gérer vous-même un portefeuille diversifié, vous pourriez engager un gestionnaire professionnel. Si votre famille compte deux salariés gagnant un bon revenu, chacun cotisant à un REER, vous pouvez atteindre ce quatrième niveau rapidement. Je vous conseille toutefois de procéder étape par étape. Cela vous donnera le temps de faire de petites erreurs qui, sans être trop dommageables, viendront parfaire vos connaissances.

Ces stratégies sont valables à tout âge. Même si vous approchez de l'âge de la retraite, vous pourriez avoir devant vous bien des années avant de commencer à puiser dans les épargnes de votre REER. Et même à la retraite, vous maintiendrez votre réserve de placements pendant plusieurs années. Certains sont d'avis que, à l'approche de la retraite, vous devriez être de plus en plus prudent dans vos placements, ou même aller jusqu'à les convertir entièrement en liquidités. Selon eux, vous ne pouvez vous permettre de courir quelque risque que ce soit en matière de

Suggestions et conseils concernant les placements dans votre REER

1. Versez la cotisation dans votre REER dès le début de l'année et non à la fin.

2. Avisez les responsables du service de la paie dès que vous avez fait votre cotisation pour l'année afin qu'ils en tiennent compte dans le calcul de l'impôt à retenir sur votre rémunération.

3. Empruntez si nécessaire afin de profiter de la cotisation maximale qui vous est permise chaque année.

4. Si vous prévoyez que votre conjoint aura un revenu inférieur au vôtre à la retraite, versez des cotisations dans un REER au nom du conjoint.

5. Si votre conjoint est admissible à verser une cotisation dans un REER, mais ne dispose pas des fonds nécessaires, vous pourriez les lui fournir.

6. Versez des cotisations excédentaires, mais sans dépasser le plafond de 8 000 $. Rappelez-vous toutefois que si vous ne pouvez pas, par la suite, demander de déductions d'impôt à l'égard de ces cotisations, vous devrez laisser les fonds dans votre REER au moins 20 ans avant de les retirer, sans quoi cette stratégie ne sera pas rentable.

7. Si vous cotisez à un REER au nom du conjoint, envisagez de faire les cotisations excédentaires à ce REER, afin que le revenu additionnel produit au moment de la retraite soit imposé entre les mains du conjoint au revenu inférieur.

8. Une autre possibilité est de donner à vos enfants adultes les fonds requis pour faire des cotisations excédentaires — vous multiplierez de la sorte les occasions pour votre famille de gagner des revenus exempts d'impôt. N'oubliez pas, cependant, que vos enfants pourront alors disposer de ces fonds comme ils l'entendent.

9. Veillez à désigner par testament votre conjoint à titre de bénéficiaire de votre REER.

10. Ne négligez pas de faire votre cotisation annuelle, sous prétexte de reprendre au cours des sept années suivantes, grâce au report des déductions inutilisées.

11. Étudiez la possibilité de reporter vos déductions inutilisées aux années suivantes si votre revenu actuel vous situe dans une tranche d'imposition inférieure à celle où vous êtes certain de vous situer dans l'avenir.

12. Tenez-vous au courant de toutes les façons dont vous pouvez amasser des fonds dans votre REER, y compris le transfert de revenus de pensions jusqu'à concurrence de 6 000 $ permis pour la dernière fois en 1994 et le transfert d'une allocation de retraite admissible, et tirez-en parti.

13. En règle générale, choisissez pour votre REER des placements qui rapportent des revenus d'intérêt et gardez en dehors de votre REER les placements qui vous procurent des dividendes ou des gains en capital.

14. Élaborez une stratégie de placement visant à accroître rapidement et en toute sécurité le capital-retraite dans votre REER.

15. Voyez à détenir dans votre REER des placements étrangers jusqu'au plafond permis. Cette diversification additionnelle de vos placements viendra améliorer la sécurité de votre portefeuille et y accroître les rendements.

16. Prenez les dispositions voulues pour convertir vos REER en rentes de retraite bien avant le 31 décembre de l'année où vous atteignez 71 ans. Si vous ne respectez pas ce délai, le fisc jugera que vous avez reçu les fonds et ceux-ci seront alors entièrement imposables.

17. Étudiez les avantages d'un FERR — en l'occurrence la flexibilité et le report de l'impôt — et comparez-les à la simplicité qu'offre un revenu régulier provenant d'une rente achetée à l'aide d'un REER.

placement. Cependant, leur hypothèse est que vous n'avez que peu de temps devant vous, que vous aurez besoin de tout votre argent dès votre 65e anniversaire. Eh bien, c'est faux! Bon nombre de vos placements devraient demeurer intacts jusqu'à ce que vous dépassiez 80 ans, et même 90 ans. Vous n'avez pas les moyens de laisser dépérir votre capital, d'accepter qu'il ne rapporte presque rien, alors qu'il doit s'accroître pour assurer votre subsistance jusqu'à un âge avancé.

Toute bonne chose a une fin

On garde habituellement ses placements dans un REER pendant de longues années, souvent tout au long d'une carrière et même pendant près d'une décennie à la retraite. Même si l'âge normal de la retraite est de 65 ans, vous n'avez pas à liquider votre REER avant le 31 décembre de l'année où vous aurez 71 ans. À ce moment-là, vous devez agir, sinon Revenu Canada considérera que tous vos REER ont été encaissés et reçus à titre de revenus, et vous vous verrez imposé sur le plein montant. Vous saurez sans doute prendre meilleur soin de votre REER.

Pour liquider votre REER, vous avez le choix entre trois possibilités, dont la première consiste simplement à l'encaisser, en entier ou un peu à la fois. Cela peut se faire à tout âge, mais les montants retirés sont pleinement imposables. Supposons que vous prenez votre retraite à 62 ans. Trois ans plus tard, au moment d'acheter une nouvelle voiture, vous ne disposez pas des liquidités nécessaires, mais vous ne voulez pas emprunter. Vous pouvez retirer 25 000 $ de votre REER; après que l'impôt aura été prélevé, il ne restera qu'entre 13 000 $ et 15 000 $. À une autre occasion, si un voyage vous coûte 4 000 $, vous devrez retirer 8 000 $ du REER. Enfin, à 69 ans, vous pourriez constater que votre revenu ne suffit pas et commencer à retirer 300 $ par mois.

Que vous retiriez une petite ou une grosse somme de votre REER, l'impôt sera prélevé directement par l'institution financière. Au Québec, les taux sont de 21 % pour un retrait de moins de 5 000 $, 30 % pour un retrait de 10 000 $ et 35 % pour un retrait de 15 000 $ et plus. L'économie d'impôt réalisée en évitant de retirer plus de 5 000 $ à la fois n'est que temporaire. Lorsque vous produirez votre déclaration

de revenus, la totalité de vos retraits sera imposable et l'impôt dépassera ce que vous aurez déjà payé. Vous ne pouvez recourir à cette façon de liquider votre REER que jusqu'au 31 décembre de l'année où vous avez 71 ans. Vous traitez alors votre REER en quelque sorte comme une rente ou un FERR.

Les rentes

Votre deuxième possibilité est d'acheter un contrat de rente auprès d'une institution financière. Une rente de REER est très semblable à la pension reçue d'un régime de retraite: vous remettez votre REER à une institution financière qui, en contrepartie, vous garantit un revenu mensuel régulier. Cependant, il n'est pas obligatoire que ces paiements continuent jusqu'à la fin de vos jours, comme c'est le cas pour une rente de retraite. À moins qu'il ne s'agisse d'un REER immobilisé ou d'un CRI, les revenus de retraite devront se poursuivre jusqu'à votre décès. Vous pouvez choisir parmi une variété de rentes différentes:

■ une rente certaine, qui vous fournira un revenu pendant une période garantie, habituellement 5, 10 ou 15 ans;

■ une rente certaine garantie jusqu'à 90 ans, qui vous apportera un revenu jusqu'à cet âge;

■ une rente viagère, qui vous fournira un revenu jusqu'à votre décès;

■ une rente réversible, qui fournira un revenu jusqu'au décès du dernier conjoint survivant.

Les banques et les sociétés de fiducie offrent des rentes certaines alors que seules les compagnies d'assurance-vie offrent aussi bien des rentes certaines que des rentes viagères.

Votre rente peut être mieux adaptée à vos besoins, comme peut l'être une pension, en y ajoutant une période de garantie ou une indexation à l'inflation. Dans le cas d'une rente viagère, vous pouvez normalement choisir une garantie de 5, 10 ou 15 ans. Si vous choisissez une garantie de 10 ans et décédez dans un délai de 5 ans après avoir acheté le contrat de rente, vos héritiers recevront soit les versements mensuels pendant 5 ans, soit un montant forfaitaire égal à la valeur actualisée des versements résiduels.

Vous pouvez aussi protéger votre pouvoir d'achat futur en choisissant une rente indexée, dont les versements augmentent en proportion de l'inflation. Dans ce cas, l'indexation maximale sera limitée à 6 % par année. Les compagnies d'assurance-vie sont toutefois réticentes à émettre de tels contrats de rente. Une version plus répandue de rente est celle à indexation fixe par laquelle vous décidez immédiatement du pourcentage annuel d'augmentation de vos versements de rente. Ce pourcentage pourra être de 1 %, 2 %, 3 % ou 4 %, par exemple, et ne sera aucunement lié à l'inflation. Le coût de l'indexation d'une rente est plutôt élevé. De façon générale, chaque 1 % d'indexation annuelle réduira votre montant de rente initial de 10 %. L'indexation est un choix qu'il faut faire au moment d'acheter le contrat de rente. L'indexation n'est pas populaire par les temps qui courent en raison des très faibles taux d'inflation que nous connaissons. Des taux d'inflation plus élevés reviendront sans doute nous hanter d'ici à la fin de la décennie; la rente indexée redeviendra alors populaire, surtout si les taux montent jusqu'aux niveaux des années 1970 et du début des années 1980.

Revenu Canada vous autorise à encaisser ou à convertir une rente à condition que cette possibilité soit inscrite dans le contrat de rente au moment de l'achat. La règle fiscale a récemment fait l'objet d'une modification et de nombreuses institutions financières sont encore peu disposées à permettre aux rentiers d'encaisser leur rente prématurément ou de la convertir en un FERR.

Le fonds enregistré de revenu de retraite (FERR)

Votre troisième possibilité consiste en un fonds enregistré de revenu de retraite. Tandis que les rentes représentent une source régulière de revenu de retraite, garanti par la société à laquelle vous avez confié votre argent, les FERR vous laissent maître aussi bien de vos placements que de votre revenu. Vous pouvez retirer chaque année une somme d'argent différente pour répondre à des besoins qui varient d'une année à l'autre, ou retirer aussi peu que possible afin de laisser la plus grande part de vos épargnes à l'abri de l'impôt.

Aussi peu que possible prend ici un sens particulier. Autant vous pouvez retirer les sommes que vous voulez dans une année donnée, et même tout retirer, autant vous êtes tenu de retirer chaque année un pourcentage minimum de votre épargne. Ce minimum est faible les premières années, mais augmente d'année en année. Si vous ouvrez un FERR à l'âge de 71 ans, vous devrez retirer au moins 7,38 % de l'actif du FERR la même année, 7,48 % l'année suivante, 7,59 % un an plus tard, et ainsi de suite. Dans l'année où vous atteindrez l'âge de 94 ans, et chaque année par la suite, vous devrez retirer 20 % du solde de votre FERR.

Si vous faites preuve d'astuce comme investisseur et ne retirez que le minimum, le montant de ce retrait sera inférieur à la croissance du fonds; le FERR continuera de croître même lorsque vous serez octogénaire. De cette façon, vous serez assuré que votre revenu tiendra tête à l'inflation. N'oublions pas que le pouvoir d'achat d'un revenu de pension ou de rente pourrait diminuer d'année en année.

Parmi les trois possibilités étudiées, les FERR constituent le meilleur choix pour quiconque possède des REER d'une valeur de 50 000 $ ou plus. Dans un FERR, vous pouvez maximiser l'épargne fiscale, mais aussi choisir un revenu adapté à vos besoins particuliers jusqu'à votre décès ou jusqu'au décès de votre conjoint. En fondant les sorties de fonds du FERR sur l'espérance de vie du conjoint le plus jeune, votre épargne fiscale s'en trouvera augmentée d'autant. Vous conservez quand même l'entière liberté de retirer un montant supérieur au minimum prévu pour une année donnée, ce qui vous procure beaucoup de flexibilité; toutefois, ce revenu additionnel entraînera un supplément d'impôt.

On peut acheter les FERR dans la plupart des institutions financières, notamment les compagnies d'assurances, banques, sociétés de fiducies, sociétés de gestion de fonds communs de placement et courtiers en valeurs. Vous pouvez continuer de gérer vos placements, ou en remettre la responsabilité à l'institution ou à un gestionnaire. À condition que vos fonds ne soient pas immobilisés dans un placement à long terme, tel qu'un CPG de cinq ans, vous pouvez à tout moment utiliser des fonds de votre FERR pour acheter une rente.

Un bon nombre de personnes qui ont des REER devraient opter pour un FERR ou tout au moins combiner un FERR et une rente. Certains recourent à un FERR jusqu'à l'âge de 80 ans et déplacent alors leurs fonds vers une rente. Cette stratégie prolonge le report de l'impôt de 10 ans tout en fournissant des versements minimums, après quoi la rente assure un revenu mensuel régulier pour le reste de la vie du titulaire.

Stratégie de placement de votre FERR

Vous aurez tout au plus 71 ans au moment de convertir votre REER en FERR et vous voudrez que les fonds soient placés de manière à vous rapporter un revenu jusqu'à la fin de vos jours. Pour bon nombre d'entre vous, cela veut dire pour au moins 20 ans! Un tel laps de temps exige que vous adoptiez pour la gestion des placements dans votre FERR les mêmes principes d'investissement qui vous ont guidé dans le cas de votre REER. Comme pour ce dernier, les fonds de votre FERR peuvent être placés dans des dépôts, dans des fonds communs de placement ou dans un portefeuille autogéré de placements. Incluez dans votre FERR des placements en actions, car ces titres vous fourniront les meilleures possibilités de croissance.

Par ailleurs, la stratégie de placement touchant votre FERR exige un soin particulier en ce qui a trait à la liquidité et à la flexibilité. Il vous faut tout d'abord conserver assez de comptant pour faire chaque année le retrait minimum obligatoire. En outre, vous devez conserver une mesure de flexibilité pour pouvoir retirer, au besoin, une somme d'argent, par exemple pour un voyage.

Le fonds de revenu viager (FRV)

Si vous possédez des sommes immobilisées dans un CRI, l'outil de liquidation de ces fonds qui correspond au FERR est le fonds de revenu viager (FRV). Le FRV possède toutes les caractéristiques du FERR, à l'exception des montants pouvant en être retirés chaque année. Le FRV vous impose en effet un montant maximal de retrait annuel, de façon à vous assurer un solde suffisant pour acheter, durant l'année où vous atteindrez l'âge de 80 ans, une rente viagère auprès d'une compagnie d'assurance-vie.

Les montants minimums sont basés sur une rente certaine payable jusqu'à l'âge de 90 ans, avec des hypothèses économiques courantes de taux d'intérêt.

Montant minimum reçu annuellement d'un FERR

Âge	Montant (%)*	Âge	Montant (%)*
71	7,38	84	9,93
72	7,48	85	10,33
73	7,59	86	10,79
74	7,71	87	11,33
75	7,85	88	11,96
76	7,99	89	12,71
77	8,15	90	13,62
78	8,33	91	14,73
79	8,53	92	16,12
80	8,75	93	17,92
81	8,99	94	20,00
82	9,27	95	20,00
83	9,58	96	20,00

* Ceci représente le montant minimum qui doit être retiré, en pourcentage de l'actif total détenu dans votre FERR.

Le bon choix pour convertir un REER échu

Ce choix n'est pas facile à faire mais, le moment venu, vous devriez tenir compte des considérations suivantes.

Les taux d'intérêt et, par conséquent, les taux de rentes sont-ils élevés ou faibles? Si votre REER doit vous rapporter le plus de revenu possible, il est normalement plus simple de placer les fonds dans une rente et de recevoir un chèque tous les mois. Si les taux sont plutôt élevés, il pourrait être pertinent de protéger une partie de vos fonds de façon à jouir de ce niveau plus élevé de revenu durant toutes vos années de retraite. Toutefois, si les taux sont plutôt faibles et que vous ne pouvez plus retarder votre choix, vous pourriez convertir temporairement votre REER en FERR. Il sera facile de modifier ce choix lorsque les taux seront à la hausse.

Vivrez-vous à l'aise durant votre retraite sans avoir à dépenser les fonds de votre REER? Cherchez-vous à réduire vos impôts? Dans l'affirmative, un FERR vous permettra de différer l'impôt et de continuer d'accroître la valeur de vos placements en prévision de l'avenir et d'une recrudescence de l'inflation. Si vous désirez transmettre le plus gros héritage possible, c'est encore le FERR qu'il vous faut choisir puisque c'est lui qui vous permettra d'accumuler de l'épargne pendant de longues années à la retraite.

Lorsque vous aurez choisi entre l'encaissement, la rente ou le FERR, vous devrez déterminer le type de placement approprié, ou choisir une institution financière à laquelle confier la gestion des fonds de votre rente ou de votre FERR. Soyez prêt à consacrer passablement de temps à cette décision, car vous vous trouverez devant un nombre impressionnant de possibilités.

La clé de l'indépendance financière

Les REER sont un élément essentiel de votre stratégie visant à accumuler suffisamment d'épargne pour jouir d'une sécurité financière à la retraite. Répétons-le, l'épargne dans vos REER croîtra trois fois plus vite que l'épargne en dehors de vos REER. Il est vrai que tous vos retraits de fonds seront imposés durant votre retraite, mais la richesse dont vous disposerez sera deux fois ce qu'elle aurait été autrement.

Vous devez donc découvrir toutes les façons possibles de bâtir vos REER. Versez, si possible, la cotisation maximale chaque année. Envisagez aussi de profiter de la cotisation excédentaire de 8 000 $ qui est permise. Tirez parti de la possibilité de transférer 6 000 $ de revenu de pension pour la dernière fois en 1994 et du droit de transférer les allocations de retraite dans votre REER. Enfin, servez-vous des REER au nom du conjoint comme moyen d'accumuler de la richesse entre les mains de votre conjoint, afin d'avoir tous deux un revenu du même ordre à la retraite et donc payer moins d'impôt dans l'ensemble.

Cherchez à équilibrer croissance et sécurité en plaçant les fonds de votre REER. Donnez-vous la peine de choisir avec astuce la façon de retirer les fonds de votre REER, en comparant avec soin les divers types de rentes et de FERR sur le marché. Surtout, après avoir travaillé si durement pour bâtir votre REER, savourez bien les plaisirs qu'il peut vous procurer! On oublie facilement le but du REER: nous pourvoir d'une source de revenus à la retraite.

Notes

_____

_____

_____

_____

_____

_____

_____

_____

_____

_____

_____

_____

_____

_____

Chapitre 9

Combien faut-il amasser en prévision de la retraite?

«J'ai connu la pauvreté et j'ai connu la richesse, a dit Sophie Tucker. Mieux vaut être riche.» Même sans parler de richesse, combien faut-il pour vivre à l'aise? Voilà une question que l'on se pose plus souvent que toute autre. Comment savoir si on aura accumulé assez d'argent dans ses REER, ses régimes de retraite et les autres instruments d'épargne pour vivre à l'aise à la retraite jusqu'à la fin de ses jours? Quand cela sera-t-il possible?

Pour réaliser un objectif d'ordre financier, il faut d'abord connaître deux choses: le délai dont on dispose et le coût de l'entreprise. En matière de planification en vue de la retraite, le délai s'estime à partir d'aujourd'hui jusqu'au jour où vous désirez prendre votre retraite. Quels sont vos projets? Vous retirer à 55 ans, à 60 ans, peut-être à 65 ou même à 70 ans?

Déterminer combien il en coûtera s'avère un peu plus difficile. Les planificateurs financiers ont recours à des logiciels très perfectionnés pour déterminer précisément les besoins de leurs clients et le montant qu'ils devront avoir épargné pour jouir d'une bonne protection et vivre à l'aise à la retraite.

Ce montant représente l'objectif à atteindre pour assurer votre indépendance financière; vous apprendrez dans ce chapitre à calculer ce montant vous-même. Cela demande du travail, mais le calcul est très important. En outre, ce travail vous fera bien connaître les nombreux facteurs essentiels à la réalisation de votre plan financier, de sorte que vous serez mieux préparé pour atteindre votre objectif d'indépendance financière.

La mathématique qui permet d'en arriver à des résultats prévisionnels reste toutefois une science bien imprécise. Elle oblige à faire nombre d'estimations et de projections. Quelles seront vos dépenses annuelles à la retraite? À quel rythme augmenteront-elles, compte tenu de l'inflation? Jusqu'à quel âge vivrez-vous, votre conjoint et vous? Combien toucherez-vous des régimes d'État? des régimes offerts par l'employeur? Quel sera le taux de rendement de vos placements dans les REER ou ailleurs? Quel revenu pouvez-vous espérer en tirer à la retraite?

Pour dresser un tableau complet de la situation, il faut connaître un peu les mathématiques financières, qui traitent de la valeur capitalisée des revenus et dépenses à divers taux de croissance. C'est là un domaine familier à l'actuaire et au conseiller financier professionnel; il mérite votre attention car il vous permettra de comprendre comment l'intérêt composé peut faire fructifier vos économies ou entraver vos plans de dépenses.

Voici donc ce que nous allons faire:

- dresser des prévisions de vos dépenses durant votre première année à la retraite;
- dresser des prévisions de vos revenus après impôt de toutes les sources possibles;
- soustraire vos dépenses de vos revenus pour déterminer le déficit de vos revenus à la retraite, c'est-à-dire l'écart que devra combler le revenu provenant de vos placements; et
- calculer le capital que vous devrez avoir accumulé en placements à la date visée pour votre retraite et déterminer votre niveau d'épargne annuel pour être sûr d'avoir assez de capital.

En faisant les calculs sur les feuilles de travail de ce livre, vous y trouverez l'exemple de Josée, 55 ans. Nous espérons que cela clarifiera les calculs. Allons-y.

Vos dépenses à la retraite

Commençons par un élément familier: vos dépenses annuelles. Nombre de personnes se disent tout bonnement qu'elles n'auront besoin que de 60 % à 75 % de leur revenu actuel, mais cela pourrait bien être faux. Il faut vraiment se donner la peine de

Vos frais de subsistance avant et après la retraite   **FEUILLE DE TRAVAIL 20**

	Avant la retraite	Après la retraite
Frais de logement		
Versements hypothécaires/loyer/frais de condo		
Entretien et réparations		
Impôts fonciers		
Assurance habitation		
Chauffage		
Électricité		
Téléphone		
Câble		
Autres		
Total des frais de logement		
Transport		
Essence et huile		
Réparations et entretien		
Assurances		
Frais d'emprunt ou de location d'auto		
Transport en commun/taxi		
Autres		
Total des frais de transport		
Dépenses personnelles		
Nourriture		
Repas au travail		
Frais scolaires des enfants		
Assurance-vie		
Assurance santé		
Cotisations d'assurance-chômage		
Soins dentaires		
Optométriste et verres		
Produits pharmaceutiques		
Vêtements		
Autres		
Total des dépenses personnelles		

Divertissements

Restaurant _____ _____

Cinéma _____ _____

Spectacles _____ _____

Vacances _____ _____

Voyages _____ _____

Cadeaux _____ _____

Fêtes _____ _____

Total des frais de divertissement _____ _____

Épargne

Cotisations, REER _____ _____

Cotisations, fonds de pension _____ _____

Cotisations, RRQ ou RPC _____ _____

Autres économies _____ _____

Total des économies _____ _____

Autres frais ou dépenses

Enfants (incluant la pension alimentaire) _____ _____

Versements sur emprunts _____ _____

Cotisations professionnelles _____ _____

Frais d'adhésion à des clubs _____ _____

Cotisations syndicales _____ _____

Total des autres frais _____ _____

Total des dépenses _____ _____

déterminer quels seront nos besoins à la retraite. L'exercice peut sembler fastidieux, mais faire face à la pauvreté dans sa vieillesse serait un châtiment démesuré pour avoir refusé de consacrer deux ou trois heures à faire ses devoirs de mathématiques le moment voulu. Le plus facile, c'est de commencer par examiner en détail vos dépenses de la dernière année, puis de les modifier pour déterminer combien vous dépenserez à la retraite. Il ne suffit pas de rajuster tout bonnement ces chiffres pour tenir compte de l'inflation; nous jetterons un regard sur l'inflation plus

tard. Ce qu'il faut vraiment établir maintenant, ce sont les changements qui viendront modifier vos besoins financiers.

Voyons quelques exemples. Même si vous continuez de vivre dans le logement que vous habitez maintenant, vos autres dépenses pourraient changer. Il se pourrait que vous fassiez vous-même certaines réparations que vous confiez actuellement à des hommes de métier; cela réduirait vos dépenses. Par ailleurs, il se pourrait que vos dépenses augmentent; par exemple, vous pourriez entreprendre ces fameuses rénovations que vous n'avez jamais pris le temps de faire. Si vous changez de logement, vous devrez hausser ou abaisser votre estimation du coût du logement pour en tenir compte. Si vous possédez deux voitures, en vendrez-vous une? Voyagerez-vous plus que maintenant? moins? Vous n'aurez plus à vous rendre au travail, mais il se peut que vous voyagiez davantage pour visiter famille et amis. Il se peut que vous vous rendiez actuellement au travail en transport en commun, laissant la voiture à votre conjoint. Quand vous serez à la retraite, votre conjoint voudra-t-il changer ses habitudes d'utilisation de la voiture? Devrez-vous acheter un deuxième véhicule?

Plusieurs de vos dépenses baisseront. Il y a des cas tout à fait certains: les retenues à la source de cotisations au régime de retraite, les primes d'assurance-chômage, les contributions au régime d'assurance-vie de l'employeur, les cotisations syndicales, enfin toutes ces déductions qui réduisent le salaire net. Une fois à la retraite, ces réductions de dépenses pourraient représenter jusqu'à 10 % de votre revenu actuel. Souvent, les gens croient avoir de 10 % à 20 % de plus à dépenser étant donné qu'ils ont moins de dépenses. Les vêtements représentent une autre source d'économie possible. Il est peu probable que vous ayez à vous habiller de la même façon que lorsque vous travailliez. Par ailleurs, il se pourrait que vous ayez à acheter davantage de vêtements de loisir.

Quelle décision prendre à l'égard des associations sociales, centres sportifs et clubs de golf dont votre employeur assumait les frais? Les laisserez-vous tomber ou paierez-vous les frais pour en rester membre? Les frais d'adhésion ou de visite au club pourraient s'avérer trop élevés pour votre budget, auquel cas vous laisserez tomber. Par ailleurs, vous pourriez peut-être profiter d'une réduction de prix accordée aux aînés.

Il n'est pas facile de dresser un tableau précis de vos frais de subsistance. Peu de gens sont vraiment conscients de leurs habitudes de dépenses. Les carnets de chèques et les relevés de compte de carte de crédit peuvent sans doute les aider, mais ils prennent rarement le temps de regarder de près où passe leur argent. Cet exercice peut même être pénible sur le plan émotif pour ceux qui préfèrent ne pas savoir comment ni combien ils dépensent. Par ailleurs, il y

a des gens qui inscrivent régulièrement leurs rentrées et sorties de fonds. De plus en plus de personnes utilisent un ordinateur pour conserver ces informations, ce qui permet de prévoir plus facilement quels seront les besoins de liquidités pour les mois et les années à venir. Cette connaissance est précieuse, car elle aide à dresser des plans pour l'avenir et à tirer le meilleur parti de son argent.

Comment faut-il s'y prendre? D'abord, il vous faut retrouver vos carnets de chèques et vos livrets et relevés de compte d'épargne pour calculer combien vous avez dépensé l'an dernier. Puis, vous devez estimer si vos dépenses vont augmenter ou diminuer une fois à la retraite. Bien entendu, nombre de postes de dépenses resteront essentiellement les mêmes que durant les derniers mois avant la retraite. Même si vous tenez méticuleusement vos comptes, l'exercice que nous vous proposons ici n'a pas pour but de vérifier la justesse de votre méthode comptable, mais bien de vous aider à préciser vos calculs. L'objectif ultime: en arriver à des prévisions réalistes de dépenses. Les feuilles de travail des pages précédentes vous seront très utiles à cette fin.

Assurez-vous de faire vos calculs pour une pleine période de 12 mois; de cette façon, vous serez sûr de n'oublier aucune des dépenses qui reviennent d'année en année. Si le moment de votre retraite est proche, les détails que vous rassemblez sur votre situation financière avant la retraite vous permettront de faire une estimation très exacte de votre situation durant la première année de retraite. Par contre, si votre retraite ne commence que dans quelques années, vos prévisions ne seront pas aussi exactes, mais elles vous permettront d'élaborer un plan financier visant à vous assurer une vie à l'aise à la retraite, en vous forçant à évaluer si votre niveau actuel d'épargne est adéquat.

Voyons un peu combien de temps dure la retraite. Si vous prenez votre retraite à 60 ans et vivez jusqu'à 90 ans, vous aurez passé 30 ans à la retraite. Une période presque aussi longue que votre vie active au travail! Votre mode de vie et vos occupations changeront-ils? Serez-vous de moins en moins actif, dépensant donc de moins en moins? Vos dépenses augmenteront-elles en raison de problèmes de santé?

Naturellement, il restera toujours une part d'incertitude. La plupart des gens, lorsqu'ils planifient, en arrivent à un montant annuel qu'ils croient immuable pour toute la durée de leur retraite. D'autres supposent qu'ils dépenseront moins à 80 ans. Certains octogénaires voyagent encore partout dans le monde, poursuivent allègrement leurs activités courantes et continuent de dépenser comme avant. Même à ces âges avancés, certains vous diront qu'ils choisissent telle ou telle destination de voyage aventureuse pour la simple raison qu'ils n'y sont jamais encore allés! Mieux vaut être conservateur et faire ses plans en supposant que le même montant annuel sera requis tout au long de la retraite.

L'inflation

Le fait que l'inflation soit faible aujourd'hui ne devrait pas vous rendre complaisant. Votre retraite durera plusieurs années et, à n'en pas douter, l'inflation reviendra nous hanter. Quelles sont vos prévisons de taux d'inflation? Pas seulement le taux qui prévaudra jusqu'au jour de votre retraite; aussi celui qui aura cours tout au long de votre vie de retraité. Certains croient que le faible taux d'inflation actuel se maintiendra indéfiniment. D'autres craignent que l'inflation galopante reviendra, en raison tant de la propension des politiciens à dépenser sans compter que de l'énorme dette publique.

Il est révélateur de jeter un coup d'œil sur l'histoire de l'inflation au Canada (voir le chapitre 12). Notre pays a connu un taux d'inflation moyen de 3,2 % durant les 70 dernières années. Au cours des 25 dernières années, le taux d'inflation a touché 12,2 %, puis est retombé à 1,7 %. Durant ces 25 ans, le taux moyen d'inflation a été de 6,2 %; durant les 10 dernières années, il a été de 3,8 %. Les plans de retraite élaborés dans ce livre tiennent compte de taux d'inflation moyens à plus long terme de 5 % à 6 %. Cette approche est prudente, les actuaires utilisent des taux variant de 3 à 5 % dans leurs projections à long terme.

Pour calculer la somme de vos dépenses à la retraite, il vous faut connaître le montant que vous aimeriez dépenser chaque année, le nombre d'années d'ici à votre retraite et le taux moyen d'inflation qui prévaudra au cours de cette période. Entrez cette information dans un ordinateur ou une calculatrice financière; vous pourrez calculer la somme qu'il vous

faudra au moment de votre retraite pour vous assurer les moyens de subsistance correspondant à vos besoins.

Une bonne calculatrice financière vous permet d'entrer le nombre d'années, le taux d'intérêt composé, et soit la valeur actuelle d'une somme d'argent ou les versements annuels qui seront faits au cours de la période. Résultat: la valeur capitalisée au jour de la retraite. Vous pouvez aussi entrer dans la calculatrice n'importe lequel de ces éléments; elle vous donnera l'élément manquant. En outre, vous pouvez utiliser les tableaux de valeurs capitalisées.

Les tableaux de valeurs capitalisées vous permettent de faire une prévision de la valeur qu'auront dans le futur vos prestations de retraite, vos économies et vos dépenses. Les calculs dans ce livre se fondent sur des tableaux de valeurs capitalisées. Si vous vous attendez à dépenser 40 000 $ après impôt cette année et que vous souhaitez conserver un niveau de revenu équivalent à la retraite, vous pouvez vous reporter au tableau pour trouver la valeur capitalisée de 40 000 $ au moment de votre retraite, selon le taux d'inflation que vous choisirez entre aujourd'hui et le jour de votre retraite. Si vous prévoyez un taux d'inflation de 5 % et qu'il vous reste 20 ans avant votre retraite, vous aurez besoin d'un revenu après impôt de 106 120 $ pour maintenir votre rythme de dépenses dans 20 ans. Le montant impressionne, non? Voilà pourquoi vous devez planifier votre retraite sans tarder et cultiver les vertus de l'épargne et du placement.

Les tableaux de valeurs capitalisées vous permettront aussi de déterminer la croissance de votre capital au fil des ans, selon différents taux de rendement. Inversement, vous pouvez vous servir des mêmes tableaux pour déterminer la valeur en dollars d'aujourd'hui d'une somme d'argent dans l'avenir. Disons que vous avez dans votre REER une somme de 10 000 $ sur laquelle vous comptez obtenir un taux de rendement de 8 % chaque année pendant les 10 prochaines années. Vous voyez dans le tableau de valeurs capitalisées qu'un dollar sera devenu 2 159 $ dans 10 ans s'il rapporte un taux annuel composé de 8 %. Ainsi, vos 10 000 $ vaudront alors 21 590 $. Vous vous proposez peut-être d'investir 1 000 $ par année pendant 10 ans à 8 %. Le tableau *Valeur capitalisée d'un dollar épargné chaque année* vous montre que si vous épargnez un dollar par année, vous aurez

VALEUR FUTURE D'UN DOLLAR

TAUX D'INTÉRÊT ANNUEL

ANNÉE	3 %	4 %	5 %	6 %	7 %	8 %	9 %	10 %	11 %	12 %	13 %	14 %	15 %
1	1.030	1.040	1.050	1.060	1.070	1.080	1.090	1.100	1.110	1.120	1.130	1.140	1.150
2	1.061	1.082	1.103	1.124	1.145	1.166	1.188	1.210	1.232	1.254	1.277	1.300	1.323
3	1.093	1.125	1.158	1.191	1.225	1.260	1.295	1.331	1.368	1.405	1.443	1.482	1.521
4	1.126	1.170	1.216	1.262	1.311	1.360	1.412	1.464	1.518	1.574	1.630	1.689	1.749
5	1.159	1.217	.276	1.338	1.403	1.469	1.539	1.611	1.685	1.762	1.842	1.925	2.011
6	1.194	1.265	1.340	1.419	1.501	1.587	1.677	1.772	1.870	1.974	2.082	2.195	2.313
7	1.230	1.316	1.407	1.504	1.606	1.714	1.828	1.949	2.076	2.211	2.353	2.502	2.660
8	1.267	1.369	1.477	1.594	1.718	1.851	1.993	2.144	2.305	2.476	2.658	2.853	3.059
9	1.305	1.423	1.551	1.689	1.838	1.999	2.172	2.358	2.558	2.773	3.004	3.252	3.518
10	1.344	1.480	1.629	1.791	1.967	2.159	2.367	2.594	2.839	3.106	3.395	3.707	4.046
11	1.384	1.539	1.710	1.898	2.105	2.332	2.580	2.853	3.152	3.479	3.836	4.226	4.652
12	1.426	1.601	1.796	2.012	2.252	2.518	2.813	3.138	3.498	3.896	4.335	4.818	5.350
13	1.469	1.665	1.886	2.133	2.410	2.720	3.066	3.452	3.883	4.363	4.898	5.492	6.153
14	1.513	1.732	1.980	2.261	2.579	2.937	3.342	3.797	4.310	4.887	5.535	6.261	7.076
15	1.558	1.801	2.079	2.397	2.759	3.172	3.642	4.177	4.785	5.474	6.254	7.138	8.137
16	1.605	1.873	2.183	2.540	2.952	3.426	3.970	4.595	5.311	6.130	7.067	8.137	9.358
17	1.653	1.948	2.292	2.693	3.159	3.700	4.328	5.054	5.895	6.866	7.986	9.276	10.761
18	1.702	2.026	2.407	2.854	3.380	3.996	4.717	5.560	6.544	7.690	9.024	10.575	12.375
19	1.754	2.107	2.527	3.026	3.617	4.316	5.142	6.116	7.263	8.613	10.197	12.056	14.232
20	1.806	2.191	2.653	3.207	3.870	4.661	5.604	6.727	8.062	9.646	11.523	13.743	16.367
21	1.860	2.279	2.786	3.400	4.141	5.034	6.109	7.400	8.949	10.804	13.021	15.668	18.822
22	1.916	2.370	2.925	3.604	4.430	5.437	6.659	8.140	9.934	12.100	14.714	17.861	21.645
23	1.974	2.465	3.072	3.820	4.741	5.871	7.258	8.954	11.026	13.552	16.627	20.362	24.891
24	2.033	2.563	3.225	4.049	5.072	6.341	7.911	9.850	12.239	15.179	18.788	23.212	28.625
25	2.094	2.666	3.386	4.292	5.427	6.848	8.623	10.835	13.585	17.000	21.231	26.462	32.919
26	2.157	2.772	3.556	4.549	5.807	7.396	9.399	11.918	15.080	19.040	23.991	30.167	37.857
27	2.221	2.883	3.733	4.822	6.214	7.988	10.245	13.110	16.739	21.325	27.109	34.390	43.535
28	2.288	2.999	3.920	5.112	6.649	8.627	11.167	14.421	18.580	23.884	30.633	39.204	50.066
29	2.357	3.119	4.116	5.418	7.114	9.317	12.172	15.863	20.624	26.750	34.616	44.693	57.575
30	2.427	3.243	4.322	5.743	7.612	10.063	13.268	17.449	22.892	29.960	39.116	50.950	66.212
31	2.500	3.373	4.538	6.088	8.145	10.868	14.462	19.194	25.410	33.555	44.201	58.083	76.144
32	2.575	3.508	4.765	6.453	8.715	11.737	15.763	21.114	28.206	37.582	49.947	66.215	87.565
33	2.652	3.648	5.003	6.841	9.325	12.676	17.182	23.225	31.308	42.092	56.440	75.485	100.700
34	2.732	3.794	5.253	7.251	9.978	13.690	18.728	25.548	34.752	47.143	63.777	86.053	115.805
35	2.814	3.946	5.516	7.686	10.677	14.785	20.414	28.102	38.575	52.800	72.069	98.100	133.176
36	2.898	4.104	5.792	8.147	11.424	15.968	22.251	30.913	42.818	59.136	81.437	111.834	153.152
37	2.985	4.268	6.081	8.636	12.224	17.246	24.254	34.004	47.528	66.232	92.024	127.491	176.125
38	3.075	4.439	6.385	9.154	13.079	18.625	26.437	37.404	52.756	74.180	103.987	145.340	202.543
39	3.167	4.616	6.705	9.704	13.995	20.115	28.816	41.145	58.559	83.081	117.506	165.687	232.925
40	3.262	4.801	7.040	10.286	14.974	21.725	31.409	45.259	65.001	93.051	132.782	188.884	267.864

VALEUR FUTURE D'UN DOLLAR ÉPARGNÉ CHAQUE ANNÉE

TAUX D'INTÉRÊT ANNUEL

ANNÉE	3 %	4 %	5 %	6 %	7 %	8 %	9 %	10 %	11 %	12 %	13 %	14 %	15 %
1	1.030	1.040	1.050	1.060	1.070	1.080	1.090	1.100	1.110	1.120	1.130	1.140	1.150
2	2.091	2.122	2.152	2.184	2.215	2.246	2.278	2.310	2.342	2.374	2.407	2.440	2.473
3	3.184	3.246	3.310	3.375	3.440	3.506	3.573	3.641	3.710	3.779	3.850	3.921	3.993
4	4.309	4.416	4.526	4.637	4.751	4.867	4.985	5.105	5.228	5.353	5.480	5.610	5.742
5	5.468	5.633	5.802	5.975	6.153	6.336	6.523	6.716	6.913	7.115	7.323	7.536	7.754
6	6.662	6.898	7.142	7.394	7.654	7.923	8.200	8.487	8.783	9.089	9.405	9.730	10.067
7	7.892	8.214	8.549	8.897	9.260	9.637	10.028	10.436	10.859	11.300	11.757	12.233	12.727
8	9.159	9.583	10.027	10.491	10.978	11.488	12.021	12.579	13.164	13.776	14.416	15.085	15.786
9	10.464	11.006	11.578	12.181	12.816	13.487	14.193	14.937	15.722	16.549	17.420	18.337	19.304
10	11.808	12.486	13.207	13.972	14.784	15.645	16.560	17.531	18.561	19.655	20.814	22.045	23.349
11	13.192	14.026	14.917	15.870	16.888	17.977	19.141	20.384	21.713	23.133	24.650	26.271	28.002
12	14.618	15.627	16.713	17.882	19.141	20.495	21.953	23.523	25.212	27.029	28.985	31.089	33.352
13	16.086	17.292	18.599	20.015	21.550	23.215	25.019	26.975	29.095	31.393	33.883	36.581	39.505
14	17.599	19.024	20.579	22.276	24.129	26.152	28.361	30.772	33.405	36.280	39.417	42.842	46.580
15	19.157	20.825	22.657	24.673	26.888	29.324	32.003	34.950	38.190	41.753	45.672	49.980	54.717
16	20.762	22.698	24.840	27.213	29.840	32.750	35.974	39.545	43.501	47.884	52.739	58.118	64.075
17	22.414	24.645	27.132	29.906	32.999	36.450	40.301	44.599	49.396	54.750	60.725	67.394	74.836
18	24.117	26.671	29.539	32.760	36.379	40.446	45.018	50.159	55.939	62.440	69.749	77.969	87.212
19	25.870	28.778	32.066	35.786	39.995	44.762	50.160	56.275	63.203	71.052	79.947	90.025	101.444
20	27.676	30.969	34.719	38.993	43.865	49.423	55.765	63.002	71.265	80.699	91.470	103.768	117.810
21	29.537	33.248	37.505	42.392	48.006	54.457	61.873	70.403	80.214	91.503	104.491	119.436	136.632
22	31.453	35.618	40.430	45.996	52.436	59.893	68.532	78.543	90.148	103.603	119.205	137.297	158.276
23	33.426	38.083	43.502	49.816	57.177	65.765	75.790	87.497	101.174	117.155	135.831	157.659	183.168
24	35.459	40.646	46.727	53.865	62.249	72.106	83.701	97.347	113.413	132.334	154.620	180.871	211.793
25	37.553	43.312	50.113	58.156	67.676	78.954	92.324	108.182	126.999	149.334	175.850	207.333	244.712
26	39.710	46.084	53.669	62.706	73.484	86.351	101.723	120.100	142.079	168.374	199.841	237.499	282.569
27	41.931	48.968	57.403	67.528	79.698	94.339	111.968	133.210	158.817	189.699	226.950	271.889	326.104
28	44.219	51.966	61.323	72.640	86.347	102.966	123.135	147.631	177.397	213.583	257.583	311.094	376.170
29	46.575	55.085	65.439	78.058	93.461	112.283	135.308	163.494	198.021	240.333	292.199	355.787	433.745
30	49.003	58.328	69.761	83.802	101.073	122.346	148.575	180.943	220.913	270.293	331.315	406.737	499.957
31	51.503	61.701	74.299	89.890	109.218	133.214	163.037	200.138	246.324	303.848	375.516	464.820	576.100
32	54.078	65.210	79.064	96.343	117.933	144.951	178.800	221.252	274.529	341.429	425.463	531.035	663.666
33	56.730	68.858	84.067	103.184	127.259	157.627	195.982	244.477	305.837	383.521	481.903	606.520	764.365
34	59.462	72.652	89.320	110.435	137.237	171.317	214.711	270.024	340.590	430.663	545.681	692.573	880.170
35	62.276	76.598	94.836	118.121	147.913	186.102	235.125	298.127	379.164	483.463	617.749	790.673	1013.346
36	65.174	80.702	100.628	126.268	159.337	202.070	257.376	329.039	421.982	542.599	699.187	902.507	1166.498
37	68.159	84.970	106.710	134.904	171.561	219.316	281.630	363.043	469.511	608.831	791.211	1029.998	1342.622
38	71.234	89.409	113.095	144.058	184.640	237.941	308.066	400.448	522.267	683.010	895.198	1175.338	1545.165
39	74.401	94.026	119.800	153.762	198.635	258.057	336.882	441.593	580.826	766.091	1012.704	1341.025	1778.090
40	77.663	98.827	126.840	164.048	213.610	279.781	368.292	486.852	645.827	859.142	1145.486	1529.909	2045.954

Prévisions de vos dépenses à la retraite FEUILLE DE TRAVAIL 21

	Josée	Vous et votre conjoint
Dépenses actuelles	30 000 $	_____
Nombre d'années d'ici à la retraite	10	_____
Taux d'inflation d'ici à la retraite	5 %	_____
Facteur de capitalisation	1,629	_____
Dépenses, 1re année à la retraite	48 870 $	_____

Vos prestations de l'État FEUILLE DE TRAVAIL 22

Prestations de sécurité de la vieillesse

	Josée	Vous	Votre conjoint
Maximum de la PSV en 1994	4 600 $	_____	_____
Nombre d'années d'ici à 65 ans	10	_____	_____
Taux d'inflation	5 %	_____	_____
Facteur de capitalisation	1,629	_____	_____
PSV prévue à 65 ans	7 493 $	_____	_____

Vos prestations du RRQ ou du RPC

	Josée	Vous	Votre conjoint
Maximum du RRQ/RPC en 1994	8 300 $	_____	_____
Nombre d'années d'ici à 65 ans	10	_____	_____
Taux d'inflation	5 %	_____	_____
Facteur de capitalisation	1,629	_____	_____
RRQ/RPC à 65 ans	13 520 $	_____	_____

15 645 $ dans 10 ans; donc, multipliez 15 645 $ par 1 000 et vous pouvez voir qu'à la fin de la décennie vous aurez 15 645 $.

Votre revenu à la retraite

Il ne faut pas vous laisser effrayer par l'énorme revenu dont vous aurez besoin, semble-t-il, à la retraite. Vous avez déjà acquis des richesses considérables qui serviront à financer votre retraite, ce qui diminue l'ampleur de l'épargne additionnelle requise et ramène votre objectif à une hauteur plus raisonnable. Regardons donc les ressources dont vous disposez déjà en vue de la retraite. En premier lieu, il y a les

régimes de retraite de l'État: la pension de sécurité de la vieillesse (PSV) et les prestations du RRQ ou du RPC. Ces sources ont une importance certaine, car elles s'apprécient en fonction de l'inflation. Il en est question de façon détaillée au chapitre six.

N'oubliez pas que la PSV du gouvernement fédéral peut être récupérée en tout ou en partie par le ministère du Revenu si votre revenu net dépasse 53 215 $. Votre conjoint et vous toucherez chacun une PSV à partir de 65 ans. Vous pourriez aussi recevoir, si vous avez versé des cotisations au Régime de rentes du Québec ou au Régime de pension du Canada durant vos années de travail, des prestations de retraite dès l'âge de 60 ans, ces prestations étant réduites de 30 % par rapport à la pleine pension payable à 65 ans.

Vous pourriez également avoir le droit de recevoir des prestations de retraite d'un régime d'un pays étranger où vous avez travaillé. Peut-être recevrez-vous la pension de vieillesse des États-Unis. Elle est particulièrement attrayante, car seule la moitié en est imposable.

Les régimes de retraite des gouvernements sont indexés au coût de la vie; pour calculer le montant auquel vous attendre à la retraite, consultez de nouveau les tableaux de valeurs capitalisées. À la fin de 1993, les prestations maximales provenant des régimes du Québec et du Canada pour une personne de 65 ans totalisaient quelque 8 300 $ par année. Consultez le tableau de valeurs capitalisées d'un dollar. Disons que vous n'avez que 45 ans; vous verrez qu'un dollar investi à 5 % vaudra 2 653 $ dans 20 ans. Si vous multipliez ce facteur de 2,653 par 8 000 $, vous saurez que les prestations de retraite maximales du Québec et du Canada totaliseront quelque 22 019 $ dans 20 ans. À un taux d'inflation de 4 % — un taux conservateur — le maximum atteindrait 18 000 $.

De la même façon, vous pouvez calculer la valeur capitalisée de la pension de sécurité de la vieillesse. En 1994, les prestations de la PSV totalisent environ 4 600 $ par année; indexées à 4 % l'an, elles atteindront le montant de 10 300 $ dans 20 ans (4 600 $ × 2,19). (Si vous risquez d'avoir à rembourser la PSV en raison des règles de récupération, vous devriez la retirer de vos calculs.)

Votre revenu provenant de régimes de retraite privés

Maintenant, tenez compte de vos régimes de retraite: celui de votre employeur actuel et ceux d'employeurs précédents où vous avez acquis le droit à des prestations. Vous trouverez une estimation de ces prestations dans le relevé annuel qui décrit vos avantages sociaux. L'estimation qui s'y trouve tient normalement compte de vos années de service passées et futures jusqu'à l'âge normal de la retraite, mais fait fi de vos augmentations de salaire éventuelles. Il vous faudra relever cette estimation afin de tenir compte de vos augmentations de salaire éventuelles. Vous n'avez qu'à multiplier l'estimation fournie par le facteur approprié que vous trouverez au tableau de valeurs capitalisées en fonction du pourcentage d'augmentation salariale que vous prévoyez jusqu'à votre retraite. Vous pourriez aussi demander au responsable des avantages sociaux de votre employeur de calculer vos prestations en utilisant le salaire que vous prévoyez avoir durant vos dernières années d'emploi. Demandez-lui en même temps si vos prestations seront indexées en fonction de l'inflation. Si vos prestations de retraite ne sont pas indexées, vous devriez les convertir en revenu indexé. À titre d'exemple, un revenu mensuel constant de 409 $ ne vaudra que 291 $ pendant la première année de votre retraite, s'il est indexé à un taux annuel de 4 %. Il est plus prudent d'utiliser un revenu indexé dans vos prévisions, même si cela se traduit par un revenu inférieur les premières années.

Revenu d'un régime de retraite à prestations déterminées

FEUILLE DE TRAVAIL 23

	Vous	Votre conjoint
Prestations prévues*	_____	_____
Nombre d'années d'ici à la retraite	_____	_____
Taux annuel d'augmentation de votre salaire	_____	_____
Facteur de capitalisation	_____	_____
Vos prestations prévues	_____	_____
Ces prestations sont-elles indexées?	_____	_____

* Si vous ne trouvez pas ce renseignement dans le relevé annuel traitant de vos avantages sociaux, obtenez-le de votre service de la paie ou des ressources humaines. Si vous avez l'intention de prendre une retraite anticipée, assurez-vous d'en tenir compte dans vos calculs. Josée ne participe pas à un régime de retraite à prestations déterminées.

Revenu d'un régime de retraite à cotisations déterminées

FEUILLE DE TRAVAIL 24

	Josée	Vous	Votre conjoint
Fonds accumulés à ce jour	200 000 $	_____	_____
Nombre d'années d'ici à la retraite	10	_____	_____
Taux de rendement moyen	8 %	_____	_____
Valeur capitalisée de ces fonds (A)	431 800 $	_____	_____
Cotisations annuelles (vous et votre employeur)	4 000 $	_____	_____
Taux de rendement moyen	8 %	_____	_____
Valeur capitalisée des cotisations (B)	62 580 $	_____	_____
Total des valeurs capitalisées (A + B)	494 380 $	_____	_____
Taux de rente	0,062	_____	_____
Votre revenu provenant du régime	30 652 $	_____	_____

* Si le taux de rente utilisé correspond à l'hypothèse d'une retraite anticipée, assurez-vous de faire la même hypothèse au moment de calculer vos revenus provenant des régimes d'État. Ce tableau peut aussi servir à faire une prévision du revenu tiré d'un REER collectif ou d'un RPDB.

Taux de rente

Vous pouvez utiliser ces taux pour déterminer le montant de capital requis pour combler le déficit de votre revenu de retraite.

	Âge		
Vous êtes:	60	65	71
Marié(e) (rente survivante)	,0612	,0688	,0816
Homme (à vie, garantie 10 ans)	,076	,0860	,0993
Homme (à vie, sans garantie)	,077	,0910	,110
Femme (à vie, garantie 10 ans)	,0662	,0746	,0871
Femme (à vie, sans garantie)	,0660	,0761	.0910

Rentes indexées à 4 %

SOURCE: LES ACTUAIRES ET CONSEILLERS OPTIMUM

Revenu de votre REER   FEUILLE DE TRAVAIL 25

	Josée	Vous	Votre conjoint
Valeur présente des fonds	30 000 $	_____	_____
Nombre d'années d'ici à la retraite	10	_____	_____
Taux de rendement moyen	8 %	_____	_____
Valeur capitalisée de ces fonds (A)	64 800 $	_____	_____
Vos cotisations annuelles	2 000 $	_____	_____
Taux de rendement moyen	8 %	_____	_____
Valeur capitalisée des cotisations (B)	31 290 $	_____	_____
Total des valeurs capitalisées (A + B)	96 090 $	_____	_____
Taux de rente	0,062	_____	_____
Revenu de votre REER	5 958 $	_____	_____

Si vous participez à un régime de retraite à cotisations déterminées, vous devrez calculer la valeur capitalisée du montant investi dans votre régime jusqu'à ce jour et y ajouter la valeur capitalisée des cotisations qui seront versées dans votre régime par votre employeur et vous d'ici à la retraite. Pour calculer la valeur capitalisée des fonds déjà accumulés dans le régime, consultez le tableau *Valeur capitalisée d'un dollar* et, pour la valeur capitalisée des cotisations à venir, consultez le tableau *Valeur capitalisée d'un dollar épargné chaque année*. Supposons que votre régime totalise aujourd'hui 50 000 $; dans 20 ans, si le taux de rendement annuel est de 8 %,

cette somme vaudra 233 000 $. Si, en plus, vous investissez 3 000 $ par année pendant 20 ans à un taux annuel de 8 %, la valeur capitalisée de ces versements atteindra 148 300 $. Additionnez les 148 300 $ produits par vos cotisations annuelles de 3 000 $ et les 233 000 $. Grand total: 381 300 $ de fonds accumulés au moment de prendre votre retraite. Il vous reste à déterminer combien de revenu cela vous procurera.

Il faut maintenant nous tourner vers le tableau *Taux de rente*. Les facteurs présentés dans ce tableau permettent de calculer le revenu que procurera une somme d'argent. Il présente la rente mensuelle selon l'âge du rentier au début, en fonction de diverses hypothèses quant aux droits des survivants prévus dans le contrat de rente. (Rappelez-vous qu'au moment d'acheter une rente, vous avez des choix variés: rente payable pour la durée de votre vie seulement; rente conjointe versée à votre conjoint ou à vous jusqu'à la fin de sa vie; rente à versements garantis pour une période de 5, 10 ou 15 ans; ou rente versée jusqu'à ce que votre conjoint ou vous atteigniez l'âge de 90 ans.) Enfin, le tableau présente le revenu d'une rente indexée en fonction d'un taux d'inflation de 4 %. (Ces montants se fondent sur les taux offerts pour les rentes à la fin de 1994; ils fluctuent en fonction des taux d'intérêt.)

Tout cela peut sembler intimidant, mais ce ne l'est pas vraiment. Voyons comment utiliser le tableau pour vous aider à faire vos calculs. Si vous choisissez une rente conjointe (et que votre conjoint et vous êtes du même âge), cette rente vous procurerait un revenu de 26 233 $ par année (indexée à 4 % jusqu'au second décès).

Le revenu provenant de vos REER

Après avoir examiné vos régimes de retraite, vous devriez estimer le revenu annuel que devraient produire vos régimes enregistrés d'épargne-retraite.

Ceux-ci comprennent les REER immobilisés résultant des fonds reçus d'un régime de retraite, les REER dans lesquels vous avez accumulé des fonds jusqu'à ce jour et les fonds que vous entendez y verser d'ici à votre retraite. Comme l'indique la feuille de travail, vous devez faire une prévision de la croissance tant de vos REER existants que de vos cotisations à venir. Si tout va bien, vous aurez devant vous, au moment de la retraite, une bonne réserve de fonds dans vos REER qui constituera une source de revenu pour la durée de votre vie et de celle de votre conjoint. Si vous projetez de transférer les fonds de votre REER dans un FERR, optez pour les taux offerts par les contrats de rente aux fins de vos calculs prévisionnels; les calculs sont ainsi plus aisés et plus valables.

La méthode est identique à celle qui a été utilisée pour faire une prévision du revenu que vous obtiendrez d'un régime de retraite à cotisations déterminées. Prenez le montant accumulé dans votre REER jusqu'à aujourd'hui et multipliez-le par le facteur qui correspond au taux de rendement et au nombre d'années d'ici à votre retraite. Ajoutez ensuite la valeur capitalisée des cotisations annuelles que vous continuerez de faire en multipliant votre cotisation annuelle par le facteur tiré du tableau. Additionnez ces deux montants, puis consultez le tableau *Taux de rente* pour obtenir la valeur de la rente que vous toucherez.

Si vous désirez introduire dans ces calculs l'hypothèse que les cotisations annuelles à votre REER ou à un régime de retraite à cotisations déterminées augmenteront chaque année, vous pouvez choisir l'une ou l'autre des deux méthodes suivantes. La première méthode consiste à utiliser le tableau pour calculer la valeur capitalisée de chacune des cotisations annuelles, puis à les additionner, ce qui est une tâche assez longue et fastidieuse. La deuxième méthode consiste à trouver d'abord la moyenne des cotisations à venir, puis on calcule la valeur capitalisée de cette moyenne et on la multiplie par le nombre d'années d'ici à la retraite. Cela fournit une approximation de

Votre revenu de retraite FEUILLE DE TRAVAIL 26

	Josée	Vous	Votre conjoint
Pension de la PSV	7 493 $		
Prestations du RRQ ou du RPC	13 032 $		
Revenu du régime de retraite de l'employeur	30 652 $		
Revenu de votre REER	5 958 $		
Autres revenus			
Revenu total	57 135 $		
Impôts sur le revenu	17 141 $		
22 % sur 20 000 $ par année			
28 % sur 30 000 $ par année			
32 % sur 40 000 $ par année			
35 % sur 50 000 $ par année			
38 % sur 60 000 $ par année			
40 % sur 70 000 $ par année			
Votre revenu après impôt	39 994 $		
Vos dépenses annuelles à la retraite	48 870 $		
Le déficit de votre revenu de retraite	8 876 $		

la valeur capitalisée des cotisations qui augmentent d'année en année. Par exemple, si vous avez l'intention de cotiser à un REER dans les 10 prochaines années en commençant par une cotisation de 12 500 $, puis en augmentant celle-ci de 1 000 $ par année, la valeur capitalisée de vos cotisations serait de 256 137 $ si elles rapportent 8 %. C'est là le résultat du calcul précis. Si vous choisissez la deuxième méthode, c'est-à-dire la plus rapide, vous arriverez à une cotisation de 17 000 $ dont la valeur capitalisée s'élèvera à 25 978 $. Multipliez par 10 (pour 10 cotisations annuelles) et vous obtenez un total de 259 780 $. Un ordinateur perfectionné arriverait à peu près au même résultat.

Prenons un deuxième exemple. Si vous versez 10 000 $ cette année, 12 000 $ l'an prochain, puis 14 000 $, 16 000 $ et 18 000 $ au cours des trois autres années, vos cotisations vaudront 86 757 $ dans cinq ans. En prenant la valeur capitalisée de 14 000 $ (la moyenne) et en la multipliant par cinq, nous arrivons à 84 914 $, une estimation assez voisine de la précédente aux fins de notre exercice de planification. N'oubliez pas: toutes ces estimations et prévisions

Combler le déficit de votre revenu de retraite

	Josée	Vous	Votre conjoint
Déficit de (par an)	8 876 $		
Taux de rente selon l'âge prévu pour votre retraite	0,062		
Capital requis au moment de la retraite (diviser le déficit par le taux de rente) (A)	143 161 $		
Économies personnelles à ce jour	62 000 $		
Taux de rendement des placements, après impôt	6 %		
Nombre d'années d'ici à la retraite	10		
Facteur de capitalisation	1,791		
Valeur capitalisée de vos économies (B)	111 042 $		
Déficit (soustraire la valeur capitalisée de vos économies du capital requis au moment de la retraite) (A - B)	32 119 $		
Économies additionnelles requises chaque année pour combler le déficit. Diviser le déficit par le facteur de capitalisation d'un dollar épargné chaque année relevé au tableau. (Veillez à prendre le facteur correspondant au taux de rendement après impôts que vous prévoyez obtenir.)	2 299 $		

Si vous pouvez économiser davantage d'année en année ou augmenter vos cotisations à un REER, vous vous rapprocherez d'autant plus rapidement de l'indépendance financière.

seront inexactes à long terme de toute façon, de sorte qu'il suffit d'être raisonnablement précis dans vos calculs.

Enfin, avant de calculer le déficit éventuel à la retraite, cherchez à préciser toute autre source de revenu dont vous pourriez disposer à la retraite: rente viagère de compagnie d'assurances, fiducies, propriétés à revenus, entreprise familiale ou prêts qui vous sont remboursés durant votre vie.

L'impôt sur le revenu

L'estimation de l'impôt à payer représente un élément essentiel dans vos prévisions de trésorerie. Vous pouvez estimer cet impôt en utilisant le taux moyen proposé dans la feuille de travail. Cependant, sachez qu'il ne s'agit là que d'une estimation grossière. Si vous désirez faire une prévision plus exacte, vous devrez utiliser la table d'impôt fournie avec la déclaration de revenus. Rappelez-vous: à moins d'en faire la demande, l'impôt n'est pas retenu à la source dans le cas des prestations provenant de l'État ni dans

celui des revenus de placement canadiens. Si ces montants sont importants dans votre cas, vous devrez payer de l'impôt par acomptes provisionnels ou payer des intérêts à titre de pénalité. Cette obligation ne devrait toutefois pas vous toucher la première année de votre retraite. Si vos revenus de placement sont importants à l'heure actuelle, vous êtes probablement déjà tenu de verser des acomptes provisionnels trimestriels. Assurez-vous d'inscrire ces versements dans vos relevés de dépenses.

Aurez-vous assez de revenus?

Muni de toute cette information, vous voilà prêt à réviser vos revenus et dépenses et à estimer le déficit auquel vous devrez faire face à la retraite. Vous pouvez vous servir des feuilles de travail de ce livre ou d'un ordinateur. Un ordinateur fera tous les calculs et vous permettra de modifier facilement divers éléments d'information; vous pourrez multiplier les hypothèses d'âge, de taux de rendement sur placements, de taux d'inflation et de dépenses. Ce faisant,

Les bonnes années pour remplir le bas de laine

Quand vous atteignez la cinquantaine, vos revenus continuent de croître, mais vos dépenses diminuent. Ce sont les années propices pour remplir votre bas de laine. Profitez-en pleinement.

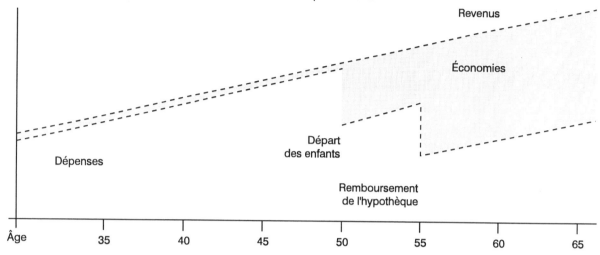

vous aurez une idée de vos perspectives d'indépendance financière selon diverses hypothèses. N'oubliez pas: que vous utilisiez un ordinateur ou nos feuilles de travail, vos estimations ne seront toujours que des approximations. En remplissant les feuilles de travail, vous obtiendrez une estimation fondée sur des hypothèses diverses, des ressources financières dont vous voudriez disposer à la retraite. Puis, vous comparerez vos besoins annuels de dépenses avec les revenus après impôt que vos économies actuelles peuvent vous procurer.

Vous vous retrouverez peut-être en déficit; il vous faudra le combler par des revenus de placement, un emploi, la vente de votre maison ou un héritage. Ou encore, vous pourriez, comme bien des gens l'ont déjà fait, modifier votre mode de vie pour réduire vos dépenses. L'idéal consiste toutefois à atteindre votre objectif d'indépendance financière. Une des solutions pour y parvenir: étoffer votre épargne et vos placements. Il est facile de calculer le capital requis à la retraite pour produire suffisamment de revenus pour éliminer ce déficit. Après cela, il faudra calculer la somme additionnelle que vous devrez épargner chaque année pour atteindre cet objectif.

L'une des plus importantes hypothèses que nous avons posées supposait que votre revenu à la retraite croîtrait au même rythme que vos dépenses. Ce n'est malheureusement pas toujours le cas. Seule une partie

de vos prestations de retraite sera indexée; peut-être même qu'aucune ne le sera. Ce ne sont pas toutes les rentes viagères ni toutes les fiducies qui sont indexées, par exemple. Si vous craignez d'avoir trop peu d'argent à la retraite pour assurer votre subsistance, vous devriez consulter un spécialiste en planification de la retraite qui vous aidera à prendre les moyens pour vous assurer de n'être pas pris de cours.

Après avoir terminé, à l'aide des feuilles de travail, les calculs vous permettant d'établir votre propre objectif d'indépendance financière, vous avez probablement constaté que vous aurez besoin de beaucoup d'argent. Peut-être serez-vous même convaincu que le montant ainsi calculé est irréaliste. Ou peut-être serez-vous découragé. Méfiez-vous de ces réactions! Les calculs suggérés ne visent qu'à vous aider à envisager la retraite avec réalisme. Votre objectif d'indépendance financière sous-tend l'accumulation d'un capital; c'est incontournable. Commencez dès aujourd'hui à poursuivre votre objectif. Vous l'atteindrez.

Les bonnes années pour économiser

À partir du moment où ils décrochent un premier emploi, la majorité des gens dépensent tout ce qu'ils gagnent. Parfois un peu plus, parfois un peu moins. L'argent qui ne va pas aux ministères du Revenu sert à acheter une voiture et une maison et à élever les

Le prix d'une retraite anticipée

Si vous entendez prendre une retraite anticipée, vous devrez en réalité économiser moins que si vous choisissez de vous retirer plus tard. Cela vous surprend, n'est-ce-pas? Après tout, votre retraite durera plus longtemps et vous vous attendiez probablement à avoir besoin d'un bas de laine mieux rempli. Le contraire est vrai, pour une raison fort simple: durant vos premières années à la retraite, le revenu produit par vos placements dépasse ce dont vous avez besoin pour subvenir à vos besoins. Cet excédent de revenu est réinvesti, de sorte que vos réserves financières pour la retraite continuent de croître jusqu'à ce que vous atteigniez l'âge de 60 ou 65 ans.

Cela veut-il dire qu'il est facile de prendre sa retraite à 55 ans? Non, au contraire, c'est plus difficile, car vous disposez de moins d'années pour accumuler une somme d'argent suffisante. À 55 ans, vous aurez cotisé moins longtemps au RRQ ou au RPC que si vous aviez pris votre retraite à l'âge normal. En outre, votre employeur n'aura pas eu l'occasion de mettre beaucoup d'argent de côté en votre nom.

Non seulement vos années de service et vos années d'accumulation de crédits de pension sont-elles moins nombreuses, mais votre revenu moyen est habituellement plus faible. Par exemple, on peut le plus souvent s'attendre à voir son salaire et ses autres formes de rémunération augmenter d'année en année jusqu'à l'âge normal de la retraite, à 65 ans. En fait, on atteint normalement le faîte de sa carrière dans ses 10 dernières années de travail et on peut alors s'attendre à profiter d'un bon revenu pendant de nombreuses années. En vous retirant plus tôt, vous sacrifiez ces hausses salariales qui auraient pu augmenter passablement vos prestations de retraite.

Exprimons, en chiffres, l'importance de cette différence dans vos prestations. Supposons que vos augmentations salariales soient de l'ordre de 5 % par année de 55 à 65 ans; votre revenu, à 65 ans, serait alors d'environ 60 % plus élevé qu'à 55 ans. De plus, au moment de votre retraite, vous auriez à votre crédit 10 années de service de plus, disons 35 plutôt que 25, ce qui fait 40 % de plus. Ainsi, deux facteurs concourraient à augmenter vos prestations: votre revenu de 60 % plus élevé et vos années de service de 40 % plus nombreuses. Cela vous procurerait des prestations égales à 2,25 fois celles que vous recevriez à 55 ans, simplement pour avoir travaillé 10 ans de plus. Si vous vous attendiez à recevoir 40 000 $ par année à l'âge de 55 ans, vous pourriez découvrir qu'en travaillant 10 ans de plus, vous feriez grimper votre pension à 80 000 $ ou 90 000 $ par année.

---

enfants. Il en coûte plus de 200 000 $ pour élever un enfant depuis sa naissance jusqu'à l'âge de 18 ans. Et encore là... les factures d'université commencent à entrer.

Même s'ils n'ont pas d'enfants, les gens mettent très peu d'argent de côté à part leurs cotisations au Régime de rentes du Québec ou au Régime de pension du Canada et peut-être au régime de retraite de leur employeur ou à un REER. Certains achètent de l'assurance-vie entière avec valeur de rachat, mais la réalisation de cette valeur n'est pas le but d'une telle assurance. Ce n'est habituellement qu'à la quarantaine, après avoir travaillé pendant de longues années sans mettre grand-chose de côté, que les gens s'arrêtent à penser à leur retraite et à la nécessité de s'y préparer. Mais les choses ne sont quand même pas si noires. Les prestations de retraite fournies par l'État sont importantes: elles peuvent représenter jusqu'à 30 % ou 40 % du salaire moyen dans l'industrie (34 400 $ à la mi-année en 1994). Un bon régime de retraite privé de l'employeur peut rapporter environ 50 % de votre salaire moyen.

Ne vous affolez pas! La pression diminuera dans quelques années. Vous finirez par rembourser votre hypothèque et les enfants ne resteront pas à vos crochets indéfiniment. À 50 ou 55 ans, votre revenu approche d'un sommet en raison de votre ancienneté au travail et de l'expérience acquise au long de votre carrière. De plus, durant ces années où vous gagnez plus que jamais, vos dépenses diminuent. Ce sont là vos années d'accumulation et il est crucial que vous en profitiez le plus possible. Vous avez de 10 à 15 ans pour économiser assez d'argent en vue de répondre à vos besoins durant les 30 années que peut durer votre retraite. C'est tout à fait réalisable.

Prenons le cas d'une personne qui veut accumuler trois millions de dollars d'ici à 65 ans. Ses REER totalisent actuellement 50 000 $. La moitié de ses économies annuelles de 10 000 $ va aux REER. Le taux annuel moyen d'inflation prévu s'établit à 4 %; le taux de rendement des placements, à 8 %. Dans 30 ans, ces REER vaudront 500 000 $. En fait, la valeur des 5 000 $ versés en REER aujourd'hui sera de quelque 20 000 $ à la dernière année de travail de notre sujet avant la retraite. La cotisation annuelle moyenne se situera à quelque 12 500 $. À 65 ans, les REER de notre sujet totaliseront environ 1,4 million de dollars. Total: 1,9 million de dollars dans les REER.

Par ailleurs, les économies annuelles de notre sujet seront appelées à augmenter avec le temps puisque ses revenus devraient logiquement croître et ses dépenses diminuer. De fait, en période d'inflation, économiser un montant annuel fixe de 5 000 $ correspond à un taux d'épargne décroissant. Par exemple, à un taux d'inflation de 4 %, les 5 000 $ d'aujourd'hui n'auront qu'un pouvoir d'achat de 4 100 $ dans cinq ans; dans 10 ans, de 3 380 $; dans 20 ans, de 2 280 $.

Plan d'action requis: augmenter les économies annuelles pour devancer l'inflation. Au cours des 5 prochaines années, notre sujet aura à économiser 6 000 $ par année, pour un total de 33 000 $ dans 5 ans; lorsque notre sujet aura 65 ans, ces économies vaudront 110 000 $. Les 5 années suivantes, les économies annuelles devraient s'établir en moyenne à 7 500 $, pour un total de 41 000 $; une valeur de 140 000 $ à l'âge de 65 ans. De la 11e à la 15e année, les économies annuelles devraient se chiffrer à 10 000 $ en moyenne, pour un total de 146 000 $ à 65 ans. Enfin, durant ses 15 dernières années de travail, notre sujet devrait économiser en moyenne 15 000 $ annuellement, pour un total de 324 000 $ à 65 ans. Le grand total de toutes ces économies s'établit à 2,6 millions de dollars.

Par ailleurs, notre sujet possède une propriété évaluée à 125 000 $; la valeur de celle-ci pourrait s'accroître d'environ 3 % par année pour valoir plus de 700 000 $. La moitié de cette valeur pourrait servir à des fins de placement en vendant la maison pour en acheter une plus petite.

L'objectif de trois millions de dollars de notre sujet est à la portée de la main. Il reste toutefois un petit effort à faire. Il faudra faire grimper le taux d'épargne annuel à 13 % du revenu. En fait, le taux d'épargne réel ne sera que de 10 %, car environ 3 % pourraient être récupérés sous forme d'économies d'impôt. Si notre sujet voulait atteindre son objectif à 60 ans, il lui faudrait consentir un petit effort supplémentaire, soit économiser 5 % de plus sur son revenu annuel.

Il est important de prendre conscience de la vitesse à laquelle peut s'accroître l'argent lorsqu'il est bien placé. En outre, il faut se rappeler que l'inflation fera croître de façon importante tant vos revenus que vos économies. Ainsi, l'objectif n'est pas aussi irréaliste qu'il semble à première vue. En fait, si vous l'exprimez en dollars d'aujourd'hui, l'objectif de trois millions de dollars dans 30 ans se trouve réduit à 925 000 $ (à un taux d'inflation présumé de 4 %). N'est-ce pas beaucoup plus envisageable sous cet angle? Il reste toutefois, il va sans dire, beaucoup de travail à faire.

La vitesse de croisière financière

Vous atteindrez votre objectif d'indépendance financière si vous voyagez à la vitesse de croisière financière requise. Cette notion de vitesse de croisière financière combine les deux fonctions dynamiques de l'épargne et du placement. Il va sans dire que si vous haussez votre taux d'épargne annuel, vous accumulerez plus d'argent. De même, si le taux de rendement de vos placements dépasse vos attentes, ceux-ci s'accroîtront plus vite. Donc, si vous doutez de pouvoir atteindre votre objectif, il vous faut soit économiser davantage, soit augmenter le taux de rendement de vos placements. La plupart des gens doivent recourir aux deux moyens. Ils évitent ainsi d'avoir à économiser au point où leur mode de vie actuel deviendrait inacceptable ou de devoir placer leur argent dans des instruments de placement risqués au point de mettre leur capital en péril. La planification financière s'appuie sur un certain nombre de stratégies visant à utiliser intelligemment votre argent: vous augmenterez votre taux d'épargne, réduirez votre fardeau fiscal en recourant à des moyens acceptables et sûrs, serez en mesure d'accepter un niveau de risque plus élevé pour vos placements afin d'en améliorer le rendement. Tout cela vous est possible sans mettre en danger ce que vous avez acquis au prix de longues années de travail.

Savoir combien il faut amasser en prévision de la retraite ne constitue qu'un premier pas vers votre objectif. Le suivant: vous donner corps et âme à l'atteinte de votre objectif ultime, l'indépendance financière. Les feuilles de travail que vous avez remplies vous fournissent un coup d'œil sur l'avenir, mais elles ne sont pas immuables. Le modèle d'épargne et de placement doit servir de guide, un guide que vous pourrez modifier à mesure que vos buts et votre situation évoluent. Ce guide vous fournit ce dont vous avez vraiment besoin pour appuyer vos décisions en vue de la retraite. Pourrez-vous vous permettre de prendre une retraite anticipée? Devrez-vous travailler à temps partiel, à la retraite? Devriez-vous économiser davantage aujourd'hui? Le taux de rendement de vos placements est-il satisfaisant ou est-il inférieur à ce qu'il devrait être?

Il se pourrait que vous ayez à remettre en question certaines des méthodes que vous avez appliquées pour accumuler des ressources en vue de la retraite et à y apporter des changements. Il faut de toute urgence changer son attitude face à la nécessité d'épargner en prévision de la retraite. Si vous voulez vraiment conserver jusqu'à la fin de vos jours votre mode de vie actuel, il vous faut adopter des stratégies de planification financière sérieuses et structurées. C'est ce que nous verrons dans les chapitres suivants. Vous pourrez ainsi augmenter votre vitesse de croisière financière et vous permettre de combler le déficit prévu à la retraite. C'est l'essence même de la planification financière.

Notes

Chapitre 10

Le plan financier: priorités et bonnes occasions

Amasser suffisamment de biens pour garantir sa sécurité et son confort à la retraite, voilà le but tant convoité d'une planification financière de la retraite. La majorité des gens n'atteindront pas ce but à moins qu'ils changent la façon dont ils gèrent leur argent. Ils devront se donner des priorités et l'une d'elles, tout en haut de la liste, sera sans doute d'exercer un contrôle sur l'argent qui leur passe entre les mains.

L'argent n'est certes pas facile à gagner ni à conserver. Que feriez-vous si l'on vous donnait 10 000 $? Achèteriez-vous une nouvelle voiture, un nouveau divan? Prendriez-vous des vacances? Mettriez-vous cet argent de côté pour vos enfants ou pour votre retraite? En somme, quelles sont vos priorités financières?

Pour vous aider à établir clairement votre plan financier, nous allons nous servir de la pyramide des priorités. Cette pyramide propose un ordre à suivre dans l'établissement d'un plan financier; elle se lit de la base au sommet. Il importe, avant de passer aux paliers supérieurs, de vous donner des assises solides. Une fois cet objectif atteint, vous pourrez vous permettre quelques incursions dans des secteurs où un taux de rendement plus élevé compensera les risques que vous prendrez, tout en ayant la certitude que les pertes possibles n'ébranleront pas les fondements de la pyramide. De telles assises vous permettront d'accepter le degré de risque voulu pour bâtir votre avoir. Pour les établir, il vous faudra y consacrer du temps et des efforts et procéder étape par étape. C'est à ce prix seulement que vous deviendrez capable de courir les risques associés aux niveaux plus élevés de la pyramide.

ger dans les autres voies qu'offre la pyramide. Cela n'est pas facile. Vous devez d'abord savoir exactement quel revenu vous recevrez et quand vous le toucherez. Cela veut dire aussi réduire vos dépenses, minimiser autant que possible votre fardeau fiscal et voir à ce que vos économies travaillent sans relâche à votre avantage. Enfin, cela pourrait aussi exiger d'augmenter votre revenu si vous le pouvez.

Dépenser et épargner

Le contrôle des dépenses et de l'endettement doit constituer la base de votre pyramide. Par la suite, la disponibilité d'argent comptant vous permettra de vous enga-

Pyramide des priorités

Objets d'art

Bijoux

Produits de base

Biens immobiliers

Abris fiscaux • Entreprise privée

Actions canadiennes de croissance • Actions internationales

Actions canadiennes sûres

Obligations • Actions privilégiées

Résidence principale • REER • RPA • Dépôts à terme • OE • Bons du Trésor

Assurances • Testaments • Remboursement de dettes • Réserve urgences/occasions

Gestion des rentrées et sorties de fonds

Les mesures de protection pour votre famille et vous

Au niveau suivant de la pyramide, on trouve l'assurance. Vous avez besoin d'assurance invalidité pour vous protéger au cas où un accident ou une maladie vous rendrait incapable de travailler et d'épargner pour l'avenir. Il vous faut de l'assurance-vie pour protéger ceux qui ont besoin de votre soutien financier. (Nous aborderons la question de l'assurance-vie plus en détail au chapitre 14, au moment de traiter de planification successorale.) Vous devrez avoir un joli magot pour éviter de laisser votre famille dans l'indigence advenant votre décès prématuré. L'assurance représente la façon la moins coûteuse de procurer autant d'argent. L'assurance-groupe offerte par votre employeur est sans doute le moyen le plus avantageux de satisfaire vos besoins à ce chapitre. Veillez à payer vous-même les primes d'assurance invalidité; si c'est votre employeur qui les paie, vos prestations seront imposables. Il est aussi possible d'acheter de l'assurance à des prix raisonnables par le biais des associations professionnelles et des syndicats. Si vous avez des doutes quant à vos besoins ou au genre de police qu'il vous faut, adressez-vous à un assureur-vie ou à un conseiller financier.

Durée moyenne des périodes d'invalidité de trois mois ou plus

Âge	Durée
25	4,3 ans
30	4,7 ans
35	5,1 ans
40	5,5 ans
45	5,8 ans
50	6,2 ans

J'ai d'abord parlé de l'assurance-vie, parce que votre décès représenterait une grande épreuve financière et affective pour votre famille. Toutefois, le risque d'être atteint d'une incapacité qui pourrait durer jusqu'à deux ans est beaucoup plus élevé que le risque que vous décédiez avant d'avoir 65 ans. Une incapacité pourrait non seulement interrompre le revenu familial,

mais aussi créer un lourd fardeau financier associé aux frais médicaux ou aux soins spéciaux souvent coûteux. En outre, vous trouveriez impossible de continuer d'épargner en vue de la retraite. À moins que vous ne jouissiez déjà de l'indépendance financière, ce serait vous exposer à un péril financier que de ne pas avoir une assurance invalidité adéquate.

Une incapacité peut survenir par suite d'un accident ou d'une maladie; il faut en tenir compte en choisissant une police. Pour vous procurer une protection adéquate, votre police devrait prévoir le versement de prestations, peu importe la cause de votre incapacité. De plus, vous devriez jouir d'une protection même si ce n'est que votre emploi habituel dont vous ne pouvez remplir les fonctions; certaines polices prévoient le versement de prestations seulement si vous êtes incapable de faire quelque travail que ce soit. Il faut les éviter. Enfin, il ne faut jamais oublier que de 15 % à 20 % seulement des incapacités durent six mois ou moins. La durée d'une incapacité peut facilement atteindre plusieurs années.

Vous pouvez acheter autant d'assurance-vie que vous le voulez; par contre, les compagnies qui offrent de l'assurance invalidité limitent la protection à 70 % du revenu. Pour calculer vos besoins mensuels de protection, examinez vos dépenses mensuelles et ajoutez-y un montant raisonnable pour prendre soin de certaines dépenses qui ne se présentent qu'une ou deux fois par année.

On peut faire ajouter à une police d'assurance invalidité un avenant visant l'épargne en vue de la retraite. Cet avenant présente probablement peu d'intérêt pour vous; il coûte cher. Une fois rétabli, vous devriez pouvoir rattraper le temps perdu.

Les testaments et la planification successorale

Il est important à la fois pour le bien-être et pour la tranquillité d'esprit de votre famille que vous laissiez un testament qui fasse clairement état de vos intentions. Il faut y spécifier, entre autres, qui sera responsable d'administrer votre succession jusqu'à ce que vos bénéficiaires et héritiers prennent la relève. La planification successorale est d'une importance telle que nous lui consacrons un chapitre entier. Je désire toutefois souligner dès maintenant la responsabilité que vous avez envers les êtres chers de laisser une succession en bon ordre.

Si vous n'avez pas de testament, vous devriez sans tarder consacrer une heure et quelques centaines de dollars à en faire préparer un pour votre conjoint et vous-même. Habituellement, vos enfants mineurs n'ont pas besoin de testament étant donné qu'ils n'ont aucune personne à charge. Si, toutefois, vos enfants sont bénéficiaires d'une fiducie ou ont déjà droit à un revenu, vous devriez considérer ce qu'il adviendrait de leur actif s'ils venaient à décéder.

Échapper aux dettes

À cet étage de la pyramide de planification, on trouve l'élimination des dettes. Aucune autre mesure ne pourrait autant renforcer votre situation financière. Au cours des deux dernières décennies, les Canadiens se sont endettés énormément. Il faut se débarrasser de ses dettes avant même de pouvoir commencer à se bâtir de solides assises financières et à amasser le pécule requis pour la retraite.

Même si ce n'est sans doute pas aussi stimulant que de placer son argent, rembourser ses dettes procure un rendement inégalable. Le coût des intérêts sur emprunt peut être de 8 % ou 9 % dans le cas des hypothèques, de 20 % dans celui des cartes de crédit et aller jusqu'à 32 % dans celui des cartes de grands magasins et des prêts consentis par des sociétés de financement. Cela signifie qu'en remboursant une dette, vous épargnez 12 %, 19 % ou 32 % sur votre argent sans courir aucun risque. C'est plutôt bien par rapport au rendement des quelque 10 % que vous procurerait un placement respectable et peu risqué. Naturellement, vous auriez à payer de l'impôt sur ce rendement de 10 %, qui serait ainsi réduit à 5 % ou 6 %. De toute évidence, vous obtenez un rendement beaucoup plus élevé en remboursant vos dettes qu'en faisant des placements.

Prenez le cas de Josée, dont la dette accumulée de 3 000 $ sur ses comptes de cartes de crédit lui coûte 20 % d'intérêt par an. Si elle économise 3 000 $ et les place à 10 %, elle gagnera 300 $, mais ne gardera qu'environ 180 $ après impôt. Pendant ce temps, le service de sa dette de 3 000 $ lui coûte 600 $ par année. Elle gagnerait donc 420 $ de plus en utilisant

ses 3 000 $ d'épargne pour rembourser les soldes en souffrance plutôt que de placer cet argent.

Si vous avez des dettes, voici les cinq étapes à suivre pour vous en débarrasser de la manière la plus efficace et la plus rapide possible.

1. **Remboursez d'abord vos dettes les plus coûteuses.**

   Entre un emprunt à 10 % pour l'achat d'une voiture et une dette à 28 % sur carte de crédit, c'est cette dernière qu'il faut s'acharner à rembourser en premier lieu. Notons toutefois une exception. Comme les intérêts sur vos emprunts aux fins de placement et d'exploitation d'entreprise sont déductibles, ces emprunts pourraient être moins coûteux après impôt qu'un emprunt non déductible, même si le taux d'intérêt sur ce dernier est moins élevé. Ainsi, si cet emprunt vise l'achat d'une voiture qui n'est pas utilisée dans le cadre des affaires, son coût après impôt restera à 10 %. Mais les paiements d'intérêt à 12 % sur un emprunt aux fins de placement pouvant être déduits du revenu imposable, il ne vous en coûtera, à un taux d'imposition de 50 %, que 6 % d'intérêt net d'impôt. L'emprunt aux fins d'investissement est donc, dans ce cas, moins coûteux que l'emprunt pour l'achat d'une automobile. Dans la plupart des cas, les emprunts dont les intérêts sont déductibles coûtent moins cher. Il faut donc adopter comme règle générale de rembourser d'abord les emprunts dont les intérêts ne sont pas déductibles.

2. **Convertissez vos emprunts non déductibles en emprunts déductibles.**

   Si vous avez 20 000 $ et désirez, d'une part, acheter une voiture de 20 000 $ et, d'autre part, investir dans un fonds commun de placement international, il vous faut choisir entre les deux ou emprunter. Si vous décidez d'emprunter, une sage planification consisterait à payer la voiture au comptant et à emprunter pour acheter le fonds commun de placement. De cette façon, l'intérêt sur votre emprunt serait déductible.

   Supposons maintenant que vous ayez procédé en sens inverse. Êtes-vous coincé? À première vue, vous pourriez croire que non. Il suffit de vendre le fonds commun de placement, direz-vous, de rembourser l'emprunt pour la voiture, puis d'emprunter à nouveau pour pouvoir racheter le même fonds commun de placement. Hélas! les choses ne sont pas si simples. Le ministère du Revenu y verrait un artifice d'évasion fiscale, défendu par la loi. Néanmoins, si votre jugement concernant les conditions de placement a évolué, vous pourriez vendre uniquement le fonds international, rembourser l'emprunt pour la voiture et emprunter aux fins d'investir dans un autre type de placement, peut-être un fonds américain d'obligations. Cela n'a de sens que dans la mesure où vos perspectives de placement se sont modifiées. Rappelez-vous bien que le rendement sur vos placements est plus important que les déductions fiscales.

3. Consolidez vos emprunts afin de réduire vos frais d'intérêt

Vous pourriez faire chuter vos frais d'intérêt sur emprunt en consolidant en un seul emprunt bancaire toutes vos dettes contractées avec les cartes de crédit. Cela est particulièrement vrai si vous possédez une bonne cote de crédit auprès de votre institution financière, en raison de votre bonne réputation, de revenus stables ou d'un avoir net important à votre bilan. Vous pouvez même garantir l'emprunt bancaire en transportant des titres en nantissement ou en accordant une seconde hypothèque sur votre maison. Grâce à l'abaissement remarquable de votre taux d'intérêt, votre versement mensuel servira à réduire beaucoup plus rapidement le capital emprunté plutôt que d'être dissipé en frais d'intérêt excessifs.

Par exemple, disons que Josée, au lieu de suivre notre conseil et d'utiliser son argent pour réduire sa dette de 3 000 $ sur deux cartes de crédit, décide de prendre des vacances, puis court les magasins et fait de folles dépenses. Elle se retrouve alors avec une dette de 4 000 $ répartie entre deux cartes de crédit bancaires, chacune portant intérêt à 20 %, et deux cartes de grands magasins qui portent intérêt à 30 %. Pour Josée, ce serait alors le moment de chercher à obtenir un emprunt de consolidation de sa banque. Le dossier de crédit de Josée se ressentira de cette accumulation de dettes, mais elle devrait quand même pouvoir obtenir un prêt personnel à un taux d'intérêt inférieur

à celui des cartes de crédit. En consolidant ses dettes, Josée épargnera environ 600 $ de frais d'intérêt. Ce qui est plus important, si elle maintient les mêmes versements mensuels qu'auparavant, ces 600 $ serviront entièrement à réduire le solde des emprunts.

Il convient dans ce contexte de formuler un sérieux avertissement! Il ne faudrait pas que vos bonnes intentions vous conduisent à aggraver votre situation. Si vous retournez à vos mauvaises habitudes, vous pourriez devoir rembourser non seulement l'emprunt de consolidation mais de nouveaux soldes accumulés sur vos cartes de crédit. Vous devez être sûr d'avoir la discipline nécessaire pour résister à la tentation des achats faciles avec les cartes. Pour vous aider en ce sens, le meilleur moyen est de détruire vos cartes de crédit; un autre bon moyen est de faire réduire à un niveau prudent la marge de crédit sur chacune d'elles.

4. Augmentez vos versements.

Étudiez d'un œil critique vos revenus et dépenses mensuels pour trouver des moyens d'affecter plus d'argent au remboursement de vos dettes. Votre attention ainsi fixée sur la gravité de la situation, vous pourriez constater que rembourser est moins difficile que vous ne l'aviez cru. Si vous ne pouvez pas augmenter le montant des versements, peut-être pourriez-vous faire des versements plus fréquents. Vous réduiriez plus rapidement le solde en souffrance et paieriez moins d'intérêt. Par exemple, si vous devez 10 000 $ à 16 % et que vous vous proposez de rembourser cette somme en faisant des versements mensuels de 400 $, vous aurez payé 2 400 $ en intérêt à la fin des 31 mois requis pour rembourser cette dette. Si vous choisissez plutôt de faire des versements hebdomadaires de 100 $, il ne vous faudra que 28 mois pour rembourser la dette; vous réaliserez une économie de 400 $ sur les intérêts.

5. Vendez les placements improductifs.

Afin de vous procurer de l'argent comptant, vous pouvez vendre les placements qui ne vous ont pas donné un bon rendement ou vendre des biens personnels. C'est un bon point départ pour vous débarrasser de vos dettes. (Il arrive que de grandes entreprises vendent pour la même raison des éléments d'actif de choix.) Il n'est pas facile d'agir de la sorte, car nous avons toujours le sentiment que ce n'est pas le moment de vendre. Nous estimons souvent que les placements vont trop bien pour les vendre; ou au contraire, qu'ils vont si mal qu'ils entraîneraient une perte trop lourde; nous attendons alors que les prix se raffermissent. Dites-vous bien que si vous vendez des placements:

■ vous serez fier de vous-même;

■ votre meilleur rendement ne proviendra jamais de placements qui stagnent, mais bien de la réduction de vos dettes;

■ une fois vos affaires en ordre, vous aurez l'argent voulu pour vous acheter quelque chose ou pour faire un placement plus prometteur. Prenez garde, toutefois, en vous récompensant d'avoir éliminé vos dettes, de choisir un cadeau dont le prix dépasse vos moyens et vous conduit à vous endetter à nouveau.

Bâtir un fonds de réserve en espèces

La nécessité de vous bâtir une réserve de liquidités à même laquelle puiser pour parer aux urgences ou profiter de belles occasions, va de pair avec l'élimination des dettes. Le montant devant être mis de côté à cette fin doit égaler vos dépenses pour une période de trois mois. Heureusement, grâce au régime de soins de santé de l'État, vous n'aurez pas, à l'encontre de nombreux Américains, à faire face à une crise financière s'il vous arrive un problème de santé; mais vous aurez besoin d'argent si vous perdez votre emploi, si vous prenez un congé sans solde pour vous occuper d'un proche ou si vous voulez aider un membre de votre famille en butte à des difficultés financières.

Nous cherchons aussi à bâtir une réserve de liquidités pour pouvoir profiter des occasions qui pourraient se présenter. Il est souvent nécessaire d'agir vite. Ainsi, acheter des semences à gazon en décembre et une souffleuse à neige en juillet permet d'obtenir les meilleurs prix. Une réserve d'argent comptant vous permet de prévoir vos besoins et d'acheter lorsque le prix est favorable, au lieu que vous soyez forcé d'acheter à crédit ou de payer davantage parce que vous ne pouvez plus retarder l'achat en raison d'un besoin pressant. Parmi les circonstances avantageuses

dont vous voudrez tirer parti, il y aura sans doute des occasions de placement susceptibles de contribuer à votre enrichissement.

L'assise de vos placements

Monter d'un étage dans la pyramide vous conduit au placement le plus populaire, les obligations d'épargne du Québec ou du Canada (OE). Ces obligations constituent l'un des meilleurs instruments de placement que l'on puisse détenir dans un fonds de réserve en espèces. Elles constituent, de plus, un élément important pour la construction de ce troisième étage, l'assise de vos placements. Les obligations d'épargne comportent très peu de risque et vous permettent d'obtenir rapidement du comptant, en plus de vous offrir le meilleur rendement possible sur vos liquidités.

Ces obligations sont sûres parce qu'elles sont garanties par les gouvernements québécois ou canadien. Elles sont faciles à acheter et constituent un placement sûr dont le rendement est raisonnable. Soyez conscient, toutefois, que ce rendement reste faible et que vous ne devriez pas utiliser ce genre de titres en tant que placement à long terme. Les obligations d'épargne doivent plutôt servir de dépôt à court terme, encaissable à tout moment.

S'il a en main 5 000 $ ou plus, l'épargnant peut aussi acheter des bons du Trésor du gouvernement du Canada, qui possèdent plusieurs des caractéristiques des obligations d'épargne. Comme ils sont aussi offerts par le gouvernement du Canada, ils présentent les mêmes garanties et sont aussi sûrs que les obligations d'épargne. Techniquement, les bons du Trésor ne rapportent pas d'intérêt comme les obligations d'épargne; ils sont plutôt vendus à escompte par rapport à leur valeur nominale; par la suite, leur valeur marchande augmente régulièrement pour atteindre la valeur nominale à l'échéance. Aux fins de l'impôt, toutefois, cette augmentation est traitée comme de l'intérêt et non comme un gain en capital.

De plus en plus, les investisseurs placent leurs liquidités dans des fonds du marché monétaire, un type de placement privilégié depuis longtemps par nos voisins américains. Les fonds communs de placement du marché monétaire investissent dans des bons du Trésor et dans des prêts à court terme (souvent désignés par le terme *papier commercial*) émis par les gouvernements fédéral et provinciaux et les sociétés canadiennes qui possèdent une solide cote de crédit.

Ces fonds ont des sommes énormes à investir et peuvent acheter ces titres en coupures de 100 000 $, sur lesquelles ils obtiennent un taux d'intérêt plus élevé que sur des coupures plus petites. Les fonds communs de placement du marché monétaire peuvent aussi obtenir des taux d'intérêt plus élevés en plaçant pour des périodes plus longues que nous ne pourrions le faire. Il leur serait possible de vendre ces placements sur le marché hors cote dans l'éventualité d'une ruée d'investisseurs désireux de ravoir leur argent. Cette capacité d'obtenir des taux plus élevés signifie que les fonds de titres du marché monétaire peuvent souvent offrir un rendement plus élevé que celui que les épargnants obtiendraient sur des dépôts à court terme et des bons du Trésor. Les fonds communs de placement doivent néanmoins payer leurs gestionnaires, ce qui réduit, bien sûr, le rendement net.

On trouve au même étage de la pyramide des dépôts sûrs, dont les échéances peuvent aller jusqu'à cinq ans, tels que les certificats de placement garantis émis par les sociétés de fiducie, les dépôts à terme dans les banques, les rentes à terme émises par les compagnies d'assurances. Ils offrent la sécurité et un bon rendement sur l'argent qui peut rester immobilisé quelques années, mais non à long terme.

Vos REER et fonds de pension sont aussi à cet étage. Nous avons déjà vu que, grâce aux avantages fiscaux dont ils jouissent, ces régimes vous permettent d'accroître votre capital de deux à trois fois plus vite que des placements semblables, mais ils sont imposables. C'est là une occasion à ne pas manquer.

Enfin, l'achat d'une résidence complète la gamme des instruments de placement à cet étage. Les contribuables ont réalisé des gains financiers impressionnants dans le domaine immobilier. Trois raisons expliquent ces succès. On constate depuis longtemps que la valeur des immeubles croît au rythme de l'inflation. Durant certaines périodes, la valeur des maisons augmente plus rapidement que l'inflation, ce qui donne lieu à de très gros profits. À d'autres moments, la croissance est plutôt lente ou même négative.

Il est impossible de prédire si le prix des maisons affichera à nouveau le taux de croissance des années 1970 et 1980. Les valeurs pourraient augmenter à un rythme un peu plus lent que celui de l'inflation au cours de la présente décennie. Les condominiums et les résidences secondaires pourraient s'apprécier plus rapidement, en raison, d'une part, de la demande provenant des *baby boomers* à la recherche de résidences secondaires où aller se divertir et, d'autre part, de la demande provenant des *baby boomers* plus âgés qui envisagent de déménager dans des condominiums après le départ de leurs enfants. Quoi qu'il en soit, en règle générale, les propriétés devraient demeurer des placements sûrs.

Une autre raison importante d'investir dans l'achat d'une résidence est que sa plus-value est exempte d'impôt. Le fait est que peu d'autres moyens d'obtenir des revenus ou des gains en capital sont exonérés d'impôt. Une *résidence principale* est le logement où votre famille et vous habitez normalement. Une famille ne peut désigner comme résidence principale qu'une seule résidence à la fois. Enfin, la troisième raison de voir un bon placement dans l'achat d'une maison est qu'un tel achat exige habituellement que vous contractiez un emprunt hypothécaire, que vous rembourserez lentement et régulièrement en faisant des versements mensuels. C'est là un programme d'épargne forcé qui vous amène à augmenter petit à petit la valeur nette de votre propriété. C'est donc une bonne façon d'épargner et un important moyen d'accumuler du capital.

Priorités de placement

À l'étage suivant de la pyramide, vous commencez à disposer de capitaux plus importants pour faire des placements à long terme, surtout dans les marchés d'actions et d'obligations. La façon la plus judicieuse d'investir dans ces marchés est peut-être d'acheter des fonds communs de placement, où l'on trouve à la fois diversification et gestion professionnelle, deux avantages irréalisables pour la personne qui choisit de se débrouiller seule.

Dans le passé, les actions et obligations ont produit au fil des ans des rendements plus élevés que les placements moins risqués classés plus bas dans la pyramide. En vous limitant à investir dans un petit nombre de titres, vous vous exposez à un risque plus élevé. C'est là le danger de mettre tous ses œufs dans le même panier au lieu de pratiquer la diversification requise pour éviter d'être trop touché par les mésaventures d'un petit nombre de placements.

Les actions privilégiées exigent aussi de la prudence. Elles sont probablement plus risquées que les obligations et les dépôts garantis, tout en n'offrant pas les mêmes perspectives de gain que les actions ordinaires. Il se présente de courtes périodes où il peut être avantageux de posséder des actions privilégiées en raison de leur taux de rendement élevé et du traitement fiscal accordé aux dividendes. Toutefois, il est difficile de reconnaître le moment propice pour saisir ces bonnes occasions; on risque de se retrouver porteur d'actions privilégiées au mauvais moment.

À cette étape de votre ascension de la pyramide, il faut accorder plus d'importance au fractionnement du revenu afin de permettre aux membres de votre famille dont le taux d'imposition est plus faible de devenir des investisseurs. Il faut laisser aux membres de votre famille qui jouissent de revenus plus élevés le soin de payer les dépenses du ménage et les impôts des membres au revenu plus modeste. Ces derniers pourront alors utiliser leur propre argent pour investir et gagner des revenus de placement imposables à un taux inférieur.

Il pourrait être approprié pour certaines personnes d'adopter des stratégies de fractionnement du revenu plus dynamiques et à plus long terme. Si l'un a déjà amassé un important portefeuille de placements et que le conjoint au revenu moins élevé en est tout à fait dépourvu, il serait profitable de transférer certains éléments d'actif à ce dernier. Le conjoint mieux nanti peut donner des biens à l'autre ou lui accorder un prêt sans intérêt qui lui permettra de les acheter.

Dans les deux cas, les ministères du Revenu exigeront que les revenus produits par ces éléments d'actif soient attribués à l'ancien propriétaire des biens. Toutefois, tout revenu additionnel gagné sera imposé entre les mains du conjoint au revenu plus faible. Étant donné que seul le revenu de *deuxième génération* est effectivement transféré au conjoint, il s'agit ici d'une stratégie à long terme qui prendra plusieurs années avant d'entraîner un fractionnement important du revenu.

Une fois qu'un investisseur est prêt à passer au niveau suivant, il lui est recommandé de se tourner vers des placements plus hardis sur les marchés boursiers, aussi bien au Canada qu'à l'étranger. C'est-à-dire qu'il faut acheter et conserver des titres de sociétés bien établies et fortes, affichant une croissance rapide, dont les produits sont bien connus, et qui font des affaires dans les principaux marchés mondiaux. Les entreprises qui ont le vent dans les voiles et qui promettent de devenir les chefs de file de demain devraient aussi susciter l'intérêt. C'est en repérant ces entreprises dans tous les marchés du monde que vous réussirez à obtenir une meilleure diversification et une croissance plus rapide de vos placements. À ces fins, vous pouvez utiliser les fonds communs de placement ou, si vous êtes animé d'un grand intérêt pour ce secteur du marché et disposez des fonds nécessaires, vous pouvez gérer vous-même votre propre portefeuille de titres de croissance.

Toujours plus haut dans la pyramide, vous parvenez au palier des placements spéculatifs qui comprend l'immobilier, les abris fiscaux et les entreprises privées. Ces placements peuvent être très risqués, mais aussi très rentables. Certains avantages fiscaux peuvent atténuer les risques associés à ces placements et aider à en faire de meilleures occasions d'obtenir de forts rendements. Toutefois, vous ne devriez pas envisager ce type de placement à moins d'avoir des assises financières solidement établies et un taux d'imposition suffisamment élevé pour vous permettre de bénéficier d'économies d'impôt si l'aventure tourne mal.

Au sommet de la pyramide, se situent les objets d'art, les bijoux, les objets de collection, de même que les produits de base, une catégorie de placement exigeant une bonne connaissance du marché. De façon générale, ces placements sont plus coûteux pour les acheteurs au détail que pour les professionnels. Évidemment, un des types de placement situés au faîte de la pyramide pourrait constituer pour vous une forme de placement beaucoup plus accessible si vous possédez les connaissances et l'expérience requises. Peut-être collectionnez-vous les timbres depuis de nombreuses années, par exemple. Certains autres investissent avec profit dans les livres rares, les tapis persans ou les voitures d'époque; leur expertise en la matière leur permet de joindre l'utile à l'agréable. Sans aucun doute votre pyramide différera-t-elle de celle du voisin, mais tout investisseur a fort à gagner en se montrant très méthodique dans le choix de ses priorités de placement.

L'évaluation de votre situation financière

À ce stade, il y a lieu de rassembler les renseignements que vous possédez sur votre situation financière actuelle et d'en dégager les forces et les faiblesses. À titre de cadre pour cet examen, dressez d'abord la liste de vos priorités financières, en commençant à la base de la pyramide. Jugez du contrôle devant être exercé sur vos dépenses en vue de commencer à accumuler des biens et à réduire votre endettement. Regardez de près vos assurances et le degré de protection qu'elles vous procurent, aussi bien qu'à votre famille. Puis jetez un regard sur l'organisation de vos finances: vos avoirs et vos dettes et les autres questions d'ordre financier sont-ils en ordre de telle sorte que votre famille puisse s'y retrouver? Sinon, ce devrait être là une de vos priorités pour bien planifier votre succession.

Assurez-vous aussi d'avoir de solides économies, dans des valeurs sûres. Ne négligez aucun des moyens offerts pour réduire vos impôts, particulièrement les reports d'impôt et les mesures d'incitation telles que les REER. Considérez la possibilité d'élargir ces avantages fiscaux en partageant, dans la mesure du possible, des revenus avec d'autres membres de votre famille.

Enfin, il sera bon de revoir vos placements pour vérifier si votre argent, gagné au prix de longs efforts, est placé de manière à vous procurer le rendement le plus élevé possible, compte tenu des risques que vous avez les moyens d'accepter.

Bien imprégnés de ces principes, vous pouvons maintenant revoir l'information que vous avez rassemblée sur votre situation financière. Des réponses à certaines questions ne sont pas encore trouvées, mais le reste de ce chapitre se concentrera sur le contrôle que vous exercez sur l'argent qui vous passe entre les mains.

Retenir plus d'argent

Durant votre vie, vous recevrez des millions de dollars et en dépenserez autant. L'astuce, c'est de retenir une partie de cet argent au passage. Cela n'est pas facile. Durant les 20 ou 30 premières années de votre carrière, il semble que vous dépensez tout ce que vous gagnez pour élever vos enfants et les faire éduquer, pour les assurances, pour une maison et, en général, pour arriver à joindre les deux bouts. Vous espérez qu'au cours des années vous verrez s'accumuler certaines économies dans le régime de retraite de votre employeur, dans des REER ou au moins dans les régimes de retraite du Québec ou du Canada.

Comme nous l'avons déjà vu, il faut amasser des épargnes considérables en vue de la retraite. Les économies que vous avez déjà accumulées, ajoutées aux épargnes que vous continuez à faire d'année en année vous procureront sans doute amplement d'argent au moment de la retraite; sinon, vous devez faire de la gestion de votre argent une priorité.

Comment vous procurer davantage d'argent? Voici un certain nombre de moyens:

■ faire mieux travailler vos économies;

■ réduire vos impôts;

■ gagner davantage;

■ dépenser moins;

■ utiliser la valeur de rachat de vos polices d'assurance;

■ utiliser vos valeurs latentes: votre maison, vos biens personnels et vos placements peu productifs;

■ recevoir un héritage.

Si vous voulez vraiment vivre très à l'aise à la retraite, vous devriez vous appliquer à transformer le plus d'argent possible en économies, tout en ayant recours au plus grand nombre possible de moyens. Votre capacité de gagner de l'argent dans l'avenir dépend à un point tel de la planification efficace de vos placements, que j'en discuterai en détail au chapitre 12. Les stratégies fiscales peuvent aussi s'avérer très rentables, de sorte que nous consacrons le chapitre 11 aux impôts. Entre-temps, notons qu'il faut mettre de l'argent de côté aujourd'hui, et tous les mois, afin de créer une réserve de fonds à investir de façon efficace en vue de l'avenir.

Gagner davantage

Comment faire pour gagner davantage dans le contexte économique difficile que nous connaissons? Cela n'a rien d'évident. De fait, nombreuses sont les personnes qui doivent faire de grands efforts pour s'assurer qu'elles ne gagneront pas moins. Ce serait dépasser le cadre de ce livre que de traiter de la façon de se trouver un emploi ou d'augmenter ses revenus d'affaires. Sachez que les gens de talent sont toujours en demande et les personnes occupées semblent savoir si bien gérer leur emploi du temps qu'elles réussissent à accomplir davantage. La complaisance n'a pas sa place ici. Il faut améliorer ses compétences, sinon passer au second rang. Ce semble dur, et ce l'est. Mais si vous êtes en santé, si vous avez de l'énergie et jouissez du soutien de vos amis et de la famille, vous saurez trouver des moyens d'améliorer vos revenus et d'ajouter à vos économies.

L'une des démotivations à gagner plus, c'est d'avoir à payer plus d'impôt. Il se pourrait même que vous finissiez par donner plus de 50 % de vos gains additionnels à Revenu Québec et Revenu Canada. Accepter un nouvel emploi ou un emploi additionnel peut entraîner certaines dépenses de transport, de vêtement, de garderie, de repas. On se demande souvent s'il vaut la peine de se trouver un second emploi. Tant qu'on aime le travail, cela en vaut la peine. Quant aux impôts et aux coûts reliés à l'emploi, à quoi bon s'y arrêter? Après tout, il vous restera bien une moitié de chaque dollar gagné, ce qui est beaucoup mieux que rien du tout.

Le contrôle de vos dépenses

La maîtrise de vos dépenses constitue l'un des moyens essentiels pour améliorer votre situation financière dans l'immédiat. Cela peut parfois sembler impossible; souvent, vous avez l'impression de lésiner et de vous priver. En fait, il est souvent possible de réduire vos dépenses en examinant de près les façons dont vous dépensez. Revoyez les dépenses que vous avez étudiées en détail au chapitre 9. Pouvez-vous y repérer des occasions immédiates d'épargner? Vous êtes-vous demandé si chaque dépense était essentielle et s'il était possible de satisfaire vos besoins à moindre coût? Par exemple, si vous dépensez 1 000 $ par mois en repas au restaurant, demandez-vous si cette dépense est indispensable. Peut-être ne cuisinez-vous pas assez et que le plaisir d'aller au restaurant est plus important que celui de prendre des vacances luxueuses. Pourriez-vous réduire ces frais en organisant des repas chez vous? Si les abonnements à des magazines vous coû-

tent 500 $ par année, assurez-vous de lire ces revues au lieu de les empiler dans un coin du salon.

Examiner ses revenus et dépenses dans le but d'instaurer un meilleur contrôle des frais, cela s'appelle, bien sûr, faire un budget. J'ai évité jusqu'ici d'employer ce mot, étant donné ses connotations de privation et de contrainte. Mais en réalité, un budget devrait être vu comme une bonne chose puisqu'il peut vous aider à dépenser votre argent de façon plus intelligente et plus plaisante à la fois.

Les prévisions de dépenses que vous avez dressées au chapitre 9 sont faciles à transformer en budget mensuel; si vous préférez, vous pouvez utiliser les chiffres correspondant à l'année en cours pour revoir vos habitudes de dépenses. Tentez d'évaluer quelle dépense répond à un *besoin* et quelle dépense à un *désir*, et cherchez des façons de réduire le coût de chaque dépense. Le simple fait de préparer un budget annuel pourrait suffire à vous rappeler que dépense et épargne sont étroitement liées. Même si certains préfèrent tenir un registre de rentrées et de sorties de fonds et comparer chaque mois ces données à leur budget, vous pouvez procéder autrement; il y a de multiples façons de se servir d'un budget. Cela dépend de vos habitudes et de la facilité avec laquelle vous gérez vos finances. Peu importe comment vous vous y prenez, la préparation d'un budget et l'analyse de vos dépenses au moins une fois par année constituent un excellent exercice si vous prenez au sérieux la planification financière. Certaines personnes se demandent si elles devraient desserrer les cordons de leur bourse et jouir du présent ou les resserrer et épargner en vue de l'avenir. Il y a belle lurette que les gens font face à ce dilemme. Chose certaine, l'épargne semble toujours avoir sa place. Mais il n'y a pas de règle universelle à ce sujet...

Ce qui est triste, c'est de voir quelqu'un qui a économisé toute sa vie mourir prématurément, sans avoir pu jouir de ses épargnes. C'est dire que, dans la vie, il faut consacrer du temps à ces activités importantes qui nous permettent de profiter des joies de la famille et des amis. Nous gaspillons des énergies à des activités sans conséquences et dépensons sans trop réfléchir. C'est là qu'il faut couper si l'on veut épargner pour l'avenir.

Ce que les Canadiens font de leur argent

Revenu familial Catégorie de dépense	Revenu familial de 35 000 $ à 39 000 $	de plus de 85 000 $
	$	$
Billets de loterie	168	197
Soins des animaux de compagnie	176	454
Primes d'assurance-vie	263	819
Éducation	321	1 130
Régimes de retraite et REER	791	3 446
Soins de santé	904	1 425
Soins personnels	807	1 576
Repas au restaurant	1 210	3 449
Tabac et alcool	1 421	2 122
Cadeaux et dons de charité	1 308	3 391
Vêtement	1 849	5 355
Divertissements	1 911	5 494
Appareils ménagers et meubles	1 306	3 125
Alimentation (épicerie)	4 493	6 433
Transport	5 520	11 414
Impôts personnels	5 636	33 308
Logement	7 370	14 591
Total	35 454	97 729

NOTE: Cette information est tirée de données recueillies en janvier, février et mars 1993 sur les dépenses des familles canadiennes en 1992.

SOURCE: STATISTIQUE CANADA

Vous pourriez peut-être abandonner le ski alpin en faveur du ski de randonnée, qui coûte moins cher, est meilleur pour la santé et peut être tout aussi agréable. Vous pourriez prendre des vacances au Québec et dépenser moins en billets d'avion, hôtels et repas coûteux. Ou encore, faire durer votre vieille voiture; sans doute coûte-t-elle plus en réparations qu'une voiture neuve, mais ces frais sont nettement inférieurs à la perte de valeur de 5 000 $ que vous encaissez l'année où vous achetez une nouvelle voiture. Enfin, vous pourriez donner des cadeaux moins coûteux à l'occasion des anniversaires et des jours de fête. Ceux qui les recevront vous aimeront tout autant.

La période que nous traversons est propice à de tels changements. En effet, l'épargne est en vogue et la consommation ostentatoire très mal vue.

Puiser de l'argent dans vos polices d'assurance

Durant vos années de préparation à la retraite, c'est-à-dire de 45 à 65 ans, le montant d'assurance dont vous avez besoin a tendance à diminuer à mesure que vos enfants commencent — plus ou moins — à subvenir à leurs propres besoins, que votre emprunt hypothécaire décroît et que vous continuez à acquérir des biens. Il se peut que vous commenciez à envisager de convertir en argent la valeur de rachat de cette police vie entière que vous aviez achetée au moment où les enfants étaient encore très jeunes. Si tel est le cas, ne vous hâtez pas trop.

En premier lieu, demandez conseil à un professionnel pour être sûr que vous prenez la bonne décision. L'assurance vie entière est complexe et il n'est pas facile de déterminer s'il est sage de puiser à cette source et, si oui, quelle est la meilleure façon de le faire.

En second lieu, vous pourriez constater que vous continuez d'avoir besoin de votre assurance une fois à la retraite, alors que votre assurance-groupe sera annulée ou réduite à une somme modeste. Souvent, après la retraite, les gens ont besoin d'assurance pendant une dizaine d'années, c'est-à-dire du début de leur retraite jusqu'à l'âge de 75 ans. S'ils ont abandonné trop tôt leur police, ils doivent se contenter d'une protection inadéquate, car il est à peu près impossible à cet âge d'acheter de l'assurance à un prix abordable. Enfin, si vos polices actuelles ne vous coûtent pas cher, vous vous rendrez peut-être compte, au moment de convertir vos REER et de choisir une rente, qu'elles élargissent l'éventail des possibilités qui s'offrent à vous en ce qui a trait aux dispositions concernant les survivants.

Par contre, les polices d'assurance inutiles n'ont pas leur place dans un bon plan financier. Cela est particulièrement vrai si les placements de votre famille et le revenu de retraite de votre conjoint leur assurent la protection nécessaire advenant votre décès. Il est également possible que les droits à des prestations de survivant de vos régimes de retraite et de rentes suffisent à assurer la protection requise. Si tel est le cas, les primes servant à maintenir cette assurance en vigueur devraient être investies; bien placées, elles pourraient même vous enrichir, ce que ne pourraient faire vos polices d'assurance. Mais n'oubliez pas: avant d'annuler toute police d'assurance, en vous fondant sur les revenus importants que vous prévoyez recevoir, faites vérifier vos calculs par un expert. Le calcul des prévisions de revenus est complexe et vous pourriez regretter une erreur de jugement des années durant.

Plutôt que d'encaisser la valeur d'une police d'assu-rance-vie entière, vous pourriez considérer les diverses façons d'y puiser du comptant. Une de ces façons pourrait être de convertir votre police en un produit d'assurance différent, certains de ces produits étant admissibles à titre de cotisations à un REER. Une autre façon d'agir serait de transformer votre police vie entière en police d'assurance libérée; l'indemnité de décès serait réduite, mais vous n'auriez plus de prime à payer. Enfin, vous pourriez simplement

emprunter sur la police, habituellement à un faible taux d'intérêt. Mais, répétons-le, avant de poser un tel geste, assurez-vous que votre famille jouit d'une protection adéquate.

Les valeurs latentes

Nous possédons tous de nombreuses valeurs latentes. Savoir réduire nos dépenses en est une; faire un usage plus judicieux de notre temps, peut-être en prenant un second emploi, en est une autre. Accomplir des tâches à la maison que nous confions souvent à d'autres, moyennant rémunération, pourrait en être une autre. Enfin, ajouter à nos compétences et suivre des cours du soir pour améliorer nos chances d'avancement constitue aussi une valeur latente.

Votre maison est aussi une valeur latente. Certes, vous l'avez acquise pour y habiter; elle est intégrée à votre mode de vie. Néanmoins, elle constitue également une bonne part de votre richesse, une part que vous ne pouvez utiliser sans la vendre. Votre contexte de vie évolue, vos enfants quittent la maison; avez-vous toujours besoin de cette maison? Voilà une question épineuse. Lorsque nous devons prendre des dispositions financières en vue de la retraite, la question de savoir s'il vaut mieux vendre la maison familiale est une des décisions les plus difficiles à prendre, particulièrement si l'on y a vécu la plus grande partie de sa vie. L'aspect émotif de cette question est très important: on devient très attaché à l'endroit où l'on a vécu et élevé sa famille. Les atouts de cette maison, en l'occurrence le jardin, l'atelier, l'espace vital généreux, le caractère même des lieux si familiers sont des avantages qu'on ne retrouvera peut-être pas ailleurs. Si ces aspects ont à vos yeux une grande importance, il vaudrait peut-être mieux que votre décision ne soit pas fondée sur des consi-dérations financières.

Cette décision financière est étroitement liée à votre besoin d'argent. Si vous craignez de manquer d'argent, dans l'immédiat ou dans l'avenir, et si, sur le plan émotif, un déménagement vous paraît accep-table, vous devrez d'abord étudier avec soin les éco-nomies que pourrait vous procurer la vente de votre maison. Le produit net de cette vente pourrait cons-tituer une somme considérable à investir dans le but d'augmenter vos rentes. Par ailleurs, cette augmenta-

Le coût d'un déménagement   **FEUILLE DE TRAVAIL 28**

	Exemple	Votre situation
Frais actuels reliés à la résidence	$	$
Impôts fonciers	2 200	
Assurances*	600	
Entretien et réparations	600	
Chauffage	1 200	
Déneigement et entretien de la pelouse	500	
Total des frais du propriétaire	5 100	
Revenus de placement sur le produit de la vente de la maison		
Produit de la vente	185 500	
Frais reliés à la vente	18 500	
Produit net	166 500	
Rendement sur placement	10 %	
Revenu annuel de placement sur le produit	16 650	
Votre taux d'imposition personnel	40 %	
Revenu après impôt	10 000	
Frais reliés au nouveau logement		
Loyer	9 600	
Assurance logement	100	
Frais de stationnement	600	
Réparations et frais divers	300	
Total des frais de location	10 600	
Ajouts à vos rentrées de fonds		
Frais du propriétaire éliminés	5 100	
Plus: votre revenu de placement	+ 10 000	
Moins: les frais de location	– 10 600	
Amélioration de votre situation financière	= 4 500	

* Ne comptez pas les primes d'assurance rattachées au contenu de votre résidence. Vous aurez besoin de ce type d'assurance peu importe où vous habitez.

tion pourrait vous forcer à remettre au gouvernement une partie de votre pension de sécurité de la vieillesse. Votre analyse doit donc prendre en considération les économies réalisées sur le coût du logement, les revenus de placement provenant de l'investissement du produit de la vente et les coûts entraînés par la recherche d'un nouveau logis. Ces chiffres vous permettront de déterminer l'augmentation nette des rentrées de fonds que vous pouvez vous attendre de réaliser en vendant votre maison.

Jetez un coup d'œil sur la feuille de travail intitulée *Le coût d'un déménagement*. Nous y présentons un exemple et laissons une colonne en blanc pour faire l'analyse de votre propre situation. Dans la première partie de cette feuille, inscrivez tous vos frais de logement actuels, c'est-à-dire ceux que vous encourez en demeurant dans votre maison. Puis dressez une estimation du coût d'un déménagement. Évaluez d'abord le produit brut de la vente; soustrayez-en les dépenses reliées à la vente, disons 10 % du produit brut. Cette opération vous donnera l'estimation du

Votre situation financière et les priorités à établir FEUILLE DE TRAVAIL 29

Notez ci-dessous les priorités découlant de l'analyse de votre situation financière et les belles occasions repérées au cours de l'analyse.

1. _____

_____

2. _____

_____

3. _____

_____

4. _____

_____

5. _____

_____

6. _____

_____

7. _____

_____

8. _____

_____

9. _____

_____

10. _____

produit net qui vous reviendra une fois la vente réalisée. Puis, déterminez les rentrées de fonds nettes d'impôt que vous obtiendrez en plaçant ces fonds. L'exemple présenté est fondé sur un taux de rendement de 10 % et un taux d'imposition de 40 %.

Pour terminer, évaluez le coût de votre nouveau logement, en supposant que vous louerez un condominium ou un appartement. Le coût inclura le loyer, le stationnement, l'assurance des locataires et pourrait inclure également le coût des services publics et du chauffage si ceux-ci ne sont pas compris dans le loyer. Une fois ces calculs faits, vous saurez si la vente de

votre maison peut augmenter vos rentrées de fonds et si cette augmentation sera substantielle. D'une part, vous épargnerez le montant que vous consacrez actuellement à vous loger et vous gagnerez un revenu de placement. D'autre part, ces économies seront réduites du montant correspondant au coût de votre nouveau logement. Dans notre exemple, vendre la maison et déménager dans un appartement loué entraînerait une économie de 4 500 $ par an. Combien serait-ce dans votre cas?

Si vous jugez attrayant l'avantage financier à tirer de la vente, il vous faut maintenant réfléchir à la valeur de votre maison en tant que placement et au choix du meilleur moment pour vendre. Si vous vous attendez à une hausse de prix des maisons et que vous n'avez pas besoin de l'argent tout de suite, il serait judicieux de reporter la vente, en vous rappelant que les gains en capital sur la vente des résidences personnelles sont exempts d'impôt au Canada.

Votre résidence secondaire représente une autre valeur latente. Bien sûr, l'endroit éveille chez vous de beaux souvenirs et vous aimez bien y aller pour vous la couler douce. Mais l'an dernier, vous n'y êtes allé que trois fins de semaine et les enfants n'y vont plus. Alors, pourquoi ne pas analyser la valeur financière de cette propriété? Ici encore, si vous croyez que les prix des résidences secondaires vont continuer de monter, il est sans doute sage de conserver la vôtre, surtout si les frais d'entretien ne sont pas trop élevés. Si vous n'êtes pas sûr qu'elle continuera à prendre de la valeur, vous pourriez la vendre et placer les fonds. Cela ne vous empêchera pas de vous rendre à la campagne trois ou quatre fins de semaine par année, séjournant dans une auberge.

Possédez-vous deux voitures? En aurez-vous vraiment besoin à la retraite ou pourriez-vous en vendre une? Qu'en est-il de vos objets usagés? Les vendre pourrait vous rapporter pas mal d'argent tout en vous permettant de libérer le garage ou le sous-sol. Mais gardez-vous bien de ne pas laisser aller à vil prix des bandes dessinées qui valent 50 $ ou des cartes de baseball qui en valent 500 $ ou encore d'autres articles qui ont une grande valeur aux yeux des collectionneurs.

Il ne s'agit pas de chambarder votre vie. Il s'agit simplement d'évaluer d'un œil critique certaines de vos possessions et de juger si vous pourriez tirer meilleur parti de leur valeur en les vendant. Du point de vue financier, l'astuce consiste à prévoir la valeur qu'auront dans l'avenir les *valeurs cachées*, c'est-à-dire la maison, la résidence secondaire, les voitures, les bandes dessinées, en comparaison d'autres formes de placement. Mais l'argent n'est certes pas la seule considération. Il serait malsain de vendre toutes vos possessions simplement pour mettre de l'argent à la banque. Au bout du compte, ce ne sont pas les carnets de banque et les certificats d'actions qui peuvent nous procurer beaucoup de plaisir.

Les héritages

Il peut sembler déconcertant de traiter des héritages dans une revue des méthodes à utiliser pour maximiser ses économies. La plupart des gens sont mal à l'aise d'associer le décès d'êtres chers et la richesse que cela pourrait leur apporter. Mais il y a des choses que vous pouvez faire à l'égard de cette éventualité. Vous pouvez aider vos parents à rédiger leur testament. Vous pouvez aussi les aider à bénéficier de la meilleure gestion possible de leurs placements afin qu'ils ne perdent pas d'argent.

Vous pouvez leur faire des suggestions utiles; par exemple, ils pourraient se renseigner sur les moyens de fractionner leur revenu au moment de rédiger leur testament, l'un de ces moyens étant de léguer certains biens non pas à vous-même, mais plutôt à vos enfants en vue d'études universitaires. Vous pourriez aussi les aider à étudier la possibilité de recourir à un gel successoral, ce qui, tout en leur laissant les revenus produits par leurs avoirs actuels, vous ferait bénéficier, ainsi que vos enfants, de l'augmentation de valeur de ces avoirs dans l'avenir. (Vous trouverez plus de détails sur les gels successoraux au chapitre 14.) Cette planification ne devrait pas vous rendre mal à l'aise. Elle devrait plutôt vous inciter à réfléchir sur les façons d'aider vos parents à gérer leurs affaires et à réserver à leurs descendants des avantages pour l'avenir.

Le cheminement vers votre objectif

L'indépendance financière constitue un objectif imposant et que peu de personnes atteindront facilement. À moins de s'engager sérieusement dans la voie de l'indépendance financière, on pourra se voir forcé de retarder sa retraite ou de réduire ses attentes. Ce chapitre a présenté un certain nombre de stratégies de planification financière qui traitent de la saine gestion de l'argent et des priorités à établir. Il est facile de définir un certain nombre de bonnes stratégies, mais laquelle doit-on choisir en premier? Face à cette question, pensez à la pyramide des priorités et assurez-vous d'avoir déjà bâti de solides fondations avant de chercher à vous hisser plus haut. Si vos assises financières sont solides, vous pouvez vous permettre de courir de plus grands risques dans vos placements et espérer par le fait même avancer plus rapidement.

Chapitre 11

Les stratégies visant à réduire vos impôts

En 1994, les contribuables ont fini de payer leurs impôts le 22 juin. Du 1er janvier au 22 juin, chaque dollar gagné a servi à payer les impôts fédéraux, provinciaux et les taxes municipales, en plus d'un large éventail de frais gouvernementaux. En moyenne, c'est 44 % de nos revenus qui se destinent à des taxes de toutes sortes. En toute légalité, vous avez le droit et la responsabilité de gérer vos affaires de manière à réduire ce fardeau fiscal. Ce qui est inacceptable, c'est de recourir à des moyens illégaux pour échapper à l'impôt.

La connaissance de la réglementation fiscale peut vous aider à découvrir bien des occasions d'épargner de l'impôt et de consacrer une plus grande part de vos revenus à l'épargne et aux dépenses. Ces mesures d'épargne fiscale sont tout à fait légales; tous peuvent y recourir. Même si chacune d'elles, prise isolément, pourrait ne vous procurer qu'une petite économie, ensemble, elles sont susceptibles de produire une réduction d'impôt importante. De plus, cette épargne fiscale peut être réalisée année après année.

Avant de vous mettre à la recherche d'épargnes fiscales, vérifiez exactement combien d'impôt vous payez vraiment. Vous trouverez en annexe un tableau qui donne le taux marginal d'impôt selon le niveau de revenu imposable, combinant les fiscalités canadienne et québécoise. Votre taux marginal d'impôt est le taux d'imposition qui s'applique à chaque dollar additionnel de revenu que vous gagnez.

Vous observerez que notre régime fiscal emploie un barème *progressif* d'imposition. À mesure que le revenu imposable augmente, le taux d'imposition s'accroît de façon progressive. C'est un peu comme monter un escalier à plusieurs volées dont la pente deviendrait plus raide de palier en palier: rendu au premier palier, vous vous rendez compte que la volée suivante est plus raide; au deuxième, la pente s'accentue, et ainsi de suite. Il est très important de se rendre bien compte du coût élevé en impôt des tranches supérieures de votre revenu, car une réduction du revenu imposable à ces niveaux entraîne une forte épargne fiscale. Les contribuables atteignent rapidement le niveau auquel s'applique un taux d'im-

position de 50 % et le dépassent aisément avec l'ajout des surtaxes. Voilà pour la mauvaise nouvelle. La bonne, c'est que même de modestes réductions de votre revenu imposable peuvent se traduire par des économies d'impôt appréciables.

En général, on reconnaît trois principes d'épargne fiscale.

■ Les déductions et crédits. Profitez de toutes les déductions et crédits d'impôt disponibles.

■ Les reports d'impôt. Différez le paiement des impôts en tirant parti des reports que permettent les REER, les RPA et RPDB, par exemple.

■ La répartition. Transférez du revenu entre les mains de membres de la famille dont les taux marginaux d'imposition sont inférieurs.

Il y a bien des façons de mettre en application ces trois principes. Nous expliquons dans ce chapitre une foule de stratégies d'épargne fiscale, auxquelles nous ajoutons plus d'une cinquantaine de conseils pour vous aider à réduire vos impôts. Sans doute ne pourrez-vous pas les utiliser toutes, mais les quelques-unes qui s'appliqueront à votre cas particulier produiront, avec le temps, des résultats remarquables.

Les déductions et crédits d'impôt

Le premier principe d'une planification fiscale efficace consiste à profiter des déductions et crédits fiscaux légitimes. En examinant votre dernière déclaration de revenus, vous pourrez juger si vous bénéficiez de tous les avantages offerts par la loi. Pour y regarder de plus près, vous pouvez consulter les guides des ministères provincial et fédéral du Revenu.

Durant la période des impôts, vous pouvez vous procurer un exemplaire de ces guides à une caisse populaire, dans le cas du provincial, et à un bureau de poste, dans le cas du fédéral. Vous pouvez aussi vous adresser en tout temps aux bureaux de Revenu Québec et de Revenu Canada de votre région. Les numéros de téléphone de ces bureaux se trouvent dans les pages bleues de l'annuaire. Le guide d'impôt énumère les nombreuses déductions et crédits auxquels vous pourriez avoir droit et donne un aperçu des modalités qui caractérisent chaque déduction ou crédit.

Dans ce chapitre, nous allons examiner tour à tour chacune des déductions et chacun des crédits d'impôt que les contribuables sont portés à négliger le plus.

1. Les frais d'intérêts

Vous pouvez déduire de votre revenu les intérêts payés sur l'argent emprunté pour gagner un revenu. Vous pourriez avoir emprunté pour acheter des actions ou du matériel de bureau, ou pour investir dans des immeubles locatifs. Pour que les frais d'intérêts soient déductibles, il n'est pas nécessaire que le placement rapporte un revenu. Ainsi, si vous empruntez de l'argent pour acheter des placements qui entraînent des pertes en capital, vous pouvez quand même déduire les intérêts sur l'emprunt. Toutefois, l'espérance de profits, sous forme de revenus ou de gains en capital éventuels, doit être raisonnable.

CONSEIL: Bien des gens décident d'emprunter pour acheter une voiture tout en conservant leurs épargnes ou d'autres placements. Agir de la sorte peut convenir à des gens d'affaires autonomes ou à des vendeurs à commission, qui peuvent déduire de leur revenu d'affaires le coût de leur voiture. Les contribuables qui ne sont pas dans cette situation paient de l'impôt sur les revenus que produisent ces placements et ne profitent d'aucune déduction fiscale à l'égard des intérêts sur le prêt automobile. Les dettes sur lesquelles les intérêts ne sont pas déductibles sont très coûteuses. Si vous payez 10 % d'intérêt sur un prêt auto et que votre taux d'imposition marginal est de 40 %, par exemple, il faudrait que votre placement vous rapporte à peu près 17 % avant impôt pour compenser les frais d'intérêt sur le prêt auto; c'est là un rendement très difficile à obtenir aujourd'hui sans s'exposer à des risques démesurés.

Pourquoi ne pas puiser dans vos épargnes pour acheter votre voiture? Vous pourriez alors emprunter à des fins de placement et déduire les frais d'intérêt de vos revenus. Cela sera avantageux à condition que le placement produise un rendement plus élevé que le coût après impôt de votre emprunt. Par exemple, si votre placement rapporte 8 % et que le taux d'intérêt payé se chiffre à 10 %, en supposant un taux marginal d'imposition de 40 %, le rendement net de votre placement, c'est-à-dire après déduction du coût de l'emprunt, sera de 2 % après impôt; il serait donc raisonnable d'emprunter. Toutefois, dans les mêmes conditions d'emprunt, si vous investissez dans un titre qui ne rapporte que 5 %, le coût après impôt de cet emprunt sera plus élevé que le rendement du placement; dans ce cas, l'emprunt est désavantageux. Faites preuve de prudence; avant d'appliquer cette stratégie, il faut bien considérer les coûts que comporte la vente de vos placements. Par exemple, les dépôts à terme ou CPG peuvent être assortis de clauses de pénalité en cas de retrait prématuré. Ou encore, la vente de parts d'un fonds commun de placement peut entraîner des droits de remboursement ou créer un gain en capital imposable.

CONSEIL: Si, d'une part, vous avez des placements entièrement libres de dettes et si, d'autre part, vous payez de l'intérêt non déductible sur une hypothèque ou un prêt auto, consultez votre conseiller financier ou votre comptable pour voir si vous pourriez planifier vos affaires de manière à réduire vos impôts. Gardez-vous de vendre des placements pour rembourser l'hypothèque, puis d'emprunter à nouveau à des fins de placement, en rachetant les mêmes placements que vous veniez de vendre. Le fisc connaît bien ce genre de manœuvre et rejettera la déduction de l'intérêt.

2. Les frais financiers

Les frais financiers déductibles incluent les frais de garde de titres et d'autres valeurs, les frais de location de compartiment de coffre-fort et les honoraires de comptables, de même que les honoraires de conseillers en placement ou en planification de la retraite.

CONSEIL: Le conjoint (de fait ou marié) dont le taux marginal d'imposition est le plus élevé devrait payer les frais financiers et les déduire dans sa propre déclaration de revenus.

CONSEIL: Les frais d'administration des REER autogérés sont déductibles à condition d'être payés en dehors du régime. Voyez donc à les payer vous-même plutôt que de laisser le fiduciaire acquitter ces frais à même les fonds du régime.

3. Les frais de déménagement

Les frais de déménagement sont déductibles si vous déménagez d'un endroit à un autre au Canada pour gagner un salaire ou un revenu d'exploitation de votre propre entreprise et si le déménagement vous rapproche à au moins 40 kilomètres de votre nouveau lieu de travail. Les coûts déductibles incluent les frais de repas et d'hébergement à proximité de votre ancienne ou nouvelle résidence pour une durée d'au plus 15 jours et les frais relatifs à la vente de votre ancienne propriété, y compris les commissions, honoraires de notaire et droits de mutation (taxe de bienvenue), si vous achetez une nouvelle résidence. Toutefois, le montant total à l'encontre duquel vous réclamez une déduction ne peut dépasser le revenu gagné au nouvel emplacement. Toute dépense excédentaire peut être reportée à l'année suivante.

CONSEIL: Un étudiant peut aussi réclamer une déduction pour ses frais de déménagement s'il déménage pour occuper un emploi, y compris un emploi d'été, ou pour lancer une entreprise. Cette déduction viendra réduire le revenu net de l'étudiant qui, sans cela, serait peut-être assez élevé pour réduire votre propre crédit non remboursable pour personne à charge. Les étudiants peuvent aussi déduire ces frais s'ils déménagent pour suivre des cours à temps plein dans un établissement d'enseignement postsecondaire, mais cette déduction ne peut réduire que le revenu provenant d'une bourse d'étude ou d'une subvention de recherche.

4. Le paiement de pensions alimentaires, d'allocations de séparation et d'allocations d'entretien des enfants

Ces paiements sont déductibles, mais seulement s'ils sont versés de façon régulière et conformément à un arrêté, à une ordonnance ou au jugement d'un tribunal, ou à un accord écrit de séparation. Tout

comme vous avez le droit de déduire ces paiements si vous les versez, vous devez les déclarer comme revenu imposable si vous les recevez. Toute cette question fait présentement l'objet d'un litige devant la Cour suprême du Canada. Vous pouvez payer l'impôt payable sur la pension reçue dans l'attente d'une décision judiciaire finale, et signifiez par écrit votre opposition et serez remboursé en cas de jugement en votre faveur.

CONSEIL: Pour être bien sûr de tirer pleinement parti de cette disposition, consultez des fiscalistes et des conseillers juridiques concernant votre séparation, même si votre conjoint et vous êtes disposés à vous entendre à l'amiable quant à ces paiements. Notez, de plus, qu'il est parfois possible que l'accord conclu s'applique de façon rétroactive aux paiements déjà versés.

5. Le crédit d'impôt à l'âge de 65 ans

Les contribuables de 65 ans ou plus ont droit à des crédits d'impôt additionnels de 2 200 $ au provincial et de 3 482 $ au fédéral. Toutefois, le crédit d'impôt fédéral en raison de l'âge est assimilé à un revenu. Ainsi, il sera réduit à raison de 15 % du revenu net (7,5 % en 1994) pour tout revenu qui excède 25 921 $. Cachez votre âge si cela vous chante, mais, de grâce, pas aux ministères du Revenu; sinon vous vous priverez de ce crédit d'impôt.

CONSEIL: Si votre conjoint a 65 ans ou plus mais n'a pas assez de revenu pour tirer pleinement parti de ce crédit, il peut vous transférer le montant inutilisé.

6. Le crédit pour conjoint et équivalent du crédit pour conjoint

Les montants de ce crédit étaient de 5 900 $ en 1994 au provincial et de 5 380 $ au fédéral; ils sont sujets à des réductions de 17 % du revenu net dépassant 538 $ au niveau fédéral et de 20 % au niveau provincial. Voyez donc à ce que votre conjoint réclame tous les crédits et déductions possibles et verse la cotisation maximale à son REER. Aux fins de l'impôt provincial, contrairement à l'impôt fédéral, il faut tenir compte du revenu du conjoint durant toute l'année, même s'il y a eu séparation dans le courant de l'année.

CONSEIL: Une disposition spéciale permet que les dividendes reçus par votre conjoint vous soient attribués aux fins de l'impôt, ce qui peut être avantageux si cela vous permet de réclamer la totalité ou une partie du crédit d'impôt pour conjoint.

CONSEIL: Si vous êtes célibataire, divorcé, séparé ou veuf et que vous subvenez aux besoins de membres de votre parenté qui résident avec vous, tel un enfant de moins de 19 ans, un parent, un grand-parent ou une personne handicapée, vous pouvez réclamer l'équivalent du montant pour conjoint.

7. Le crédit pour dons de charité

Vous pouvez réclamer, dans le cas de l'impôt fédéral, un crédit d'impôt égal à 17 % des premiers 200 $ que vous versez en dons de charité et à 29 % de l'excédent, jusqu'à concurrence de 20 % de votre revenu net. Dans le cas de l'impôt provincial, ce crédit s'établit à 20 % du montant des dons de charité jusqu'à concurrence de 20 % de votre revenu net. Vous devez joindre à votre déclaration tous vos reçus pour appuyer votre demande. Vous pourrez reporter les dons que vous n'avez pu déduire sur une période ne dépassant pas cinq ans.

CONSEIL: Peu importe le nom inscrit sur le reçu, l'un ou l'autre des conjoints peut déduire un don de charité. Pour ce qui est de l'impôt fédéral, il est avantageux de laisser celui qui gagne le plus déduire tous les dons de charité. Par exemple, si chacun de vous fait des dons de 200 $ et les déduit de son revenu imposable, le crédit d'impôt s'élèvera à 17 % de 200 $ dans chaque cas; si un seul des conjoints déduit 400 $, il profitera d'un crédit de 29 % sur la deuxième tranche de 200 $, aux fins de l'impôt fédéral.

CONSEIL: Disons que, tard dans l'année, vous avez déjà fait un don de 200 $ et que vous avez l'intention d'en faire d'autres tôt dans la nouvelle année. Il serait préférable de faire ces dons additionnels dans l'année en cours afin de tirer parti du taux de 29 % au fédéral sur la portion des dons qui dépasse 200 $, en plus de réaliser cette épargne fiscale un an plus tôt.

8. Le crédit pour frais médicaux

Le crédit que vous pouvez réclamer pour les frais médicaux se calcule en soustrayant du total de vos frais le moins élevé des montants suivants: 1 614 $ ou 3 % de votre revenu net, puis en multipliant le résultat par 20 % dans le cas de l'impôt provincial et par 17 % dans le cas de l'impôt fédéral. Vous devez joindre vos reçus à votre déclaration. Les frais doivent avoir été payés au cours d'une période de 12 mois se terminant dans l'année d'imposition et ne doivent pas inclure des montants déjà déduits dans l'année précédente ou des montants qui vous sont ou vous seront remboursés par un régime d'assurance. Vous pouvez réclamer les frais médicaux qui ont été payés pour vous et votre conjoint ou des personnes à charge, par exemple un enfant à charge de moins de 19 ans, un petit-enfant, ou un parent.

Les frais de transport, de déplacement et de logement engagés dans l'année par les résidents de régions éloignées, lors de séjours prolongés, pour obtenir au Québec des soins médicaux spécialisés non dispensés dans leur région donnent également droit à un crédit non remboursable de 20 % au provincial et de 17 % au fédéral. Contrairement aux frais médicaux, ces frais ne sont pas réduits du moindre de 3 % du revenu net ou 1 614 $. Le lieu où les soins sont prodigués doit être d'au moins 250 kilomètres du lieu de résidence de la personne bénéficiant des soins.

CONSEIL: Il est habituellement avantageux de laisser au conjoint dont le revenu est inférieur le soin de réclamer ce crédit d'impôt, étant donné que la réduction des frais, égale à 3 % du revenu net, sera alors moins importante. Toutefois, si ce conjoint ne peut utiliser le crédit en entier, les deux conjoints devraient partager entre eux les frais médicaux dans les proportions voulues pour réaliser le meilleur allégement fiscal.

CONSEIL: Une disposition spéciale vous permet de déduire les frais médicaux que vous avez versés pour un enfant à charge qui n'est pas techniquement votre dépendant parce que son revenu est trop élevé. Selon cette *disposition de rajustement*, vous devez soustraire des frais médicaux en question 68 % du revenu de votre enfant qui excède 6 456 $. Vous devriez calculer l'impôt à payer dans le cas où votre enfant demande le crédit, puis le comparer à l'impôt à payer si vous utilisez la disposition de rajustement, afin de faire le choix le plus avantageux.

CONSEIL: Vous seriez peut-être étonné des catégories de frais médicaux qui sont admises par les ministères du Revenu. Il ne faut pas négliger les frais engagés pour l'achat de fauteuils roulants, de béquilles ou même d'un bain à remous, à condition que ces articles aient été prescrits par un médecin. Dans la plupart des cas, si un médecin vous donne une ordonnance, vous pourrez déduire les frais médicaux. Les primes payées à un régime privé sont aussi déductibles, ainsi que, au provincial, la part payée par l'employeur (relevé 1, case J).

9. Le crédit pour revenus de pension

Certains types de revenus de pension sont admissibles pour les fins du crédit d'impôt non remboursable pour revenu de pension, jusqu'à concurrence de 1 000 $. Si vous avez 65 ans ou plus, les types de revenus de pension admissibles sont les suivants:

■ les revenus de rente provenant de régimes de pension de retraite, de régimes de retraite, de REER et de RPDB;

■ les paiements reçus d'un FERR;

■ le revenu d'une rente viagère ou d'une rente certaine achetée avec des fonds provenant de régimes non agréés;

■ les revenus d'un contrat de rente à versements invariables; on ne peut plus acheter de tels contrats, mais plusieurs personnes continuent de recevoir du revenu provenant de contrats existants;

■ les paiements reçus d'autres régimes désignés, y compris la partie imposable de revenus tirés de régimes de pension étrangers tels que celui des États-Unis.

Si vous avez moins de 65 ans, les types de revenus de pension qui sont admissibles sont les suivants:

■ les revenus de rente provenant de régimes de pension de retraite ou de régimes de retraite;

■ les revenus résultant du décès du conjoint, y compris un conjoint de fait. Cela comprend les revenus de rente provenant d'un REER, d'un RPDB ou d'une autre rente; les paiements reçus d'un FERR et les revenus tirés d'autres régimes désignés, y compris la partie imposable de revenus tirés de régimes de pension étrangers tels que celui des États-Unis.

CONSEIL: Les deux conjoints peuvent demander le crédit d'impôt pour revenus de pension. Vous devriez donc planifier vos affaires de manière à avoir chacun au moins 1 000 $ de revenus de pension à la retraite. Si l'un des conjoints ne peut présentement s'attendre à avoir suffisamment de revenus de pension pour demander le crédit, il faudrait accumuler un capital d'au moins 10 000 $ dans des REER au nom de ce conjoint. Une autre façon de procurer à ce conjoint les 1 000 $ de revenus annuels de pension consiste à acheter un contrat de rente *prescrit* qui produira 1 000 $ de revenu par année. Ces contrats de rente ressemblent à un CPG, mais ne peuvent être achetés qu'auprès d'une compagnie d'assurances.

10. Le crédit pour la taxe sur les produits et services (TPS)

Il faut demander ce crédit en remplissant la section appropriée de votre déclaration de revenus. Plutôt que de réduire votre revenu imposable, si vous avez droit au crédit, le gouvernement vous enverra un chèque deux fois par année. En 1994, le montant versé à des adultes pouvait atteindre 199 $ par an; à cela s'ajoute un montant de 105 $ par année pour chaque enfant de la famille. Le montant du crédit est réduit de 5 % de la partie du revenu familial qui dépasse 25 921 $. Cela veut dire que si vous avez deux enfants à charge, le crédit sera complètement annulé si votre revenu familial dépasse 38 081 $; si vous êtes célibataire, le crédit sera nul si votre revenu atteint 29 901 $.

CONSEIL: Les enfants âgés d'au moins 19 ans deviennent admissibles au crédit de base de 199 $ à leur propre titre, dans la mesure où leur revenu reste assez faible, ce qui, en fait, est plus probable dans leur cas que dans le vôtre. Par ailleurs, ils doivent remplir une déclaration de revenus pour faire la demande du crédit pour la TPS, même s'ils n'ont aucun revenu imposable à déclarer.

11. Le crédit remboursable pour la taxe de vente du Québec

Comme c'est le cas pour la TPS, il faut demander ce crédit. En 1993, le montant versé à des adultes pouvait atteindre 104 $ par an; à cela s'ajoutait un montant de 31 $ par année pour chaque enfant de la famille. Le montant du crédit est réduit de 3 % en fonction du revenu familial à partir du même niveau que celui utilisé pour le remboursement d'impôts fonciers.

12. Le crédit pour adultes hébergeant leurs parents (Québec)

Au Québec, un contribuable qui héberge sa mère, son père, sa grand-mère, son grand-père ou tout autre ascendant en ligne directe peut, à certaines conditions, réclamer un crédit d'impôt remboursable de 550 $. Le parent hébergé doit être âgé de 70 ans ou plus et avoir été hébergé au cours d'une période de 12 mois, dont au moins six mois durant l'année d'imposition.

CONSEIL: Ce crédit d'impôt est disponible pour chaque parent hébergé. Si vous hébergez deux parents qui répondent aux critères d'admissibilité, vous aurez droit à un crédit remboursable de 1 100 $.

13. La contribution au Fonds des services de santé (Québec)

Depuis l'année d'imposition 1993, une contribution est prélevée à l'égard de tous les revenus qui sont assujettis à l'impôt sur le revenu, à l'exception des pensions alimentaires. Pour faire en sorte que le revenu d'emploi ne soit plus le seul à être imposé, tout particulier qui réside au Québec le dernier jour d'une année d'imposition est tenu de payer une contribution sur son revenu assujetti pour cette année. Dans le cas d'un particulier qui décède dans l'année, l'année d'imposition s'étend jusqu'au jour du décès. Par ailleurs, afin que les personnes âgées de 65 ans ou plus puissent bénéficier le plus tôt possible de cette mesure, elles peuvent en tenir compte dans la détermination des acomptes provisionnels courants.

Le revenu assujetti comprend les revenus nets d'entreprise, les revenus de placement, les gains en capital imposables et les revenus de pension ou de retraite autres que le montant reçu au titre de la PSV à compter de l'année d'imposition 1994. Le revenu assujetti fait l'objet d'une exemption générale de 5 000 $. Le taux de contribution est de 1 % de la partie du revenu assujetti qui excède 5 000 $, jusqu'à concurrence de 150 $ pour un revenu assujetti de 20 000 $. Dans le cas d'un revenu allant de 20 000 $ à 40 000 $, cette contribution demeure fixe à 150 $. S'ajoute à la contribution fixe une contribution de 1 % sur la partie du revenu assujetti qui excède 40 000 $, jusqu'à concurrence d'une contribution totale maximale de 1 000 $ pour un revenu assujetti de 125 000 $.

La contribution au Fonds des services de santé fait l'objet d'un crédit d'impôt non remboursable de 20 %.

14. Le crédit d'impôt remboursable pour emplois familiaux (Québec)

Le gouvernement du Québec propose la mise en place d'un nouveau crédit d'impôt remboursable pour emplois familiaux, qui sera disponible aux personnes âgées de 65 ans ou plus. Les services à domicile admissibles à ce crédit d'impôt touchent tous les services d'assistance aux tâches et aux activités de la vie quotidienne. À titre d'employeur, la personne âgée de 65 ans ou plus aura la possibilité d'embaucher la personne ressource de son choix. Le maximum de dépenses admissibles sera fixé à 10 000 $.

Le montant du crédit d'impôt remboursable sera égal à 30 % des dépenses admissibles annuelles engagées, soit un crédit maximum de 3 000 $. Le crédit sera réduit au fur et à mesure que le revenu familial augmentera, soit à raison de 10 % pour chaque dollar de revenu en excédent de 30 000 $ de revenu familial total.

15. Le crédit pour impôt étranger

Les revenus gagnés en dehors du Canada doivent être inclus dans le calcul de vos impôts. Toutefois, il se peut que des impôts aient déjà été retenus dans le pays étranger ou que vous soyez tenu de soumettre une déclaration à l'étranger et de payer de l'impôt sur le revenu reçu. Notre régime fiscal vous accorde un crédit d'impôt fondé sur le moins élevé des deux montants suivants: l'impôt étranger payé ou l'impôt canadien prélevé sur le revenu étranger.

Le Québec offre un crédit pour impôt étranger qui élimine la plus grande partie de l'impôt sur les revenus d'emploi gagnés dans le cadre d'un travail en construction, d'ingénierie ou de sous-traitance qui dure 30 jours ou plus. (Le crédit fédéral pour impôt étranger, dont tous les Canadiens peuvent se prévaloir, n'entre en jeu qu'au bout de six mois à l'étranger.)

CONSEIL: Lorsque vous demandez un crédit pour impôt étranger, assurez-vous d'inscrire tous les montants en dollars canadiens (comme vous devriez également le faire pour les revenus étrangers que vous déclarez). Vous pouvez utiliser le taux de change en vigueur au moment de la transaction ou le taux de change moyen pour l'année, que vous pouvez obtenir en téléphonant au bureau de la Banque du Canada de votre région ou aux ministères du Revenu.

16. Le crédit pour frais de scolarité et le crédit pour études

Vous pouvez demander un crédit pour les frais de scolarité si l'établissement d'enseignement, tels une université ou un collège, possède un certificat émis par un ministère provincial de l'Éducation. De plus, il faut que les frais payés à chaque établissement soient d'au moins 100 $. Dans le cas de l'impôt fédéral, le crédit pour frais de scolarité est égal à 17 % des frais admissibles pour les cours suivis durant l'année.

En outre, dans le cas de l'impôt fédéral, les étudiants inscrits à temps plein peuvent demander 80 $ (multipliés par 17 %) pour chaque mois au cours duquel ils étaient inscrits dans un établissement d'enseignement agréé ou à un programme de formation admissible (soit un programme d'une durée d'au moins trois semaines consécutives et qui exige au moins 10 heures par semaine de cours ou de travaux scolaires).

Le crédit d'impôt personnel pour enfants à charge de moins de 18 ans existe encore pour tous les contribuables québécois. Le gouvernement fédéral, pour sa part, a intégré ce crédit au nouveau crédit d'impôt pour enfants. Ce crédit reste aussi disponible pour un enfant d'au moins 18 ans qui est aux études à temps plein dans un établissement d'enseignement post-secondaire. Ce crédit s'ajoute au crédit disponible aux parents pour chaque semestre durant lequel l'étudiant est inscrit à temps plein. Chaque dollar gagné par l'étudiant réduit cependant ces crédits.

CONSEIL: Le crédit d'impôt pour frais de scolarité et le montant relatif aux études peuvent être transférés à un conjoint, à un parent ou à un grand-parent si l'étudiant est à la charge de cette personne et ne peut pas utiliser lui-même les crédits. Le montant transféré ne peut dépasser 680 $.

CONSEIL: Au Québec, les étudiants peuvent déduire leurs frais de scolarité; un parent qui assume les frais d'entretien de ses enfants aux études ne peut pas obtenir de déduction pour les frais de scolarité. Même si le revenu de l'étudiant est faible, il est utile qu'il demande quand même la déduction car, en réduisant le revenu net de l'enfant, cette déduction servira à augmenter le crédit d'impôt personnel pour enfants à charge auquel vous avez droit.

17. Le transfert de déductions et de crédits au conjoint

La partie inutilisée de certains crédits d'impôt peut être transférée d'un conjoint à l'autre. Il s'agit des crédits en raison de l'âge (personnes de 65 ans ou plus), des crédits pour revenus de pension, des crédits pour personnes handicapées et des crédits pour les frais de scolarité et les frais d'études, au niveau fédéral seulement (jusqu'à concurrence de 680 $).

CONSEIL: Pour déterminer le montant des crédits transférables, votre conjoint doit calculer ses propres impôts à payer, puis en déduire le montant personnel de base, ses cotisations au RRQ ou au RPC et ses cotisations à l'assurance-chômage; s'il reste de l'impôt à payer, les crédits transférables de votre conjoint doivent d'abord être utilisés pour réduire cet impôt à néant avant que le solde puisse vous être transféré.

La valeur d'un report de l'impôt

Le report de l'impôt est un concept important. Chaque fois que vous découvrez un moyen légal de remettre à plus tard le paiement de l'impôt, vous y gagnez de deux façons. Premièrement, vous pouvez prendre l'argent et l'investir au lieu d'en faire remise au gouvernement; la valeur de vos fonds pourrait doubler ou tripler avant que vous ayez à payer l'impôt. Deuxièmement, lorsque viendra le moment de payer cet impôt, il se peut que votre taux d'imposition soit moindre. On cherche ordinairement à reporter le paiement des impôts jusqu'à la retraite, alors que l'on gagne moins de revenus. Le report de l'impôt vous permet de faire travailler votre argent plus longtemps. Enfin, un dollar payé dans l'avenir vaudra moins qu'un dollar payé aujourd'hui, en raison de l'inflation.

Supposons que vous transfériez dans votre REER une indemnité de cessation d'emploi de 10 000 $. Vous n'auriez aucun impôt à payer sur cette somme jusqu'au moment où vous voudriez retirer des fonds de votre REER nombre d'années plus tard, probablement après avoir pris votre retraite, alors que votre taux d'imposition aura diminué. Entre-temps, ces 10 000 $ rapporteront des revenus de placement au fil du temps et continueront de croître en franchise d'impôt. Si vous choisissez de ne pas faire un roulement de ces fonds dans votre REER, cette somme de 10 000 $ augmenterait à 25 500 $ en 25 ans, en supposant un taux de rendement annuel de 8 % et un taux marginal d'imposition de 40 %. À l'intérieur du REER, vous auriez accumulé 50 000 $ durant la même période, soit deux fois plus. Le fisc a cherché à limiter ces belles occasions, mais quelques-unes sont encore possibles et font l'objet de ce qui suit.

18. Cotiser pleinement à vos REER

Les cotisations au REER fournissent certes une déduction immédiate, mais, en réalité, elles constituent plutôt un moyen de reporter à plus tard les impôts, puisque les fonds deviendront imposables lorsque vous les retirerez du régime, ce que vous devrez faire un jour. Les cotisations donnent droit à l'une des plus importantes déductions qui existent. Il faut vraiment vous efforcer de cotiser le plein montant qu'il vous est permis de déduire chaque année.

CONSEIL: Il est beaucoup plus facile de faire des petits versements chaque mois à un REER que d'essayer de réunir une grosse somme à verser à la fin de l'année. De plus, si vous voulez bénéficier de la magie de la capitalisation, n'oubliez pas que plus tôt vous cotiserez, plus vous gagnerez d'argent.

La plupart des sociétés de fonds communs de placement et des institutions financières vous permettent de cotiser à un REER par virements automatiques mensuels. Pour vous assurer que les fonds nécessaires à ces virements seront disponibles, vous pouvez demander aux ministères du Revenu d'autoriser votre employeur à réduire l'impôt qu'il retient à la source sur votre salaire. Vous pouvez obtenir les formulaires de demande requis en téléphonant aux bureaux de Revenu Québec et de Revenu Canada de votre région. Pour remplir ces formulaires, vous devrez dresser une estimation de vos revenus et de vos déductions pour l'année. Ces chiffres ne sont que des estimations et vous n'encourez aucune pénalité si vous vous trompez, à condition qu'elles soient faites de bonne foi.

Cependant, si vous surestimez à l'extrême vos déductions ou que vous sous-estimez fortement vos revenus, le fisc pourrait bien refuser toute demande subséquente de votre part.

CONSEIL: Ne négligez pas de faire une dernière cotisation à votre REER dans l'année qui suit l'année où vous prenez votre retraite. Rappelez-vous que vos cotisations sont fondées sur votre revenu gagné de l'année précédente. Par ailleurs, il se pourrait que vous puissiez verser des cotisations additionnelles si vous levez des options d'achat d'actions, si vous travaillez à temps partiel ou si vous lancez une entreprise une fois à la retraite.

19. Le choix de la fin d'exercice d'une entreprise

Si vous vous lancez en affaires, vous avez la possibilité de différer l'impôt sur votre revenu personnel en choisissant pour la fin de l'exercice financier de votre nouvelle entreprise une date différente de celle de la fin de l'année civile. Vous pouvez choisir n'importe quelle date à l'intérieur de la première période de 12 mois durant laquelle vous exploitez l'entreprise. Pour une année civile donnée, vous aurez à payer l'impôt sur le revenu net de votre entreprise pour l'exercice financier terminé au cours de cette année civile.

Par exemple, vous pouvez commencer en affaires en février 1994 et fixer au 31 janvier la date de votre fin d'exercice financier; le revenu gagné de février 1994 jusqu'au 31 janvier 1995 ne deviendra imposable qu'en 1995. Après avoir choisi une fin d'exercice, on ne peut la modifier sans obtenir au préalable l'approbation des ministères du Revenu.

CONSEIL: Réfléchissez bien au moment de choisir la date de fin d'exercice financier. Ainsi, il n'est pas rare que les nouvelles entreprises subissent des pertes dans les premiers mois d'exploitation. Il pourrait être avantageux d'opter pour le 31 décembre comme fin d'exercice, afin de pouvoir utiliser ces pertes pour diminuer votre revenu imposable pour l'année en cours. Par contre, si la nouvelle entreprise est rentable dès ses débuts, le choix du 31 janvier comme fin d'exercice permettrait de différer l'imposition le plus longtemps possible. Consultez à ce propos votre conseiller financier ou votre comptable et n'oubliez pas de déduire leurs honoraires de votre revenu d'affaires!

20. Les régimes de pension agréés (RPA)

Les cotisations aux régimes de retraite agréés, comme les cotisations à des REER, font l'objet d'une déduction. Ici aussi, comme les fonds du régime seront imposables seulement quand vous les recevrez, ces régimes constituent un moyen de différer l'impôt.

CONSEIL: Certains régimes de retraite vous permettent de faire des cotisations facultatives additionnelles, en vue de vous procurer des prestations plus importantes à la retraite. Vous pouvez aussi avoir l'occasion de *racheter* des services passés pour des périodes où vous avez travaillé à temps partiel ou pour des années antérieures à votre participation au régime. Examinez ces possibilités avec votre employeur.

21. Le transfert d'une allocation de retraite

Les montants reçus en reconnaissance de longs états de service au sein d'une entreprise et les indemnités de cessation d'emploi sont un revenu imposable. Toutefois, ces paiements peuvent être considérés comme des allocations de retraite et, comme telles, elles peuvent être transférées dans votre REER; le montant total que vous pouvez ainsi transférer se chiffre à 2 000 $ pour chaque année ou partie d'année de service. Vous pouvez aussi transférer un montant supplémentaire de 1 500 $ pour chaque année ou partie d'année d'emploi avant 1989, si les cotisations de l'employeur au régime de pension ou au RPDB ne vous étaient pas acquises pour ces années-là.

CONSEIL: Vous devriez faire transférer ces montants directement dans votre REER pour éviter toute retenue d'impôt sur le montant transféré. Communiquez avec votre employeur ou avec le fiduciaire de votre REER pour obtenir un exemplaire du formulaire de transfert TD2 de Revenu Canada.

CONSEIL: Même si vous croyez avoir besoin d'une partie de ces fonds pour subvenir à vos frais de subsistance dans le cas où vous ne trouveriez pas un autre emploi, vous devriez quand même transférer toute la partie admissible de votre allocation de retraite directement dans votre REER. Veillez simplement à investir l'argent de votre REER dans un placement liquide tel qu'un fonds du marché monétaire. De cette façon, il vous sera facile de faire des retraits quand vous en aurez besoin. En outre, l'impôt retenu sur les retraits inférieurs à 5 000 $ n'est que de 21 %; si l'allocation vous était payée directement, il est probable que votre employeur devrait retenir en impôt un pourcentage beaucoup plus élevé.

22. Les polices d'assurance-vie à titre d'abris fiscaux

En gros, ces polices combinent assurance et accumulation d'intérêt. Vos primes annuelles sont plus élevées que celles qui seraient exigées pour obtenir une garantie donnée (calculées selon une formule approuvée par le gouvernement). Les trop-perçus (la réserve de comptant) sont investis et rapportent du revenu. Comme dans le cas des REER, les gains sur l'argent accumulé sont capitalisés en franchise d'impôt et l'impôt est différé jusqu'au moment ou la police est rachetée. Cette caractéristique peut faire des polices d'assurance-vie une forme d'épargne rentable. Les polices de ce type s'appellent communément polices d'assurance-vie universelles.

Advenant la décès du titulaire de la police, l'indemnité versée est libre d'impôt et le report d'impôt se trouve converti en une épargne fiscale permanente. Par ailleurs, la valeur au comptant accumulée peut être utilisée pour financer l'assurance, ce qui signifie que les primes sont payées à même un revenu exempt d'impôt. Le titulaire de la police peut aussi choisir de puiser dans ces réserves de comptant pour aider à financer sa retraite; dans ce cas, la partie des retraits qui constitue de l'intérêt est imposée.

CONSEIL: À moins d'avoir réellement besoin d'assurance-vie, mettez de côté ce type de placement. Au moment d'analyser les polices, vérifiez le rendement dans l'exemple que vous présentera le représentant de l'assureur et demandez-vous s'il est raisonnable dans le contexte actuel du placement. Demandez à l'agent de vous informer des taux de rendement obtenus dans le passé sur des polices semblables. Assurez-vous que le coût de l'assurance-vie et les frais d'administration sont fixes et ne peuvent pas être augmentés dans l'avenir. Y a-t-il un taux de rendement minimal garanti? Si oui, est-il raisonnable? Jugez de la valeur de la police pour vous satisfaire que les coûts ne l'emportent pas sur les avantages et que le taux de rendement est concurrentiel aux taux offerts sur d'autres placements. Ces polices ne peuvent servir que de placement à long terme, car les coûts durant les premières années et les pénalités pour annulation anticipée en font des placements à court terme peu rentables.

23. Les fonds enregistrés de revenu de retraite et les fonds de revenu viager

Si vous désirez différer l'impôt le plus longtemps possible, vous pourriez convertir votre REER en FERR ou votre CRI en FRV au plus tard le 31 décembre de l'année de votre 71e anniversaire. Un FERR ou un FRV fonctionnent de la même façon qu'un REER, sauf qu'au lieu de chercher à cotiser le plus possible chaque année, vous êtes tenu de retirer un *montant minimal*. Les retraits sont imposés mais le revenu qui reste dans le régime continue de fructifier en franchise d'impôt.

CONSEIL: Le montant minimal que vous recevez chaque année est établi en fonction de votre âge. Cependant, vous pouvez choisir qu'il soit calculé en fonction de l'âge de votre conjoint. Si votre conjoint est plus jeune, ce choix prolongera au maximum le report de l'impôt.

24. La rente prescrite

Dans un contrat de *rente prescrite*, on remet à une compagnie d'assurances un montant en contrepartie d'un engagement de sa part de payer de l'intérêt et de remettre le capital en versements égaux pendant un certain nombre de mois ou d'années. L'attrait de ce contrat tient à ceci: aux fins de l'impôt, on considère que la remise de l'intérêt est répartie également sur toute la durée du contrat, même si les versements d'intérêt sont en réalité plus élevés dans les premières années que dans les années ultérieures.

CONSEIL: L'industrie canadienne de l'assurance-vie a créé la Société d'indemnisation des assureurs de personnes (SIAP), un régime de protection du consommateur qui offre certaines garanties contre l'insolvabilité des compagnies membres. Par le biais de la SIAP, les rentes sont assurées jusqu'à concurrence de 2 000 $ par mois. Quand vous envisagez ce type de placement, adressez-vous seulement à des compagnies membres et divisez vos achats entre plusieurs, si nécessaire, pour que chacune de vos rentes demeure sous le plafond de l'assurance.

CONSEIL: En raison de ce traitement fiscal, le taux de rendement après impôt est élevé. Toutefois, beaucoup de gens sont peu enclins à utiliser ce moyen de placement parce qu'ils veulent que leur capital demeure intact pour leur succession. Pour répondre à ce besoin, les compagnies d'assurances offrent aux personnes en bonne santé des rentes avec contre-assurance (back to back). Dans ce type de police, on achète de l'assurance-vie pour un montant égal au capital versé pour l'achat de la rente. Selon votre âge et selon que vous fumez ou non, le rendement après impôt sera quand même plus élevé que les rendements offerts par les CPG. Assurez-vous que le paiement des primes est garanti pour éviter d'annuler le revenu plus élevé qui est engendré.

CONSEIL: Si vous avez 65 ans ou plus, vous pouvez profiter du crédit d'impôt sur le revenu de pension de 1 000 $, en achetant un contrat de rente prescrit.

25. Les régimes enregistrés d'épargne-études

On peut verser jusqu'à 1 500 $ par année d'épargne en faveur d'un enfant de tout âge, jusqu'à un montant total de 31 500 $, afin de permettre au bénéficiaire de poursuivre des études au niveau postsecondaire. La création d'un REEE ne procure pas de déduction d'impôt, mais les fonds y croissent en franchise d'impôt aussi longtemps qu'ils demeurent dans le régime. Il est vrai que les revenus provenant du régime sont imposables, mais il y a de bonnes chances que peu d'impôt soit payé, sinon aucun. En effet, selon les dispositions de la loi, ces revenus sont imposables entre les mains de l'étudiant et non entre celles du souscripteur. Ainsi, un REEE s'inspire de deux principes d'épargne fiscale, le report de l'impôt et le fractionnement du revenu: l'impôt est reporté jusqu'au jour où l'étudiant commence à recevoir des revenus et ceux-ci seront imposés entre les mains d'un membre de la famille à faible revenu.

Si vous placez 1 500 $ par annnée pendant 18 ans à un taux de 10 %, la valeur capitalisée du REEE à la fin de cette période sera d'environ 75 000 $. De cette somme, seulement 48 000 $ constituent de l'intérêt accumulé et c'est donc sur ce montant que l'impôt sera payé à mesure que les revenus sont reçus, petit à petit, au cours des années d'études du bénéficiaire. Non seulement les revenus sont-ils imposés entre les mains de l'étudiant, mais ce dernier pourra se servir de déductions et de crédits d'impôt pour les frais de scolarité et autres montants relatifs aux études pour réduire la charge fiscale associée au revenu du REEE.

Cette mesure a pour principal désavantage que, si votre enfant ne s'inscrit pas à un établissement d'enseignement postsecondaire agréé, les revenus sont cédés à l'établissement d'enseignement postsecondaire que vous avez désigné au moment de la création du régime. En temps que souscripteur, cependant, vous pouvez vous faire rembourser le capital sans payer d'impôt, à n'importe quel moment. Il existe toute une gamme d'établissements agréés, y compris des collèges et des écoles techniques.

Un autre inconvénient est que la durée de ces régimes ne peut pas dépasser 25 ans. Cela veut dire que, si un régime a commencé à la naissance du bénéficiaire, celui-ci doit utiliser les fonds avant d'atteindre ses 25 ans. On ne peut plus verser de fonds dans le régime lorsqu'il existe depuis 21 ans, mais le régime peut continuer d'exister pendant quatre années supplémentaires.

CONSEIL: Si vous avez plus d'un enfant, vous pouvez créer un plan unique et désigner tous vos enfants à titre de bénéficiaires. De cette façon, même si un seul d'entre eux s'inscrit à des études postsecondaires, tous les revenus pourront être retirés. À titre de souscripteur, c'est vous qui contrôlez les retraits du régime, qui peuvent inclure les fonds requis pour assurer la subsistance des bénéficiaires durant leurs années d'études.

Il est aussi possible de créer un plan pour un petit-enfant ou pour toute autre personne que vous désirez favoriser. Il n'existe aucune restriction quant à l'âge des bénéficiaires. Enfin, on peut créer plus d'un régime pour un bénéficiaire donné, à condition que les versements ne dépassent pas un total annuel de 1 500 $ par bénéficiaire.

CONSEIL: Attention: certains régimes collectifs mettent en commun les gains de tous les souscripteurs pour fournir de l'aide à tous les bénéficiaires du régime. Il arrive que ces régimes ne fournissent pas d'aide financière la première année d'études postsecondaires; de plus, ils peuvent empêcher un étudiant

de prendre une année de congé avant d'entreprendre ses études postsecondaires. En outre, on y trouve des contraintes concernant les changements de bénéficiaires au-delà d'un certain âge, parfois dès l'âge de 13 ans. Enfin, le montant d'aide que reçoit chaque étudiant est fondé non seulement sur les résultats affichés par les placements, mais aussi sur le nombre d'étudiants inscrits une année donnée.

Les régimes individuels offerts par les institutions financières et les sociétés de fonds communs de placement vous permettent de contrôler le placement des fonds et la désignation des bénéficiaires, de même que les retraits de fonds.

26. Le régime d'épargne-actions (REA)

Le Québec offre aussi un certain nombre de programmes spéciaux de placement afin de promouvoir l'investissement dans les entreprises et les ressources québécoises. Le plus important de ces programmes est sans doute le régime d'épargne-actions (REA). Le gouvernement du Québec accorde une déduction à l'achat d'actions de sociétés établies au Québec. La taille de l'entreprise détermine le pourcentage que vous pouvez déduire. Plus la compagnie est petite, plus le risque inhérent à votre placement est élevé et plus le pourcentage déductible est élevé. Ce pourcentage va de 50 % à 100 %, dans le cas d'un placement dans une petite entreprise. Ainsi, si vous achetez des actions admissibles à une déduction de 100 %, 1 000 $ d'actions achetées vous permettront de déduire 1 000 $ de votre revenu.

Votre épargne fiscale est égale au produit du montant de la déduction et de votre taux marginal d'imposition au Québec. Disons que vous achetez 1 000 $ d'actions déductibles à 100 % et que vous vous situez dans la tranche d'imposition la plus élevée au Québec, soit 24 %; votre épargne d'impôt québécois sera de 240 $. Notez que cette déduction ne réduit votre revenu imposable que pour les fins de l'impôt provincial du Québec. Le montant maximal de déduction permis est égal à 10 % du revenu net total. Les employés qui achètent des actions admissibles au REA d'une corporation dans le cadre d'un régime d'actionnariat ont droit à une déduction additionnelle de 25 %.

Pour être admissible à la déduction pour un REA, les actions achetées doivent être des actions nouvellement émises ou des actions non émises d'une société ouverte établie au Québec. Vous devez ouvrir un compte REA auprès d'un courtier en valeurs ou d'une institution financière et faire vos achats d'actions par leur intermédiaire.

Pour éviter que les déductions fiscales offertes pour les REA fassent l'objet d'abus, les actions doivent être conservées pendant deux années civiles complètes suivant l'année de leur achat, c'est-à-dire l'année où la déduction a été demandée. Vous pouvez toutefois vendre ces premières actions avant la fin de la période de deux ans et en racheter d'autres qui offrent le même pourcentage de déduction. Sinon, la déduction obtenue sera récupérée (c'est-à-dire rajoutée au revenu imposable) si le montant placé dans le régime est réduit. Après la période de deux ans, vous pouvez vendre les actions originales ou, le cas échéant, les actions de remplacement, et l'épargne fiscale vous est acquise en permanence.

Le gouvernement du Québec a assoupli les conditions d'admissibilité des actions aux fins de remplacement seulement. Il est ainsi permis d'acheter sur le marché secondaire des actions de compagnies en croissance, au lieu des seules actions nouvellement émises. Des déductions seront aussi accordées pour les titres convertibles de compagnies de croissance jusqu'en 1994. Seules les sociétés dont l'actif est inférieur à 250 millions de dollars sont admissibles et peuvent émettre des actions admissibles au REA.

D'autres provinces (l'Alberta, la Saskatchewan, la Nouvelle-Écosse et Terre-Neuve) offrent des régimes semblables, mais ces régimes n'accordent que de modestes déductions fiscales et ne sont pas aussi populaires qu'au Québec.

CONSEIL: Étant donné que l'économie sort d'une récession, les sociétés en croissance pourraient connaître des rendements supérieurs à la moyenne. Les taux d'intérêt ont baissé et plusieurs d'entre nous auront recours aux marchés boursiers pour obtenir des rendements supérieurs. Les actions, surtout celles des compagnies en croissance, ne sont pas sans risques. Au moment de choisir des placements pour la partie *valeurs d'avenir* de votre portefeuille, vous auriez intérêt à considérer des titres de croissance admis-

sibles au REA, étant donné que Revenu Québec, en vous accordant une déduction d'impôt, aidera à réduire votre mise totale.

27. Les sociétés de placements dans l'entreprise québécoise (SPEQ)

Le désir du gouvernement du Québec de stimuler la croissance de l'économie provinciale explique la création du programme des sociétés de placements dans l'entreprise québécoise (SPEQ). Ce programme permet aux sociétés d'obtenir du financement auprès de tiers sans avoir à se transformer en sociétés ouvertes. Les contribuables québécois qui placent de l'argent dans une SPEQ profitent d'une déduction fiscale.

Une SPEQ est une société de placements privée constituée après le 23 avril 1985 en vertu de la *Loi sur les compagnies* et enregistrée à ce titre auprès de la Société de développement industriel du Québec. Une SPEQ doit être une corporation privée dont l'unique but est de faire un placement dans une société canadienne. Les actions acquises par une SPEQ doivent être des actions ordinaires nouvelles et leur nombre ne doit pas procurer à la SPEQ le contrôle de la corporation. Pour être admissible, la société qui fait l'objet du placement doit être une corporation privée contrôlée par des résidents canadiens ayant un actif d'au plus 25 millions de dollars ou un avoir des actionnaires d'au plus 10 millions. En outre, la corporation admissible doit œuvrer dans un des domaines suivants: la fabrication, le tourisme, la technologie, l'aquaculture ou l'exportation.

Quand un contribuable québécois investit dans une SPEQ, il obtient une déduction fiscale égale au moindre des montants suivants: 125 % de son placement, pourvu que la SPEQ elle-même fasse, avant la fin de l'année d'imposition, un placement admissible dans une corporation privée activement exploitée et dont la direction s'exerce au Québec, ou 30 % du revenu net. Des déductions encore plus fortes, allant de 150 % à 175 %, sont accordées relativement à des placements faits par des employés d'une corporation admissible ou à des placements dans une SPEQ régionale.

Les SPEQ ne sont pas aussi populaires que le REA. La SPEQ constitue un placement privé alors que le REA est public. Les REA sont donc plus accessibles au public, présentent moins de risques et sont plus faciles à vendre.

28. Le crédit d'impôt relatif au FSTQ

Le premier acquéreur d'actions ordinaires du Fonds de solidarité des travailleurs du Québec (FTQ) a droit à un crédit d'impôt provincial égal à 20 % de son placement, sans dépasser 1 000 $. Un crédit additionnel de 20 % est aussi accordé par le gouvernement fédéral, de sorte que le contribuable peut récupérer jusqu'à 40 % du coût de son placement.

À la différence du crédit d'impôt fédéral, tout crédit d'impôt du Québec non utilisé est reportable aux années subséquentes. Une fois que vous aurez atteint 65 ans, ou si vous prenez votre retraite à 60 ans, vous ne pourrez plus profiter de ce crédit d'impôt. Toutefois, si vous transférez vos actions dans un REER, une récupération additionnelle d'impôt allant jusqu'à 53 % peut être réalisée. Cependant, la liquidité de ces actions est très limitée, car elles ne sont pas transférables et ne peuvent être rachetées avant la retraite; elles peuvent l'être au décès.

CONSEIL: Les actions du FSTQ ne sont pas dépourvues de risque. Toutefois, étant donné l'épargne fiscale incroyable qu'elles peuvent procurer, il ne faut pas s'en détourner. Vous pourriez envisager un placement modeste si vous ne pouvez pas autrement vous permettre de cotiser à votre REER. Si, par contre, le montant de votre cotisation maximale au REER vous le permet et si vous disposez des fonds pour cotiser pleinement, n'hésitez pas à recourir au FSTQ pour une petite partie de votre portefeuille de REER.

L'épargne fiscale totale peut atteindre 93 % de votre cotisation. Ne vous inquiétez pas trop du manque de liquidités; il s'agit d'un placement à long terme de toute façon. Si votre taux marginal d'imposition se situe dans la tranche la plus élevée, un placement de 1 000 $ vous rapportera une épargne fiscale de 930 $, ce qui réduit le coût de votre placement à 70 $! Ainsi, l'épargne fiscale à elle seule réduit énormément le coût de votre placement, de même que le risque. Nous ne recommandons pas de consacrer aux actions du FSTQ plus qu'une petite part de vos REER et nous ne voulons pas vous inciter à utiliser toute votre cotisation maximale pour l'achat de ces

actions. Il ne faudrait pas exposer à un risque aussi élevé plus que de 5 % à 10 % de votre REER.

CONSEIL: À la retraite, ou à 65 ans, vous pouvez vendre les actions du FSTQ et transférer les montants dans un REER, sans aucune pénalité. Il suffit de remplir le formulaire T2033 de Revenu Canada. Ce faisant, on peut réduire le risque des investissements si les montants sont investis dans des instruments de placement moins risqués. Il faut noter que les rendements passés du FSTQ ont été plutôt modestes, compte tenu surtout du niveau de risque de ce genre de placement. L'avantage de ce placement tient donc aux crédits d'impôts additionnels qu'ils procurent. Il est donc préférable de transférer ces épargnes à votre REER dès que cela est possible.

29. Le régime d'investissement coopératif (RIC)

Le régime d'investissement coopératif a été établi par le gouvernement du Québec en 1985 dans le but d'aider les coopératives du Québec à augmenter leur capital propre. Les particuliers qui achètent des parts privilégiées dans une coopérative admissible (telle qu'une coopérative d'habitation) ont droit à une déduction qui varie de 100 % à 150 %, selon le cas. La déduction est majorée de 25 % si les contribuables sont des travailleurs de la coopérative. De plus, la déduction à l'égard d'un RIC qui peut être réclamée au cours d'une année peut maintenant être reportée aux cinq années subséquentes. Habituellement, ce type de placement ne procure pas une déduction dépassant 20 % du revenu net.

30. Le fractionnement des revenus

Il est logique de réacheminer des revenus vers les membres de la famille qui paient de l'impôt à un taux réduit. De cette façon, la famille peut réaliser une épargne fiscale importante. Bien entendu, il pourrait ne pas convenir d'inclure dans le groupe les enfants qui ont déjà quitté la maison, mais l'un des conjoints gagne souvent plus que l'autre. La différence entre les taux d'imposition de chacun des conjoints peut être aussi élevée que 25 %. Le but est donc d'en arriver à ce que les deux conjoints aient des revenus imposables égaux. Cet objectif vaut aussi bien avant qu'après le début de la retraite.

Avec un revenu imposable de 40 000 $, Albert paiera environ 13 000 $ d'impôt. Cependant, si Albert et sa conjointe ont chacun 20 000 $ de revenu imposable, l'impôt de chacun s'élèvera à 4 500 $ environ, soit 9 000 $ en tout. La famille aura donc réalisé une épargne fiscale de quelque 4 000 $.

Pour fractionner vos revenus, vous ne pouvez simplement remettre une partie de votre salaire à votre conjoint. Vous ne pouvez non plus réaliser l'économie fiscale recherchée en faisant tout simplement cadeau de l'argent. Le gouvernement a édicté un ensemble complexe de règles, appelées les *règles d'attribution du revenu*, qui attribuent les revenus à la personne qui a constitué le capital. Néanmoins, il reste encore des moyens légitimes de transférer des revenus à son conjoint et à ses enfants.

31. Les cotisations à un REER au nom du conjoint

Si vous prévoyez que les revenus de votre conjoint au moment de la retraite seront bien inférieurs aux vôtres, vous devriez verser des cotisations au REER de votre conjoint plutôt qu'au vôtre. À cette fin, vous devez créer un REER au nom de votre conjoint et indiquer que vous en êtes le cotisant. C'est vous qui demandez les déductions fiscales, mais c'est au nom de votre conjoint que les fonds du REER s'accumulent en vue de la retraite.

Cette mesure vous profitera dans l'avenir, alors que l'impôt sur le revenu total de la famille durant la retraite sera réduit. En effet, les fonds provenant de ce REER seront imposés entre les mains du conjoint dont le revenu est le plus faible. S'il vous avez besoin des fonds avant la retraite, ils pourront être retirés du régime et seront alors imposés entre les mains du conjoint au taux marginal inférieur, à condition qu'aucune cotisation à ce REER n'ait été versée dans les trois années civiles précédant le retrait. Si une cotisation a été faite durant cette période, le retrait sera imposable entre les mains du cotisant.

L'épargne fiscale obtenue en utilisant cette mesure peut être considérable. Supposons que l'un des conjoints travaille et qu'il aura droit, à la retraite, à des prestations de 40 000 $ provenant du régime de retraite de son employeur. Présentement, le taux marginal d'impôt sur un revenu de cet ordre serait

d'environ 40 %. Si cette personne recevait en plus un revenu provenant d'un REER, elle paierait donc au moins 40 % d'impôt sur chaque dollar provenant du REER. Par contre, si des cotisations à un REER avaient été versées dans un régime au nom du conjoint qui ne travaillait pas, et que ce dernier n'avait aucun autre revenu, il pourrait recevoir jusqu'à 11 000 $ sans payer d'impôt, grâce au crédit d'impôt personnel de base, au crédit en raison de l'âge et au crédit pour revenu de pension.

CONSEIL: Si votre conjoint peut verser des cotisations à un REER à même son propre revenu gagné, ces cotisations devraient être versées dans un REER séparé. De cette façon, le conjoint pourra retirer des fonds de son REER personnel sans faire intervenir les règles d'attribution. Autrement, si les cotisations sont confondues dans un seul et même REER, tout retrait fait moins de trois ans après la dernière cotisation faite par l'autre conjoint sera attribué à ce dernier.

CONSEIL: Au décès, le représentant de la succession peut verser une dernière cotisation au REER du conjoint survivant. Cette cotisation doit être versée dans un délai de 60 jours suivant le décès. Il ne faut pas négliger cette disposition, car l'impôt au décès peut être très coûteux.

ATTENTION:
32. Le transfert de revenus de retraite dans un REER au nom du conjoint

En 1994, une disposition spéciale vous permet de transférer jusqu'à 6 000 $ de prestations reçues d'un régime de retraite agréé ou de paiements périodiques reçus d'un régime de participation différée aux bénéfices dans un REER au nom du conjoint. Ces transferts sont déductibles et représentent une autre occasion de transférer de l'argent au conjoint dont le revenu est plus faible. Si les deux conjoints ont des revenus admissibles, chacun peut transférer 6 000 $ ou moins dans le REER de l'autre et obtenir ainsi une réduction d'impôt dans l'immédiat, en plus de différer l'impôt le mieux possible.

CONSEIL: Si vous transférez des revenus de pension dans le REER du conjoint, prenez soin de retenir 1 000 $ de revenu de pension pour vous-même afin de pouvoir demander le crédit d'impôt pour revenu de pension.

33. Les prêts au conjoint

Avant 1985, la méthode acceptable pour transférer des revenus de placement entre les conjoints consistait pour l'un deux à faire un prêt sans intérêt à celui dont le revenu était plus faible, ce dernier pouvant alors déposer les fonds à la banque ou les placer. Le revenu de placement était alors imposé entre les mains du conjoint au revenu plus faible et donc à un taux inférieur. Dorénavant, le revenu gagné sur de l'argent prêté entre conjoints, sans intérêt ou à un taux d'intérêt réduit, sera attribué au conjoint qui a fourni l'argent et sera donc imposé au taux d'imposition supérieur. Nous attirons l'attention sur ce changement, car de nombreuses familles se comportent comme s'il n'existait pas et pourraient avoir un jour une surprise désagréable.

Même si vous ne pouvez pas réduire votre fardeau fiscal en accordant à votre conjoint un prêt sans intérêt ou à faible taux d'intérêt, vous pouvez lui prêter de l'argent à un juste taux d'intérêt. Ce taux ne peut être inférieur au taux prescrit ou au taux d'intérêt commercial en vigueur. Le taux prescrit est établi trimestriellement par les ministères du Revenu. Vous pouvez obtenir les taux courants en téléphonant aux ministères du Revenu.

En autant que votre conjoint vous paie l'intérêt au moins une fois par année et dans un délai de 30 jours suivant la fin de l'année civile (c'est-à-dire au plus tard le 30 janvier), les règles d'attribution ne s'appliquent pas au revenu gagné avec l'argent emprunté. Vous devrez toutefois inclure dans votre déclaration de revenus l'intérêt reçu de votre conjoint. Étant donné que l'argent emprunté a été placé par votre conjoint pour gagner du revenu, l'intérêt que celui-ci vous a payé sera déductible dans sa déclaration.

CONSEIL: Vous pouvez prêter de l'argent à votre conjoint pour lancer une entreprise ou pour en financer l'expansion. Le revenu provenant d'une entreprise exploitée activement n'est pas attribué au conjoint qui fournit du financement; c'est pourquoi ces prêts peuvent être consentis sans intérêt.

CONSEIL: Vous devrez aussi tenir compte des règles d'attribution si vous garantissez un emprunt bancaire de votre conjoint.

CONSEIL: Dans certains cas, il peut quand même être avantageux de donner de l'argent au conjoint dont le revenu est faible ou de lui faire un prêt sans intérêt. En raison des règles d'attribution du revenu, les revenus gagnés sur le montant initial du prêt ou du don seront imposés entre les mains du conjoint dont le revenu est plus élevé. Toutefois, le revenu de *deuxième génération*, c'est-à-dire le revenu sur le revenu déjà gagné, va commencer à s'accumuler entre les mains du conjoint au revenu plus faible. Il serait donc raisonnable de faire de tels dons ou prêts si l'un des conjoints possède une somme importante de capital de placement tandis que l'autre n'en a pas du tout, à condition que les fonds ne soient pas requis pendant un bon nombre d'années. De cette façon, le revenu de deuxième génération aura le temps de croître.

34. Qui dépense et qui place

L'une des façons les plus faciles de créer de la richesse entre les mains du conjoint à faible revenu est de permettre à ce conjoint de placer la plus grande part possible de ses revenus, alors que le conjoint à revenu élevé s'occupe de payer les factures. Cela peut prendre plus de temps de bâtir un portefeuille de placement entre les mains du conjoint dont le revenu se situe dans une tranche d'imposition inférieure, mais c'est quand même valable.

Cette stratégie suscite souvent de la réticence. Les conjoints à faible revenu peuvent avoir le sentiment que leur argent doit leur procurer une mesure d'indépendance financière et donc hésiter à l'immobiliser en placements. Pour surmonter ce problème, le conjoint à revenu élevé peut remettre chaque mois à l'autre conjoint un montant égal à celui qui est alloué à l'épargne. Cela rétablira la situation de trésorerie du conjoint à faible revenu tout en transférant de l'argent entre les mains du conjoint dont le revenu est imposé à plus faible taux.

La *Loi de l'impôt sur le revenu* stipule que le revenu de placement doit être attribué au conjoint qui a gagné les fonds utilisés pour acheter ce placement. Il faut donc ouvrir un compte d'épargne séparé dans lequel déposer tous les gains du conjoint à faible revenu, afin d'établir des liens très clairs entre le revenu et les placements. Les fonds des deux conjoints ne devraient jamais être confondus dans un compte de banque conjoint, sinon le fisc pourrait contester la source des fonds utilisés aux fins de placement.

35. L'échange de biens

Il arrive souvent qu'un haut salarié a amassé une somme considérable en placements produisant des revenus, alors que le conjoint à faible salaire ne possède que des biens ne produisant aucun revenu, par exemple une part de la résidence familiale. Dans ce cas, le conjoint à faible salaire pourrait vendre au conjoint à salaire élevé un bien ne produisant pas de revenu afin de profiter de son taux d'imposition plus faible. Par exemple, si vous pouvez raisonnablement prouver que votre conjoint a payé la moitié de la résidence familiale, vous pourriez acheter sa part, ce qui vous permettrait d'utiliser vos placements tout en laissant votre conjoint bâtir son propre portefeuille de placement. Toutefois, avant d'agir, demandez conseil à des professionnels, car il est essentiel, pour être sûr d'obtenir le traitement fiscal désiré, de procéder selon les règles et de préparer un dossier approprié.

Par exemple, on se demande souvent ce qu'il advient des droits du conjoint dans la résidence familiale en cas de rupture du mariage. En cas d'échec du mariage, on ne tient pas compte du titre de propriété de la résidence familiale. La *Loi sur le partage du patrimoine familial* prévoit en effet un partage à parts égales. C'est donc le conjoint le plus fortuné qui y perdra.

36. Les héritages

Si le conjoint à faible revenu reçoit un héritage, prenez soin de placer isolément le montant reçu, afin que tout revenu gagné sur ce placement soit imposable entre les mains de ce conjoint.

CONSEIL: Dans certains cas, l'héritage pourrait servir à réduire une hypothèque ou d'autres dettes au nom du conjoint à revenu élevé. Dans ce cas, l'héritier devrait faire à l'autre conjoint un prêt en bonne et due forme, au moyen d'un billet à ordre. Comme ces fonds ne produiront pas de revenu, les règles d'attribution n'entreront pas en jeu; il n'y a donc pas lieu de faire payer de l'intérêt. Cette stratégie permettra au conjoint à revenu élevé de rembourser la somme à son conjoint quand il pourra jouir de fonds destinés au placement.

Ces fonds pourront alors être placés entre les mains du conjoint à faible revenu.

37. Engager votre conjoint

Si l'un des conjoints exploite une entreprise, à titre personnel ou par le biais d'une société, l'autre conjoint pourrait être engagé pour fournir des services à l'entreprise. Il faut que les services soient bel et bien requis par l'entreprise et que le salaire soit *raisonnable* en comparaison des services rendus. Ces services peuvent comprendre la tenue de livres, le secrétariat et les fonctions d'administrateur de la société. Il est aussi possible d'engager vos enfants de la même façon; toutefois, ils doivent avoir 18 ans ou plus pour pouvoir agir à titre d'administrateur.

En règle générale, il est jugé acceptable de payer un peu plus que le salaire courant pour ces services, étant donné que l'on veut préparer des membres de la famille à assumer de plus grandes responsabilités et que, en outre, on leur accorde un plus haut degré de confiance qu'à un employé régulier.

38. Les revenus capitalisés

En vertu de la *Loi de l'impôt sur le revenu*, les revenus réinvestis ne sont pas sujets aux règles d'attribution. Cela permet de recourir à une stratégie en deux étapes: vous prêtez ou vous donnez à votre conjoint du capital à investir. Le revenu est gagné par votre conjoint mais vous est attribué; vous payez l'impôt, mais le revenu appartient à votre conjoint. L'année suivante, le revenu sur ce premier revenu gagné sera imposé entre les mains de votre conjoint. Au cours des années, votre capital sera immobilisé tandis que les placements de votre conjoint croîtront. De cette façon, le fardeau fiscal se trouve déplacé vers le conjoint qui jouit d'un taux d'imposition plus faible.

Supposons que Martin dispose de 50 000 $ de capital à investir, dont il fait don à sa conjointe, qui les place à 10 %. La première année, les fonds rapportent 5 000 $, sur lesquels Martin doit payer l'impôt. La deuxième année, sa conjointe place les 55 000 $ à 10 %. Pour cette deuxième année, Martin continue de payer l'impôt sur 5 000 $, c'est-à-dire sur le montant de revenu gagné sur le don initial de 50 000 $. Sa conjointe, elle, paie l'impôt sur les 500 $ produits par les 5 000 $ de revenu composé. Au bout de 20 ans, le montant initial de 5 000 $ de revenu réinvesti vaudra plus de 33 000 $.

CONSEIL: Si vos registres ne sont pas bien tenus, vous pourriez avoir de la difficulté à établir, à la satisfaction des ministères du Revenu, combien de revenu composé est imposable entre les mains de chacun des conjoints. Nous vous suggérons de tenir compte séparément des gains de la première année, c'est-à-dire, dans l'exemple ci-dessus, des 5 000 $; les intérêts gagnés par la suite sur cette somme initiale représenteront le montant devant être imposé entre les mains du conjoint à faible revenu.

39. Comment éviter la récupération de la pension de la PSV

Les hauts salariés qui reçoivent la pension de la sécurité de la vieillesse risquent d'être assujettis à la récupération dont j'ai parlé au chapitre 6 et qui touche tous les prestataires dont le revenu dépasse 53 215 $ en 1994. Lorsqu'on franchit ce seuil, pour chaque dollar de revenu additionnel, il faut rembourser 0,15 $ de la pension. Si votre revenu net atteint environ 84 000 $, vous devrez rembourser la totalité de la prestation.

CONSEIL: Recourez à la stratégie de fractionnement des revenus dont j'ai parlé plus haut dans ce chapitre afin de réduire au minimum cette récupération.

40. Les prêts à vos enfants

Si vous prêtez de l'argent à vos enfants, vous devrez prendre garde aux règles d'attribution du revenu, car, peu importe leur âge, si cet argent est utilisé pour gagner de l'intérêt, des dividendes ou d'autres genres de revenus de placement (à l'exception des gains en capital), le revenu vous sera imposé à moins que le prêt n'ait été fait à un taux d'intérêt commercial. Notez que ces règles d'attribution touchent également les prêts consentis, à des taux inférieurs à ceux du marché, à des *personnes liées*, lorsqu'un des principaux motifs du prêt était le fractionnement des revenus. Les personnes liées comprennent:

■ les enfants ou les autres descendants, tels les petits-enfants, les nièces et les neveux;

■ les frères et les sœurs;

■ les conjoints, y compris les conjoints de fait;

■ les conjoints de vos frères, sœurs ou descendants mentionnés ci-dessus;

■ les enfants adoptifs, y compris ceux qui sont adoptés par vos enfants ou vos autres descendants.

Une exception à ces règles qui présente une belle occasion de planification financière a trait aux gains en capital qui résultent des prêts consentis à vos enfants. Ces gains sont imposés entre les mains de l'enfant, peu importe son âge. Vous êtes libre de prêter de l'argent à un enfant ou à un autre parent sans lui faire payer d'intérêt lorsque aucun revenu n'est produit, par exemple dans le cas de l'achat d'une résidence.

CONSEIL: Vous pouvez prêter de l'argent à un enfant pour lui permettre de lancer une entreprise ou d'en financer l'expansion, sans vous exposer aux règles d'attribution, pour les mêmes raisons qui s'appliquaient dans le cas d'un prêt à votre conjoint aux mêmes fins.

CONSEIL: Les règles d'attribution ne touchent pas les prêts à une société. Vous pouvez donc constituer une société dont toutes les parts seront détenues par des enfants de plus de 18 ans et à laquelle les parents pourront consentir un prêt sans intérêt. Si les fonds sont placés dans des actions rapportant des dividendes et qu'il s'agit de titres d'une société canadienne imposable, les dividendes seront exempts d'impôt. La société appartenant aux enfants pourrait alors leur verser des dividendes avec lesquels financer leurs études ou pourvoir à d'autres besoins personnels.

41. Les dons aux enfants

Les dons aux enfants de plus de 20 ans ne sont pas visés par les règles d'attribution. Toutefois, dans le cas de dons aux enfants de moins de 20 ans, tout revenu de placement autre qu'un gain en capital est imposable entre vos mains. Par exemple, si vous donnez à votre fille de 10 ans 5 000 $ à investir dans des CPG, c'est vous qui devrez payer l'impôt sur l'intérêt gagné. Par contre, si ces 5 000 $ reçus en cadeau sont investis dans des actions et si la vente de ces dernières totalise 10 000 $ dans cinq ans, le gain en capital ne sera pas présumé vôtre mais sera plutôt imposé entre les mains de votre fille. Une fois que celle-ci aura atteint 18 ans, il ne sera plus question d'attribution.

Il est important de noter que les règles d'attribution interviendront si une personne liée donne à un enfant mineur de l'argent ou des biens qui engendrent des revenus, tels que des actions, des obligations ou des CPG.

Avant de faire des dons à des enfants ou à d'autres parents, il faut bien réfléchir afin d'être sûr de ses intentions. Une fois que le don est fait, les fonds appartiennent au récipiendaire, qui peut en disposer à sa guise. Dans le cas d'enfants mineurs, vous pourriez quand même exercer un contrôle sur l'emploi des fonds en les plaçant dans une fiducie; toutefois, le contrôle reviendrait aux enfants une fois qu'ils auraient 18 ans. Vous ne pouvez pas assortir le don de dispositions vous permettant d'exercer un contrôle sur l'utilisation des fonds ou de les reprendre, sinon il apparaîtra qu'il s'agissait d'un prêt et non d'un don.

Évidemment, si vous envisagez de faire des dons substantiels, vous pourriez choisir de créer une fiducie en bonne et due forme. Les règles d'attribution s'appliqueront quand même jusqu'à l'âge de 18 ans, mais vous pourriez exercer un contrôle sur l'utilisation des fonds en ajoutant les dispositions voulues à l'acte de fiducie. Cependant, vous ne pouvez pas créer une fiducie afin que les fonds vous reviennent à quelque moment que ce soit, sinon les règles d'attribution s'appliqueront pour toute la durée de la fiducie.

CONSEIL: Les règles d'attribution ne touchent pas les non-résidents. Ainsi, un grand-parent qui n'est pas un résident du Canada peut faire un don en argent à un petit-enfant mineur sans faire intervenir les règles d'attribution.

42. La répartition des prestations du RRQ

Les prestations de la Régie des rentes du Québec peuvent être partagées entre les conjoints. Les droits à pension des deux conjoints sont mis en commun et divisés selon le nombre d'années durant lesquelles ils ont vécu ensemble. Il faut soumettre une demande pour faire partager les prestations. De plus, les deux conjoints doivent avoir atteint 60 ans et les deux doivent avoir demandé de recevoir des prestations.

43. Placer les prestations fiscales pour enfants

Vous devriez voir à placer les sommes reçues à titre de prestations fiscales pour enfants en leur nom. Ces fonds ne sont pas assujettis aux règles d'attribution, à condition qu'ils soient placés *en fiducie* pour l'enfant.

44. Choisir des placements qui bénéficient d'avantages fiscaux

Au-delà des trois principes d'épargne fiscale, en l'occurrence déduire, différer et répartir, vous devriez tenir compte, dans le choix de vos placements, de la façon dont les revenus seront imposés. En effet, c'est au rendement après impôt qu'on juge de la valeur d'un placement. Bien sûr, certains types de revenu sont exonérés d'impôt.

■ Votre résidence familiale. Que votre résidence principale soit une maison individuelle, une maison en rangée, un condominium, un chalet de ski, un cottage ou une grande caravane, vous ne paierez aucun impôt sur l'augmentation de valeur. L'exemption n'est accordée que pour une seule résidence principale par famille, la famille comprenant votre conjoint, vous-même, votre conjoint et tous les enfants célibataires de moins de 18 ans.

■ Si vous possédez deux propriétés, la seconde étant peut-être un chalet, vous ne pouvez utiliser l'exonération que pour l'une des deux. Si vous envisagez d'en vendre une, vous devrez décider si vous voulez utiliser tout de suite l'exonération pour résidence principale ou la réserver à l'autre propriété que vous pourriez vendre plus tard.

■ Avant de prendre une décision, vous devriez comparer les gains en capital susceptibles de résulter de la vente de chacune des propriétés. Si vous vous attendez à réaliser un gain plus important sur la propriété que vous voulez garder, il serait sans doute sage de réserver l'exonération permise à cette propriété. La date d'achat de la propriété aura aussi une incidence sur votre décision. Prenez connaissance de l'exposé sur les biens immobiliers ci-dessous pour de plus amples explications.

CONSEIL: Si un membre de votre famille possède une résidence secondaire acquise avant 1982, une exonération partielle pourrait lui être encore disponible. Avant 1982, chaque membre de la famille pouvait posséder une propriété et jouir de l'exonération pour résidence principale. Les gains accumulés sur cette propriété jusqu'au 1er janvier 1982 sont exempts d'impôt. Si ces propriétés sont détenues en copropriété, il serait possible de modifier les modalités de propriété afin de bénéficier d'une double exonération pour résidence principale. Si tel est votre cas, vous auriez intérêt à consulter un conseiller en planification financière ou un comptable pour vérifier si vous pouvez bénéficier de cette exonération et pour déterminer le montant du gain en capital exempt d'impôt qui pourrait être réalisé.

■ Les dons et biens reçus en héritage. Les dons que vous recevez sont libres d'impôt, même si la personne qui vous fait ce don pourrait avoir à rendre compte d'un gain en capital. Mais vous n'avez pas à vous en préoccuper. Même si vous recevez un héritage, la succession de la personne décédée pourrait elle aussi avoir à subir des conséquences fiscales, mais vous recevrez le legs sans payer aucun impôt.

■ Les gains provenant de jeux de hasard tels que les lots gagnés à une loterie ou à un concours. À moins que vous vous employiez régulièrement à tenter d'obtenir de tels gains, vous les recevrez en franchise d'impôt. Les problèmes ne commencent que plus tard, quand vous commencez à gagner des revenus imposables grâce à cette nouvelle richesse. N'est-ce pas là un problème charmant?

■ Les indemnités d'assurance. Si c'est vous qui avez payé les primes, les indemnités reçues de polices d'assurance-vie ou d'assurance invalidité seront exemptes d'impôt. Il en est de même pour les indemnités provenant d'une police d'assurance à la suite de réclamations en dommages-intérêts ou de la perte d'un bien.

L'accumulation d'un capital bien placé et susceptible de vous procurer les revenus essentiels au style de vie que vous avez choisi, voilà la clé de l'indépendance à la retraite. La gestion des placements est donc extrêmement importante, aussi bien avant la retraite qu'après. Pour se donner une stratégie de placement efficace, il faut d'abord comprendre comment sont imposés les différents types de revenu de placement.

Les revenus d'intérêts de toute provenance (dividendes de source étrangère, revenus de location et retraits des REER) sont imposés normalement, tout comme les traitements et salaires. La somme que vous avez reçue durant l'année est incluse à titre de revenu dans votre déclaration annuelle. Dans le cas de placements qui comportent une capitalisation, tels un CPG de cinq ans ou une obligation d'épargne à intérêt composé, vous devez inclure dans votre déclaration l'intérêt gagné chaque année même si vous ne l'avez pas touché. Il pourrait même arriver que du revenu soit réinvesti à l'étranger ou demeure hors de votre contrôle, mais il faudra quand même l'inclure dans votre déclaration de revenus annuelle. Les placements faits avant 1990 font exception à cette règle; dans leur cas, il y a trois façons possibles de déclarer les intérêts qui s'accumulent au cours d'une période donnée:

■ La méthode de comptabilité de caisse. Vous déclarez les intérêts l'année où ils vous sont payés, ou au moins tous les trois ans, en débutant par la troisième année civile qui suit l'année où vous avez fait le placement.

■ La méthode de comptabilité de trésorerie. Vous déclarez les intérêts l'année où vous avez le droit de les recevoir. Par exemple, vous auriez à déclarer les intérêts d'un coupon quand celui-ci vient à échéance, plutôt que dans l'année où vous recevez les intérêts. Vous devez également déclarer ces intérêts au moins tous les trois ans.

■ La méthode de comptabilité d'exercice. Vous déclarez les intérêts chaque année à mesure que vous les gagnez, peu importe quand ils seront payés où quand vous aurez le droit de les recevoir.

Au moment de choisir entre ces méthodes à l'égard de placements faits avant 1990, vous devriez vérifier votre taux marginal d'imposition et déterminer si, en différant l'impôt sur le revenu, vous risqueriez d'être imposé à un taux plus élevé par la suite. Par exemple, il est possible que vous soyez présentement dans la tranche de revenus la plus faible, mais que dans trois ans, en tenant compte de vos augmentations de salaire, vous vous trouviez dans une tranche passablement plus élevée. Dans ce cas, il serait préférable de choisir la méthode de comptabilité d'exercice.

Dividendes et gains en capital

En dépit de ces complications, le traitement fiscal accordé aux dividendes provenant de corporations canadiennes imposables est avantageux pour le contribuable. En bref, il faut inclure dans votre revenu imposable 125 % du montant reçu en dividendes. Par la suite, vous avez droit à un crédit d'impôt égal au plein montant de cet excédent de 25 %. Par exemple, dans le cas d'un dividende de 100 $, vous indiqueriez un montant de 125 $ dans votre revenu imposable. Si votre taux personnel d'imposition est de 40 %, l'impôt serait de 50 $, mais un crédit d'impôt d'environ 25 $ ne laissera que 25 $ d'impôt net à payer sur les 100 $ de dividendes. Faites la comparaison avec les 40 $ d'impôt qu'il faut payer sur 100 $ de revenu d'intérêt. Ainsi, le taux de rendement après impôt que procurent les dividendes de source canadienne est nettement supérieur à celui obtenu sur un montant égal en revenus d'intérêts.

Un gain en capital est égal à la différence entre le prix de vente d'un placement et son coût initial à l'achat. Les gains en capital bénéficient d'un traitement privilégié parce qu'ils représentent la récompense offerte pour inciter l'investisseur à courir le risque de placer de l'argent dans des entreprises qui contribuent habituellement à stimuler la croissance économique. Cet avantage veut que seulement 75 % du gain soit imposable.

Tout contribuable doit tenir un registre du total de ses gains et de ses pertes en capital et en donner copie à l'administration fiscale en y joignant un formulaire qui est joint à la déclaration de revenus. Les particuliers doivent aussi remplir une déclaration de revenus pour chaque année d'imposition au cours de laquelle ils ont réalisé un gain ou une perte en capital, peu importe s'ils avaient d'autres sources de revenu, et même si aucun impôt n'était dû.

Les pertes encourues à la vente de biens en immobilisation peuvent être déduites dans une proportion de 75 %, mais seulement si elles servent à réduire des gains en capital imposables. Les pertes en capital servent d'abord à réduire tout gain en capital imposable. Si vous n'avez aucun gain en capital imposable pour l'année où vous avez subi une perte, vous devriez quand même vous assurer que la perte est enregistrée dans votre déclaration de revenus.

Ces pertes peuvent être reportées sur les trois années précédentes pour être appliquées contre des gains en capital imposables ces années. En règle générale, il vaut mieux ne reporter les pertes en capital sur les années précédentes que si vous aviez été incapable durant les trois années précédentes d'annuler vos gains en capital en ayant recours à l'exonération des gains en capital qui avait encore cours à ce moment. Autrement, les pertes en capital peuvent être reportées à toute année suivante et être déduites des gains en capital imposables de ces années.

On appelle perte déductible au titre d'un placement d'entreprise (PDTPE) une perte subie en disposant d'une action d'une corporation exploitant une petite entreprise ou d'une créance due par elle. Cette corporation doit être une corporation privée dont le contrôle est canadien. Vous pouvez déduire 75 % de la PDTPE lorsque vous calculez votre revenu imposable pour l'année. Cela signifie qu'une PDTPE peut réduire le revenu imposable provenant d'un emploi ou de placements. C'est là un traitement fiscal remarquablement différent de celui accordé aux pertes en capital subies en disposant des titres de sociétés ouvertes qui se négocient sur les marchés boursiers ou d'autres biens en immobilisation, alors que ces pertes, également déductibles à 75 %, ne peuvent servir qu'à réduire des gains en capital.

ATTENTION: Jusqu'au budget fédéral du 22 février 1994, chaque contribuable pouvait bénéficier d'une exemption à vie mettant à l'abri de l'impôt les premiers 100 000 $ de gains en capital. Celle-ci a été abolie. Au moment de produire votre déclaration de revenus 1994, soit avant le 30 avril 1995, vous pourrez protéger le gain en capital accumulé sur vos biens en date du 22 février 1994 (ou avant mars 1992 dans le cas d'un immeuble autre que la résidence). Si vous ne faites pas les démarches en ce sens, l'exemption sera alors vraiment perdue pour de bon. Il est fortement recommandé de consulter un spécialiste pour ce faire, si vous croyez pouvoir bénéficier de cette *dernière chance*; les possibilités et conséquences sont nombreuses.

Les PDTPE ont une incidence sur la possibilité de réclamer une déduction pour les gains en capital et aussi sur les demandes antérieures de déductions. C'est là une question complexe et vous feriez bien de demander conseil à des experts en fiscalité. L'exonération cumulative des gains en capital est de 400 000 $ dans le cas de gains réalisés à la vente des actions d'une corporation exploitant une petite entreprise ou d'une ferme familiale exploitée activement. Il existe aussi des dispositions concernant les biens agricoles admissibles qui permettent, au moment du décès du propriétaire, de transférer ces biens au conjoint ou à un enfant sans payer d'impôt. Ces dispositions visent à assurer que les familles ne seront pas forcées de vendre leur ferme ou leur entreprise afin de payer les impôts résultant du décès.

Si vous possédez une entreprise ou une ferme qui a de la valeur, vous devriez consulter des conseillers pour déterminer les mesures à prendre à l'égard des droits de propriété et de succession.

CONSEIL: Étant donné que les revenus gagnés à l'intérieur d'un REER sont exonérés d'impôt, aucun traitement préférentiel ne leur est accordé. En d'autres termes, si dans votre REER vous avez des placements qui rapportent des dividendes, vous ne pourrez pas profiter du crédit d'impôt sur les dividendes. C'est dire qu'au moment de planifier vos placements à l'intérieur du REER, il est préférable d'y laisser des placements qui rapportent de l'intérêt et de garder à l'extérieur du REER ceux qui jouissent d'un traitement préférentiel.

45. Les abris fiscaux

Les stimulants fiscaux mis en place au cours des années dans le but d'inciter les investisseurs à placer de l'argent dans des placements peu populaires ou de nature spéculative ont créé plusieurs occasions de placement. En fait, on a encouragé les investisseurs à placer de l'argent là où aucune personne saine d'esprit ne l'aurait fait, n'était-ce que pour profiter d'avantages fiscaux.

Jusqu'à récemment, les contribuables bien nantis réclamaient de telles occasions et acceptaient presque n'importe quoi pour réduire leurs impôts à payer. Sans cela, à quoi bon placer de l'argent dans des immeubles d'appartements ou des maisons en rangée dont les loyers sont régis ou dans l'exploration pétrolière, gazière ou minière lorsqu'il y a peu d'espoir de trouver quoi que ce soit, ou dans la production de films au Canada? Enfin, les placements qui font vraiment lever les yeux au ciel se trouvent dans le domaine de la recherche et développement, là où il n'existe ni produit, ni marché, ni aucune assurance de bénéfices, mais seulement des promesses sans fondement.

Si les placements dans des abris fiscaux ne donnent pas de bons résultats aux investisseurs, c'est le plus souvent en raison du prix beaucoup trop élevé de ces abris fiscaux et de leur gestion inepte. Comme un navire à la superstructure trop lourde, ces projets sont condamnés à sombrer. Dans la plupart des sociétés en commandite du domaine immobilier, le terrain est transféré à la société à un prix trop élevé; les coûts de mise en valeur sont trop élevés; le prix que paie la société en commandite pour la propriété est au sommet du marché; les frais de gestion sont trop élevés; les coûts de promotion associés à l'émission des unités de l'abri fiscal constituent littéralement un pot-de-vin à ceux qui sont mêlés à l'affaire; les commissions de vente sont abusives; les professionnels et les imprimeurs demandent trop pour préparer la notice d'offre distribuée à des fins d'analyse. Tous ces facteurs concourent à gonfler le prix du projet à un niveau excessif; à moins que tout se déroule incroyablement bien, le projet ne peut pas rembourser tout cela.

Il arrive souvent que les investisseurs et leurs conseillers n'arrivent pas à se rendre compte à quel point les projets sont irréalistes, parce que les prévisions sont bien préparées et semblent raisonnables. En outre, le document et sa présentation sont impeccables et, bien sûr, vous aimez croire que le marché est à la hausse et que vous en profiterez.

Devriez-vous investir dans un abri fiscal? Oui, mais seulement si:

■ vous êtes dans la tranche d'impôt la plus élevée et êtes assuré d'obtenir une épargne fiscale substantielle en guise d'escompte sur votre achat;

■ vous connaissez personnellement et depuis assez longtemps quelques-uns des gestionnaires du projet;

■ vous ou votre conseiller comprenez parfaitement la nature de l'entreprise;

- vous savez hors de tout doute que les promoteurs du projet ont déjà démontré leur expertise et qu'ils sont suffisamment motivés pour en assurer le succès;
- vous êtes prêt à mettre le temps et à payer le prix nécessaires pour tout vérifier;
- vous vous assurez de ne pas pouvoir être tenu responsable de quoi que ce soit au-delà du risque que vous acceptez sciemment;
- vous jugez que le projet serait un bon placement même en l'absence d'avantages fiscaux.

Vous croyez qu'il vous en coûtera cher en temps et en argent pour vous conformer à cette liste de contrôle? Vous avez bien raison. Mais ces vérifications peuvent certainement vous éviter de perdre de l'argent. Par contre, cette liste peut aussi vous aider à repérer des entreprises commerciales raisonnables et fiscalement avantageuses.

La plupart des abris fiscaux fonctionnent de la même façon. Vous faites le placement en puisant dans votre épargne une petite partie des fonds requis et en empruntant le reste; vous obtenez des déductions fiscales assez fortes dans les quelques premières années. Vous espérez recevoir assez de revenus pour compenser ce que vous coûtent vos emprunts après impôt. Vous vendez quelques années plus tard, en réalisant un gain en capital assez important.

Les prévisions financières du projet indiqueront probablement u. ̃ ̃s bon rendement sur le placement. Il faut qu'il en soit ainsi, puisque vous comptez sur ce rendement pour éponger le coût de votre emprunt. Mais la marge d'erreur tolérable est très petite et l'effet de levier que vous avez utilisé pour participer au projet peut se retourner contre vous et multiplier vos pertes.

Bien au fait de ces sinistres présages, admettons que nous traversons peut-être une période favorable pour chercher des projets de placement solides. Les prix sont bas, les taux d'intérêt faibles, les attentes ont été ébranlées et il est possible de trouver des professionnels compétents du monde des affaires prêts à tenter honnêtement l'aventure. Tout placement comporte un risque; si cela vous attire, le moment semble propice.

CONSEIL: Avant de vous lancer dans ce genre de placement, consultez des professionnels dont l'objectivité ne peut être mise en doute. N'oubliez pas

qu'il y a un rapport bien réel entre le risque et la récompense. Les placements qui offrent des déductions fiscales importantes, et par là des rendements après impôt élevés, comportent un facteur de risque de même niveau. Ces placements ne conviennent pas à tous les investisseurs.

46. Le remboursement d'impôts fonciers (Québec)

Une réduction spéciale d'impôt allège le fardeau fiscal des personnes vivant seules, des familles à faible revenu, des personnes de plus de 65 ans et de ceux qui gagnent moins qu'un certain niveau de revenu mais qui paient des impôts fonciers sur leur résidence ou une portion des impôts fonciers sur l'immeuble locatif où elles se logent.

Le Québec accorde aux propriétaires et aux locataires un crédit d'impôt remboursable pour impôts fonciers. Ce remboursement correspond à 40 % des impôts fonciers qui excèdent 430 $ par conjoint. En 1994, cet excédent ne pouvait être supérieur à 1 285 $. En outre, le remboursement doit être réduit d'un montant égal à 3 % du revenu familial total qui excède le total de certains montants accordés en fonction de la situation familiale du requérant. À noter que le remboursement additionnel de 100 $ pour les personnes de 60 ans ou plus a été aboli à compter de 1993.

CONSEIL: Si vous êtes admissible à cette réduction d'impôt, assurez-vous d'avoir en main vos comptes de taxes foncières municipales et de taxes scolaires ou, si vous êtes locataire, d'obtenir le relevé 4 préparé par votre propriétaire. Ce relevé indique le montant des taxes attribué à votre logement.

CONSEIL: Assurez-vous de conserver vos reçus d'impôts fonciers. Afin de permettre aux personnes âgées propriétaires de leur logement d'y habiter le plus longtemps possible, le gouvernement apportera des modifications à la législation pour permettre aux municipalités d'offrir à leurs contribuables âgés la possibilité de reporter, en tout ou en partie, le paiement de leurs impôts fonciers municipaux.

47. Réduire les effets de l'impôt minimum

Les acomptes provisionnels et l'impôt minimum sont deux questions qui préoccupent souvent les personnes à la retraite. Il est utile de comprendre comment calculer ces deux éléments afin de réduire les impôts, les intérêts et les pénalités que vous pourriez encourir.

L'impôt minimum est une mesure qui a été introduite par le gouvernement afin de s'assurer que les particuliers qui ont des revenus élevés, mais qui paient peu d'impôt, auront à assumer une part équitable du fardeau fiscal national. Le gouvernement jugeait que trop de contribuables payaient peu d'impôt grâce aux avantages fiscaux. Pour calculer l'impôt minimum, il faut mettre de côté certains abris et avantages fiscaux. Vous devez payer l'impôt minimum si cet impôt est plus élevé que l'impôt calculé de la façon habituelle. Une exemption de 40 000 $ est accordée dans le calcul du revenu imposable aux fins de l'impôt minimum, ce qui signifie que les individus dont les revenus bruts sont de 40 000 $ ou moins ne seront pas assujettis à l'impôt minimum. Cet impôt ne s'applique pas aux corporations, mais il s'applique aux fiducies.

Avec un revenu brut de plus de 40 000 $, vous pourriez être touché par les règles de l'impôt minimum si vous avez les types de revenus ou de déductions qui suivent:

- déductions pour les cotisations à des régimes de pension, à des REER ou à des RPDB;
- revenus de dividendes;
- gains en capital imposables ou pertes en capital déductibles;
- pertes provenant d'abris fiscaux;
- déductions pour les options d'achat d'actions accordées à des employés;
- déductions pour prêts à l'habitation;
- revenus de prospecteurs exclus.

L'impôt minimum n'est pas difficile à comprendre et il est expliqué clairement dans les guides accompagnant les déclarations de revenus du Québec et du Canada. Le calcul tient compte du revenu imposable obtenu dans la déclaration habituelle, modifié par la suite pour tenir compte des éléments énumérés ci-dessus. Ayant ainsi obtenu le revenu imposable modifié, vous le multipliez par 20 % dans le cas de l'impôt provincial et par 17 % dans de cas de l'impôt fédéral, puis vous en déduisez certains crédits d'impôt. Certains de ces crédits, tels que les montants transférés de votre conjoint ou d'une autre personne et le crédit pour revenu de pension, ne sont pas reconnus aux fins de l'impôt minimum.

Si, en fin de compte, vous devez payer de l'impôt minimum, un crédit pour le supplément d'impôt payé peut être reporté aux sept années suivantes et utilisé pour réduire l'impôt normal payable dans ces années. L'impôt normal payable dans une année subséquente peut être réduit par ce report d'impôt minimum seulement dans la mesure où il dépasse l'impôt minimum calculé pour l'année en question.

L'impôt minimum ne s'applique pas à la déclaration de revenus finale soumise pour un contribuable décédé. Toutefois, si un contribuable qui dispose d'un report d'impôt minimum décède, le report d'impôt ne peut être utilisé dans les limites normales que dans la déclaration pour l'année d'imposition où il est décédé. Il est donc possible que le report d'impôt minimum ne soit pas entièrement recouvrable.

CONSEIL: Un élément qui déclenche souvent le paiement de l'impôt minimum est le transfert d'une allocation de retraite dans un REER. Si vous prenez votre retraite tard dans l'année, vous pourriez peut-être éviter l'impôt minimum en obtenant que votre allocation de retraite soit payée le 1er janvier de l'année suivante.

48. Les acomptes provisionnels

Il se pourrait que, durant votre retraite, une forte proportion de vos revenus provienne de placements et de régimes de pension. L'impôt est normalement retenu à la source dans le cas des régimes de retraite des employeurs, des rentes de REER et des versements d'un FERR, mais il ne sera pas retenu sur les revenus de placements ni sur les prestations provenant de régimes gouvernementaux tels que la PSV et le RRQ ou le RPC.

Vous devrez verser des acomptes provisionnels si, l'année précédente, le montant d'impôt payable lors de la production de vos déclarations de revenus a dépassé les sommes de 1 200 $ au provincial et de 1 200 $ au fédéral et s'il les dépassera dans l'année en cours.

Il y a trois différentes méthodes pour déterminer le montant de vos remises trimestrielles. La première, la plus facile, consiste à payer simplement la somme indiquée par les ministères du Revenu sur les rappels envoyés à chaque contribuable tenu de verser des acomptes. Selon cette méthode, les ministères du

Revenu établiront la somme des acomptes pour les mois de mars et juin en fonction de l'impôt payé les deux années précédentes. Une fois la cotisation établie pour la déclaration de la dernière année, la somme des versements pour septembre et décembre sera rajustée de manière à ce que le total des versements soit égal à l'impôt payé la dernière année. Si vous versez ces sommes comme le demandent les ministères du Revenu, vous n'aurez ni intérêt ni pénalité à payer s'il vous reste une somme d'impôt à payer au moment de transmettre votre déclaration.

La deuxième méthode vous permet de calculer vos versements en fonction de l'impôt payé l'année précédente. Toutefois, si vous n'avez pas encore reçu votre avis de cotisation pour l'année précédente, il se pourrait que l'impôt à payer pour cette année-là soit plus élevé que vous ne vous y attendiez et qu'ainsi vos versements des mois de mars et juin soient trop faibles, ce qui pourrait vous faire encourir des frais d'intérêt ou des pénalités, ou les deux.

Dans la troisième méthode, vous fondez le calcul de vos versements sur une estimation des impôts à payer pour l'année en cours. En cas de sous-estimation, vous devrez des impôts additionnels au moment de transmettre votre déclaration et l'on calculera de l'intérêt. Si vous vous attendez à ce que votre revenu pour l'année en cours soit de beaucoup inférieur à celui de la dernière année, ce qui est souvent le cas à la première année de la retraite, vous devriez utiliser cette méthode. Vous avez déjà établi des prévisions de votre revenu de retraite; il vous serait donc facile de les résumer sur une déclaration de revenus, en utilisant la déclaration de la dernière année comme feuille de travail. Vous pouvez aussi utiliser les taux d'imposition de la dernière année, étant donné que ces taux ne changent pas radicalement d'une année à l'autre.

Vos acomptes doivent être versés au plus tard les 15 mars, 15 juin, 15 septembre et 15 décembre. Assurez-vous, toutefois, que vos estimations portent sur les revenus d'une année entière pour éviter toute surprise. Rappelez-vous que si vos versements sont insuffisants, cela vous coûtera de l'intérêt, habituellement à un taux supérieur de quelques points de pourcentage au taux préférentiel. C'est pourquoi il est sans doute plus sage de surestimer légèrement la somme à verser en acomptes en attendant de mieux connaître ses revenus de retraite.

La meilleure méthode à utiliser est celle qui réduit le plus possible la somme d'impôt payé par acomptes. Bien entendu, si vous avez versé des acomptes fondés sur les impôts de l'année précédente et que vous trouvez à la fin de l'année en cours que votre revenu est beaucoup plus élevé, vous n'encourrez pas de pénalité. Vous n'avez qu'à payer le supplément d'impôt en avril. Veillez simplement à mettre de côté une somme correspondant d'assez près à ce que vous devrez payer. Ne remettez pas trop d'argent à l'avance aux gouvernements; laissez-le plutôt dans votre compte d'épargne. Vous en avez plus besoin qu'eux.

Notes

Chapitre 12

Obtenir le plus pour votre argent

Nous avons jusqu'ici examiné divers moyens d'accroître vos économies et de contrôler vos dépenses. À cette fin, nous avons établi de nombreuses stratégies pour réduire vos impôts. La prochaine étape dans la poursuite de votre objectif d'indépendance financière consiste à faire travailler vos économies mieux qu'avant, à apprendre comment accélérer votre rythme de croisière financier afin de jouir plus tôt d'une retraite empreinte de sécurité et qui saura combler vos aspirations.

Investir judicieusement n'est pas chose facile. Au Canada, il existe plus de 3 000 instruments de placement différents. Un nombre suffisant pour stimuler certains, mais trop grand pour nombre d'autres. Il est compliqué de choisir le bon placement et plusieurs ont peu d'expérience en ce domaine. Bien que la bourse soit un sujet d'actualité, seulement 20 % des Canadiens s'y intéressent. Une proportion encore moins grande s'aventure dans l'or, dans les obligations allemandes ou le dollar américain.

Vous vous estimez peut-être heureux de ne pas être du nombre de ces aventuriers. Toutefois, à titre d'investisseur, vous ne devez ignorer aucun de ces produits afin d'obtenir les meilleurs rendements possibles. En fait, les rendements que vous devez obtenir doivent vous permettre de contrecarrer les hausses d'impôt et l'inflation.

Votre conjoint et vous avez probablement des comptes d'épargne dans des caisses populaires, des banques ou des sociétés de fiducie, des obligations d'épargne, des dépôts à terme, des actions ou des placements dans des fonds communs de placement. Il se peut qu'une bonne part des ressources familiales soit monopolisée par vos résidences principale et secondaire, vos polices d'assurance-vie, vos passe-temps favoris ou vos collections d'objets précieux, autant de sources possibles de fonds à investir. Il se pourrait aussi que vous ayez des placements à l'abri dans vos REER. Si vous avez pris soin de bien gérer votre argent au jour le jour, graduellement, vous ajouterez vos économies à cette source de richesse. Le succès de votre indépendance financière dépend de votre efficacité d'épargne et de placement. Malgré la multiplication des factures à régler, le nombre de bouches à nourrir, les mensualités hypothécaires et les impôts, il faut que l'épargne reste pour vous une priorité. Payez-vous d'abord. Je sais que cela peut paraître évident, mais c'est une approche très pratique.

Une des bonnes raisons d'être propriétaire de votre logis est que cela vous oblige à épargner une partie importante de votre revenu pendant des années. Si vous faites preuve de la même discipline pour vos économies, même s'il ne s'agit que de quelques dollars, l'épargne deviendra une habitude; vous vous retrouverez bientôt avec une somme rondelette. Cet argent mis de côté ne vous manquera pas vraiment sur le coup; une fois à la retraite, vous vous féliciterez de l'avoir épargné!

Épargner avec efficacité ne suffit malheureusement pas; vous devez apprendre à investir. Vous devez vous familiariser avec les différents types de placements, leurs caractéristiques et les rendements que vous pouvez en attendre. Mettez au point une stratégie personnelle de placement et faites un suivi régulier de vos placements en vue de la retraite. Ne cédez pas à la tentation de sauter ce chapitre simplement parce que vous comptez vous prévaloir des services d'un professionnel du placement; pour assurer la sécurité et le rendement de votre capital de retraite, vous devez connaître le monde du placement presque aussi bien que ceux qui gèrent leurs propres placements.

Les types de placements

Simplifié, le placement se résume en fait à donner ou à prêter son argent aujourd'hui, dans l'espoir et l'attente qu'il nous sera remis à une date ultérieure, avec une récompense pour en avoir laissé d'autres l'utiliser. La crainte associée au placement est évidemment de perdre son argent.

Jetons un coup d'œil à la gamme des placements. Du côté des placements sécuritaires, il y a d'abord les liquidités, tel un dépôt dans un compte d'épargne. Du côté des placements risqués, on retrouve les valeurs d'avenir, telles les actions d'une société minière aurifère. Si vous vous limitez à placer votre argent dans un coffret de sûreté ou sous le matelas, il n'y a rien à craindre: vous le retrouverez. Toutefois, pour ce qui est du rendement, il faudra repasser! Les placements en actions offrent une meilleure possibilité d'appréciation dans le temps, donc une récompense plus grande; par contre, on risque d'encaisser une perte.

Dans cet ordre d'idée, les liquidités, les placements à revenu fixe et les actions représentent les trois catégories de placements, ou éléments d'actif, les plus courantes.

Les liquidités

Lorsqu'il est question de liquidités, on pense d'abord aux billets de banque et aux pièces de monnaie. Dans le jargon du placement, les liquidités représentent un placement qui peut facilement être converti en argent, c'est-à-dire:

- les dépôts dans un compte d'épargne. Ils rapportent un intérêt mensuel, semestriel ou annuel;
- les dépôts à terme de 30, 90 ou 180 jours;
- les obligations d'épargne du Québec et du Canada;
- les bons du Trésor;
- le papier commercial; les fonds communs de placement du marché monétaire.

Ces placements constituent le *marché monétaire*. Les rendements qu'ils procurent par les temps qui courent sont plutôt faibles: de 0 % à 5 %. Par contre, le risque de perdre son argent est faible. La valeur nominale d'un placement de ce genre ne variera pas jusqu'à l'échéance. Cela est dû au fait que le terme du placement (la durée pendant laquelle les fonds sont investis) est court, habituellement une semaine, un mois, 90 ou 180 jours. Quand le placement vient à échéance, votre argent vous est remis. Il est également facile de trouver un acheteur si vous décidez de vendre votre placement avant son échéance. C'est pourquoi les placements du marché monétaire sont dits *liquides*.

Les caisses populaires, les banques, les sociétés de fiducie et les compagnies d'assurances vendent ce genre de placements qui, à toutes fins utiles, équivalent à de l'argent liquide. Comme les taux et les conditions varient d'une institution à l'autre, renseignez-vous bien avant d'arrêter votre choix. Étant donné la popularité de ce genre de placements, ce chapitre présente plus loin une foule de conseils à leur sujet.

Les placements à revenu fixe

Bien que l'expression *à revenu fixe* ne signifie pas grand-chose pour plusieurs, son choix est on ne peut mieux indiqué pour désigner toute une catégorie de placements. Les placements à revenu fixe sont habituellement des prêts que vous consentez à des gouvernements, à des institutions financières ou à des sociétés; leur date d'échéance ainsi que le taux d'intérêt qu'ils rapportent sont fixés à l'avance. Ils comprennent les certificats de placement garantis (CPG), les obligations de sociétés ou de gouvernements et les débentures, entre autres.

Le revenu de tels placements est garanti. Il existe bien une certaine possibilité de croissance, mais aussi un risque de perte. Ces placements sont un peu plus risqués parce qu'ils sont faits pour des périodes plus longues que dans le cas des placements du marché monétaire. Leurs échéances peuvent être de 3, 5 et même 30 ans. Leur prix, ou valeur marchande, peut varier radicalement. Plus l'échéance est éloignée dans le temps, plus il y a de risques que les taux d'intérêt changent ou que les emprunteurs n'aient pas les fonds voulus pour vous rembourser. Pour pallier ce risque plus élevé, on peut s'attendre à payer un peu moins que la valeur nominale ou exiger un meilleur rendement.

Ces placements sont généralement considérés comme conservateurs, et nombreux sont ceux qui croient que leur potentiel de croissance est faible. Toutefois, le marché obligataire a nettement surclassé le marché des actions ces cinq dernières années; sur 25 ans, la performance des deux marchés s'équivaut.

Les actions

Placer en actions consiste à acheter des actions de société. On espère que la société prospérera et que cela se traduira par une appréciation de la valeur des actions. En tant que copropriétaire de la société, vous vous attendez à participer aux bénéfices par le truchement de dividendes qui vous seront versés. Évidemment, le succès de l'entreprise dans laquelle vous avez investi dépend de l'état de l'économie en général, de l'industrie de laquelle elle fait partie et de la façon dont elle est gérée.

Les actions procurent habituellement un taux de rendement courant moins élevé mais offrent le plus de potentiel de croissance, ou de perte. Le risque couru est plutôt faible s'il s'agit d'actions de grandes sociétés bien établies. Il est plus élevé dans le cas de petites entreprises qui comptent moins d'investisseurs. Les actions offrent habituellement une bonne *liquidité*. Toutefois, compte tenu des fluctuations de leurs cours, le meilleur moment pour les vendre n'est pas toujours celui qu'a choisi l'actionnaire.

L'immobilier

L'immobilier constitue une catégorie de placements souvent négligée. Plusieurs ont littéralement une fortune d'investie dans leurs résidences principale et secondaire, ou dans des propriétés de vacances ou à revenu. Après avoir élevé leur famille, nombre de personnes décident de se départir de l'une ou de plusieurs de leurs propriétés. Cependant, une fois à la retraite, il faut voir ses propriétés avec les yeux d'un investisseur plutôt qu'avec ceux d'un utilisateur.

La chasse aux meilleurs taux d'intérêt

La chasse aux meilleurs taux d'intérêt constitue l'un des passe-temps favoris de bien des gens. Elle atteint son paroxysme pendant la saison des REER alors que des milliers de contribuables tentent de *débusquer* les meilleurs rendements des CPG et des dépôts à terme. Obtenir le meilleur taux ne devrait toutefois pas être le seul objectif; il faut aussi considérer la flexibilité, la sécurité et la commodité.

Vous gaspillerez peut-être beaucoup d'efforts, de temps et d'argent à dénicher ce quart de point additionnel qui vous satisferait tant. Consultez plutôt les tableaux de taux d'intérêt que publient les journaux ou téléphonez aux diverses institutions. Vous pourriez aussi demander à un courtier en valeurs mobilières de vous assister. Soyez prudent: des taux élevés indiquent quelquefois que l'institution qui les offre éprouve certaines difficultés financières; des taux élevés peuvent pallier un risque élevé. Avant de prendre une décision, assurez-vous que votre dépôt est protégé par la Société d'assurance-dépôts du Canada (SADC) ou la Régie de l'assurance-dépôts du Québec.

Les taux d'intérêt que versent les institutions financières dépendent du rendement qu'elles tirent de vos propres fonds. Le rapport risque-rendement s'applique ici encore. Lorsque vous déposez votre argent dans une caisse populaire, une banque ou une société de fiducie, l'institution en question se trouve à emprunter votre argent pour le prêter à d'autres clients qui, eux, veulent obtenir un prêt. Si vous investissez dans un CPG de cinq ans, l'institution pourrait destiner cet argent à prêt hypothécaire de cinq ans. Évidemment, cela comporte des risques. D'abord, l'institution court le risque de ne pas être remboursée; une échéance de cinq ans comporte plus de risques qu'une échéance de quelques mois. Si l'institution compte plusieurs mauvaises créances, vous pourriez perdre votre argent s'il n'est pas assuré par l'un des deux organismes d'assurance-dépôts mentionnés ci-dessus. Vous courez aussi le risque inhérent aux fluctuations de taux au cours de ces cinq ans. Plus l'échéance est lointaine, plus ce risque est grand. L'institution emprunteuse tient compte de ces deux risques en établissant sa grille de taux. Normalement, plus l'échéance du dépôt est lointaine, plus le taux d'intérêt est élevé.

Alors, comment décider si vous devez engager des fonds pour six mois, cinq ans ou une période intermédiaire? Vous devez d'abord vous poser deux questions: quand aurez-vous besoin de cet argent? comment les taux d'intérêt se comporteront-ils pendant ce temps? Quelquefois, la réponse à la première question suffit à orienter notre choix. Par exemple, si vous avez besoin de cet argent dans deux ans pour acheter une voiture, ne l'immobilisez pas pour cinq ans. Par contre, si vous ne prévoyez pas en avoir besoin au cours des cinq prochaines années, il vous faut répondre à la seconde question. N'investissez pas à 6 % pour cinq ans si vous croyez que les taux vont augmenter à 10 % d'ici deux ans. Si vous croyez que les taux vont baisser, vous devriez alors investir à 6 % pour cinq ans.

Vous trouverez ci-dessous quelques conseils additionnels.

1. Assurez-vous que votre argent rapporte de l'intérêt quotidien.

Si vous investissez dans des dépôts à court terme de 30 à 360 jours, assurez-vous que l'intérêt est composé chaque jour, non pas chaque mois ni chaque semestre. La fréquence à laquelle l'intérêt est crédité est probablement plus importante qu'un taux d'intérêt un peu plus élevé. Par exemple, si vous placez 10 000 $ à 5 % pour trois ans, votre placement se chiffrera à 11 575 $ si l'intérêt est composé annuellement, à 11 597 $ s'il est composé semestriellement et à 11 620 $ s'il est composé quotidiennement.

2. Ne changez pas sans raison valable.

Un rendement de 8 % sera réduit à 7,5 % si vous manquez seulement deux jours de dépôt chaque mois. Il vaut la peine de perdre du temps de travail pour changer ses dépôts si le niveau du taux et la longueur de l'échéance le justifient. Assurez-vous que le meilleur taux fera plus que compenser les frais qu'occasionnera le changement.

3. Assurez-vous de la protection offerte par un organisme d'assurance-dépôts ou la SIAP.

Vous devriez toujours vous assurer que vos fonds sont en sécurité. Dans le passé, les épargnants ont toujours cru que leurs dépôts dans les banques et les sociétés de fiducie étaient en sécurité. Toutefois, ces dernières années, plusieurs sociétés de fiducie et compagnies d'assurance-vie ont fait faillite.

Il y a deux façons de vous assurer que vos fonds sont en sécurité. D'abord, vérifiez l'intégrité et la fiabilité de l'institution où vous placez vos fonds. Suivez l'actualité financière de près et renseignez-vous sur l'institution avec laquelle vous désirez traiter. Si vous avez quelque inquiétude, consultez les états financiers

annuels de l'institution. En étudiant lesdits états, regardez si les pertes persistent au fil des ans; remarquez si les provisions pour pertes sur prêts sont importantes.

Si les pertes se répètent d'année en année et si les provisions pour pertes sur prêts sont importantes, allez à une autre institution. Tenez aussi compte de la cote de crédit que l'institution s'est vue octroyer par la Dominion Bond Rating Service ou la Société canadienne d'évaluation du crédit. Ne traitez qu'avec des institutions qui ont la cote AA ou mieux. Enfin, ne placez votre argent que dans des institutions qui jouissent de la garantie du gouvernement du Québec, par le biais de la Régie de l'assurance-dépôts du Québec, ou du gouvernement du Canada, par le biais de la Société d'assurance-dépôts du Canada; ou encore dans des compagnies d'assurance-vie qui bénéficient de la protection qu'offre la Société d'indemnisation des assureurs de personnes (SIAP).

La Société d'assurance-dépôts du Canada fut fondée en 1967 par les banques, les sociétés de fiducie et les sociétés de prêt, qui en sont membres. La majorité des dépôts dans des comptes de particuliers dans une banque ou une société de fiducie peuvent être garantis jusqu'à concurrence de 60 000 $, principal et intérêt. Les dépôts assurables doivent être payés au Canada, en monnaie canadienne.

Les dépôts assurables comprennent les comptes d'épargne et les comptes-chèques, les dépôts à terme de cinq ans ou moins, les mandats, les traites, les chèques certifiés et les chèques de voyage. Les comptes qui ne sont pas protégés incluent les comptes en devises étrangères, tels les comptes en dollars américains, les dépôts à terme de plus de cinq ans, les obligations et débentures de sociétés ainsi que les placements en actions.

La limite de 60 000 $ s'applique à tous les dépôts admissibles dans vos comptes personnels auprès de l'institution membre, même dans des comptes différents ou dans d'autres succursales. Veuillez noter que les caisses populaires sont chacune considérée comme une institution financière indépendante. Une garantie séparée s'applique aux REER, aux FERR, aux comptes conjoints et aux dépôts en fiducie. Par exemple, vous pouvez jouir d'une garantie pour chacun des comptes suivants, dans un même établissement: 60 000 $ dans des comptes personnels, 60 000 $ en fiducie au bénéfice d'un tiers, 60 000 $ dans un compte conjoint, 60 000 $ dans un REER et 60 000 $ dans un FERR. Votre conjoint peut jouir de la même protection. Tout argent cotisé à un REER au nom du conjoint sera ajouté à l'argent qui est au nom de votre conjoint, non pas au vôtre.

La SIAP s'apparente beaucoup à la SADC, mais protège plutôt les épargnants, assurés et rentiers des compagnies d'assurance-vie. Cet organisme prélève des cotisations auprès des compagnies membres afin de protéger les assurés en cas de faillite. Cette protection est limitée à 60 000 $ pour les dépôts garantis, à 200 000 $ pour les montants d'assurance-vie et à 2 000 $ par mois pour les bénéficiaires de contrats de rentes. Il est à noter que les récentes faillites d'assureurs-vie, par exemple Les Coopérants et La Confédération-Vie, ont exigé de grands efforts de la part des compagnies restantes, celles-ci devant contribuer à la SIAP pour éponger les pertes éventuelles des assurés.

Assurez-vous que vos fonds sont protégés. Si vous avez des montants importants en dépôt, placez-les dans plusieurs institutions différentes afin de vous assurer que tous vos fonds sont protégés. N'oubliez pas qu'un dépôt de 50 000 $ à intérêt composé prendra de la valeur et aura tôt fait de dépasser la limite de 60 000 $. À 5 %, les 50 000 $ vaudront plus de 60 000 $ en quatre ans; à 10 %, ils dépasseront la limite après deux ans seulement.

Les obligations d'épargne du Québec et du Canada

Fort populaires depuis nombre d'années, les obligations d'épargne (OE) du Québec et du Canada ne sont pas vraiment des obligations. En plus d'allier sécurité et taux d'intérêt raisonnables, elles sont encaissables en tout temps. Les OE du Québec sont émises le 1er juin de chaque année; les OE du Canada, 1er novembre, normalement pour un terme de sept ans. Les OE sont une source importante de financement pour les gouvernements qui, autrefois, les assortissaient de bonis afin d'inciter les porteurs à les conserver jusqu'à l'échéance. Ces bonis comportaient deux avantages: un intérêt en prime à l'échéance et un traitement fiscal avantageux.

Les OE représentent en fait un très bon dépôt à court terme. Leur rendement est meilleur que celui des dépôts à terme; elles sont garanties par les gouvernements et peuvent être encaissées en tout temps. Toutefois, peu de gens y recourent à titre de dépôt à court terme; ils les gardent pendant des années et rajoutent d'autres OE chaque année. Agir de la sorte n'est pas bien avisé, car l'épargnant se retrouve avec une somme trop importante placée à court terme à des taux peu élevés alors que les placements à revenu fixe ou en actions pourraient rapporter plus.

Les bons du Trésor

Les gouvernements émettent les bons du Trésor, dont l'échéance est d'un an ou moins. Vous pouvez les acheter auprès des institutions financières et des courtiers en valeurs, habituellement en lots d'au moins 5 000 $. Normalement, plus le lot est important, plus le taux d'intérêt vous sera favorable. Très concurrentiels en ce domaine, les courtiers offrent souvent un meilleur rendement dans l'espoir que vous continuerez à investir chez eux.

Parce qu'ils sont garantis par les gouvernements, les bons du Trésor comportent le risque le plus faible parmi tous les placements; leur rendement est souvent comparable à celui des dépôts dans les caisses populaires, banques et sociétés de fiducie. Ils ne rapportent pas d'intérêt comme tel bien que le fisc considère le produit qu'on en tire comme de l'intérêt. Les bons du Trésor sont plutôt achetés à un prix inférieur à leur valeur nominale et vendus à leur pleine valeur, à échéance. Par exemple, vous ne paierez que 4 939 $ pour acheter un bon du Trésor pour lequel on vous remettra 5 000 $, 90 jours plus tard; le produit, représentant un rendement de 5 %, est traité comme de l'intérêt par le fisc.

Le rendement est peu élevé parce que le risque est moindre. Toutefois, au cours de la dernière décennie, il y eu des moments où les taux d'intérêt à court terme ont été plus élevés que les taux à long terme, un phénomène que l'on appelle *courbe de taux inversée*. Anormale, cette situation a eu lieu lorsque la Banque du Canada est intervenue pour réduire la disponibilité des fonds à court terme. Les bons du Trésor ont alors représenté d'excellents placements qui bénéficiaient de la garantie du gouvernement. Ce bon temps est révolu; la situation actuelle est plus normale.

Bien qu'il soit facile d'acheter des bons du Trésor, vous pouvez aussi vous les procurer par l'entremise de fonds communs de placement du marché monétaire. Ces fonds réunissent l'argent de milliers d'épargnants et achètent des millions de dollars de bons du Trésor et de dépôts dont les termes sont les plus longs possibles, leur permettant de négocier les meilleurs taux. Les fonds communs de placement pourront souvent offrir des taux d'intérêt à court terme plus élevés que ceux qu'il est possible d'obtenir sur le marché.

Vous devriez toujours lire le prospectus des fonds communs de placement ou bien poser des questions avant de choisir un fonds du marché monétaire. Quelques fonds, même si on y réfère comme fonds du marché monétaire, investissent pour des périodes plus longues, soit environ 180 jours. Il s'agit là d'un terme relativement long qui ne répond peut-être pas à vos objectifs de placement pour des capitaux que vous considérez comme de l'argent.

Les dépôts auprès des compagnies d'assurances

D'autres formes de dépôt comprennent le contrat d'assurance mixte, les rentes différées et d'autres produits d'assurance-vie comportant des caractéristiques importantes d'épargne. Ces polices d'assurance vous forcent à épargner grâce au versement de primes mensuelles ou annuelles. Ce n'est pas nécessairement mauvais, mais vous pouvez obtenir un meilleur rendement en choisissant d'autres instruments d'épargne. Les compagnies d'assurances combinent souvent l'assurance-vie et le placement, mais il est habituellement préférable de considérer ces deux besoins financiers séparément. Il sera question de polices d'assurance au chapitre 14.

Les compagnies d'assurances offrent aussi des rentes différées, une forme de placement qui s'apparente beaucoup aux CPG. Auparavant, vous pouviez gagner de l'intérêt non imposable jusqu'à ce qu'il soit reçu. La législation fiscale a éliminé cette faille et vous devez maintenant déclarer comme revenu, chaque année, les intérêts courus sur de tels dépôts. Il n'y a qu'une exception: si vous avez acheté une rente différée avant le 31 décembre 1989, vous devez

en rapporter le revenu d'intérêt au moins tous les trois ans.

Les placements à revenu fixe

Il a surtout été question jusqu'ici de CPG. Par ailleurs, les obligations, débentures et hypothèques constituent une part appréciable du marché des placements à revenu fixe. Les obligations et les débentures sont des prêts d'une durée déterminée que les investisseurs consentent aux entreprises et aux gouvernements. L'émetteur doit payer de l'intérêt à un taux fixe, habituellement une fois l'an, et rembourser le principal à la date d'échéance.

Faites preuve de patience avec vos OE

Vous pouvez encaisser les obligations d'épargne en tout temps, dans presque toutes les institutions financières. Dans le cas des OE du Canada, soyez patient; vous devriez attendre le début du mois. Le gouvernement paie de l'intérêt seulement si vous détenez l'obligation pendant le mois complet. Si vous encaissez l'obligation au cours de la dernière semaine, vous n'aurez pas d'intérêt pour les trois premières semaines pendant lesquelles le gouvernement jouissait toujours de votre argent. Pour ce qui est du Québec, l'intérêt est crédité quotidiennement.

Le taux d'intérêt fixe est appelé *taux nominal*; la période de temps pendant laquelle l'emprunteur a le droit de jouir de votre argent, *terme à échéance*. En ce sens, les obligations sont des dépôts, mais elles se comportent aussi comme des actions car on peut les vendre en tout temps par l'intermédiaire des courtiers en valeurs mobilières et les négociants d'obligations avant la date de remboursement. Le prix d'une obligation varie en fonction des taux d'intérêt, augmentant lorsque les taux baissent et baissant lorsque les taux augmentent.

Évidemment, on cherche à acheter les obligations et les débentures lorsque leurs prix sont bas et à les vendre lorsque leurs prix sont hauts. Parce que le prix des obligations fluctue en fonction des taux d'intérêt, la décision du bon moment d'achat dépendra des prévisions quant à la direction des taux sur le marché.

Le meilleur temps pour entrer dans le marché obligataire est lorsque les taux d'intérêt sont élevés et que vous vous attendez à ce qu'ils baissent. Comme vous le verrez plus loin dans ce chapitre, il est souhaitable de conserver une partie de son portefeuille en placements à revenu fixe tels que des obligations. Quand les taux sont faibles et amorcent une remontée, vous avez intérêt à réduire la proportion d'obligations dans votre portefeuille, quitte à l'augmenter lorsque les taux d'intérêt baisseront.

Dans les années 1950, les obligations représentaient une forme de placement appréciée des investisseurs désirant un placement sécuritaire à rendement élevé. Par la suite, l'inflation, des taux d'intérêt instables et des impôts envahissants ont rendu les obligations beaucoup moins intéressantes. Au début des années 1990, la chute radicale des taux d'intérêt s'est traduite par des rendements obligataires spectaculaires.

Les obligations peuvent comporter une foule de caractéristiques diverses. Certaines obligations et débentures sont convertibles en actions ordinaires; d'autres sont remboursables par anticipation; ou encore, leur date d'échéance peut être reportée. Les obligations sont constituées d'une valeur nominale et des intérêts payés jusqu'à l'échéance. Les intérêts sont quelquefois présentés sous forme de coupons.

L'on peut séparer ces constituantes et les vendre séparément. Vous pouvez acheter l'obligation sans les coupons ou acheter les coupons seulement. Sans ses coupons, l'obligation ne produira pas de revenu; pour cette raison, elle sera vendue à rabais. Le nouveau propriétaire pourra conserver l'obligation jusqu'à échéance; il recevra alors la pleine valeur nominale. Un des attraits d'une obligation réside dans le fait que le porteur n'a pas à se préoccuper de réinvestir régulièrement de petits montants d'intérêt. Plusieurs investisseurs en garnissent leurs REER.

Vous pouvez acheter des obligations libellées en dollars canadiens ou en devises étrangères. Les obligations en devises étrangères vous protègent contre la perte de valeur du dollar canadien par rapport à d'autres devises. Elles vous donnent aussi l'occasion de miser sur les devises fortes tout en bénéficiant d'un revenu fixe et du risque peu élevé propre au marché obligataire. Certaines sociétés canadiennes émettent des obligations libellées en devises étrangères. La Banque mondiale émet aussi des obligations libellées dans presque toutes les devises. Toutes ces obligations peuvent être placées dans un REER.

Vous pouvez acheter des obligations du Trésor émises par des gouvernements étrangers ou des obligations émises par des sociétés étrangères. Toutefois, investir à l'étranger vous éloigne de votre milieu connu; c'est pourquoi vous devriez consulter un expert en placements étrangers ou connaître à fond les climats politique et économique du pays où vous désirez investir.

Étant donné que les coupures des obligations sont grosses (elles sont habituellement vendues en multiples de 25 000 $, 50 000 $ ou 100 000 $), peu de particuliers en garnissent leur portefeuille. Toutefois, vous pouvez participer à ce marché par l'entremise des 120 fonds communs de placement qui investissent dans ces types d'instruments de placement au Canada. Ces fonds communs de placements à revenu fixe offrent aux petits épargnants la possibilité d'investir dans des titres variés et de bénéficier d'une gestion professionnelle.

Vous pouvez choisir un fonds de placement spécialisé dans les obligations étrangères si vous voulez investir des sommes moins importantes dans ce type d'instrument. Les fonds globaux d'obligations représentent un bon moyen d'investir sur les marchés étrangers sans que vous ayez à devenir un expert des changements politiques et économiques en pays étrangers ou des fluctuations des taux de change et d'intérêt.

Les hypothèques constituent aussi de bons instruments de placement. On peut y investir en achetant des titres adossés à des prêts hypothécaires ou des parts de fonds communs de placement hypothécaires. En achetant un titre adossé à un prêt hypothécaire, vous acquérez une part d'un fonds qui a investi dans des prêts hypothécaires consentis à des particuliers. Les hypothèques en question sont garanties par la Société canadienne d'hypothèques et de logement (SCHL), réduisant ainsi le risque de votre investissement.

Le revenu que vous recevrez chaque mois sera légèrement supérieur au taux d'intérêt d'une obligation parce que ce revenu est constitué d'une part du capital et des intérêts que remboursent les débiteurs hypothécaires. Ceux qui en sont encore à l'étape des dépenses importantes dans leur vie ou qui ont besoin d'un revenu mensuel fixe élevé ou qui veulent jouir d'une sécurité du capital investi devraient s'intéresser plus particulièrement aux titres adossés à des prêts hypothécaires. Par ailleurs, évitez ces titres si vous n'avez pas l'intention de dépenser le revenu mensuel qui en provient, car vous aurez à réinvestir constamment des sommes relativement petites.

Ceux qui veulent enrichir la partie placements à revenu fixe de leur portefeuille devraient acheter des parts de fonds communs de placement hypothécaires. Les parts de ces fonds communs diffèrent des titres adossés à des prêts hypothécaires en ce sens que le fonds réinvestit constamment dans de nouvelles hypothèques, à mesure que les hypothèques courantes sont remboursées. La valeur des parts varie en fonction des nouvelles hypothèques achetées. Ce type de placement convient très bien à ceux qui recherchent des titres sécuritaires, à revenu fixe un peu plus élevé que les CPG, tout en offrant plus de flexibilité.

Les actions

Les Canadiens n'aiment pas les placements sans garantie et ne s'aventurent généralement pas dans le marché boursier. Ce dernier reflète l'état de santé de l'économie, ce qui est plutôt inquiétant en soi, et le potentiel des compagnies inscrites en bourse. Lorsque vous achetez les actions d'une société, vous croyez que celle-ci réalisera de bons résultats dans la foulée d'une économie généralement vigoureuse ou qu'elle affichera de bons résultats en dépit des soubresauts du monde qui l'entoure. Cela ressemble à une gageure, n'est-ce pas? Ce n'est pas le cas.

L'économie passe par des cycles d'expansion et de contraction, entraînant les cours boursiers à la hausse ou à la baisse. Par ailleurs, les diverses industries et les sociétés qui en font partie connaissent leurs propres périodes d'expansion et de contraction. En dépit de ces cycles, l'économie canadienne est en expansion depuis des décennies, une expansion alimentée par les entreprises qui nous fournissent les biens et services dont nous avons besoin. Le marché boursier a prouvé qu'il pouvait récompenser généreusement les investisseurs patients. Ces cycles font qu'il

est essentiel que vos horizons boursiers soient plus lointains que les périodes difficiles.

La plupart des actions cotées en bourse sont émises par de grandes sociétés dont les noms font partie de notre quotidien. En vertu des lois et règlements des diverses commissions des valeurs mobilières provinciales, elles doivent présenter leur situation financière aux investisseurs éventuels. Une société restera cotée en bourse tant et aussi longtemps qu'elle fournira au public des renseignements financiers détaillés à des moments précis. Évidemment, vous ne connaissez pas le nom de toutes les sociétés inscrites en bourse. Le marché boursier représente une source de financement non négligeable pour nombre de petites entreprises en croissance. Il s'agit de jeunes entreprises innovatrices sur le plan technique ou d'entreprises d'exploration minière ou pétrolière. Elles peuvent devenir millionnaires du jour au lendemain, ou s'effondrer totalement.

À la bourse comme ailleurs, lorsqu'il y a un acheteur, il y a aussi un vendeur. Vous achetez des actions parce que vous croyez que leur valeur augmentera; le vendeur, lui, vend parce qu'il croit pouvoir obtenir un meilleur rendement grâce à un autre titre ou qu'il a besoin de liquidités. S'il y a plus d'acheteurs que de vendeurs, le cours des actions monte; l'inverse est aussi vrai. Si les vendeurs sont pressés de se débarrasser de leurs actions, les cours baissent. Telle est la nature du marché boursier.

Les actions changent constamment de mains selon l'idée que les investisseurs se font des cours futurs. Les actions de plusieurs centaines d'entreprises de toutes les industries sont cotées aux bourses de Montréal, de Toronto, de l'Alberta et de Vancouver. On peut aussi négocier sur les marchés de Londres, de Tokyo, de Hong Kong, de New York et sur des douzaines d'autres dans le monde. Investir dans une société par actions requiert une bonne connaissance du marché boursier et des perspectives de l'économie en général et de la compagnie en particulier. Enfin, il faut pouvoir compter sur des conseils fiables. Vous pouvez faire le travail vous-même et investir directement dans des actions cotées à la bourse ou investir dans des fonds communs de placement en actions.

Nombre de ces fonds s'offrent à vous: canadiens, américains ou internationaux; ou des fonds qui se spécialisent dans un secteur donné de l'économie. Il existe divers types de fonds communs de placement en actions canadiennes. Ils peuvent se spécialiser dans les actions de jeunes sociétés, plus petites et plus risquées; dans celles de sociétés importantes et bien établies.

Les fonds d'actions internationaux s'intéressent à un portefeuille diversifié d'actions à l'échelle mondiale ou se concentrent sur une région géographique particulière, comme les marchés en développement de l'Extrême-Orient. Les fonds sectoriels se spécialisent dans un secteur du marché; on a surtout entendu parler des fonds spécialisés dans les ressources naturelles parce que leurs résultats ont été spectaculaires en 1993. Avant d'arrêter votre choix, il vous faut savoir dans quels titres investit le fonds. Par exemple, si vous investissez dans un fonds international sans en connaître les placements, vous pourriez vous retrouver avec des actions canadiennes, américaines et européennes, alors que vous vouliez investir dans les marchés en développement d'Asie du Sud-Est ou d'Amérique du Sud.

Les actions privilégiées

Les actions privilégiées vous offrent vraiment un traitement de faveur. En tant que porteur d'actions privilégiées, vous avez le droit de recevoir des dividendes avant les porteurs d'actions ordinaires. De même, les dividendes que vous toucherez seront plus élevés que ceux des actionnaires ordinaires.

Bien que la plupart des entreprises s'efforcent de payer des dividendes (pour ne pas émousser la confiance des investisseurs), elles ne sont pas tenues de le faire. Si les bénéfices sont trop maigres, les actionnaires privilégiés pourraient bien ne recevoir aucun dividende. Par ailleurs, si l'entreprise éprouve des difficultés, les actionnaires privilégiés auront un droit prioritaire sur l'actif de la société. Si l'entreprise fait faillite, il se pourrait que les créanciers prennent tout l'argent qui reste.

La plupart des actions privilégiées rapportent un dividende à taux fixe. Certaines ont un dividende à taux flottant qui fluctue en fonction des taux d'intérêt. Les dividendes privilégiés peuvent être cumulatifs ou non. Dans le cas de dividendes cumulatifs, ceux-ci s'accumulent même si la compagnie ne les verse pas;

ils devront être payés en priorité dès que la situation financière le permettra. Dans le cas de dividendes non cumulatifs, ceux-ci sont perdus si la compagnie fait défaut de les verser à la date prévue. Il vous faut bien connaître les caractéristiques des actions privilégiées que vous achetez: modalités de paiement des dividendes, de rachat d'actions, etc. Il y a plusieurs types d'actions privilégiées, aux modalités fort différentes.

■ Les actions privilégiées convertibles. Pendant une période déterminée, le porteur peut, à sa discrétion, convertir ses titres en actions ordinaires, à un taux de conversion prédéterminé. Les actions privilégiées convertibles permettent au porteur de bénéficier dès maintenant d'un revenu plus élevé, tout en lui donnant le droit de profiter de l'augmentation future du prix des actions ordinaires. Le prix des actions privilégiées convertibles varie en fonction du prix des actions ordinaires.

■ Les actions privilégiées rachetables au gré du porteur ou de la société. Les actions rachetables au gré du porteur peuvent être revendues à la société à une date ultérieure; le prix de rachat est soit le prix d'achat original ou un prix prédéterminé. Dans le cas de ces actions, vous êtes au moins sûr de ravoir votre argent. Les actions rachetables au gré de la société peuvent être rachetées par la société; le rachat est fait à un prix prédéterminé, après un certain laps de temps. Dans le cas de ces actions, la société peut racheter ses actions si, par exemple, les taux d'intérêt baissent en général alors que le taux offert par les actions est relativement élevé.

Les actions privilégiées intéressent les investisseurs qui recherchent des revenus élevés, car elles offrent un meilleur dividende et le porteur a une plus grande certitude d'en profiter. De plus, les dividendes reçus d'une société canadienne imposable donnent droit à des crédits d'impôt pour dividendes. Grâce à ce traitement fiscal favorable, le revenu après impôt des actions privilégiées peut être supérieur au rendement de dépôts et d'obligations. En contrepartie, les dividendes privilégiés ne croîtront jamais, ni la valeur nominale des actions. La situation est différente dans le cas des actions ordinaires.

La sécurité des actions privilégiées est bien aléatoire. Plusieurs sont attirés par ces actions parce qu'ils estiment que le traitement de faveur dont elles jouissent est garant d'une plus grande sécurité. Ce n'est pas du tout le cas. Leur seul traitement de faveur digne de mention consiste en leurs dividendes prioritaires. Éventuellement, en cas de liquidation de la société, les actionnaires privilégiés seront remboursés avant les actionnaires ordinaires. Toutefois, il ne faut pas oublier qu'ils prennent rang après tous les créanciers, y compris les employés et les créanciers ordinaires. En fait, ils arrivent après les porteurs d'obligations et de débentures. Ils ne peuvent pas s'attendre à un rendement total équivalent à celui que peuvent obtenir les actionnaires ordinaires.

Il est difficile de justifier le risque additionnel associé aux actions privilégiées. Certains investisseurs recherchant un rendement élevé et la sécurité ont déjà subi de lourdes pertes.

Les instruments dérivés

Les instruments dérivés les mieux connus sont les droits de souscription, les bons de souscription et les options. Ces trois instruments constituent des moyens d'acquérir des actions ordinaires d'une société à un prix prédéterminé jusqu'à une date précise. La valeur de ces instruments est susceptible de fluctuer pour refléter les variations du cours des actions ordinaires. Les marchés où l'on échange ces instruments sont assez animés. Toutefois, ces instruments sont moins stables que les actions auxquelles ils sont associés. Pour en tirer le meilleur parti possible, vous devez bien comprendre le marché boursier. Les professionnels du placement s'en servent pour protéger des rendements déjà acquis et améliorer l'élément sécurité d'un portefeuille. La majorité des investisseurs devraient laisser ces instruments à ceux qui s'y connaissent vraiment ou se faire seconder par un conseiller en placement.

Le marché immobilier

L'immobilier, même s'il a perdu de son lustre, a offert d'excellents rendements aux investisseurs dans le passé. Investir dans l'immobilier protège contre l'inflation, étant donné que les prix des terrains et des immeubles ont tendance à progresser au même rythme que celle-ci. Les résidences principale et secondaire n'ont pas été les seules à permettre de bons rende-

ments; les propriétés locatives, les immeubles commerciaux et industriels, les sociétés immobilières ouvertes, les coentreprises fermées et les consortiums, les sociétés de placement immobilier et les partenariats de même que les fonds communs de placement immobiliers ont aussi été la source de généreux rendements. Quand l'inflation se remanifestera, les prix de l'immobilier amorceront sans aucun doute une remontée.

Seuls les investisseurs les plus hardis devraient s'adonner à la spéculation immobilière. C'est un marché très instable. Il est difficile de bien choisir le moment de vendre une propriété et de réaliser un gain acceptable. Certains investisseurs ont été chanceux; d'autres, plus instruits et plus expérimentés, ont aussi réalisé de bons gains dans ce marché. Pour investir dans l'immobilier, il faut consacrer beaucoup de temps; il faut déterminer les tendances sociales et urbanistes, évaluer leur impact sur la valeur des terrains et des immeubes.

Si vous possédez des propriétés à revenu, vous devez vous astreindre à des tâches quotidiennes de gestion. Celles-ci consistent, entre autres, à vous occuper des plaintes des locataires, à voir aux réparations et à l'entretien, à la location et à la perception des loyers. Si ces tâches ne vous sourient pas, vous devrez engager un administrateur d'expérience. Vous aurez à payer des frais de gestion, mais un bon administrateur vous permettra d'augmenter votre rendement.

Certaines autres formes de placement dans l'immobilier exigent une bonne dose de connaissance et d'expérience. Si ce n'est pas votre cas, achetez tout simplement des actions de sociétés immobilières ouvertes ou des coparticipations immobilières. Vous pourrez ainsi, à titre de petit investisseur, posséder un portefeuille immobilier diversifié administré par des gestionnaires professionnels.

Choisir le bon placement

Après avoir assimilé tant d'informations sur les placements, vous vous demandez probablement quel placement acheter? ce qui convient le mieux à votre situation? où obtenir le meilleur rendement sans risquer votre argent?

Personne ne peut répondre avec une certitude absolue. Nul ne sait quels seront les placements gagnants en 1995, 1996 ou 1997. Les dernières décennies nous ont beaucoup appris sur les placements. D'abord, que le monde est en constante évolution. Les meilleurs placements se relaient constamment et il est difficile de prédire lequel deviendra la prochaine vedette.

Peu d'investisseurs touchent la cible à tout coup. Certains réalisent des gains rapides, puis se retirent tout aussi vite du marché, de peur de perdre leurs gains. Pour viser juste à tout coup, il faut y mettre le temps; et cela entraîne des tensions, même chez les professionnels du placement. Certains ont fait de bons placements pendant quelques années, puis ont perdu la face (ainsi que leur fortune) un peu plus tard. Des fortunes instantanées se sont créées grâce à un seul type de placement; elles se sont souvent volatilisées tout aussi vite, lorsque le marché s'est effondré. Rappelez-vous les fortunes amassées et perdues par les frères Reichmann, les Bronfman et Robert Campeau. Lorsqu'un projet connaît un succès fulgurant, on ne peut imaginer que la chance nous abandonnera; on s'obstine jusqu'à ce qu'il soit trop tard.

Il est beaucoup plus sage de développer votre propre stratégie de placement et de répartir votre actif entre plusieurs éléments. Vous réduisez ainsi le risque, sans sacrifier le rendement. Après avoir établi votre stratégie, il vous faut faire le suivi de vos placements, rééquilibrer votre portefeuille. Tenez-vous-en à votre stratégie; vos conseillers et vous devez l'avoir à l'esprit lorsque vous prenez toute décision de placement. Si vous faites preuve de discipline, vous saurez déceler et éviter les miroirs aux alouettes; vous vous concentrerez plutôt sur vos besoins, vos objectifs fondamentaux et votre tempérament d'investisseur.

Votre politique de placement devra tenir compte des points suivants:

■ vos buts et objectifs financiers;
■ vos horizons de placement;
■ votre tolérance au risque;
■ votre situation fiscale;
■ votre style de gestion.

Voyons chacun de ces éléments en détail.

Vos buts et objectifs financiers

Qu'attendez-vous de vos placements? Si vous êtes à la veille de la retraite, recherchez-vous des placements qui vous procureront le plus de revenu possible? Êtes-vous plutôt en train de bâtir votre richesse pour atteindre l'indépendance financière le plus vite possible? Les fonds dont vous disposez sont-ils essentiels à votre mieux-être financier à la retraite et craignez-vous de perdre de l'argent, même si c'est une petite somme?

Votre réponse est peut-être affirmative à toutes ces questions. Vous recherchez peut-être la sécurité, la croissance et le revenu. Si vous prévoyez des dépenses dans quelques mois, il vous faut aussi des liquidités. Vous devez établir vos propres priorités et répartir vos placements pour atteindre vos objectifs. Si vous êtes à la veille de la retraite, empressé d'amasser un pécule mais préoccupé par les conséquences d'une mauvaise décision, la sécurité et la croissance sont deux objectifs de placement importants pour vous. S'il vous importe de laisser un solide patrimoine à vos petits-enfants, la croissance est votre priorité. Prenez le temps de bien établir vos priorités; dressez-en la liste sur les feuilles de travail aux pages qui suivent.

Vos horizons de placement

Plusieurs personnes croient qu'elles doivent raccourcir les échéances de leurs placements parce qu'elles approchent de la retraite. Aussi s'empêcheront-elles de faire ces placements dont la croissance les aurait protégées contre l'inflation, simplement parce qu'elles ne croient pas pouvoir attendre la reprise qui suivra une baisse du marché. Penser de la sorte traduit un manque de vision. Il se peut très bien que vous viviez jusqu'à l'âge de 90 ans, quelque 25 ans après le début de votre retraite. Si vous ne risquez plus rien à partir du moment où vous prenez votre retraite, il se peut bien que l'inflation vienne gruger votre pouvoir d'achat. Lorsque vous choisissez les échéances de vos placements, gardez à l'esprit qu'au moins une partie de votre argent sera investie pour un quart de siècle.

POURCENTAGES NOMINAUX ANNUELS DE VARIATION OU DE RENDEMENT

Année	Indice des prix à la consommation	Indice des actions ordinaires	Indice des obligations du Canada à long terme	Indice des hypothèques ordinaires	Bons du trésor 91 jours
1924	-2.13	11.25	7.84		
1925	2.90	28.74	5.17		
1926	-1.41	24.42	5.39		
1927	-1.43	44.92	10.18		
1928	0.72	32.92	0.56		
1929	2.88	-11.60	2.34		
1930	-6.29	-30.90	9.26		
1931	-9.70	-32.96	-4.97		
1932	-8.26	-12.92	12.37		
1933	-1.80	51.63	7.37		
1934	0.92	20.26	19.66		0.64
1935	2.73	30.63	0.83		1.17
1936	0.88	25.35	11.12		0.90
1937	4.39	-15.83	-0.58		0.71
1938	-2.52	9.13	5.63		0.62
1939	2.59	0.19	-2.98		0.70
1940	5.04	-19.13	8.69		0.73
1941	6.40	1.93	3.80		0.59
1942	3.01	13.99	3.08		0.54
1943	1.46	19.67	3.88		0.49
1944	-1.44	13.47	3.16		
1945	1.46	36.05	5.18		
1946	5.76	-1.50	6.02		
1947	14.97	0.34	3.17		
1948	8.88	12.13	-2.38		
1949	1.09	22.61	4.85		
1950	5.91	48.43	-0.12		
1951	10.66	24.04	-3.13		
1952	-1.38	-0.42	1.99	5.18	1.05
1953	0.00	2.15	3.64	2.08	1.65
1954	0.00	39.05	9.99	7.48	1.53
1955	0.47	27.80	-0.34	6.73	1.45
1956	3.24	13.22	-3.63	-2.42	2.90
1957	1.79	-20.58	6.4	3.23	3.86
1958	2.64	31.25	-5.98	8.86	2.16
1959	1.29	4.59	-4.67	1.75	4.77
1960	1.27	1.78	7.10	10.32	3.53
1961	0.42	32.75	9.78	7.12	2.89
1962	1.67	-7.09	3.05	7.12	4.04
1963	1.64	15.60	4.60	7.12	3.66
1964	2.02	25.43	6.59	7.12	3.80
1965	3.16	6.68	0.96	2.59	4.03
1966	3.45	-7.07	1.55	1.58	5.14
1967	4.07	18.09	-2.20	2.21	4.62
1968	3.91	22.45	-0.52	2.97	6.47
1969	4.79	-0.81	-2.31	-3.15	7.43
1970	1.31	-3.57	21.98	11.87	6.58
1971	5.16	8.01	11.55	13.9	3.80
1972	4.91	27.38	1.11	8.92	3.59
1973	9.36	0.27	1.71	6.87	5.45
1974	12.3	-25.93	-1.69	4.50	8.22
1975	9.52	18.48	2.82	12.2	7.55
1976	5.87	11.02	19.02	14.21	9.43
1977	9.45	10.71	5.97	14.62	7.87
1978	8.44	29.72	1.29	6.84	8.93
1979	9.69	44.77	-2.62	5.66	12.53
1980	11.20	30.13	2.06	8.10	13.73
1981	12.20	-10.25	-3.02	9.98	20.37
1982	9.23	5.54	42.98	29.15	15.25
1983	4.51	35.49	9.60	20.46	9.86
1984	3.77	-2.39	15.09	12.36	11.94
1985	4.38	25.07	25.26	16.72	9.77
1986	4.19	8.95	17.54	13.34	9.48
1987	4.12	5.88	0.45	10.26	8.45
1988	3.96	11.08	10.45	10.12	9.76
1989	5.17	21.37	16.29	13.06	12.91
1990	5.00	-14.80	3.34	10.63	13.98
1991	3.78	12.02	24.43	21.56	9.58
1992	2.14	-1.43	13.07	11.25	6.50
1993	1.70	32.55	22.88	15.66	5.28

Votre tolérance au risque

Quand il est question de risque, on pense généralement à la bourse. Il faut toutefois être bien conscient que tout placement comporte un certain risque. Le risque le plus insidieux est probablement celui de perdre son pouvoir d'achat. L'érosion que provoquent l'impôt sur le revenu et l'inflation est si dommageable que la richesse s'amenuise petit à petit au fil des ans. À moins que l'on se prémunisse contre l'inflation.

Vous n'êtes pas convaincu? Prenons l'exemple d'un placement sécuritaire, disons un CPG de 1 000 $ à rendement annuel de 5 %. Le taux d'inflation se situe à 3 %; le taux marginal d'imposition, à 40 %. À la fin de l'année, le porteur aura 1 050 $ en poche; cependant, il devra remettre 40 % de l'intérêt (20 $) aux ministères du Revenu, ce qui ne lui laissera que 1 030 $. En fait, le rendement est ramené de 5 % à 3 %. Par ailleurs, l'inflation a diminué la valeur de l'argent de 3 %; les 1 000 $ ne valent en fait rien de plus que l'année précédente. Le pouvoir d'achat ne s'est pas apprécié du tout et une année entière a été perdue.

Ajoutons maintenant un petit élément de risque. Disons que les actions d'une société canadienne bien établie rapportent un dividende annuel de 4 %. Dans ce cas, le rendement après impôt s'établit à environ 2,4 %, à peu près équivalent au taux d'inflation. Cependant, les actions peuvent prendre de la valeur, surtout si la société présente de bonnes perspectives de croissance régulière et verse des dividendes attrayants. Si leur valeur augmente de 5 %, le taux combiné de rendement annuel après impôt s'établit à 7,4 %. C'est mieux que l'inflation, n'est-ce pas! Il y a tout de même un risque de baisse, surtout si le choix n'a pas été judicieux et que le marché boursier recule dans son ensemble. Il faut quand même courir le risque, dans l'espoir de devancer l'inflation.

En évaluant votre tolérance au risque, vous devez tenir compte de votre propre personnalité et de vos attitudes face à la peur et à la cupidité. Certains sont audacieux, mieux disposés à accepter les risques du marché. Observez vos comportements et attitudes au travail, dans vos activités quotidiennes ou lorsque vous pratiquez un sport ou jouez à des jeux de société. Ceux qui ont une prédisposition au risque risqueront en affaires, dans leurs placements, dans la vie en général; cela leur rapportera occasionnellement. À l'autre bout du spectre des personnalités d'investisseurs, il y a ceux qui sont passifs, n'aiment pas le risque. Leur besoin de sécurité dépasse leur seuil de tolérance au risque. Ces personnes peuvent quand même avoir beaucoup de succès, mais elles accomplissent les choses de façon plus sécuritaire.

Votre tolérance au risque dépendra aussi de l'étape de vie où vous vous trouvez. Les jeunes, dont les engagements et les responsabilités sont moindres, peuvent se permettre de prendre de plus grands risques. Ils ont le temps devant eux; si les choses ne fonctionnent pas bien, ils peuvent se reprendre. À l'âge adulte, nous avons des responsabilités familiales, des enfants à élever, une hypothèque à payer, un niveau de vie à maintenir. Notre revenu augmente et il nous reste encore plusieurs années avant la retraite. On peut se permettre alors de prendre des risques, à condition que notre taux d'endettement soit faible, que nos assurances soient adéquates et que notre emploi soit stable.

L'étape de vie suivante est celle de la consolidation. Ce sont les 10 à 15 années précédant la retraite, au cours desquelles les revenus sont élevés et les dépenses faibles. On accumule de l'épargne en vue de la retraite. Le risque financier pèse moins lourd. Et il ne faut pas oublier que la retraite peut s'étendre sur 20 ou 30 ans. C'est une fois à la retraite que l'on commence à dépenser — bien que plusieurs continuent à épargner. Il faut piger dans ses épargnes. Le besoin de revenu et la crainte de perdre du capital influencent alors notre stratégie de placement.

Si vous avez une vie confortable et que vos finances vous le permettent, il se peut que vous désiriez éventuellement donner une partie de votre richesse et de vos biens. Il faudra alors prévoir les liquidités nécessaires ou choisir des placements en gardant à l'esprit que vous les destinez à vos héritiers.

L'important c'est de savoir où vous vous situez dans tout cela. Êtes-vous disposé à assumer un certain niveau de risque maintenant pour améliorer votre sort financier dans le futur? Si vous écartez systématiquement tout risque, pensez aux conséquences. La plupart recherchent des rendements qui laissent tout de même place à une certaine croissance. C'est la façon dont il faut agir pour songer à prendre les devants sur l'inflation.

Heureusement, les connaissances acquises vous aideront à surmonter vos peurs. Jetez un coup d'œil sur les rendements obtenus dans le passé dans divers marchés; vous serez rassuré quant au risque. Les rendements des actions et des obligations fluctuent avec une rapidité déroutante. Même les placements à revenu fixe de cinq ans ou plus vous en feront voir de toutes les couleurs: tantôt à la hausse, tantôt à la baisse. Mais à long terme, votre patience sera récompensée.

Le meilleur rendement après impôt

Lorsque vous choisissez un placement, rappelez-vous que c'est le rendement après impôt qui compte. En établissant vos stratégies et en choisissant vos placements, ayez bien à l'esprit les incidences fiscales des divers types de placements. Le tableau (page 180) illustre comment diverses sources de revenus sont imposées, compte tenu d'un taux marginal d'imposition de 40 % et d'un placement de 1 000 $.

Les revenus de placements étrangers et les dividendes étrangers sont imposables intégralement. Les dividendes canadiens, quant à eux, bénéficient d'un crédit d'impôt pour dividendes. Vous pouvez réduire votre facture d'impôt en convertissant vos dépôts, vos OE ou vos obligations qui rapportent de l'intérêt en actions privilégiées ou en actions ordinaires. Les actions vous procurent un revenu de dividendes et vous permettent de réaliser un gain en capital. Un placement de 1 000 $ en actions qui rapportent un dividende de 4 % et dont la valeur s'accroît de 5 % par année, équivaudra à un rendement de 8,2 % après impôt. Bien sûr, un tel rendement n'est pas certain; le placement pourrait même perdre de sa valeur. Mais, si l'on se fie au passé, il y a de bonnes chances que les actions produisent de tels rendements à long terme.

En règle générale, un dividende canadien vaut 1,25 fois la valeur après impôt du même montant d'intérêt. C'est pourquoi une action ordinaire qui rapporte 4 % est plus avantageuse qu'un dépôt à 4,75 %.

La combinaison optimale d'éléments d'actif

Dans l'historique des rendements du marché, vous avez pu observer que pendant qu'une catégorie de placements ne va pas très bien, une autre donne des rendements fantastiques et une troisième, des rendements tout juste respectables. La conclusion à tirer: il ne faut pas mettre tous ses œufs dans le même panier.

Généralement, il est sage d'investir dans plusieurs catégories de placements et d'avoir des placements différents dans une même catégorie. Il ne serait pas prudent, par exemple, de tout investir son argent dans les actions d'une entreprise de pâtes et papiers. L'entreprise pourrait être mal gérée et éprouver des difficultés financières; ou l'industrie des pâtes et papiers pourrait être en situation de surproduction alors que la demande chute. Toute l'industrie pourrait se trouver dans un marasme; l'économie pourrait s'essouffler; le marché boursier dans son ensemble pourrait chuter.

Pour en arriver à une combinaison optimale d'éléments d'actif, il faut diversifier ses placements, équilibrer son portefeuille. Ce faisant, on répartit les risques. On sait en effet que certaines catégories de placements s'apprécient pendant que d'autres se déprécient. Les pertes encaissées par certaines catégories peuvent être compensées par les hausses d'autres catégories.

Une bonne diversification suppose que votre portefeuille contient au moins une vingtaine de titres différents, par exemple des actions de sociétés diverses et des placements dans plus d'une catégorie de placements. Une telle diversification vous fera bénéficier des mouvements haussiers (et malheureusement des mouvements baissiers aussi) des différents secteurs de l'économie. Le rendement de votre portefeuille se rapprochera de celui du marché dans son ensemble.

Une façon de parvenir à cette combinaison optimale d'éléments d'actif est d'investir dans un fonds commun de placement équilibré. Ces fonds se composent de nombreux titres appartenant aux trois catégories de placements. Ils ont vu le jour à la faveur des théories modernes de gestion de portefeuille et du concept de combinaison optimale d'éléments d'actif. Si vous optez pour les fonds communs de placement équilibrés, renseignez-vous sur les pourcentages de chacune des catégories: liquidités, placements à revenu fixe, actions.

La combinaison d'éléments d'actif qui vous convient

La première tâche qui vous attend lorsque vous élaborez votre stratégie de placement est d'établir votre propre *combinaison d'éléments d'actif*, c'est-à-dire la répartition de votre argent entre les diverses catégories de placements qui répond le mieux à vos besoins et à votre personnalité d'investisseur. Prenons le cas de votre propre portefeuille; pour les fins de notre démonstration, séparez vos placements inclus dans vos REER des autres placements. Il y a suffisamment d'espace sur la feuille de travail pour y inscrire les principales catégories de placements: liquidités, placements à revenu fixe, actions, immobilier. Vous possédez probablement au moins quelques placements dans chacune des catégories. Il serait utile d'énumérer vos propres placements et ceux de votre conjoint séparément. Déterminez ensuite le pourcentage global que représente chaque catégorie de placements.

Dans une prochaine étape, vous devez décider si la combinaison actuelle vous convient ou s'il y a lieu de la changer; ou si vous devez faire de nouveaux placements. Le choix de votre combinaison optimale d'éléments d'actif devrait tenir compte de votre objectif de placement, de votre âge et, surtout, de votre tolérance au risque. Les exemples suivants vous aideront à établir la combinaison optimale.

Notre premier investisseur a une tolérance au risque supérieure à la moyenne et recherche la croissance à long terme. Il n'a pas besoin du revenu de ses placements pour au moins 10 ans et ne s'attend pas non plus à devoir utiliser une partie de ses placements pour des dépenses personnelles au cours des quelques prochaines années. Il réalise que la valeur de ses placements fluctuera dans le temps et il est prêt à accuser une perte tous les cinq ans ou à peu près, mais il veut des rendements à long terme supérieurs à la moyenne. Il veut également que sa facture d'impôt soit aussi basse que possible. Son portefeuille devrait contenir:

- de 10 à 20 % de liquidités;
- de 10 à 30 % de placements à revenu fixe;
- de 50 à 70 % d'actions ordinaires.

Notre deuxième investisseur, même si ses besoins de revenu de placements sont modestes, veut un portefeuille qui l'assurera d'une croissance modérée et d'un revenu stable. Il tolère quelque peu le risque. Il s'attend à ce que la valeur de ses titres connaisse des hauts et des bas; il n'admettra que de faibles pertes, et encore. Ses horizons de placement sont de 10 ans; il souhaite différer et réduire ses impôts. Son portefeuille devrait contenir:

- de 10 à 20 % de liquidités;
- de 30 à 50 % de placements à revenu fixe;
- de 30 à 50 % d'actions ordinaires.

Notre troisième investisseur ne dort bien que si ses placements sont absolument sûrs. Toutes ses décisions de placement sont empreintes d'un désir de sécurité. Dans moins de 10 ans, il commencera à dépenser son avoir ou à en retirer un revenu. Pour éviter le risque et assurer la sécurité de ses placements, il est prêt à accepter un revenu moins élevé. Son portefeuille devrait contenir:

- de 30 à 50 % de liquidités;
- de 30 à 50 % de placements à revenu fixe;
- de 0 à 30 % d'actions ordinaires.

En déterminant votre combinaison optimale d'éléments d'actif, tenez compte de vos objectifs de placement et de votre niveau de tolérance au risque. Analysez les exemples ci-dessus et votre portefeuille actuel. Servez-vous de ces renseignements pour préciser quelle combinaison optimale vous satisfera. Arrêtez des fourchettes de pourcentages plutôt que des pourcentages précis; cela laissera ainsi du jeu à votre portefeuille. Prenez les mesures qui s'imposent pour que votre portefeuille se conforme à votre combinaison optimale: achetez ou vendez des titres de certaines catégories; c'est ce que l'on appelle le rééquilibrage du portefeuille. Inscrivez vos choix sur la feuille de travail intitulée *Votre stratégie de placement*.

Votre style de gestion

Enfin, vous devriez préciser le style de gestion qui vous convient. Si vous investissez surtout pour la croissance, que vous avez une bonne tolérance au risque et que vous avez décidé que votre portefeuille doit contenir principalement des valeurs spéculatives, alors serez-vous peut-être prêt à adopter un style de gestion dynamique, qui nécessite de nombreuses transactions et des décisions rapides.

À la recherche du meilleur rendement après impôt

Ce tableau présente diverses sources de revenu, toutes imposées à un taux de 40 %; le placement est de 1 000 $.

	Intérêt 8 %	Dividende 4 %	Gain en capital 9 %
Revenu	80 $	40 $	90 $
Montant imposable	80 $	50 $	67,50 $
Impôt à payer	32 $	20 $	27 $
Crédit d'impôt pour dividendes		12 $	
Impôt à payer	32 $	8 $	27 $
Rendement après impôt	48 $	32 $	63 $

Pour la plupart des gens à la retraite, un style de gestion moins dynamique conviendra. Cela veut dire respecter la combinaison optimale d'éléments d'actif déterminée, tenir compte de sa tolérance au risque et conserver ses placements de bonne qualité sur une longue période de temps. Certains voudront jouer un rôle actif et gérer leurs fonds; d'autres seront satisfaits d'un rôle passif. Tenez compte de votre connaissance du placement et de votre désir de participer aux décisions de placement.

Si vous avez établi que vous avez un style actif et dynamique de placement et que vous avez l'expérience, le temps et l'intérêt pour le faire, vous pourriez gérer votre propre portefeuille d'actions, d'obligations et de dépôts. Cela peut se faire en consultant la recherche et les données publiques que présentent la presse financière et les maisons de courtage. Si vous décidez de gérer vous-même vos placements, vous devez être discipliné et exercer un suivi régulier de vos placements, sans déroger aux principes de votre stratégie de placement. Vous pouvez choisir un courtier ou faire vos transactions vous-même par l'entremise d'un courtier à escompte.

Avant de gérer vos propres placements, assurez-vous d'avoir toutes les connaissances requises. La complexité des marchés d'aujourd'hui et la vitesse avec laquelle ils réagissent aux événements économiques font en sorte que la seule lecture occasionnelle de revues et de journaux financiers ne peut pas vous armer aussi bien que peut l'être un gestionnaire professionnel.

Plusieurs choisiront de ne pas gérer eux-mêmes leur portefeuille. Il faudra alors obtenir l'aide du meilleur professionnel possible, compte tenu de la taille de votre portefeuille et des honoraires que vous êtes disposé à payer.

Le choix d'un courtier

Si vous avez décidé de gérer votre portefeuille vous-même, vous devrez acheter et vendre vos actions et obligations par l'intermédiaire d'un courtier. Un bon courtier peut vous être d'un grand secours dans la gestion de votre portefeuille, pourvu qu'il comprenne bien votre situation financière, vos objectifs et votre situation fiscale.

Vous devriez discuter assez longuement avec votre courtier pour savoir si son style de gestion vous convient. Vérifiez bien vos états de compte mensuels. Votre courtier peut vous seconder, mais vous êtes le seul à savoir ce que vous voulez vraiment. Analysez votre portefeuille pour vous assurer qu'il est toujours conforme à votre politique de placement et au style de gestion qui vous convient.

Les comptes intégrés

Autrefois, les fonds communs de placement représentaient pour le petit épargnant le seul moyen d'obtenir des conseils de professionnels du placement. Aujourd'hui, les comptes intégrés offrent une solution de rechange à ceux qui ont moins de 250 000 $ à placer. Vous ouvrez un compte intégré en remettant à votre courtier la somme minimale requise, habituellement de 50 000 $ à 150 000 $. Le courtier et un gestionnaire de placements ont peut-être déjà constitué un portefeuille administré selon un ensemble d'objectifs qui vous est acceptable. Ils vous aideront à créer un portefeuille qui répond à vos besoins.

Le gestionnaire de placements assure une gestion continue des fonds alors que le courtier exécute et finalise les transactions, a la garde des valeurs et produit un état de compte mensuel qui inclut un sommaire de votre portefeuille et des transactions du

La combinaison optimale d'éléments d'actif   **FEUILLE DE TRAVAIL 30**

Catégorie de placements	Mon actif hors REER	Mes REER	L'actif de mon conjoint hors REER	Les REER de mon conjoint	L'actif global	% du portefeuille
Liquidités	_____ $	_____ $	_____ $	_____ $	_____ $	_____ %
À revenu fixe	_____ $	_____ $	_____ $	_____ $	_____ $	_____ %
Actions	_____ $	_____ $	_____ $	_____ $	_____ $	_____ %
Immobilier	_____ $	_____ $	_____ $	_____ $	_____ $	_____ %
Total	_____ $	_____ $	_____ $	_____ $	_____ $	_____ %

mois. Le gestionnaire professionnel participe au programme de comptes intégrés parce que le courtier s'engage à trouver le plus grand nombre d'investisseurs possible, créant ainsi un groupe de placement.

Ces comptes sont intéressants en ce qu'ils permettent à de petits investisseurs d'avoir accès à la même compétence de gestion professionnelle que les grands investisseurs. Toutefois, le coût en est le principal inconvénient. Dans la plupart des cas, les frais annuels (gestion et courtage) représentent au minimum 2,5 % de l'actif. C'est beaucoup plus élevé que les honoraires d'un conseiller en placement. La vive concurrence dans le domaine du placement entraînera sûrement une baisse de ces frais.

Les comptes intégrés sont très répandus aux États-Unis et sont de plus en plus populaires au Canada. N'hésitez pas à poser des questions sur le gestionnaire et à vous informer de ses antécédents. Compte tenu de l'expérience américaine, il est probable que le nombre de ces comptes augmentera et qu'ils deviendront de plus en plus répandus sur la scène canadienne du placement.

LES FONDS COMMUNS DE PLACEMENT

L'engouement des dernières années pour les fonds communs de placement (fonds mutuels) a fait croître les actifs investis dans ce type de véhicule à plus de 130 milliards de dollars au Canada. Le nombre de fonds offerts par les quelque 125 sociétés de fonds mutuels atteint maintenant les 1 000.

Cette jungle de fonds peut en effrayer certains mais, en faisant bien attention de choisir le ou les fonds qui vous conviennent, les fonds communs de placement peuvent s'avérer un excellent véhicule d'investissement.

Qu'est-ce qu'un fonds commun de placement?

Un fonds commun de placement est un regroupement d'investisseurs, avec des actifs de tailles variées, qui, réunis, peuvent s'offrir des services avantageux qu'ils auraient de la difficulté à se procurer individuellement.

Regroupés, les actifs de ces investisseurs représentent une somme importante et permettent donc la constitution d'un seul énorme portefeuille de titres divers. Chaque investisseur détient un certain nombre d'unités du fonds, correspondant aux investissements qu'il y a effectué. La valeur de chaque unité est déterminée périodiquement et c'est la valeur, multipliée par le nombre d'unités détenues, qui représente le solde du placement à une date donnée.

Un des avantages est la gestion professionnelle des placements. En effet, chaque fonds est géré par un conseiller financier professionnel dont la seule tâche est de veiller aux investissements de sa clientèle. Le gestionnaire prend donc toutes les décisions stratégiques d'achat ou de vente de titres dans le portefeuille du fonds.

Les fonds mutuels permettent également une grande diversification de vos actifs. Chaque fonds détient généralement des centaines de titres de toutes sortes, étalés dans plusieurs secteurs ou marchés et sur différentes échéances ou horizons de placement. En n'investissant ne serait-ce que 1 000 $ dans un fonds, les parts que vous détenez représentent, en quelque sorte, une portion de chacun de ces titres. Cette diversification permet donc de bien répartir les risques de votre investissement.

La plupart des fonds communs de placement offrent également une très grande flexibilité, permettant d'investir ou d'effectuer un retrait ou transfert en tout temps, à la valeur marchande courante des unités du fonds. Cette flexibilité rend aussi possible le retrait de seulement une partie de votre placement.

Les fonds communs de placement sont constitués, en très grande majorité, en fiducie, ce qui signifie que les actifs et avoirs du fonds sont distincts de ceux de son administrateur, de son gestionnaire ou de tout autre intervenant du fonds. Ainsi, peu importe ce qui arrive à ces compagnies, les actifs du fonds appartiennent toujours exclusivement aux détenteurs de parts. Un fonds mutuel ne peut donc pas faire «faillite». C'est pourquoi ces fonds ne sont pas couverts par la SADC. Cette protection de 60 000 $ n'est pas nécessaire.

Mais attention! Un investissement dans un fonds commun de placement n'est pas garanti. La valeur du placement fluctuera selon les marchés dans lesquels le fonds investit, selon les performances du gestionnaire et selon la philosophie de gestion propre à chaque fonds. Ainsi, dans un même type de fonds, par exemple les fonds d'actions canadiennes, certains peuvent être très dynamiques et donc plus risqués, et d'autres peuvent être très conservateurs, désirant éviter le plus possible les trop grandes fluctuations de rendements.

Les types de fonds

Il existe une multitude de types de fonds, investissant tous dans des marchés différents. Certains types permettent d'espérer un meilleur rendement potentiel, mais ceci généralement au prix d'un risque plus élevé.

Ces dernières années ont vu naître un grand nombre de fonds de plus en plus spécialisés comme des fonds de pays orientaux et des fonds de métaux précieux. Ces fonds sont fort risqués, parce que très peu diversifiés.

Le graphique ci-contre compare les types de fonds par rapport au risque inhérent et au rendement potentiel.

Les frais

Deux types de frais sont reliés aux fonds communs de placement qui sont généralement les mêmes pour tous les détenteurs d'unités, soit les frais prélevés directement de l'ensemble du fonds, et les frais qui vous sont particuliers.

Les frais généraux incluent principalement les honoraires du gestionnaire et du fiduciaire et les coûts reliés à la préparation des rapports financiers périodiques. Ces frais sont généralement établis en pourcentage des actifs du fonds et ont pour effet de réduire le rendement brut du fonds.

Ainsi, les rendements des fonds communs de placement publiés périodiquement dans les journaux sont toujours nets de ces frais. (Il faut toutefois se méfier, car certaines compagnies d'assurance-vie ont l'habitude d'afficher des rendements bruts pour leurs fonds distincts; il faut alors prendre soin de s'informer du rendement réel net des fonds dans lesquels vous pourriez vouloir investir.)

Les frais que vous devez vous-même assumer s'ajoutent aux frais précédents et peuvent inclure des commissions de souscription, des frais ou pénalités de retraite ou de sortie, et des frais de compte annuels. Ces frais particuliers viendront diminuer votre rendement réel par rapport à ceux publiés dans les journaux. Les commissions payables à un représentant peuvent aller jusqu'à 5 % ou 6 % de la somme souscrite. Ces commissions peuvent être payées immédiatement, réduisant votre investissement, ou être différées selon une grille dégressive de pénalité de sortie. Ces pénalités peuvent être de 6 % de votre compte pour la première année, 5½ % pour la deuxième, puis 4 %, 3 % … jusqu'à la disparition de la pénalité.

LES FONDS COMMUNS DE PLACEMENT
TYPES DE FONDS

Risque

Fonds spécialisés ou internationaux

Fonds de croissance accélérée

Fonds d'actions

Fonds de dividendes

Fonds équilibré

Fonds d'obligations

Fonds hypothécaire

Fonds de marché monétaire

Rendement potentiel

Ainsi, si vous laissez votre investissement suffisamment longtemps, vous n'avez pas à débourser directement la commission. Celle-ci est alors absorbée par l'administrateur du fonds à même les frais généraux prélevés.

De nombreuses sociétés offrent des fonds «sans frais». Cette expression signifie que seuls les frais généraux sont perçus des fonds, et qu'aucuns frais particulier ne vous sera facturé.

De façon générale, les fonds que vous pouvez vous procurer par un courtier en valeurs mobilières, un agent d'assurance ou un représentant indépendant sont des fonds avec frais. Les fonds sans frais sont offerts directement par des institutions financières ou des sociétés de fonds mutuels, souvent sans intermédiaire.

Comment choisir

Même si vous investissez dans un fonds commun de placement et qu'une gestion professionnelle est l'un des plus grands avantages de ces fonds, vous n'êtes pas pour autant assuré d'une attention personnelle qui veillera à ce que les objectifs du fonds soient compatibles avec les vôtres. Il faut choisir un fonds avec soin et porter une attention particulière au rendement antérieur et au choix de titres individuels détenus par le fonds. N'hésitez pas à demander une copie du portefeuille du fonds et dans quel registre les divers types de valeurs peuvent jouer.

Le rendement antérieur d'un fonds sera peut-être un élément crucial dans votre décision d'y investir ou pas. Il est trop facile de vouloir le fonds qui a donné le meilleur rendement au cours des trois derniers mois, six mois ou deux ans. Toutefois, il est possible que le gestionnaire qui était responsable de ce rendement ne soit plus avec le fonds ou que le gestionnaire du fonds a choisi une ou deux valeurs gagnantes au sortir de la récession, mais qui ne donneront pas le même rendement avec la reprise économique.

Il est aussi important de choisir un fonds dont le style ou la philosophie de gestion corresponds à votre profil d'investisseur. La tentation est forte, même si vous êtes conservateur, d'investir dans un fonds très risqué ayant obtenu un rendement extraordinaire l'année précédente…

Lisez attentivement le prospectus simplifié des fonds qui vous intéressent. Tous les renseignements concernant ces fonds y figurent en détail.

Les conseillers en placement

Les conseillers en placement vous offrent les meilleurs conseils professionnels possibles si vos placements totalisent 250 000 $ ou plus. Ils travaillent avec vous pour mettre au point une politique personnelle de placement, vous composent un portefeuille sur mesure, selon vos objectifs et votre situation. Si vous avez plus de 300 000 $ à investir, il est recommandé de faire appel à un gestionnaire professionnel pour qu'il s'occupe d'au moins une partie de vos placements, même si votre style de gestion est dynamique et que vous voulez transiger vous-même. Dans ce cas, occupez-vous directement d'une partie de votre portefeuille, disons 20 %, et confiez le reste à un courtier de plein exercice ou à un courtier à escompte.

Les conseillers en placement se rémunèrent généralement en fonction d'un pourcentage de la valeur des éléments d'actif qu'ils gèrent. Ils ont donc tout intérêt à faire augmenter la valeur de vos placements; et c'est bien ce que vous voulez. Les conseillers en placement n'ont pas d'intérêt personnel dans les titres ou les transactions qui concernent votre compte.

Le choix d'un conseiller en placement s'apparente au choix d'un planificateur financier. Vous travaillez avec quelqu'un en qui vous avez confiance et dont le style de gestion est compatible avec vos préférences. Vous devriez lui demander de vous renseigner sur le rendement antérieur des portefeuilles qu'il gère et sur la valeur de tous les titres qu'il gère afin d'avoir une idée de son succès comme conseiller en placement. Les conseillers en placement doivent obtenir un permis octroyé par la Commission des valeurs mobilières du Québec.

Votre REER et la combinaison optimale d'éléments d'actif

La combinaison optimale d'éléments d'actif que vous avez déterminée devrait aussi s'appliquer à vos REER. Il a déjà été abondamment question des REER au chapitre 8. Voyons maintenant comment vous devriez utiliser ces instruments de placement tout en maintenant l'équilibre de votre portefeuille. Si vous

Votre stratégie de placement FEUILLE DE TRAVAIL 31

Votre objectif financier

Établissez vos besoins de liquidités, de croissance et de revenu, par ordre d'importance. Attribuez un pourcentage à chacun de ces éléments. Si vous avez besoin d'un revenu de placements, indiquez-en le montant annuel. Retournez consulter le travail que vous avez déjà fait aux chapitres 5 et 9. Si votre priorité est de bâtir une richesse, inscrivez le taux de rendement requis. Encore une fois, retournez au travail que vous avez fait au chapitre 9.

_____

_____

_____

_____

Considérations fiscales

Quelle est votre cotisation maximale habituellement permise à un REER? Reste-t-il une portion de cotisations reportées que vous pouvez utiliser maintenant? Avez-vous effectué la cotisation excédentaire de 8 000 $ à laquelle vous avez droit? Devriez-vous cotiser à un REER au nom de votre conjoint?

_____

_____

_____

_____

Vos horizons de placement _____

_____

_____

Votre tolérance au risque _____

_____

La combinaison optimale d'éléments d'actif pour votre famille

Liquidités _____

Placements à revenu fixe _____

Actions _____

Immobilier _____

Votre style de gestion

Voulez-vous participer activement à la gestion de vos placements?

_____

_____

_____

_____

vous rappelez bien, le revenu de placement accumulé dans vos REER s'accroîtra à l'abri de l'impôt jusqu'à ce que vous le retiriez.

Si vous subissez des pertes sur les placements détenus dans vos REER, vous n'aurez pas droit de déduire ces pertes; c'est le cas de pertes sur placements qui ne sont pas inclus dans les REER. Pour ces deux raisons, il vaut mieux inclure dans vos REER les placements à revenu fixe et garder les placements jouissant d'avantages fiscaux à l'extérieur des REER.

Supposons que vous disposiez de 100 000 $ en placements, dont 40 000 $ dans votre REER; disons 10 % en obligations d'épargne, 40 % en obligations et CPG et 50 % en parts de fonds communs de placement en actions. Les 40 000 $ de placements à revenu fixe devraient être versés à votre REER, alors que les OE et les parts de fonds communs devraient demeurer à l'extérieur de celui-ci. De cette façon, vous n'aurez pas d'impôt à payer sur l'intérêt puisqu'il est à l'abri de l'impôt.

Évidemment, vous devriez maintenir la combinaison actuelle si les 100 000 $ en entier se trouve dans vos REER. Il n'est pas nécessaire d'avoir un REER autogéré pour acheter des parts de fonds communs de placement canadiens, du moment qu'elles sont admissibles à un REER. Les mêmes principes s'appliquent également aux FERR.

L'élaboration d'une stratégie de placement appropriée peut également vous aider à atteindre un rythme de croisière financier propice à l'atteinte de votre objectif d'indépendance financière. Le placement est une activité complexe; pour en comprendre les points essentiels, il vous faut absolument participer. Vous devez apprendre à vous servir du système pour obtenir les rendements qui vous permettront de devancer l'impôt et l'inflation.

Vous avez le choix entre des milliers de produits de placement. Si vous y consacrez le temps voulu, vous pourrez déceler ceux qui cadrent bien avec votre plan de placement. Vous ne devriez modifier votre combinaison optimale d'éléments d'actif que si les circonstances le justifient.

Analysez le résultat de vos placements tous les trois mois pour vous assurer qu'ils sont conformes à votre stratégie et qu'ils produisent les résultats escomptés. Comparez vos résultats aux moyennes des placements sur le marché, à l'indice des prix à la consommation et aux rendements que procurent les CPG.

Si votre rendement est faible, essayez d'en trouver la raison et apportez les correctifs qui s'imposent. Il vous faut savoir où vos placements vont, mais ne vous inquiétez pas trop des fluctuations quotidiennes. Si votre plan de placement est bien établi, tout ce qu'il vous reste à faire c'est d'acquérir de nouveaux placements et d'apprécier les résultats obtenus.

Notes

TAUX MARGINAUX D'IMPOSITION
FÉDÉRAUX ET PROVINCIAUX COMBINÉS

SALAIRE

REVENU IMPOSABLE $	TAUX %
6 750 – 8 780	13,9
8 781 – 14 000	32,1
14 001 – 23 000	34,1
23 001 – 29 590	36,2
29 591 – 32 975	44,0
32 976 – 40 560	46,0
40 561 – 50 000	47,1
50 001 – 54 333	48,2
54 334 – 59 180	48,9
59 181 – 63 400	51,5
63 401 et plus	52,9

REVENU DE PLACEMENT

REVENU IMPOSABLE $	INTÉRÊT %	DIVIDENDES %	GAIN EN CAPITAL %
6 459 – 8 389	14,7	4,0	11,0
8 350 – 14 000	34,1	16,9	25,6
14 001 – 23 000	36,1	19,4	27,1
23 001 – 29 590	38,2	22,0	28,6
29 591 – 31 425	46,0	31,7	34,5
31 426 – 50 000	47,1	32,6	35,3
50 001 – 52 625	48,2	34,0	36,2
52 626 – 59 180	48,9	34,5	36,7
59 181 – 62 195	51,5	37,7	38,6
62 196 et plus	52,9	38,7	39,7

Chapitre 13

Franchir la frontière

Plusieurs facteurs — l'aventure, les impôts élevés, le temps froid —, poussent les Canadiens à prendre leur retraite à l'étranger. Pour certains, cela veut dire un voyage autour du monde; pour d'autres, passer de trois à six mois par année sous le soleil de la Floride, de l'Arizona, du Mexique. Pour un certain nombre — de plus en plus important —, cela veut dire couper les ponts avec le Canada et devenir résident d'un autre pays.

Quitter le Canada, même pour quelques mois, n'est pas une décision à prendre à la légère. Plusieurs considérations sociales et financières entrent en jeu. Vous devez tenir compte de l'impact de votre décision sur votre impôt sur le revenu, sur la qualité des soins médicaux et des coûts afférents, le coût de la vie au quotidien. Il faut aussi penser à la disponibilité des services financiers, aux perspectives d'emploi ou de participation aux activités communautaires, à l'éloignement de votre famille et de vos amis et aux lois régissant l'immigration.

Laisser le régime fiscal canadien derrière soi

Le désir d'échapper à un régime fiscal relativement coûteux constitue l'une des principales raisons de vouloir quitter le Canada. Les impôts sont beaucoup moins élevés dans d'autres pays, soit parce qu'ils sont plus riches en raison de leur commerce international ou qu'ils offrent moins d'avantages et de services à leurs citoyens. Bien que les Canadiens soient quotidiennement poussés à échapper au fardeau fiscal, ils ne doivent pas oublier qu'ils vivent dans un pays que l'Organisation des Nations Unies a placé au haut de la liste quant aux conditions de vie. Le régime d'assurance-maladie au Canada est l'un des meilleurs et l'un des moins coûteux au monde.

Échapper à la fiscalité canadienne est plus facile à dire qu'à faire pour un citoyen canadien. Le Canada prélève des impôts en fonction du lieu de résidence d'un particulier et de l'endroit où il gagne un revenu ou exploite une entreprise. À part le fait que nous travaillons tous au Canada, nous payons tous des

impôts au Canada parce que nous y vivons. Comme résidents, nous devons déclarer notre revenu de toute provenance, sans égard à l'endroit où ce revenu a été gagné. Si vous avez des comptes de banque en Australie, recevez une pension de la Suède, un revenu de location pour votre condominium aux· États-Unis, vous devez faire état de tous ces revenus dans votre déclaration de revenus au Canada.

Si vous déménagez à l'extérieur du Canada et cessez d'être résident canadien, vous n'aurez plus à faire une déclaration de revenus au Canada, à moins que vous y exploitiez une entreprise ou que vous retiriez un revenu de location à l'égard d'une propriété qui s'y trouve. Même si vous n'êtes pas un résident, des impôts canadiens seront prélevés sur les prestations de régimes de retraite, sur les rentes provenant de votre REER, les paiements de votre FERR et le revenu de placement de source canadienne. Comme vous pouvez le constater, même si vous vous éloignez du Canada, vous n'échappez pas tout à fait à ses impôts.

Cependant, si vous n'êtes pas résident canadien, l'impôt que vous paierez sera seulement de l'ordre de 10 % à 25 % de votre revenu canadien et vous n'aurez pas à payer d'impôt sur les revenus provenant d'autres pays. Toutefois, votre revenu non canadien sera sujet aux lois fiscales de votre nouveau pays d'adoption et possiblement à celles du pays dont vous prendrez la citoyenneté. Les États-Unis prélèvent des impôts sur le revenu de ses citoyens, peu importe le lieu de leur résidence; le Canada ne le fait pas.

Dans la majorité des pays, vous aurez un crédit d'impôt égal au montant d'impôt prélevé sur votre revenu au Canada ou celui-ci ne sera pas imposable.

Si le revenu n'est pas imposé dans votre nouveau pays, votre fardeau fiscal passera des 40 % à 50 % que vous auriez eu à payer en restant ici, à une retenue à la source de 10 % à 25 %.

Cette retenue sera de 10 % à 15 % si vous allez vivre dans un pays qui a conclu un traité fiscal avec le Canada. Le taux de retenue à la source de 25 % s'applique lorsque vous vivez dans un pays avec lequel le Canada n'a pas ce genre de traité. C'est notamment le cas si vous allez vivre dans un paradis fiscal, c'est-à-dire un pays qui prélève peu ou pas d'impôt sur le revenu de ses citoyens et de ses résidents. Une retenue à la source plus élevée signifiera quand même un fardeau fiscal allégé si vous n'avez pas à payer d'impôt dans votre nouveau pays de résidence. Les pays avec lesquels le Canada a conclu des traités prélèveront probablement leur propre impôt sur votre revenu en provenance du Canada, mais consentiront un crédit d'impôt partiel ou total pour l'impôt retenu par le Canada.

Dans presque tous les cas, vous paierez moins d'impôt parce que la plupart des pays ont un taux d'imposition inférieur à celui du Canada. Aux États-Unis, les impôts de l'État et les impôts fédéraux représentent un taux de 20 % à 30 %. Si votre revenu est supérieur à 100 000 $, vous paieriez de 30 % à 40 %, soit de 10 % à 20 % de moins qu'au Canada. Pensez-y bien: si vous bénéficiez d'un revenu de retraite de 50 000 $, vous pourriez épargner de 5 000 $ à 10 000 $ par année.

Ce n'est pas tout. Pour certains types de revenus de retraite canadiens, l'impôt américain sera même inférieur aux taux que nous venons d'indiquer. Pour les résidents canadiens, le revenu de régimes de retraite et de REER est imposé intégralement parce que les cotisations à ces régimes de retraite n'ont pas été imposées au moment de leur versement. Aux États-Unis, les régimes de retraite et les REER canadiens sont considérés comme de simples comptes d'épargne ou de placement qui ont profité au cours des années. Le fisc américain ne vous ayant jamais accordé d'avantages fiscaux, il n'imposera que le seul produit (intérêts, dividendes et gains en capital) du capital investi à compter du moment où vous devenez résident américain. Cet impôt peut être différé jusqu'à ce que vous receviez ces gains.

Les prestations d'un régime de retraite ou les rentes d'un REER seraient imposées sensiblement de la même façon qu'une rente prescrite le serait au Canada — en partie du revenu de placement et en partie du capital. Aux États-Unis, une proportion de 20 % à 50 % de ce revenu ne sera pas imposée, selon votre âge et le nombre d'années pendant lesquelles vous recevrez ce revenu de retraite, réduisant ainsi votre fardeau fiscal encore plus. Combinés, la retenue canadienne et l'impôt américain sur le revenu totaliseront de 20 % à 30 %, une vraie aubaine en comparaison des 40 % à 50 % que vous paieriez comme résident canadien.

Couper les ponts

Pour échapper à l'impôt canadien, il faut que vous abandonniez votre statut de résident du Canada. Un non-résident canadien est une personne qui n'a pas de résidence permanente au Canada. Si vous laissez derrière vous au Canada une maison ou un bien, vous devez le louer par bail irrévocable pour une durée minimale de trois mois. Même la possession d'une propriété à la campagne pourrait amener les autorités fiscales à se demander si vous avez vraiment cessé d'être résident canadien, soupçonnant que vous utilisez votre propriété à la campagne comme résidence. Si vous conservez une propriété pour vos vacances, vous devez être à même de prouver que vous résidez à l'extérieur du Canada et que vous gardez cette propriété comme investissement, et très occasionnellement pour des vacances.

On s'attend à ce qu'un non-résident, à moins qu'il ne soit à la retraite, ait un emploi ou un revenu d'entreprise à l'extérieur du Canada. On s'attend aussi à ce qu'il bénéficie de services bancaires et financiers dans son nouveau pays de résidence plutôt qu'au Canada. Il doit en outre recevoir des soins médicaux à l'extérieur du Canada et faire de même pour la majorité de ses activités sociales. La paroisse et l'église ou le temple de culte devraient aussi se trouver à l'extérieur du Canada. S'il est encore membre de quelques clubs au Canada, le non-résident doit devenir membre non-résident avec privilège de participation occasionnelle. S'il vient passer quelque temps au Canada, le non-résident doit pouvoir démontrer que c'est pour une visite temporaire et qu'il demeure hors de tout doute dans un autre pays.

Votre pays de résidence est déterminé d'après l'ensemble de votre situation et la preuve que la plupart de vos liens de résidence sont à l'extérieur du Canada, même si vous conservez quelques liens avec le Canada. Les autorités fiscales canadiennes ne mettent habituellement pas en doute le changement de statut à celui de non-résident, à moins que des revenus annuels importants soient en cause. Dans de tels cas, le gouvernement pourrait déterminer soigneusement s'il y a ou non statut de résidence. Quelqu'un qui dispose de revenus importants, donc qui est sujet à tirer des avantages fiscaux appréciables du fait qu'il n'est pas résident canadien, ferait mieux de briser ses liens avec le Canada et d'en établir de nouveaux à l'extérieur. Ce statut devrait être très clairement maintenu pour au moins deux ans avant de revenir au Canada.

Pour de plus amples renseignements à ce sujet, consultez le bulletin d'interprétation no IT221R2. L'un des critères veut que vous planifiiez demeurer à l'extérieur du Canada pour au moins deux ans. Soyez prudent! En cas de doute, consultez un conseiller fiscal qui jouit d'une bonne expérience dans ce domaine.

L'impôt au départ

Il se peut que vous deviez payer un impôt pour quitter le pays. Ce que nous appelons un impôt au départ est en fait un impôt qui découle de la nécessité d'inclure certains revenus dans votre dernière déclaration de revenus avant de pouvoir quitter le Canada. À votre départ, vous êtes tenu de remplir une déclaration de revenus pour la période du 1er janvier jusqu'à la date de votre départ. Cette déclaration devrait inclure tous vos revenus et certains autres éléments, dont:

- le revenu d'intérêt de dépôts, de CPG, d'obligations et d'autres instruments de placement à revenu fixe, même si vous n'avez pas encore reçu ce revenu.
- les gains en capital imposables découlant de la *présumée* disposition de biens en immobilisation, le jour de votre départ. En ce qui concerne le gouvernement, vous avez vendu tous les biens en immobilisation que vous possédiez le jour où vous quittez le pays. De cette façon, Revenu Canada s'assure de recevoir ces impôts avant votre départ.

Vous devez joindre à votre déclaration de revenus une liste de tous les placements et de tous les biens en immobilisation que vous possédez et de leur juste valeur marchande le jour de votre départ. S'il s'agit de gains en capital, vous pouvez les réduire en appliquant à leur encontre toute perte en capital antérieure.

- tous vos revenus en date de votre départ. Les professionnels et autres personnes travaillant à leur compte, qui produisent souvent une déclaration de revenus visant un exercice financier qui diffère de l'année civile, doivent produire une dernière déclaration de revenus qui inclut les revenus pour l'année d'imposition normale et pour la période jusqu'à la date du départ. Par exemple, si votre exercice financier finit le 31 janvier et que vous quittez le pays le 1er septembre, il vous faudra déclarer 19 mois de revenus et payer de l'impôt pour ces 19 mois, soit les 12 mois finissant le 31 janvier et les sept mois du 1er février au 31 août. Maintenant que les Canadiens sont tenus de déclarer leur revenu d'intérêt annuellement, les impôts au départ ne seront pas forcément pénibles.

La possibilité de choisir que vos biens soient considérés comme biens canadiens imposables vous permettra d'éviter de lourds impôts sur les gains en capital. Les biens en immobilisation pourront aussi être transférés à une société de gestion canadienne. À tout événement, il se peut que votre déclaration de revenus au départ requière une attention particulière et une planification fiscale. Si vous avez des biens en immobilisation importants, comme une entreprise que vous possédez et exploitez, vous devriez revoir votre situation avec un conseiller fiscal professionnel.

Vous pourriez aussi retarder le paiement de l'impôt sur les dispositions *présumées* en les déclarant biens canadiens imposables. Ces biens comprennent les actions de sociétés canadiennes, l'immobilier et tout autre bien que vous déclarez bien canadien imposable. Dans le cas d'immeubles ou d'actions d'une société fermée, le gouvernement sait qu'il prélèvera des impôts quand la vente aura lieu, parce que l'acheteur sera responsable des impôts exigibles, à moins qu'une part importante du produit de la vente ait au préalable été retenue et remise à Revenu Canada. Le cas échéant, vous pouvez prendre arrangement avec

Revenu Canada et lui démontrer qu'aucun impôt n'est payable ou lui donner une garantie suffisante.

Les frais médicaux

Le coût des frais médicaux préoccupe au plus haut point lorsque l'on s'en va aux États-Unis. Tous les journaux font état des débats orageux sur la montée en flèche des coûts de la santé aux États-Unis. Le problème s'accentuera avec l'accroissement du nombre des personnes âgées. Contrairement à ce qui se produit au Canada, le système de santé américain ne s'occupe que des personnes qui ont atteint 65 ans et seulement si elles ont cotisé au régime de sécurité sociale. Jusqu'à 65 ans, les Américains se protègent médicalement en recourant à l'assurance privée. Près de 33 millions d'Américains ne sont pas protégés par une assurance médicale.

La sécurité sociale américaine ne protège pas les Canadiens à la retraite aux États-Unis. En cessant d'être résident du Canada, vous ne jouirez plus de la protection offerte par l'assurance-maladie, après une absence de six mois. Même pour les Américains à la retraite, le coût d'une intervention chirurgicale importante ou d'une maladie chronique sera supérieur à la protection que leur offre le régime étatique d'assurance santé. Plusieurs employeurs offrent à leurs employés à la retraite une assurance médicale, mais les coûts énormes laissent prévoir une réduction de ces avantages après la retraite. Plusieurs Américains à la retraite doivent acheter une assurance médicale privée visant les frais médicaux qui ne sont pas payés par le régime étatique.

En dépit de toutes les plaintes au sujet du régime d'assurance-maladie du Canada, la qualité des soins est élevée et le coût est convenable. À titre d'exemple, un Canadien a dû payer 106 000 $ pour trois semaines d'hospitalisation en Floride: deux angioplasties, médecins, médicaments et soins infirmiers à la suite d'une crise cardiaque. Sa propre assurance a payé 32 000 $ et toute l'aide qu'il a reçue pour les 74 000 $ restants s'est limitée à une réduction d'impôt sur le revenu valable pour à peu près 30 000 $. Il a dû payer 54 000 $ pour des soins qui auraient été gratuits au Canada.

En tant qu'ancien résident et citoyen du Canada, vous pouvez y retourner et y établir résidence. Comme citoyen canadien, immigrant ou résident du Canada, vous avez droit à la protection de l'assurance-maladie. Cela laisse supposer qu'un Canadien qui a besoin d'une intervention chirurgicale ou de soins chroniques peut revenir au Canada et être protégé par l'assurance-maladie, ayant abandonné toute résidence légale ailleurs au monde.

Malheureusement, le personnel de l'assurance-maladie fait preuve de beaucoup plus de vigilance face aux réclamations de personnes qui ont résidé à l'extérieur du Canada. On ne peut s'attendre à retourner automatiquement au Canada pour réclamer de l'assurance-maladie à une date ultérieure. Il se peut que votre maladie ne vous permette pas de retourner au Canada et d'attendre la période de temps voulue pour être admissible. Si vous avez consciemment choisi d'abandonner la protection médicale de votre province en quittant le Canada, vous devez vous mettre diligemment à la recherche d'assurance dans votre nouveau pays de résidence, afin de remplacer la protection que vous avez perdue.

Aux États-Unis, ce n'est pas facile. L'assurance-maladie protège tous les Américains qui travaillent et les membres de leur famille jusqu'à l'âge de 65 ans. Les polices privées d'assurance-maladie pour les personnes qui ont plus de 65 ans ne sont pas disponibles. Si vous travaillez pour une multinationale, il pourrait être avantageux de vous faire engager par la division américaine quelques mois avant votre retraite. Votre service américain vous rendrait peut-être admissible aux avantages d'une assurance santé lorsque vous prendrez votre retraite.

Il ne semble pas exister aux États-Unis une forme de protection médicale pour les Canadiens qui choisissent de prendre leur retraite aux États-Unis. Au mieux, certaines polices prévoient des *clauses hors limites* qui permettent d'éviter la ruine, mais qui n'offrent pas de protection pour les services de base. Dans le passé, ce genre de protection aurait coûté 6 000 $ par année pour une garantie de 500 000 $; il aurait fallu que vous assumiez les premiers 50 000 $, sous forme d'auto-assurance. La flambée des coûts d'assurance a probablement fait grimper la prime d'une telle protection à plus de 20 000 $ par année.

Pour certains riches retraités qui épargnent beaucoup d'argent en impôt sur le revenu et sur le coût de la vie, la protection en question a peut-être du sens. Pour les autres, elle représente un trop gros coup de dés quant aux épargnes précieusement accumulées en vue de la retraite.

Les impôts successoraux

Vous devriez réfléchir un peu aux incidences des impôts successoraux à l'égard de votre famille et des personnes à votre charge. Le Canada est un des rares pays au monde à ne pas imposer votre succession au moment de votre décès. Les gains en capital sont bel et bien imposés au décès, mais cela ne se compare pas à l'imposition d'une succession, à moins que vous n'ayez amassé une fortune importante dans une société fermée ou un placement très productif que vous avez détenu pendant de nombreuses années.

Aux États-Unis, comme dans plusieurs autres pays, on impose les successions sur la valeur de tous les placements et de toutes les possessions, moins les dettes. Ces impôts varient de 10 % à 50 %. Généralement, l'impôt sur une succession sera retardé lorsqu'un bien est légué au conjoint. Éventuellement, le coût de transmettre une succession d'une génération à la suivante sera élevé. Pour une personne à la retraite qui compte vivre de son revenu de retraite et de ses économies pendant plusieurs années, la question des impôts sur les successions n'est peut-être pas pertinente. Si vous êtes plus âgé et que vos avoirs dépassent de beaucoup vos besoins, il vous faut bien considérer les avantages qu'il y a à léguer vos biens à vos héritiers sans qu'ils soient grevés d'impôts, ce qui est essentiellement le cas au Canada.

Pour les Canadiens qui choisissent de prendre leur retraite aux États-Unis, les impôts sur les successions pourraient s'avérer coûteux. Les Américains peuvent laisser leurs biens à leur conjoint et éviter de payer tout impôt successoral. Vous pouvez réduire l'impact des impôts sur les successions en faisant des donations à votre famille et en plaçant des propriétés en fiducie au bénéfice de vos enfants et petits-enfants. Si les impôts successoraux et l'effet qu'ils auront sur votre famille vous préoccupent, songez à acheter assez d'assurance-vie pour payer vos impôts.

Le fait qu'un pays ait des impôts successoraux ne devrait normalement pas vous empêcher d'y établir résidence à la retraite. Dans le cas de transmission de successions importantes d'une génération à l'autre, il faut planifier minutieusement sa succession et peut-être choisir un pays de résidence plus réceptif à vos plans de succession. Vous aurez sûrement besoin de conseils professionnels en de telles occasions.

Devenir résident américain

Si vous voulez devenir résident permanent ou citoyen des États-Unis, vous avez une tâche difficile, mais non impossible, devant vous. Il y a sept catégories privilégiées et deux autres choix acceptables. Les sept catégories sont:

■ les conjoints et les enfants mineurs (non mariés) de citoyens américains;

■ les enfants adultes et non mariés de citoyens américains;

■ les conjoints et les enfants non mariés d'étrangers qui sont résidents permanents;

■ les fils et les filles mariés de citoyens américains;

■ les professionnels et les personnes qui ont des aptitudes scientifiques ou artistiques exceptionnelles, qui ont reçu des offres d'emploi;

■ les frères et sœurs de citoyens américains;

■ les personnes qui travaillent dans des secteurs en demande aux États-Unis.

Les États-Unis offrent aussi des visas d'entrée à 12 000 Canadiens choisis au hasard parmi les milliers de Canadiens qui présentent une demande chaque année. Si vous n'êtes pas admissible en vertu des catégories privilégiées et que vous n'avez pas gagné à la loterie périodique, alors vous serez peut-être admissible à titre de personne d'affaires qui apportera argent et emplois aux États-Unis en mettant sur pied une entreprise ou comme personne fortunée pouvant démontrer qu'elle n'aura pas besoin d'un emploi pour subsister à ses besoins.

Bien que vous puissiez tomber dans l'une des catégories ci-dessus, cela peut prendre des années et coûter des milliers de dollars en frais juridiques. Comme visiteur temporaire en provenance du Canada, vous pouvez posséder des propriétés aux États-Unis, y passer la plupart de votre temps et payer des impôts américains. Vous pourriez vraisemblablement satisfaire au test de résidence aux États-Unis même si vous n'avez pas le statut de résident permanent des États-Unis et que vous ne cherchez pas à l'obtenir. (Il sera question de *présence substantielle* plus loin dans ce chapitre.)

Selon les signes officiels de résidence, vous serez considéré comme un étranger résident et devrez remplir la déclaration fédérale de revenus no 1040 et rapporter votre revenu mondial exprimé en dollars américains. Vous devrez aussi remplir une déclaration de revenus dans la plupart des États, la Floride étant une exception notoire.

Les revenus que vous devez inclure dans la déclaration américaine sont sensiblement les mêmes que ceux dans votre déclaration canadienne, à quelques différences près. Les dividendes doivent être déclarés à 100 %; ils ne sont pas déclarés à 125 %; les gains en capital, à 100 % plutôt qu'à 75 %. Les gains sont calculés en se fondant sur le coût d'acquisition original, même si vous avez obtenu le bien il y a plusieurs années, quand vous étiez résident canadien. Dans quelques cas, la sécurité sociale est exempte d'impôt; dans d'autres, seulement la moitié du montant reçu est imposable. Seulement 50 % de la pension de sécurité de la vieillesse (PSV) canadienne et des prestations du Régime de rentes du Québec (RRQ) sont imposables. La partie capital des revenus de régimes de retraite et de REER canadiens peut être exclue de l'impôt américain.

Les déductions américaines sont semblables aux déductions canadiennes. Noubliez pas: les cotisations aux REER ne sont pas reconnues aux États-Unis; cotiser à un REER canadien ne réduira pas votre revenu imposable. Toutefois, il y a des programmes comparables aux États-Unis si vous retirez un revenu d'emploi, d'entreprise ou de profession.

La déduction des intérêts payés à l'égard d'une résidence principale ou secondaire est l'une des déductions américaines les plus intéressantes. Si vous devez emprunter pour acheter une maison, vous recouvrerez, par le biais de la fiscalité, environ le tiers des frais d'emprunt. Très intéressant, n'est-ce pas! Toutefois, si vous avez l'argent pour acheter une maison, vous devriez y penser deux fois avant d'emprunter. Vous voudrez emprunter si le coût de l'hypothèque après impôt est moindre que le revenu après impôt. Autre différence: vous pouvez déduire de votre revenu imposable les impôts fonciers, municipaux et de l'État.

En outre, des obligations émises par les municipalités et les États rapportent un revenu non imposable. Les rendements de ces placements sont toutefois moindres parce que l'émetteur sait que vous bénéficiez d'un avantage fiscal. Des instruments de placement à intérêts composés émis par les compagnies d'assurance-vie représentent un autre avantage fiscal. Les États-Unis n'imposent pas le revenu de placements qui s'accumule dans des régimes de rentes différées jusqu'à ce que les rentes viennent à échéance ou que vous les touchiez.

Dans la plupart des cas, vous aurez moins d'impôt à payer aux États-Unis qu'au Canada; souvent, beaucoup moins. Les Canadiens qui déménagent aux États-Unis économisent de 15 % à 20 % d'impôts. Ces épargnes et un coût de la vie moins élevé font plus que compenser la perte de l'assurance-maladie, à condition que les revenus soient suffisamment élevés. Néanmoins, une personne à la retraite aux États-Unis paiera toujours de l'impôt sur son revenu en provenance du Canada. Toutefois, le coût des impôts canadiens sera normalement minime et pleinement déductible de l'impôt américain. Résumons ces renseignements fiscaux.

Aucune retenue à la source ne sera effectuée sur la PSV ou les prestations du RRQ quand elles sont versées à un résident des États-Unis; seule la moitié sera imposée aux États-Unis.

Seul l'accroissement d'un régime de retraite, d'un REER ou d'un FEER après être entré aux États-Unis sera imposé. Les fonds reçus de ces régimes avant d'entrer aux États-Unis sont considérés comme un revenu exonéré d'impôt.

Le paiement d'intérêts et de dividendes à un résident américain sera sujet à une retenue à la source, normalement de 15 %. Il n'est pas nécessaire de faire une déclaration de revenus au Canada. Le payeur vous remettra 85 % des intérêts ou dividendes et enverra 15 % à Revenu Canada. À la fin de l'année, vous recevrez un feuillet indiquant le revenu brut et la retenue d'impôt canadien. Aux États-Unis, le revenu brut des dividendes ou des intérêts provenant du Canada doit être rapporté sur votre déclaration de revenus no 1040. L'impôt retenu par le Canada sera considéré comme un crédit d'impôt étranger. Au niveau de l'impôt, votre coût sera le même que si vous aviez reçu votre revenu de placement directement, comme un contribuable américain.

Comme résident américain, vous n'êtes pas tenu de remplir une déclaration d'impôt canadienne si votre revenu canadien annuel est inférieur à 10 000 $. Toutefois, si vous êtes employé sur une base régulière au Canada ou que vous y exploitez une entreprise, vous devez remplir une déclaration et rapporter vos salaires et revenus d'entreprise. Il en va de même des Canadiens qui reçoivent un boni ou toute forme de rémunération différée, y compris un gain résultant de l'exercice d'un droit d'achat d'actions obtenu lorsqu'ils étaient employés au Canada. Un non-résident remplit une déclararion de revenus courante, sauf que les crédits d'impôt personnels ne sont pas admis. Par ailleurs, vous devez faire état de votre revenu dans votre déclaration américaine puisque tous les résidents américains doivent rapporter leur revenu mondial. Le total des impôts payés sera le même que celui que vous auriez payé au Canada.

Si vous possédez beaucoup de placements et très peu de revenus provenant de régimes de retraite ou de REER, le régime fiscal canadien s'apparentera au régime américain. Pensez-y avant de faire vos valises. Au Canada, seuls 75 % des gains en capital sont imposés. Aux États-Unis, la totalité des gains est imposée. De plus, le Canada accorde un crédit d'impôt sur les dividendes de sociétés canadiennes imposables. Pour bien déterminer les conséquences fiscales d'un déménagement, faites plusieurs projections en posant diverses hypothèses afin de voir ce qui se produirait au cours de votre retraite.

La vente d'une maison au Canada

Si vous quittez le Canada sans avoir pu vendre votre maison et que vous la vendez dans l'année qui suit, le gain réalisé depuis la date de départ ne sera pas imposable aux fins de la fiscalité canadienne. Cette maison est considérée comme votre résidence principale lorsque vous étiez résident canadien. Toutefois, vous devrez vous prêter à une procédure compliquée pour convaincre Revenu Canada que la maison ne doit pas être imposée et que l'acheteur n'a pas à retenir une part importante du prix d'achat pour la remettre au gouvernement en guise d'impôt.

Le Canada recourt à un mécanisme qui fait que l'acheteur est responsable de tout impôt qu'un vendeur non-résident a négligé de payer. Si vous comptez quitter le Canada, il serait sage de vendre votre résidence principale avant de partir. De cette façon, vous éviterez de devoir recourir à de l'aide professionnelle pour traiter avec le notaire de l'acheteur et le ministère du Revenu afin de ne pas assurer qu'il n'y a pas de responsabilité fiscale d'engagée et que le produit de la vente n'est retenu indûment pour une longue période. Une modification récente à l'entente fiscale avec les États-Unis veut que le gain en capital résultant de la vente de votre ancienne résidence principale au Canada ne soit pas imposé aux États-Unis.

Devenir citoyen américain

Vous pouvez demeurer citoyen canadien même si vous devenez résident permanent ou citoyen américain. Cette double citoyenneté vous donnera le droit d'entrée et de résidence dans chacun des deux pays. Être citoyen ou résident permanent des États-Unis entraîne plusieurs obligations qui peuvent être coûteuses ou peu commodes. Comme citoyen américain, vous devez remplir une déclaration de revenus américaine, quel que soit l'endroit de votre résidence au monde, même si vous retournez au Canada.

À votre décès, vos devrez aussi faire un déclaration de revenus aux États-Unis et payer des impôts successoraux en regard de la valeur de tous vos biens mondiaux. Les donations annuelles en excès de 10 000 $US faites à quiconque autre que votre conjoint entraîneront une retenue d'impôt américain, même pour un citoyen américain qui réside ailleurs.

Cesser d'être citoyen américain peut aussi être coûteux. Il y a une procédure à suivre qui mène à un certificat de perte de nationalité, mais vous continuez d'être sujet à des impôts sur les donations et les successions pour une période de 10 ans après avoir renoncé à votre citoyenneté. Cette mesure a pour but de s'assurer que les citoyens ne manqueront pas à leurs responsabilités fiscales à l'égard des successions en quittant le pays à un moment propice. Bien que la double citoyenneté comporte des avantages, étudiez-en bien les désavantages.

Plan de vol pour les *oies blanches*

Il n'est pas nécessaire de devenir résident américain pour jouir des avantages d'y vivre. Plusieurs ont hâte de prendre leur retraite aux États-Unis et il n'est pas difficile de comprendre pourquoi. Non seulement les impôts sont beaucoup plus faibles là-bas, mais le coût de la vie peut aussi y être jusqu'à 20 % moins élevé. Logement, nourriture, vêtements, divertissements, automobiles, voyages, enfin presque tout y coûte moins cher. Seuls deux postes de votre budget seront plus élevés: l'électricité et la sécurité, si vous vivez dans une grande ville.

Il est relativement facile de devenir résident temporaire des États-Unis chaque année, tant que vous n'y travaillez pas. À titre de résident temporaire, vous n'aurez aucune difficulté à aller et venir comme bon vous semble, du moment que vous vous enregistrez auprès des autorités de l'immigration américaine, à chaque année. En fait, les *oies blanches* n'ont pas de problème avec l'immigration, que ce soit aux États-Unis, au Mexique ou dans les Caraïbes. Ces pays sont bien contents d'ouvrir leurs frontières aux Canadiens qui y dépensent leur argent et restent seulement pendant quelques mois de l'année pour jouir de la température clémente. Les *oies blanches* peuvent facilement virer des fonds aux États-Unis, et de nouveau au Canada, grâce au système bancaire nord-américain. Il peut toutefois y avoir des délais et vous feriez bien de traiter avec une banque qui virera votre argent de votre banque canadienne à votre banque américaine de la façon la plus simple et la plus rapide.

Plusieurs *oies blanches* déposent leur argent dans les banques américaines. Tout comme vos comptes sont ici protégés par des sociétés d'assurance-dépôts, ils sont protégés là-bas jusqu'à concurrence de 100 000 $US par la *Federal Deposit Insurance Corporation* des États-Unis, pourvu que votre banque américaine en soit membre. Toutefois, les taux d'intérêt des banques américaines sur les dépôts sont si faibles que nos institutions de dépôt semblent généreuses en comparaison. Vous devriez peut-être laisser votre argent au Canada, dans un compte en dollars américains, par exemple.

Les comptes de dépôt américains présentent quelques caractéristiques attrayantes: les États-Unis n'imposent pas l'intérêt gagné par les Canadiens et cet intérêt n'est pas rapporté pour fins d'impôts. En conséquence, plusieurs se sont imaginé, à tort, qu'ils n'avaient pas à déclarer ces revenus dans leurs déclarations québécoise et canadienne. Il s'agit carrément d'évasion fiscale: si vous êtes pris, vous paierez une amende égale à 50 % de l'impôt que vous n'avez pas payé; en plus, vous paierez de l'intérêt pour toute la période au cours de laquelle des impôts étaient exigibles. Si elles vous prennent, les autorités fiscales pourraient bien être portées à remonter à plusieurs années en arrière. Cela n'en vaut pas la peine.

Généralement, les *oies blanches* continuent leurs activités de placement au Canada et n'ont pas de difficulté à suivre l'évolution de leur portefeuille et à transiger, soit par l'entremise de leurs représentants ici, ou en le faisant eux-mêmes pendant les mois de résidence au Canada. Les prestations de régimes de retraite gouvernementaux ou privés seront déposées régulièrement dans votre compte de banque canadien ou acheminées aux États-Unis. Cela n'a aucun effet sur votre situation fiscale. Les payeurs canadiens de ces prestations n'ont pas, non plus, à retenir à la source aucun impôt autre que l'impôt normal retenu sur les prestations de retraite.

Tout ce dont doivent se préoccuper les *oies blanches*, c'est de remplir à temps leurs déclarations de revenus. Évidemment, vous pouvez toujours demander à une firme spécialisée de le faire pour vous. Dans ce cas, assurez-vous de lui remettre tous les documents dont elle aura besoin pour remplir votre déclaration et une procuration qui lui permettra de signer en votre nom.

Un dernier point: les *oies blanches* n'ont pas à modifier leur testament simplement parce qu'elles passent quelque temps aux États-Unis, même s'il est possible qu'elles y décèdent. Votre testament canadien est valide aux États-Unis. Il se peut toutefois qu'il doive être homologué par l'État où vous possédez des biens, tout comme au Canada. Vous pouvez quelquefois éviter cette procédure d'homologation aux États-Unis en produisant les documents canadiens d'homologation.

Une présence substantielle

Les États-Unis ont établi des règles pour déterminer le lieu de résidence; les résidents américains auront des impôts à payer là-bas. Vous serez considéré comme résident si vous demeurez aux États-Unis plus de six mois par année, année après année, et que vous y possédez une résidence. La nouvelle règle de *présence substantielle* a de quoi inquiéter. En vertu de celle-ci, on tient compte du nombre de jours passés aux États-Unis pendant l'année d'imposition et au cours des deux années précédentes, y compris le nombre de jours de magasinage aux États-Unis. Ainsi, vous devez additionner toutes les journées que vous avez passées aux États-Unis pendant l'année d'imposition courante, plus le tiers des journées de l'année précédente et le sixième des journées de l'année précédant cette dernière. Si le total excède 182 jours, vous êtes présumé résident des États-Unis pour fins d'impôt.

Si vous ne passez que quatre mois par année aux États-Unis, vous serez sujet à la règle de présence substantielle. Si vous êtes considéré comme résident, vous devrez faire parvenir une déclaration de revenus aux États-Unis, déclarer votre revenu mondial et payer de l'impôt aux États-Unis. L'entente fiscale entre le Canada et les États-Unis prévoit des règles qui permettent de déterminer lequel des deux pays pourra réclamer de l'impôt de la part d'un résident des deux pays.

Selon l'entente, ce sont des données *factuelles* sur la résidence qui permettent de déterminer avec quel pays vous avez l'affiliation la plus étroite. Ces critères ressemblent à ceux que l'on utilise pour établir que vous êtes un non-résident du Canada (voir plus haut). Le fisc tiendra compte du lieu où se trouve votre résidence permanente, vos amis, votre famille; du lieu où vous pratiquez votre culte, où vous votez, où vous avez vos activités bancaires et de placement.

Une déclaration de revenus spéciale doit être soumise. Les États-Unis n'ont pas, du moins pas encore, appliqué les sanctions prévues de 1 000 $ pour chaque source de revenu non déclarée aux autorités fiscales américaines lorsque la déclaration n'est pas soumise.

En vertu des règles de présence substantielle, il semblerait que plusieurs Canadiens ont le statut de résident et auraient dû présenter une déclaration de liens plus étroits avec le Canada. Les Canadiens qui gagnent moins de 100 000 $US par année sont exemptés. En fait, un grand nombre de Canadiens devraient soumettre une déclaration d'affiliation plus

étroite avec le Canada, mais on ne l'exige pas vraiment.

Les Canadiens devront peut-être produire une déclaration de revenus aux États-Unis pour d'autres raisons, surtout s'ils exploitent une entreprise ou gagnent un revenu aux États-Unis. Selon le traité fiscal entre le Canada et les États-Unis, il n'est pas nécessaire de soumettre une déclaration de revenus aux États-Unis lorsque le salaire, le revenu ou les honoraires gagnés sont inférieurs à 10 000 $US. Toutefois, si vous gagnez plus que ce montant, vous devez remplir une déclaration de revenus de non-résident américain (formulaire NR1040).

Vous devez également soumettre une déclaration NR1040 pour déclarer un revenu de location gagné aux États-Unis. Sinon, le fisc américain pourrait imposer le revenu brut de location plutôt que le revenu net, c'est-à-dire le revenu brut moins les dépenses admissibles. Ne jouez pas avec le feu: présentez une déclaration en prenant bien soin de déduire toutes les dépenses admissibles. N'oubliez pas que cet impôt est soustrait de l'impôt que vous avez à payer au Canada. Ceux qui ne déclarent pas leurs revenus de location courent un double risque: voir les États-Unis imposer leur revenu brut de location et payer des amendes et intérêts au Canada.

Par ailleurs, les Canadiens doivent payer de l'impôt aux États-Unis sur les gains en capital provenant de la disposition d'immeubles situés aux États-Unis. Les règles en vigueur dans les deux pays veulent que les procureurs des acheteurs retiennent une grande part du produit de la vente et qu'ils la remettent au fisc à titre de paiement des impôts sur le revenu applicables au gain. Cette retenue à la source aux États-Unis peut être évitée si le vendeur non-résident prend arrangement avec les autorités fiscales avant la vente, en démontrant qu'il n'y aura pas d'impôt à payer ou en fournissant un cautionnement pour le paiement de tels impôts. À tout événement, vous devez soumettre une déclaration de revenus de non-résident des États-Unis et y déclarer les gains ou pertes en capital résultant de la vente de la propriété.

Tout impôt américain qu'un résident canadien paie aux États-Unis en raison d'un gain en capital sur un bien américain peut être déduit de l'impôt à payer au Canada.

Les *oies blanches* et les impôts successoraux

Au décès d'un Canadien qui possède des biens aux États-Unis, le fisc américain a le droit d'exiger que des impôts successoraux soient payés au gouvernement fédéral et au gouvernement de l'État. Certains États, comme la Floride, ne prélèvent aucun impôt successoral. Une maison, un condominium ou un autre type de propriété immobilière sont visés aux fins des impôts successoraux. La valeur brute totale de la succession comprend les propriétés, leurs ameublements, les objets d'art, les bijoux, les automobiles, les bateaux et les droits d'adhésion à des clubs de golf. Les comptes de banque et les dépôts à terme sont exclus du calcul de la valeur de la succession des non-résidents. Les actions et les obligations de sociétés américaines font ordinairement partie de la succession imposable, même si vous avez acheté ces valeurs par l'intermédiaire de courtiers au Canada et que les titres se trouvent dans votre coffret de sûreté à la maison. Ces valeurs ne peuvent être transférées à une autre personne que par l'intermédiaire d'un agent de transfert aux États-Unis et sont considérées comme un bien se trouvant aux États-Unis.

Vous pouvez déduire de la valeur de ces biens toute dette directe et sans recours qui les grève. Vous pouvez également déduire de la valeur brute imposable de votre succession une partie de vos autres dettes mondiales.

Les Canadiens qui possèdent des biens aux États-Unis peuvent prendre quelques mesures de planification. Vous pouvez, par exemple, vendre votre propriété si vous devenez gravement malade. Toutefois, sur le plan affectif, ce n'est peut-être pas la meilleure solution et vous risquez, en vendant précipitamment, de ne pas obtenir la juste valeur. Le problème se pose moins lorsqu'il s'agit de valeurs mobilières: vous pouvez les vendre du jour au lendemain, vous y êtes affectivement moins attaché et vous savez que vous pourrez toujours les racheter plus tard.

Il existe d'autres mesures de planification:

- acheter la propriété par l'entremise d'une société canadienne, d'une fiducie canadienne ou d'un partenariat;
- utiliser le financement sans recours à l'achat de la propriété;
- donner la propriété à votre conjoint en utilisant une fiducie matrimoniale prévoyant le report du paiement des impôts successoraux jusqu'à la vente de la propriété ou à la mort du conjoint survivant.

Si vous avez de fortes chances de payer des impôts successoraux élevés aux États-Unis, consultez un fiscaliste canadien qui connaît bien le sujet. Les conseillers américains connaissent le régime fiscal des États-Unis, mais n'ont qu'une vague compréhension des mécanismes du traité fiscal qui lie les deux pays.

Les *oies blanches* et l'assurance-maladie

Depuis quelques années déjà, la Régie de l'assurance-maladie du Québec (RAMQ) ne protège qu'une partie seulement des frais encourus à l'extérieur du

---

ATTENTION:

Le 31 août 1994, le Canada et les États-Unis amendaient le traité fiscal qui les lie. Les nouvelles mesures devraient être en application en 1995. Parmi celles-ci, notons qu'il n'y a aucun droit successoral américain sur les successions d'une valeur totale inférieure à 600 000 $US. Au-delà de ce montant, les droits successoraux seront établis au prorata de la proportion *américaine* de l'ensemble de la succession. Attention! Cet allégement est rétroactif au 11 novembre 1988 inclusivement. Il est donc possible qu'une succession qui fut imposée aux États-Unis depuis cette date puisse être amendée et donner droit à un remboursement.

Dans le cas où des droits successoraux américains doivent être payés, ils seront dorénavant compensés au Canada sous la forme de crédit d'impôt au moment de remplir la dernière déclaration de revenus de la personne décédée. Par ailleurs, les impôts retenus à la source sur les intérêts de source américaine seront réduits de 15 % à 10 %. Ainsi, les paiements de revenu de retraite (PSV et RRQ au Canada et Social Security aux États-Unis) seront dorénavant imposables par le pays payeur, et non à moitié imposable selon la fiscalité du pays de résidence.

pays. En fait, la RAMQ ne rembourse que ce qu'il en coûterait au Québec pour prodiguer les mêmes soins.

Les régimes d'assurance privée varient énormément les uns par rapport aux autres. Les primes varient également selon les groupes d'âge. N'achetez pas votre assurance d'une compagnie simplement parce que c'est le plan qu'un ami a acheté; assurez-vous de trouver la meilleure protection et les meilleures primes pour vous.

Vous devriez savoir quels hôpitaux, cliniques et médecins votre compagnie d'assurances trouve acceptables lorsque vous vous trouvez à l'extérieur du pays. Demandez à ceux qui dispensent les soins médicaux s'ils accepteraient votre programme privé d'assurance médicale. Pensez à devenir membre de la Canadian Snowbird Association ou d'associations de retraités, entre autres, The American Association of Retired Persons aux États-Unis. Ces organismes ont les ressources pour vous aider à bien mesurer les conséquences de vos choix, sur tous les plans. Ils publient également des périodiques et des bulletins à l'intention des *oies blanches*.

Les autorités américaines pourront vous renseigner sur les lois de l'immigration et sur les visas requis. Il y a un consulat américain dans plusieurs grandes villes canadiennes. Vous pouvez aussi écrire à l'ambassade américaine (60 Queen Street, bureau 201, Ottawa, K1P 5Y7) ou y téléphoner (613 238-5335). Si vous avez l'intention de changer de nationalité ou de statut, consultez un avocat spécialisé dans les questions d'immigration. Soyez particulièrement prudent si vous êtes immigrant reçu au Canada ou si votre statut ici n'est que temporaire: un déménagement aux États-Unis pourrait compromettre votre retour éventuel au Canada.

Notes

Chapitre 14

Des rites de succession: la planification successorale

Planifier sa succession peut sembler intimidant et désagréable. En fait, cela satisfait à l'un de nos besoins financiers et affectifs les plus profonds, celui de mettre en ordre nos finances afin d'assurer le bien-être de notre famille après notre décès. Bien que nous répugnions à penser à notre mort, le fait que nos affaires soient en ordre quand ce jour viendra rendra les choses beaucoup plus faciles pour ceux que nous laissons derrière nous.

Idéalement, vous devriez planifier votre succession tôt dans la vie, puisque la mort peut frapper en tout temps. Quand vous êtes plus jeune, votre famille est ordinairement protégée par une assurance-vie. Vous avez besoin d'assurance parce que vous n'avez pas amassé suffisamment d'épargnes pour assumer vos responsabilités financières, notamment envers vos enfants et leur éducation. En approchant de la retraite, il faut vous rendre à l'évidence que la mort se rapproche et que votre planification successorale mérite plus d'attention.

La planification successorale implique le calcul des besoins de votre succession et l'établissement de la somme d'assurance requise, s'il y a lieu, pour satisfaire à ces besoins; la détermination de stratégies vous permettant de réduire les impôts au décès; la mise en ordre de vos affaires; la préparation de votre testament et la revue des besoins de procuration. Ce chapitre traitera aussi de la désignation d'un liquidateur et de l'établissement d'un testament. Il serait également opportun d'envisager la possibilité de mandater légalement quelqu'un en cas d'inaptitude.

Les besoins de votre succession et l'assurance

Au décès, l'assurance-vie procure des fonds pour assumer deux besoins: les frais engagés au décès et le remplacement du revenu de la personne décédée. Habituellement, quand vous êtes jeune, vous avez plusieurs responsabilités financières: hypothèques, prêts autos, une foule d'autres dépenses. Vous possédez en outre quelques épargnes et placements. Au fil des ans, vos responsabilités diminuent, vous vous

débarrassez de vos dettes et amassez une fortune personnelle. Le besoin d'assurance est souvent à son plus fort lorsque nous sommes jeunes; il diminue par la suite, jusqu'à ce que nous n'en ayons plus besoin du tout.

Voyons un peu combien d'assurance il vous faut. À cette fin, vous devez vous poser deux questions: quels seront les frais engagés à votre décès? de combien votre famille aura-t-elle besoin pour assumer ses frais de subsistance et autres dépenses? Vous pouvez faire ces calculs sur les feuilles de travail que vous trouverez dans ce chapitre.

■ Tout d'abord, les frais engagés au décès. Des funérailles sans extravagance coûtent environ 5 000 $. Si vous voulez une cérémonie plus élaborée, prévoyez mettre plus d'argent de côté à cette fin. Il y aura des factures courantes à régler. Puisque vous ne savez pas à quelle date vous allez mourir, servez-vous des factures actuelles. Vous aurez également besoin d'argent pour payer l'hypothèque et tout autre prêt.

■ Ensuite, il y aura les frais rattachés au règlement de votre succession, les honoraires de notaire pour assurer que vos biens deviendront la propriété de votre famille, sans difficulté. Divers conseillers peuvent aider, y compris les planificateurs financiers, les avocats et les sociétés de fiducie. Une société de fiducie exigera de 3 % à 5 % de la valeur de votre actif. Soyez conservateur, retenez un taux de 5 %.

Les membres de votre famille devraient avoir assez d'argent pour passer sans difficulté les premiers mois suivant votre décès. Ils seront momentanément désemparés; vous ne voudriez pas les laisser avec des problèmes supplémentaires. Le fonds d'urgence que vous leur laissez devrait ressembler à celui dont il a été question au chapitre 10 lorsque vous avez déterminé vos priorités financières. Vous voulez peut-être laisser de l'argent spécialement destiné à l'éducation de vos enfants qui ne sont pas encore indépendants. À votre décès, il faudra aussi de l'argent pour payer les impôts. Il sera question des impôts au décès plus loin dans ce chapitre; vous pourrez revenir à la feuille de travail pour la remplir après avoir lu tout le chapitre.

■ Après avoir calculé les besoins de liquidités à votre décès, vérifiez combien d'épargnes vous avez actuellement et quelles seront les sommes qui pourront être débloquées dans les quelques mois qui suivront votre décès. On pense ici à vos polices d'assurance, aux prestations de décès de votre régime d'assurance-groupe et d'autres régimes de retraite. Vous pouvez obtenir ces renseignements auprès de votre employeur ou de la Régie des rentes du Québec (RRQ). Il a été question de ces sujets au chapitre 6. On y a dit que la prestation de décès est égale à 10 % des gains annuels assurables ou à six fois la rente du cotisant. En 1994, ce montant s'établissait à 3 440 $; c'est un bon montant à utiliser pour vos calculs. Finalement, déterminez le montant de vos liquidités et de vos placements dans une institution financière ou dans votre portefeuille.

La différence entre les besoins d'argent à votre décès et l'argent qui sera disponible à ce moment est le montant dont vous aurez besoin sous forme de police d'assurance pour aider votre famille à faire face aux dépenses immédiates. Si vous avez déjà amassé un actif suffisant, le solde sera positif. Si c'est le cas, le montant d'assurance dont vous avez besoin pour cette partie du calcul est de zéro.

■ Ensuite, il vous faut estimer le revenu qui, ajouté aux ressources de votre famille, permettra à celle-ci de subvenir à ses besoins après votre décès. Commencez par les frais de subsistance et dépenses annuels de votre famille. Vous pouvez présumer qu'ils auront besoin d'un montant équivalant à 60 % ou 75 % des dépenses actuelles. À ce sujet, les feuilles de travail du chapitre 9 vous seront utiles.

■ De ce montant, déduisez le revenu net après impôt que les membres de votre famille recevront de leur emploi, de régimes de retraite et de placements qui n'ont pas été encaissés pour acquitter les frais engagés au décès. Incluez les salaires actuels de votre conjoint et de vos enfants. N'oubliez pas la rente que la RRQ versera à votre conjoint. Tel que discuté au chapitre 6, cette rente dépend de l'âge de votre conjoint et des circonstances. Retournez à ce chapitre si vous n'êtes pas certain des montants. Vous pouvez inclure la pension de sécurité de la vieillesse (PSV) sur la même ligne que la rente de la RRQ. Utilisez la somme de la rente de retraite que vous avez déjà accumulée pour estimer le montant que votre conjoint recevra après votre décès.

■ Pour estimer les rentes provenant de vos REER, déterminez leur valeur d'actif actuelle. Vous avez obtenu ces renseignements pour établir votre valeur nette au chapitre 5. Pour être précis, consultez la table des rentes et déterminez le montant exact du revenu annuel que vous devriez recevoir. Pour fins d'estimation, calculez 9 % de l'actif de vos REER à titre de rente annuelle.

Utilisez un taux de rendement de 8 % pour estimer le revenu que tirera votre famille des placements que vous avez accumulés et qui n'ont pas servi à acquitter les frais engagés à votre décès.

■ Maintenant, additionnez tous les revenus que votre famille touchera et utilisez la table d'impôt sur le revenu ou les taux moyens établis au chapitre 9 pour estimer le montant d'impôt que votre famille paiera chaque année. Le revenu après impôt devrait être soustrait des frais de subsistance et dépenses de votre famille, pour en arriver au revenu requis.

■ S'il y a insuffisance de revenu, il n'est pas simple de déterminer la somme de capital qui sera requise pour combler cette insuffisance. Le calcul s'apparente à celui que nous avons vu au chapitre 9, mais ici, nous l'avons simplifié. Prenez le revenu requis et divisez-le par 3 %. Ce pourcentage reflète le rendement habituel après impôt et inflation. Par exemple, si le capital rapporte 8 % annuellement, il reste 4,8 % après impôt. Si vous retranchez de ce dernier pourcentage le taux annuel d'inflation

Calculer vos besoins d'assurance FEUILLE DE TRAVAIL 32

	Vous	Conjoint
Frais immédiats au décès		
Funérailles	_____	_____
Factures impayées	_____	_____
Hypothèques et autres prêts	_____	_____
Règlement de la succession (honoraires)	_____	_____
Impôt sur le revenu payable au décès	_____	_____
Fonds d'urgence	_____	_____
Fonds pour l'éducation	_____	_____
Total des frais au décès (A)	_____	_____
Argent disponible au décès		
Polices d'assurance-vie	_____	_____
Prestations de décès — assurances collectives et régimes de retraite	_____	_____
Prestation forfaitaire de la RRQ	_____	_____
Avoirs liquides (obligations, marché monétaire, comptes d'épargne)	_____	_____
Actions	_____	_____
Total de l'argent disponible (B)	_____	_____
Différence entre (A) et (B) = (C)	_____	_____
Besoin de remplacement de revenu pour les survivants	_____	_____
Revenu gagné par les survivants	_____	_____
Rentes de la RRQ	_____	_____
Régime de rentes de votre employeur, rente au conjoint survivant	_____	_____
Revenu de vos REER	_____	_____
Revenu de vos placements	_____	_____
Revenu total des survivants	_____	_____
Impôts sur ce revenu	_____	_____
Revenu disponible pour les dépenses	_____	_____
Frais de subsistance et dépenses des survivants	_____	_____
Différence entre le revenu après impôt et les dépenses	_____	_____
Assurance-vie requise pour produire un revenu (D)	_____	_____

Ceci représente le montant du capital requis pour procurer à votre famille
le revenu dont elle aura besoin. Pour calculer ce montant, divisez la somme
qui manque par le taux de rendement réel après impôt que vous gagneriez
sur un capital d'assurance-vie, habituellement de 3 %.

Le besoin d'assurance est égal à la somme de:

Argent pour frais immédiats (C)	_____	_____
Fonds de remplacement du revenu (D)	_____	_____
Total du besoin d'assurance-vie	_____	_____

(1,8 %), le rendement s'établit à 3 %. Si le taux annuel d'inflation est de 5 %, le rendement du portefeuille devrait être de 13 %, 8 % après impôt et 3 % après inflation.

■ À l'étape finale, il vous suffit d'additionner le total qui permettra de répondre aux dépenses immédiates et celui qui est nécessaire pour produire le revenu. Le total global représente la somme dont votre famille a besoin et, par conséquent, le montant d'assurance que vous devez acheter pour la protéger. À la retraite, plusieurs employeurs offrent à leurs employés une protection d'assurance-vie collective dont le coût est très abordable.

Avant de toucher aux polices que vous avez présentement ou d'en acheter d'autres, analysez bien la valeur de votre succession à votre décès et demandez-vous s'il est opportun de maintenir en vigueur toutes vos polices. Si cette projection vers l'avenir vous indique qu'il faut des fonds additionnels à votre décès, vous voudrez peut-être acheter plus d'assurance du régime collectif de l'employeur si c'est possible, ou d'une association professionnelle dont vous êtes membre. Vous pouvez acheter une assurance privée, mais si vous avez plus de 55 ans, vous en trouverez le coût très élevé.

Une fois à la retraite, votre besoin d'assurance-vie pourrait disparaître. D'ordinaire, l'assurance fournit à votre famille le revenu que vous ne pouvez plus gagner. Souvent, une telle protection n'est pas nécessaire car vos rentes et vos placements continueront à produire un revenu après votre décès.

Toutefois, vous voudrez sans doute conserver votre assurance médicale en supplément des régimes provinciaux. Une maladie grave pourrait nécessiter des soins coûteux tels qu'une infirmière privée à la maison, des soins paramédicaux ou un séjour en maison de convalescence. Si le coût d'une protection médicale supplémentaire est assumé par votre employeur, faites les arrangements nécessaires pour que les primes se prolongent après votre retraite ou payez-les vous-même. Comme pour les autres formes d'assurance, la protection cessera si vos primes sont interrompues.

La mort et les impôts

Il n'est pas rare que les gouvernements prélèvent des impôts au décès des contribuables. Si vous n'êtes pas là pour vous y opposer, comment les éviter?

D'abord, regardons les règles fiscales que nous devons respecter au décès. C'est vrai que la mort et les impôts sont les deux seules choses qui soient sûres en ce monde, mais qui aurait pensé que payer des impôts serait la dernière chose que nous ferions? La première règle veut qu'une déclaration de revenus soit soumise — par le liquidateur — pour le contribuable décédé. La période visée s'étend du 1er janvier jusqu'au jour du décès. Cette déclaration doit être soumise dans les six mois du décès ou le 30 avril, soit la plus tardive de ces deux dates. Bien que cette déclaration soit remplie de façon normale, il y a quelques différences importantes.

■ En ce qui concerne les ministères du Revenu, vous êtes présumé avoir vendu tous vos biens juste avant votre décès; le gain en capital sera imposé, le cas échéant.

■ Le gouvernement présume que tous vos biens en capital, valeurs de placement, biens immobiliers, objets d'art, collections d'objets, ont été vendus à leur juste valeur marchande le jour de votre décès. Le gain en capital est la différence entre cette juste valeur marchande et ce que vous avez payé pour ces biens.

■ Si vous avez des biens amortissables, propriétés à revenus, voitures ou équipement utilisés à des fins commerciales, le gouvernement présume que vous avez disposé de ces biens au prix moyen. Celui-ci est à mi-chemin entre leur juste valeur marchande le jour de votre décès et le coût en immobilisation non amorti, ce que vous avez payé pour ce bien moins la déduction pour amortissement que vous avez réclamée pour réduire vos impôts au cours des ans. À la suite de ce calcul, les déductions pour amortissement pour réduire votre revenu de location ou d'affaires peuvent être réintégrées à votre revenu et ainsi le grossir dans votre déclaration d'impôt finale, si la valeur des biens n'a pas diminué. Il se pourrait donc que vous payiez des impôts supplémentaires.

Supposons que vous avez payé une propriété de 100 000 $, que vous avez réclamé une déduction pour amortissement de 30 000 $ et qu'il en résulte un coût d'immobilisation non amorti de 70 000 $. Si, à votre décès, la juste valeur marchande de cette propriété s'établit à 150 000 $, vous êtes présumé, en vertu de la fiscalité, avoir vendu la propriété 110 000 $, soit le prix moyen entre le coût d'immobilisation non amorti de 70 000 $ et la juste valeur marchande de 150 000 $. Il en résulte un ajout de 30 000 $ à votre revenu imposable, sous forme de déductions pour amortissement réintégrées, et 7 500 $ de gain en capital imposable, soit 75 % de 10 000 $.

Vous pouvez soumettre une seconde déclaration de revenus pour le revenu reçu après votre décès, tel que boni, commissions ou dividendes déclarés mais non reçus. Le fait de déclarer ces revenus dans une seconde déclaration abaissera votre taux d'imposition global parce que vous pourrez réclamer de nouveau les crédits d'impôt non remboursables.

Comme pour une déclaration normale, les crédits d'impôt pour dons de charité ne peuvent dépasser 20 % du revenu net déclaré. Si vous planifiez faire un don important à votre décès, cette limite pourrait vous gêner dans votre déclaration finale. Vous pourriez plutôt passer cet argent à votre succession et le faire distribuer dans la première année d'imposition de la succession. Cette démarche donne à votre succession le choix de réclamer ce crédit d'impôt pour votre dernière déclaration ou dans n'importe laquelle des cinq premières années de déclaration de revenus de votre succession.

REER et FERR

La valeur des fonds enregistrés tels que REER et FERR sera pleinement imposable, à moins que vous ne les transfériez à votre conjoint ou à vos enfants ou petits-enfants à charge. Si les fonds sont transférés à votre conjoint, ils seront imposés au taux applicable à votre conjoint, à moins qu'ils ne soient placés dans un REER ou un FERR.

Si vous n'êtes pas marié au moment de votre décès et que vous avez des enfants à charge de moins de 18 ans ou des enfants adultes qui sont à votre charge à cause d'infirmité physique ou mentale, les fonds de vos REER et FERR peuvent leur être remis sous forme de rente.

La *Loi de l'impôt sur le revenu* contient diverses dispositions relatives au décès. Plusieurs traitent de programmes de report d'impôt tels que les REER et les FERR, les régimes de rentes et l'amortissement des immeubles. Le gouvernement veut recouvrer les impôts différés par ces programmes de report et d'abris fiscaux. Il aimerait aussi prélever, si possible, les impôts sur les gains en capital. Ce dernier prélèvement peut sembler injuste, surtout si les gains reflètent les augmentations causées par l'inflation. Les impôts, au décès, peuvent représenter un problème de taille si vous avez des valeurs qui ont produit de forts gains au fil des ans et que vous avez utilisé au maximum les reports d'impôt.

Afin d'estimer le fardeau fiscal rattaché à votre succession pour en inclure le montant dans votre analyse des besoins de votre succession, tenez compte des règles suivantes. Les deux principales constituantes des impôts qui devront être payés à votre décès sont les impôts dus pour des fonds enregistrés comme les REER et les FERR et les impôts à payer sur les gains en capital accumulé sur vos biens. Vous aurez une bonne idée du fardeau fiscal immédiat de votre succession si vous utilisez ces deux montants d'impôt.

Si vous transférez vos REER ou vos FERR à votre conjoint, le fardeau fiscal sera reporté jusqu'à son décès. Sinon, vous devriez établir l'impôt qui sera dû. Vous pouvez le faire en déterminant le gain en capital réalisé si vous les vendiez aujourd'hui. Calculez l'impôt sur 75 % des gains en capital. Pour calculer ces impôts, vous pouvez utiliser le taux d'imposition marginal que vous trouverez au chapitre 11.

La planification de votre succession devrait protéger celle-ci des impôts si vous recourez aux stratégies possibles de planification fiscale. Vous pourriez transférer des valeurs à leur juste valeur marchande aux membres de votre famille, ce qui devient la nouvelle base pour déterminer les coûts, et tout gain en capital futur sera mesuré à partir de la valeur marchande courante. Si vous avez des valeurs qui produiront un gain en capital, vous devriez transférer ces valeurs à votre conjoint ou dans une fiducie au bénéfice de votre conjoint ou, si vous avez des biens considérables, vous devriez peut-être considérer des stratégies de gel successoral qui permettront le transfert de vos biens à vos enfants et petits-enfants. Ces stratégies vous aideront à réduire vos problèmes d'impôt. Si vous avez des biens importants que vous avez possédés pendant plusieurs années, il serait probablement sage de consulter un conseiller fiscal ou de demander à votre liquidateur de consulter votre conseiller avant de soumettre votre déclaration de revenus finale.

Les roulements au conjoint

Les pires effets de l'impôt au décès peuvent être retardés en transférant vos biens et avantages à votre conjoint par testament. Cette stratégie retarde habituellement toute imposition d'importance jusqu'au décès du conjoint. Entre-temps, le conjoint jouira de la pleine valeur de vos biens et revenus. À son décès, les impôts seront prélevés, à moins que les enfants survivants soient jeunes et à charge, entraînant un autre report des impôts.

Vous pouvez transférer des biens dont la valeur s'est accrue au fil des ans, mais qui n'ont pas été vendus, c'est-à-dire qu'un gain en capital s'est accru, et des valeurs placées dans vos régimes enregistrés comme les REER, les FERR et les régimes de rentes. Vous ne transférez pas seulement la valeur, vous transférez aussi le problème fiscal qui y est associé. Est-ce que c'est juste? Il est préférable pour votre famille d'avoir la pleine jouissance de vos biens en dépit d'une obligation fiscale différée, que de la laisser avec une somme d'argent dépréciée.

Le roulement d'un REER ou d'un FERR illustre les avantages de reporter l'impôt. Si, par testament, vous léguez votre REER à votre conjoint, la totalité sera placée dans son REER ou son FERR. Si votre testament n'est pas à jour, le gouvernement, à la suite de votre dernière déclaration de revenus, prélèvera de l'impôt sur le plein montant de votre REER et vos êtres chers ne toucheront que le montant après impôt, ce qui pourrait être moins que la moitié de sa valeur.

Ceci est très important. Assurez-vous toujours que vos régimes enregistrés (REER et FERR) seront transférés à votre conjoint ou à vos enfants à charge si votre conjoint décède avant vous. Ces valeurs peuvent être transférées à un REER qui existe déjà au nom de votre conjoint ou dans un nouveau REER. Si votre REER comprend des placements complexes qui dérouteront votre conjoint, vous pouvez soit demander à un conseiller d'assurer la gestion de votre REER, soit de

remplacer ces valeurs par d'autres moins complexes, une fois que le transfert aura eu lieu. Si vous tirez déjà un revenu d'une rente achetée avec les fonds d'un REER et que votre conjoint en devient le bénéficiaire à votre décès, il n'y aura pas d'impôt. Les paiements continueront et le revenu sera imposable comme tout autre revenu. Toutefois, si vous n'avez pas pris les mesures pour que les paiements soient versés à votre conjoint et que vous n'avez pas vécu plus longtemps que la période de garantie, la rente pourrait s'interrompre et être imposée à sa pleine valeur. Si vous léguez un FERR à votre conjoint, vous avez le choix entre en prolonger les rentes ou en transférer les fonds à un autre FERR au bénéfice de votre conjoint. Si votre FERR n'est pas transféré à votre conjoint ou à vos enfants à charge, la pleine valeur du FERR sera imposable.

Le gel successoral

Pour éviter les impôts, la solution idéale consiste à donner à vos héritiers, bien avant votre décès, les biens que vous leur destinez. De cette façon, les accroissements de valeur résulteront en des gains en capital réalisés entre les mains de vos héritier. Cela veut généralement dire que le taux d'imposition sera moindre ou que, au moins, l'impôt sera reporté jusqu'à la vente des biens. Cette démarche n'est cependant pas aussi facile à faire qu'à dire. Il se peut que vous préfériez attendre encore un peu avant de donner le contrôle de ces biens à vos enfants. Par contre, vous ne voulez pas payer d'impôt avant le temps, ce qui risque d'être le cas si le roulement de ces biens à vos héritiers est considéré comme une vente imposable quand le transfert a lieu.

Il faut donc éviter que le transfert des biens soit perçu comme une vente et, si vous le désirez, garder le contrôle de ces biens. Pour y parvenir, vous pouvez faire un roulement exempt d'impôt dans une fiducie ou dans une société de gestion. Informez-vous auprès d'un professionnel car ces démarches sont compliquées. Placer ses biens dans une fiducie ou une société entraîne des frais juridiques de constitution (2 000 $ au minimum), des honoraires professionnels afin d'élaborer la stratégie la plus efficace et des frais de comptabilité — entre autres, la préparation des déclarations de revenus — et de gestion. Le total annuel

---

La preuve du décès

Le bénéficiaire d'un police d'assurance n'a qu'à prouver votre décès et la compagnie d'assurances ou l'institution qui détient les fonds lui remettra le produit immédiatement. Révisez vos polices d'assurance pour vous assurer que vous n'avez pas désigné votre succession comme bénéficiaire. Si c'est le cas, le produit de l'assurance fait alors partie de l'ensemble de votre succession et c'est votre testament qui en déterminera le partage.

Au Québec, les comptes conjoints sont gelés jusqu'à ce que des permis de disposer soient émis. La loi précise que si un bien, meuble ou immeuble, est immatriculé au nom de deux propriétaires, chacun d'eux est réputé propriétaire de la moitié indivise dudit bien. Toutefois, les directeurs de succursales d'institutions financières peuvent faire preuve de souplesse.

---

des frais réguliers s'élèvera sans doute à 2 000 $ ou 3 000 $. Si vous croyez avoir suffisamment de biens pour justifier la constitution d'une fiducie ou d'une société, informez-vous auprès de votre conseiller financier.

Il y a d'autres moyens de transférer vos biens à vos héritiers tout en gardant un certain contrôle. Vous pouvez céder la propriété de ces biens à vos enfants par testament tout en donnant l'usufruit à votre conjoint tout au long de sa vie. Cette stratégie fiduciaire peut régler deux questions: votre conjoint a un revenu pour la vie et il n'y aura pas d'impôt à payer avant son décès. Par le truchement d'une fiducie, on peut aussi reporter durant 21 ans l'impôt à payer sur les gains en capital; ordinairement, les impôts sont payables au décès du conjoint.

Les impôts sur les successions ou droits successoraux

Au Canada, il n'y a pas d'impôt sur les successions. Toutefois, les valeurs mobilières américaines, même si c'est un courtier canadien qui en a la garde, sont considérées comme un bien situé aux États-Unis parce que seul un agent de transfert américain peut en tranférer la propriété. Les maisons de courtage canadiennes peuvent aider les successions à éviter l'impôt américain en faisant immatriculer les titres à leur nom. En fait, les maisons de courtage ne doivent pas permettre la vente des actions et obligations tant qu'elles n'ont pas reçu une preuve de paiement de l'impôt américain de la part de la succession. Il pourrait vous sembler négligeable de payer ces impôts au fisc américain, mais ne paie-t-on pas déjà assez d'impôt au Canada?

Pour vous assurer de n'avoir aucune complication, vous devez planifier la vente de ces valeurs avant votre décès ou le transfert à une société ou à une fiducie irrévocable, ce qui fera en sorte que le *propriétaire* de ces valeurs vous survivra, empêchant le fisc américain d'imposer votre succession.

Vous pourriez aussi être sujet à des impôts successoraux (ou vos héritiers pourraient être sujets à un impôt sur les héritages ou à un impôt sur les donations) si vous avez des biens dans d'autres pays. En fait, plusieurs pays industrialisés ont une forme d'impôt sur les successions, y compris l'Australie, le Danemark, la France, le Japon et le Royaume-Uni, pour n'en nommer que quelques-uns. Si vous possédez ou si vous avez l'intention de posséder des biens à l'extérieur du Canada, trouvez les moyens d'éviter les impôts étrangers.

Organiser votre succession

L'organisation des finances de votre succession est un aspect moins évident de la planification de votre succession, mais tout aussi important. Cela consiste à préciser vos intentions, à préparer des dossiers financiers et à les tenir à jour, à nommer un liquidateur (anciennement l'exécuteur), à faire votre testament et à mettre un membre de votre famille ou votre conseiller financier au courant de vos affaires. Ne laissez pas à votre famille le fardeau supplémentaire de chercher où se trouvent vos polices d'assurance, votre testament, vos livrets d'épargne ou votre coffret de sûreté.

Conseils pour organiser votre succession

Assurez-vous de donner à votre famille l'information requise pour qu'elle puisse bénéficier de vos biens sans préoccupations ou difficultés. Cela veut dire des dossiers financiers bien documentés, un testament à jour, et quelqu'un qui a une pleine compréhension des finances de la famille. Vous pouvez faire la liste de ces détails clés ci-dessous.

Arrangements pour les funérailles et l'enterrement _____

_____

_____

Emplacement de votre testament et de votre contrat de mariage _____

_____

Noms et adresses de vos notaire, liquidateur et conseiller financier _____

_____

_____

_____

_____

Emplacement et détails de vos biens, obligations et dettes_____

_____

Détails sur vos polices d'assurance et comptes d'épargne_____

_____

_____

_____

Copies de déclarations de revenus et d'autres documents permanents_____

_____

_____

Vous avez établi votre bilan (actif et passif) au chapitre 5 pour déterminer votre valeur nette. Gardez-en une copie à la maison, dans un endroit sûr et à l'épreuve du feu. Votre liquidateur ou votre conseiller financier devrait avoir une copie des documents pertinents, y compris une copie de votre testament; ou encore, déposez une copie de ces documents dans un compartiment de coffre-fort d'une institution financière.

Assurez-vous que vos documents sont compréhensibles pour autrui. Il se peut que votre façon particulière de vous organiser soit pratiquement inaccessible. Le mode d'organisation intime de quelqu'un, contre toute apparence, peut réserver bien des surprises à ses proches.

Demandez à votre conjoint, à un membre de la famille ou à un ami de se familiariser avec vos finances. Avoir quelqu'un qui est au courant de vos affaires est beaucoup plus utile que n'importe quel mode d'organisation. Si votre conjoint connaît la raison de vos actions, il saura quoi faire lorsque vous ne serez plus là. Le liquidateur ou un conseiller financier appréciera que quelqu'un puisse lui expliquer certains détails de vos dossiers ou lui fournir les renseignements qui manquent. En fait, le testament n'est qu'une lettre qui vous identifie, nomme un liquidateur pour gérer et régler vos affaires et détermine qui héritera de quoi. À votre décès, vos affaires sont suspendues; nul ne peut dépenser ou investir votre argent. Vos finances sont transférées à une fiducie appelée la succession de feu…

Une fois les funérailles terminées, il faut veiller au bien-être financier des survivants et régler les affaires du défunt. Le liquidateur joue un rôle clé; il doit avoir toute l'information requise en main. C'est lui qui, seul ou conjointement avec d'autres, prend la succession en charge, l'administre et exécute les dernières volontés. Il est nommé par testament et veille à appliquer ce testament. Sa tâche peut être complexe et exigeante: il doit communiquer avec les institutions financières et les gouvernements, présenter les déclarations de revenus et soumettre des rapports; quelquefois, il doit prendre des décisions au sujet des placements et des impôts. Sa tâche est encore plus complexe de nos jours, compte tenu de la grande variété de produits de placement et de la complexité de la fiscalité.

Il n'est pas facile de prendre les finances d'autrui en main, de régler une succession rapidement et efficacement. Si le liquidateur est un notaire, un conseiller financier ou une société de fiducie (ou si le liquidateur recourt à leurs services), il y aura des honoraires à payer. Si votre succession est bien organisée, ces honoraires seront réduits au minimum; si vous planifiez bien votre succession, vous faciliterez d'autant la tâche de votre liquidateur.

Préparer votre testament

Maintenant que vos finances sont en bon ordre et que vous avez mis votre conjoint au fait de vos affaires, il est temps de préparer un testament ou de mettre votre vieux testament à jour, en précisant ce qu'il adviendra de vos biens à votre décès.

Si vous n'avez pas de testament, vos affaires restent en suspens après votre décès, et cela prendra un certain temps avant qu'une cour provinciale nomme un liquidateur public. Au Québec, les héritiers peuvent nommer un liquidateur. Si vous ne faites pas de testament, vous ne pouvez nommer le liquidateur de votre choix ni léguer vos biens à qui bon vous semble; c'est la loi qui décidera de vos héritiers. Cela pourrait placer votre conjoint en mauvaise situation, car le régime matrimonial a aussi des effets sur votre succession.

Si vous décédez *ab intestat* (sans testament), votre famille recevra un traitement impersonnel de la part du liquidateur public, n'aura pas la chance de nommer ou de suggérer un tuteur pour les jeunes enfants et ne pourra constituer une fiducie pour les enfants ou d'autres membres de la famille. Une fiducie vous assure que l'argent laissé aux enfants sera géré avec précaution par le fiduciaire au lieu qu'il tombe entre les mains de membres de la famille ou d'un tuteur. Il est déjà arrivé de voir une succession vendre la résidence familiale parce que celle-ci représentait la plus grande partie de la succession.

Les statistiques démontrent que 50 % des Canadiens n'ont pas de testament et que la plupart en ignorent les conséquences. Essentiel, le testament permet de nommer un liquidateur, de faire part de vos dernières volontés. Il facilite la vie de vos survivants. Les factures de la succession pourront être payées rapidement grâce aux épargnes laissées, au produit de polices d'assurance, à la prestation de décès versée par le gouvernerment ou à la vente de placements. Le liquidateur s'assurera que vos biens sont effectivement légués conformément à vos dernières volontés.

Par testament, laissez une certaine latitude au liquidateur afin qu'il puisse exercer certains choix que permet la *Loi de l'impôt sur le revenu* et ainsi avantager les bénéficiaires. Le liquidateur pourrait, par exemple, retarder le paiement des impôts ou en réduire la somme.

Il y a trois formes légales de testament. Le testament peut être olographe, c'est-à-dire écrit de votre propre main; il peut être rédigé devant deux témoins; ou encore, être fait par un notaire. Les deux premières formes exigent une homologation, c'est-à-dire qu'on doit faire la preuve devant un juge que vous avez bel et bien préparé et signé le testament, que vous étiez alors sain d'esprit et que c'est votre dernier testament. L'homologation entraîne des coûts et des délais parfois importants. L'établissement de la légalité s'appuie fortement sur la vérification de l'écriture et sur la déposition sous serment d'un témoin. Assurez-vous donc que deux témoins vous voient signer le testament et qu'ils le signent aussi. Obtenez une déclaration sous serment de l'un des témoins à l'effet qu'il vous a vu et qu'il a vu l'autre témoin signer le testament, et joignez cette déclaration à votre testament.

Le testament notarié, c'est-à-dire préparé par un notaire, est le seul qui n'a pas à être homologué. C'est un acte authentique qui fait foi de son contenu. Dans ce cas, tout ce que l'on peut mettre en doute, c'est qu'il s'agit du dernier testament. Pour s'assurer qu'il s'agit du dernier testament, on n'a qu'à consulter le registre des testaments du Québec. Un testament qui aura été préparé et signé après le testament notarié devra être homologué par la cour.

Le rôle du liquidateur

Votre testament devrait permettre au liquidateur de prendre des décisions à votre place s'il y a des avantages fiscaux pour les héritiers, des occasions imprévues ou des problèmes à régler. Le liquidateur devrait donc être une personne en qui vous avez foncièrement confiance; il se doit d'être intègre et loyal envers votre famille et vos volontés. Il devrait aussi posséder certains talents financiers et des aptitudes de gestionnaire. Idéalement, il aura une connaissance intime des finances de votre famille. Il est difficile de trouver de telles personnes et il se peut que vous choisissiez quelqu'un qui a la plupart de ces qualités, sans les avoir toutes.

La personne idéale est votre conjoint. Il connaît la famille, vos affaires et respectera vos volontés. Si vous trouvez que ce rôle est trop ingrat par nature ou qu'il requiert trop de temps et d'administration, adjoignez à votre liquidateur un conseiller que vous aurez nommé par testament ou d'une autre façon. Vous pouvez aussi nommer d'autres liquidateurs qui travailleront conjointement avec votre conjoint. Il pourrait s'agir de vos enfants, de leurs conjoints ou de conseillers. Il est important que les liquidateurs acceptent leur rôle, car les responsabilités et les tâches administratives sont lourdes. Le liquidateur nommé devrait avoir à peu près votre âge et être en bonne santé; s'il mourait avant vous, vous auriez à en nommer un autre. Votre testament devrait nommer plus d'un liquidateur au cas où l'un d'eux ne puisse ou ne veule pas jouer ce rôle.

Si le testament prévoit la constitution d'une fiducie susceptible de durer plusieurs années, il serait sage de nommer une société de fiducie ou une firme professionnelle bien établie pour qu'elle agisse comme fiduciaire, vous assurant ainsi des services d'un fiduciaire pour la période de temps requise. Les fiduciaires professionnels factureront des frais annuels, mais respecteront fidèlement les modalités de la fiducie.

Vous devez tenir compte du coût de règlement de votre succession. Les sociétés de fiducie exigeront de 2 % à 5 % de la valeur brute de l'actif de la succession. La préparation des déclarations de revenus et de divers rapports gouvernementaux occasionnera des frais supplémentaires. Bien que ce soit peut-être moins coûteux de nommer un membre de la famille ou un ami comme liquidateur, n'oubliez pas que ce rôle est exigeant et comporte une foule de responsabilités. Autorisez le liquidateur à recourir à de l'aide professionnelle, au besoin. Si le liquidateur n'est pas autrement avantagé par la succession, prévoyez une rémunération pour ses services.

L'organisation de votre succession requiert des dossiers en bon ordre, la participation du conjoint et des membres de la famille, la préparation d'un testament limpide et à jour, et la désignation d'un liquidateur qui respectera vos volontés et réglera vos affaires efficacement. Vous aplanirez ainsi les effets du traumatisme et des incertitudes que provoquera votre décès et maximiserez la valeur des biens et des revenus que vous laisserez à vos survivants.

Notes

_____

_____

_____

_____

_____

Chapitre 15

Votre santé: vieillir en beauté

Il y a des gens qui ont plus à dire sur le vieillissement que n'importe qui. Ainsi, certains se nourrissent chaque matin des... chroniques nécrologiques! Une façon plutôt négative d'aborder une journée, direz-vous; vous avez entièrement raison. En fait, il y a une foule de raisons de vouloir vivre longtemps et en bonne santé.

Aujourd'hui, les retraités sont plus en santé que jamais, grâce en partie à des soins médicaux améliorés. Grâce aussi à un plus grand désir de rester en santé et d'éviter les maladies. Les retraités prennent leur santé en mains; ils savent quelles questions poser aux médecins quand ça ne va pas.

Acquérir une bonne santé et adopter de bonnes habitudes pour la conserver supposent que vous connaissiez les antécédents médicaux de la famille. Par exemple, il faut savoir si nos propres parents ont eu des maladies du cœur; si leurs parents ont été atteints de maladies. En sachant quelles sont nos prédispositions à l'égard de certaines maladies, telles les maladies cardiaques qui sont héréditaires, on peut savoir si l'on est une personne à risque.

Plus encore, ce sont nos propres habitudes de vie qui nous renseigneront le mieux. Par exemple, on a établi avec certitude qu'il existe un lien entre le fait de fumer et le cancer du poumon; entre le manque d'exercice et les maladies du cœur. Si vous savez déjà cela, vous devriez modifier vos habitudes en conséquence, reprendre votre santé en main.

Selon l'Organisation mondiale de la santé, la santé est un état de bien-être physique, mental et social et ne consiste pas en une seule absence de maladie ou d'infirmité.

Prévenir les maladies

Dans le passé, les médecins traitaient ordinairement les maladies après qu'elles se furent déclarées. Aujourd'hui, on remet cette approche en question et, dans cette foulée, la médecine préventive gagne du terrain. D'ailleurs, des études démontrent qu'il est beaucoup plus coûteux — et moins efficace — de traiter des maladies déclarées que de les prévenir; en plus, la guérison totale n'est même pas assurée. Par ailleurs, les maladies contractées nous rendent vulnérables aux autres maladies. Bien entendu, la médecine préventive exige qu'il s'établisse une certaine complicité entre vous et le médecin.

Conserver la santé

Arrêtons-nous maintenant sur quelques maladies et aux conditions du vieillissement. Nous nous limiterons à dire ce que l'on peut faire pour prévenir la maladie ou pour réduire le risque de la contracter. Évidemment, si l'on est malade, il faut consulter le médecin, lui dire ce qui ne va pas. Mais entre-temps, il faut savoir prévenir la maladie, prendre sa santé en main.

FONCTION RESPIRATOIRE
Fonctions nasales

Humidité (nos maisons sont trop sèches en hiver); respirer par le nez (penser à fermer la bouche).

Raideur de la cage thoracique

Exercices afin de conserver la souplesse de la cage thoracique.

Poumons

Importance de penser «bonne respiration»... aller respirer le bon air... ne pas fumer... éviter la pollution. DANGER: grand froid.

SYSTÈME DIGESTIF
Tissus dentaires et muqueux
> Muqueuses buccales — examen dentaire périodique, prothèses bien ajustées — bonne hygiène dentaire — savoir comment se brosser les dents.

Glandes salivaires
> Boire souvent, mastiquer longtemps afin d'aider la digestion.

Modifications stomacales et intestinales
> La cellulose est importante pour combattre la constipation: céréales entières, etc.

SYSTÈME CARDIAQUE
Performance cardiaque
> Efforts selon l'état de santé, telle marche plus ou moins rapide, etc.

Circulation ralentie surtout aux extrémités état,
des vaisseaux
> Manipulation d'objets, frictions des extrémités, exercices, etc.

APPAREIL LOCOMOTEUR
Os
Muscles
> Des exercices réguliers aident à la fois les os, les muscles et les articulations.

Tendons, cartilages, ligaments
> Une bonne alimentation.

FONCTION RÉNALE
Diminution de l'apport sanguin
> Boire beaucoup d'eau (lavage) — éviter médications inutiles (élimination par le rein).

Filtration diminuée
> Alimentation saine variée... afin d'éviter surcroît de travail — réduction de la vessie.

SYSTÈME NERVEUX
Diminution de la vascularisation
> Exercices et oxygénisation.
> Utilisation des mains: conserver ou reprendre certaines habiletés.

Lenteur d'action et de réaction
> Exercices ou jeux afin de conserver la rapidité des réflexes; rester curieux, intéressé: apprendre quelque chose de nouveau tous les jours.

SOMMEIL... INSOMNIE
> Le prix que l'on paie pour être un *homo sapiens*. Les animaux ne souffrent pas d'insomnie, paraît-il! En vieillissant, la qualité et la quantité du sommeil se modifient; le sommeil est plus léger, on se réveille plus souvent, l'endormissement est plus lent.

QUELQUES CONSEILS
> Repas plus léger le soir; ni café ni thé au souper (caféine).
> Tisanes calmantes: tilleul, camomille, verveine, menthe.
> Un bain chaud; un travail lent qui calme; une bonne conversation ou une lecture qui calme. Parfois, rien n'agit, vaudrait mieux se lever; lire, s'occuper à quelque chose... plutôt que de s'exaspérer au lit.

LES SENS
> «Le vieillissement des sens: une tragédie de la vieillesse», dit-on fréquemment. Et pourtant, il y a moyen de protéger les yeux, de stimuler le sens du toucher, de l'odorat et du goût, etc.

Société canadienne de la Croix-Rouge

Chapitre 16

Les meilleures choses de la vie

Le stress fait partie de la vie. Il nous côtoie chaque jour, sans que ce soit nécessairement mauvais. Il peut même être essentiel, par exemple si on a besoin d'un surcroît d'énergie pour échapper à un incendie. Le corps répond en accélérant ou en ralentissant certaines fonctions pour nous aider à faire face aux dangers. Bien souvent, notre mode de vie contemporain est source de mauvais stress, causé par la pression quotidienne au travail, des événements imprévus ou de simples changements. Cette forme de stress agit de façon insidieuse, nous rend la vie difficile et compromet même notre santé.

N'allez surtout pas croire que le stress, bon ou mauvais, disparaîtra du seul fait que vous prenez votre retraite. Bien que la retraite ne soit pas stressante comme telle, elle peut quelquefois représenter l'une des situations les plus énervantes qu'il vous ait été donné de vivre. Heureusement, on peut identifier les symptômes du stress. En maîtrisant le stress, vous serez en meilleure santé à la retraite.

Le stress, qu'il soit positif ou négatif, est associé à un changement ou à un événement imprévu. Ces circonstances nous obligent à accepter, nous adapter ou changer dans une certaine mesure. Tout peut être source de stress: le temps, la pression, les tics de certaines personnes, des adultes qui se comportent en enfants, le patron, et ainsi de suite.

Certains ressentent du stress quand un de leurs enfants participe à une compétition sportive. D'autres, quand ils entendent croquer dans une pomme, quand ils conduisent le soir par temps pluvieux. Par ailleurs, certaines personnes, lorsqu'elles parlent en public, aiment éprouver un certain stress. Cela varie d'une personne à l'autre; vous êtes le seul à savoir ce qui vous stresse. Comment le savez-vous? Parce que votre corps vous le laisse savoir: mal de tête, raideur au cou, maux d'estomac, nervosité, émotion refoulée.

Le stress surgit quand il nous semble impossible de nous adapter ou d'accepter les changements ou les événements imprévus. Certains s'accommodent toutefois assez bien du stress; la compétition et les échéances les stimulent. Les sources de stress des uns peuvent être tout à fait négligeables pour les autres. Il y a des gens qui fonctionnent mieux sans stress. Ne vous comparez pas aux autres; acceptez le fait que vous n'êtes peut-être pas aussi habile qu'un autre pour maîtriser le stress. Dites-vous que vous êtes différent et que votre propre situation est probablement différente. Ce qui importe, c'est de ne pas aller au-delà du niveau de stress acceptable. Vous connaîtrez cette limite si vous êtes à l'écoute de votre corps. Celui-ci vous envoie des signaux physiques ou émotionnels, par exemple un changement de poids soudain, une hausse de la consommation de cigarettes ou d'alcool, l'anxiété, l'hyperactivité, des maux de tête, d'estomac, un caractère à vif, des affections de la peau, des douleurs au dos, des réactions négatives, un manque de concentration, de la fatigue, une pression artérielle élevée, des palpitations cardiaques.

La retraite, comme toute autre étape de la vie, entraîne des changements, des rajustements. La façon dont vous avez réagi dans le passé face aux changements déterminera grandement la façon dont vous réagirez face à la retraite. Les gens qui s'attendent à ce que des changements surviennent s'adaptent mieux. En fait, c'est le changement que vous planifiez lorsque vous préparez votre retraite. Ce n'est pas toujours facile. Cela demande des efforts, une conscience de ce que vous faites présentement et de ce que vous aimeriez faire.

Posez-vous les questions suivantes:
- Qu'est-ce qui est source de stress pour moi?
- Quelles sont mes limites de tolérance face au stress?
- Comment puis-je m'y prendre pour atténuer efficacement le stress?

Nous vous dirons plus loin comment aborder ces questions.

Le stress

Les psychiatres Thomas M. Holms et Richard Rahe ont mis au point une échelle d'évaluation du rajustement social. Ils ont découvert que certains événements heureux, le mariage par exemple, peuvent être beaucoup plus énervants qu'une faillite, entre autres. Le décès d'un proche est ordinairement considéré comme très stressant; pour ce qui est du niveau de stress, cela se classe toutefois bien après la retraite ou un congédiement. Tous les événements stressants, positifs ou négatifs, nous forcent à accepter, à nous adapter ou à changer dans une certaine mesure.

L'échelle d'évaluation, que l'on a adaptée aux plus âgés et qui apparaît à droite, a une signification bien précise pour des retraités. Les événements, sources de changement qui paraissent au tableau, entraînent diverses interactions entre les gens et leur milieu; ils résument pratiquement tous les changements auxquels nous avons à faire face dans la vie ou traduisent le fait que d'importants changements sont survenus. Le nombre dans la colonne de droite représente le niveau de stress, la durée et la gravité de chacun des événements. Il constitue une moyenne, résultat des réponses de centaines de personnes.

On a, par exemple, attribué arbitrairement 50 points au mariage. Plus il y a de changements dans une période donnée, plus vous accumulez de points. Plus le total est élevé, plus vous êtes susceptible d'éprouver des problèmes de santé à cause du stress. Des maladies graves, des blessures, des opérations chirurgicales ou des troubles psychiatriques sont apparus chez des personnes dont le total de points était élevé. Plus le total de points est élevé, plus vos problèmes de santé risquent d'être graves. Par exemple, si vous accumulez 300 points dans un an, vous serez plus susceptible d'être malade l'année suivante.

Servez-vous du tableau pour savoir comment les contrariétés de la vie vous affectent. Encerclez d'abord les nombres de points qui s'appliquent aux événements qui ont caractérisé l'année qui vient de passer. Additionnez-les. Puis, encerclez les nombres de points qui s'appliquent aux événements qui caractériseront votre vie à la retraite. Additionnez-les.

Quel sera votre niveau de stress dans le futur? Si le total de vos points est inférieur à 150, il n'y a pas à s'inquiéter: il y a une chance sur trois que vous éprouviez de graves problèmes de santé au cours des deux prochaines années. Si le total se situe entre 150 et 300 points, il y a une chance sur deux que vous éprouviez de graves problèmes de santé au cours des deux prochaines années. Si le total est supérieur à 300 points, il y a neuf chances sur dix que vous éprouviez de graves problèmes de santé au cours des deux prochaines années.

Échelle d'évaluation du rajustement social

Événement de la vie	Niveau de stress
Décès du conjoint	100
Divorce	73
Séparation du conjoint	65
Décès d'un membre de la famille immédiate	63
Blessures ou maladie	53
Mariage	50
Perte d'emploi	47
Réconciliation des conjoints	45
Retraite	45
Changement de l'état de santé d'un membre de la famille	44
Problèmes sexuels	39
Changement de situation financière	38
Décès d'un proche	37
Querelle entre conjoints	35
Changement de responsabilités au travail	29
Enfant quittant la maison	29
Problèmes avec la belle-famille	29
Réalisation exceptionnelle	28
Changement des conditions de vie	25
Changement des habitudes personnelles	24
Changement de l'horaire ou des conditions de travail	20
Déménagement	20
Changement d'activités de loisir	19
Changement d'activités religieuses	19
Changement d'activités sociales	18
Changement des habitudes de sommeil	16
Changement du nombre de réunions de famille	15
Changement des habitudes alimentaires	15
Vacances	13

Cette liste a été établie par Thomas Holmes et Richard Rahe. Elle ne comprend pas tous les points qui ont fait l'objet de l'évaluation.

Il est important que vous puissiez vous-même identifier le stress, y réagir et le maîtriser. Voici quelques petits trucs pour faire face à une situation stressante:

■ Minimisez son importance — riez-en, trouvez-en les aspects amusants.

■ Attardez-vous aux faits et non pas aux probabilités négatives.

■ Demandez aux autres de vous aider; parlez-en. Partagez vos inquiétudes avec quelqu'un en qui vous avez confiance.

■ Fixez-vous des objectifs à court terme. N'entreprenez qu'une chose à la fois. Déterminez vos propres besoins et maîtrisez vos priorités. Dites non aux autres exigences.

■ Maîtrisez votre colère. Détendez-vous.

■ Envisagez d'autres issues. Réservez-vous des solutions de rechange.

■ Dites-vous que la vie vaut la peine d'être vécue. Changez votre routine. Ralentissez.

■ Dosez travail et repos au quotidien. Réservez-vous du temps pour vous détendre.

■ Collaborez au lieu de compétitionner. Acceptez ce que vous ne pouvez changer. N'essayez pas d'affronter toutes les situations. Prenez des repas équilibrés en compagnie de votre famille, de vos amis. Apprenez à écouter les autres sans les interrompre. Ne vous emportez pas, ne soyez pas trop radical. Soyez moins cynique, plus ouvert aux idées des autres. Soyez moins perfectionniste.

■ Trouvez un juste milieu entre le nombre de tâches difficiles et le nombre de tâches moins importantes.

■ Faites régulièrement de l'exercice et pratiquez des techniques de relaxation.

■ Évitez les médicaments sans ordonnance; évitez les drogues; réduisez votre consommation de tabac et d'alcool.

■ Au travail, évitez les conflits et ayez confiance en vous-même.

■ Consultez un médecin.

Le sommeil

Certains sont pratiquement incapables d'avoir une bonne nuit de sommeil. Et ils en souffrent énormément. Les sources d'insomnie comprennent l'anxiété (se faire du mauvais sang à propos de la retraite, de son travail ou des problèmes de famille), les problèmes physiques tels que les maux de dos chroniques ou l'arthrite, les médicaments contre-indiqués, un mauvais régime alimentaire et les problèmes d'alcool. Le syndrome peut aussi s'éterniser: l'insomnie mène à… l'insomnie!

Quelle que soit la cause de vos insomnies, réagissez. Votre santé et votre bien-être dépendent du nombre de vos heures de sommeil profond. Il n'est peut-être pas nécessaire, dans votre cas particulier, de vous astreindre aux huit heures habituelles; sept heures pourraient suffire. Winston Churchill, par exemple, n'avait besoin que de quatre ou cinq heures de sommeil; Mahatma Gandhi, de trois.

De bonnes habitudes de sommeil peuvent régler bien des problèmes.

■ Couchez-vous et levez-vous toujours aux mêmes heures. Ne faites pas de sieste le jour.

■ Si, après 20 minutes, vous ne dormez toujours pas, levez-vous: attendre le sommeil peut être une source d'anxiété. Sortez de la chambre, lisez ou faites autre chose.

■ Faites de l'exercice tous les jours, en début de soirée, mais jamais juste avant de vous coucher.

■ Soyez modéré dans votre consommation d'alcool, de caféine et de nicotine; ce sont des stimulants qui vous garderont éveillé.

■ Évitez les somnifères. Prenez-en seulement si le médecin vous l'a recommandé et seulement durant quelques jours, ou si vous en ressentez vraiment le besoin. Les somnifères peuvent être indiqués en cas de situations stressantes, pas tous les jours.

Notes

Chapitre 17

Pas de retraite pour la bonne alimentation

La connaissance de l'interaction des régimes alimentaires sur le corps et les différentes maladies a grandement augmenté depuis 20 ans. Les experts de la santé semblent portés à changer les règles du jeu tous les jours. Alors que certains recommandent de prendre un bon petit déjeuner (œufs et bacon), l'École de médecine de Boston a découvert que les céréales et les fruits devraient remplacer les œufs et le bacon au petit déjeuner. On réduirait ainsi notre ration quotidienne de gras de 25 % et l'absorption de cholestérol de 66 %.

En 1990, Santé et Bien-être Canada a publié le *Guide canadien pour manger sainement* pour faire un peu de lumière. Le *Guide* suggère de:

- consommer des aliments faisant partie de tous les groupes (viandes et substituts, produits laitiers, produits céréaliers, fruits et légumes);
- mettre plus l'accent sur les produits céréaliers, pains et autres produits à grains entiers ou enrichis, fruits et légumes;
- choisir des produits laitiers moins gras, des viandes plus maigres et des aliments contenant peu ou pas de gras;
- atteindre et conserver un poids santé en faisant de l'exercice et en adoptant de bonnes habitudes alimentaires; et
- limiter le sel, l'alcool et la caféine.

Varier les aliments que l'on consomme permet de retrouver plus facilement les 50 éléments nutritifs essentiels à la bonne santé. Quand on est jeune, on peut manger plus; il est donc plus facile de consommer les 50 éléments en question. Mais quand on vieillit, le métabolisme ralentit et on a besoin de moins de calories. Cela veut dire que les 50 éléments doivent se retrouver dans une plus petite quantité de nourriture; en fait, les besoins d'éléments nutritifs sont les mêmes. Nous avons besoin de certains éléments en plus grande quantité. Après 65 ans, on a besoin de minéraux supplémentaires, plus particulièrement le calcium.

Un homme de plus de 50 ans a, en moyenne, besoin d'environ 2 300 calories par jour, 400 de moins que lorsqu'il avait 30 ans. Pour sa part, une femme de plus de 50 ans a, en moyenne, besoin de 1 800 calories par jour, seulement 100 de moins que lorsqu'elle avait 30 ans. Ce sont là des minimums que Santé et Bien-être Canada considère comme idéaux pour être en bonne santé. Si l'on consomme moins, on risque évidemment de ne pas absorber tous les éléments nutritifs essentiels.

Cent calories par jour représentent jusqu'à 36 500 calories par année, soit un peu plus de 5 kilogrammes de gras. On brûle environ 60 calories en marchant un kilomètre. Surveiller son alimentation et demeurer actif sont parmi les plus beaux cadeaux de retraite que l'on puisse s'offrir. Et on peut se les offrir dès maintenant.

Trouver l'information sur le gras et le cholestérol n'est pas facile. La publicité insiste beaucoup sur les aliments «sans cholestérol», ce qui nous porte à croire que l'on en a retiré le cholestérol; en réalité, bien souvent, il n'y en a jamais eu! Comme l'a dit Sheila Murphy, une diététicienne-nutritionniste de Montréal, *«les titres des journaux ne favorisent pas une saine alimentation»*. Le cholestérol se retrouve seulement dans les aliments provenant des animaux; il n'y en a donc pas dans l'huile végétale.

Le taux de gras saturé (le gras animal contient plus de gras saturé) est plus important que le taux de cholestérol. On associe une grande consommation de gras saturé à une haute densité de cholestérol lipoprotéine, la mauvaise sorte de cholestérol que le corps produit. Nous produisons aussi une bonne sorte de cholestérol; la quantité produite dépend de l'hérédité, non pas de ce que nous mangeons. La viande maigre et les

---

Trucs alimentaires

- Mangez des fruits et des légumes crus. S'il faut les faire cuire, les cuire à la vapeur ou au four micro-ondes. Mangez-les croustillants.

- Mastiquez bien les aliments, cela favorise la digestion; vous mangerez ainsi peut-être moins et apprécierez plus.

- Si vous souffrez de maux d'estomac, buvez de l'eau pour diluer l'acidité.

- Prenez un petit déjeuner de roi, un dîner de prince et un souper de mendiant.

- Utilisez une plus petite assiette et imaginez-vous que vous déguster votre portion habituelle.

- Prenez votre repas en compagnie de quelqu'un d'autre et écoutez de la musique. Vous mangerez moins et vous sentirez plus rassasié que si vous étiez seul et vous empiffriez.

---

produits laitiers constituent une bonne source de protéines, de vitamines et de minéraux et nous sont souvent offerts avec de faibles teneurs en gras.

Il est à peu près impossible de changer ses habitudes alimentaires du jour au lendemain. Effectuez donc ces changements de façon progressive. Récemment, une étude d'une institution américaine de marketing en alimentation a confirmé que les gens ont tendance à privilégier le goût plutôt que la valeur nutritive dans le choix de leur nourriture. Puisque le gras donne du goût aux aliments, ce que l'on aime généralement, nous ne sommes pas attirés par des aliments maigres.

Les fibres alimentaires ont beaucoup fait parler d'elles ces dernières années. En fait, il y a différentes sortes de fibres: les fibres solubles que l'on trouve dans l'avoine et l'avoine de son, et les fibres insolubles que l'on trouve dans le blé de son. Plusieurs fruits et légumes comportent les deux sortes de fibres. Manger une grande variété de produits céréaliers, de fruits et de légumes assure une bonne combinaison. Quand on consomme plus de produits riches en fibres, il est important de boire plus d'eau. Toute modification au régime alimentaire devrait se faire graduellement et s'étendre sur plusieurs semaines et même plusieurs mois.

Le comité des experts de Santé et Bien-être Canada sur les fibres alimentaires a déterminé que les régimes alimentaires canadiens ne comportent pas assez de fibres. Le régime moyen contient environ la moitié (15 grammes) des fibres dont on a besoin; plusieurs ne consomment même pas cette quantité. Pour consommer plus de fibres, il suffit de:

- manger des céréales de son, du pain de blé au lieu du pain blanc, du beurre d'arachides au lieu du fromage.

- mettre une banane dans les céréales, des tomates dans la salade.

- mettre du son dans les fricassées, casseroles, mélanges de viande hachée et mélanges employés pour enrober la viande et le poulet.

- prendre un fruit riche en fibres à la collation ou bien des carottes et du céleri. Une pomme contient plus de fibres que du raisin; le maïs en épi et les pois, plus que le chou-fleur.

- ajouter des noix aux salades et aux sandwichs ou en manger à la collation.

Lorsque l'on vieillit, le niveau de tolérance du corps aux médicaments et à l'alcool diminue; ils influent sur les éléments nutritifs. Si on prend des médicaments ou de l'alcool, il faut tenir de la moins grande tolérance du corps. Et souvenez-vous, la modération a toujours sa place.

L'obésité est source d'inquiétude en raison des risques de maladie qu'elle sous-tend. Si le surplus de poids est dû à une musculature bien développée, comme dans le cas de certains athlètes, il n'y a pas de risque de maladie. Le pèse-personne ne nous renseigne pas à ce sujet. C'est pourquoi il ne faut pas se fonder sur le seul pèse-personne pour évaluer son état de santé.

Une nouvelle mesure, l'IMC (indice de la masse corporelle), remplace maintenant de plus en plus le pèse-personne. Grâce à cet indice, on détermine plus facilement son surplus de gras. L'IMC comporte toutefois des restrictions: il ne convient pas aux adolescents de moins de 19 ans, ni aux personnes de plus de 65 ans, ni aux athlètes. La tonicité des muscles, ou l'absence de tonicité, peut biaiser cet indice.

Le gras (un gramme de gras équivaut à neuf calories) produit deux fois et demie plus de calories que les hydrates de carbone (un gramme de féculent ou de sucre équivaut à quatre calories). En d'autres mots, si vous mangez beaucoup, mieux vaut opter pour des aliments riches en hydrates de carbone, comme le pain, les céréales, les pommes de terre, le riz, les pâtes alimentaires et les fèves. C'est à tort que l'on a cru que ces aliments faisaient engraisser; c'est plutôt ce qu'on y ajoute (beurre, crème, sauce, jus ou margarine) qui fait engraisser.

Les nutritionnistes recommandent que moins de 30 % des calories que l'on consomme soient des calories de gras. Comme l'appétit diminue avec l'âge, assurez-vous de consommer des aliments riches en éléments nutritifs et non en calories. Il est important de varier ses menus: cela stimule l'appétit et assure de nous procurer les 50 éléments nutritifs essentiels. Manger des aliments riches en fibres et boire beaucoup réduit le recours aux laxatifs. Les femmes doivent s'assurer de consommer suffisamment de calcium et faire de l'exercice, au moins prendre des marches, pour réduire la possibilité de l'ostéoporose. Le médecin peut vous suggérer des produits substituts de calcium si, par exemple, vous digérez mal les produits laitiers.

Notes

Chapitre 18

Gardez la forme

Vous souvenez-vous de la dernière fois où vous vous êtes senti en pleine forme? Était-ce à l'adolescence? Au cours de cette période de votre vie, vous pouviez probablement courir sans problème, boire et manger avec excès, sans trop vous soucier. Puis, la forme vous a peut-être peu à peu abandonné. Vous vous retrouvez maintenant dans la moyenne, faisant de l'embonpoint et peu actif.

Comment en êtes-vous arrivé là? Le corps de l'être humain a été conçu pour la chasse; nous sommes nés pour marcher ou courir sur de grandes distances afin de trouver de la nourriture. Même quand les hommes s'adonnaient à l'agriculture, leur vie était encore très active.

Aujourd'hui, nous sommes généralement peu actifs. Les seuls exercices que nous fassions se limitent bien souvent à nous tourner la tête pour voir si des voitures s'en viennent, à jouer du coude dans un métro bondé ou à courir pour attraper l'ascenseur. Nous passons nos journées au téléphone ou devant un écran d'ordinateur. La densité de notre masse osseuse diminue à cause de l'ostéoporose, la circulation sanguine se fait moins bonne, la masse musculaire perd de son volume et l'apport en oxygène devient déficient. Le rythme cardiaque s'accélère tant au repos qu'au travail. Nous récupérons plus lentement qu'une personne en forme.

Les programmes d'exercice physique donnent de très bons résultats pour presque tous ceux qui relèvent d'une maladie ou qui ont subi une opération. La capacité d'absorption d'oxygène augmente; le rythme cardiaque ralentit. Les gens qui s'adonnent à de tels programmes sont moins anxieux, plus confiants. Le cœur de ceux qui ne sont pas entraînés travaille beaucoup plus fort lorsqu'ils font de l'exercice. Si l'on fait une heure d'exercices intensifs, le cœur travaille fort durant cette période, mais il fournit moins d'efforts le reste de la journée. Le cœur et les poumons jouent plus pleinement leurs rôles.

Vous devriez faire 30 minutes d'exercice par jour; sinon, 45 minutes d'exercices aérobiques au moins trois fois par semaine. Si vous ne voulez pas consacrer autant de temps à votre mise en forme, il faut faire de l'exercice au moins 15 minutes pour que cela porte fruit. La majorité des spécialistes recommandent de consulter un médecin avant d'entreprendre un programme d'exercice physique. Le fait de ne pas consulter de médecin ne devrait pas vous servir d'excuse pour reporter le début de votre mise en forme. Faites appel à votre bon sens, consultez un thérapeute en culture physique ou un instructeur, et entraînez-vous à votre rythme. Si ça fait mal, arrêtez.

Avant de commencer vos activités physiques comme telles, vous devriez vous astreindre à une période de réchauffement (une série d'exercices augmentant votre résistance et votre endurance). Une période de refroidissement (une série de mouvements de flexibilité et d'étirement) devrait suivre. Les exercices aérobiques (comme les programmes aérobiques à faible impact), la course à pied, la marche et la bicyclette devraient faire travailler votre cœur pour une période d'environ 10 à 15 minutes mais ne devraient jamais être intenses au point de vous empêcher de converser en même temps que vous vous entraînez.

Les périodes de réchauffement et de refroidissement devraient durer de cinq à dix minutes chacune. La période de réchauffement a pour but d'augmenter la flexibilité et d'accélérer la circulation, de réchauffer les muscles et de préparer le corps à des exercices plus vigoureux. L'étirement devrait se faire lentement et jusqu'à ce que vous ressentiez de la résistance ou un étirement dans les muscles; il devrait durer de 20 à 30 secondes sans donner de coups.

Si vous voulez faire des exercices de renforcement, vous aurez besoin de poids et haltères. Ces exercices augmentent les masses osseuse et musculaire et ralentissent le vieillissement. Toutefois, vous devez apprendre à les faire de façon sécuritaire. S'ils sont mal faits, ils peuvent vous occasionner des blessures. Avant de vous lancer dans un programme d'exercices avec poids et haltères, renseignez-vous auprès d'un conseiller en conditionnement physique.

Finalement, il importe de se réserver du temps pour la mise en forme aérobique. Vous devriez prendre de 15 à 30 minutes pour marcher, courir, nager, monter les escaliers, faire de la bicyclette et travailler assez fort pour augmenter votre rythme cardiaque. Vous pouvez aussi vous inscrire à des programmes d'exercices.

La clé du succès: commencer et... poursuivre. Établissez-vous une routine. Le meilleur moment de la journée pour faire vos exercices est celui qui vous convient le mieux. Choisissez une activité que vous aimez. L'exercice est l'une des rares activités qui soit financièrement accessible à tout le monde. Se maintenir en forme ne coûte pas nécessairement une fortune: on peut faire de l'exercice dans le salon, marcher au parc.

L'une des meilleures façons de se motiver consiste à faire ses exercices en compagnie de quelqu'un d'autre: on peut s'encourager mutuellement. Il faut trouver quelqu'un qui soit au même niveau que nous. Si vous ne pouvez converser tout en faisant vos exercices, vous poussez trop la machine; ralentissez.

Ne brûlez surtout pas les étapes. Si vous dosez bien, faites de l'exercice régulièrement et maintenez le rythme; vous serez étonné de la vitesse de votre progression. Si vous décidez de vous abonner à un club, ne payez pas trop à l'avance; n'achetez pas tout de suite un abonnement de trois ans; ne payez pas en un seul versement. En payant chaque semaine ou chaque mois, vous êtes plus conscient des coûts; il est plus facile de mettre un terme rapidement à l'abonnement.

La marche

La marche devient vite une activité populaire pour les 50 et plus. Pourquoi? Parce que c'est de santé et pratique; on peut s'y adonner n'importe où, seul ou avec des amis. L'activité comme telle ne coûte rien, bien que l'on recommande d'acheter une bonne paire de chaussures de marche. Au contraire d'autres exercices, la marche comporte peu de risques de blessure; vous ne forcez pas vos muscles, ne risquez pas de les endommager. Les effets d'une marche d'une vingtaine de minutes à un pas rapide sont les mêmes que ceux que procure une course de même durée. La marche vous permettra d'augmenter votre endurance et d'améliorer votre tonicité, mais pas votre force physique. Par ailleurs, la marche multipliera le nombre d'années où vous pourrez être actif sexuellement.

Les personnes à l'aise financièrement vont faire de la marche à l'étranger, à la découverte de sentiers pédestres en forêt ou en montagne, de villes nouvelles, grandes et petites. Par temps frais, plusieurs marchent à l'intérieur des centres commerciaux.

Le jogging

Le jogging est aussi un bon exercice aérobique. Il améliore l'endurance. Il peut toutefois représenter un danger pour les cœurs malades ou pour les muscles et articulations faibles. Certains devraient marcher plutôt que courir. Dans tous les cas, vous devriez d'abord consulter un médecin. Tous les adeptes du jogging devraient s'imposer des exercices de réchauffement. N'oubliez pas aussi de bonnes chaussures.

La bicyclette

Il est aussi agréable et efficace de se balader à bicyclette; cela nous permet de découvrir de nouveaux paysages. Le choix et le prix d'une bicyclette neuve peuvent peut-être vous faire hésiter. Optez alors pour une bicyclette d'occasion. Le service de police de votre municipalité organise sûrement à l'occasion des encans où vous pourrez acquérir une bicyclette en bon état. Il n'est pas nécessaire, par exemple, de payer une fortune pour un vélo de montagne dernier cri.

À bicyclette, portez toujours un casque protecteur. D'après les statistiques, 45 % de tous les accidents mortels auraient pu être évités si la victime avait porté un casque protecteur.

La natation

La natation n'est pas seulement un exercice aérobique, c'est un défi pour vos muscles et vos articulations. L'eau offre assez de résistance pour faire de la natation un bon exercice; elle permet à vos muscles et articulations de travailler en douceur. De 30 à 60 minutes de natation ou d'exercices aquatiques devraient suffire. Ici encore, avant de sauter à l'eau, il faut s'astreindre à une période de réchauffement. Une période de refroidissement et de relaxation devrait suivre. La profondeur de la piscine est habituellement inférieure à la hauteur des épaules; l'eau y est d'une température agréable. En raison de la résistance qu'offre l'eau, toutes les parties de votre corps travaillent également.

Cette liste d'activités est loin d'être complète. Vous pouvez danser, suivre des cours de danse aérobique au son de la musique. Vous pouvez faire du ski de randonnée, à votre rythme. Il y a aussi le canot, l'aviron, le kayak. Ou encore, le tennis, le squash, le badminton, le tennis sur table.

Si vous ne pouvez vous inscrire à un programme formel, créez votre propre programme en y incluant le plus grand nombre des exercices suivants:

- marche quotidienne ou balade à bicyclette; monter l'escalier à pied;
- exercices d'étirement et de respiration quotidiens, surtout si l'on est tendu;
- exercices physiques plus complets au moins trois fois par semaine;
- activités aérobiques (marche, natation, danse, bicyclette ou ski) pour renforcer le cœur, de 15 à 20 minutes au moins trois fois par semaine;
- sport, passe-temps ou activités extérieures, deux heures au moins une fois par semaine;
- golf; faire le parcours à pied, ne pas louer de voiturette;
- ne pas chercher constamment à ménager ses efforts.

Mise en garde

Faire de l'exercice devrait vous permettre d'être mieux dans votre peau; n'en faites donc pas trop. Évitez de malmener votre cœur et vos poumons en faisant des exercices trop violents. N'oubliez pas de consulter le médecin avant d'entreprendre un quelconque programme d'exercices, surtout si vous avez été inactif plusieurs années.

Notes

Chapitre 19

Le plan d'action

Nous avons traité de plusieurs sujets jusqu'ici. Nous avons d'abord examiné le niveau de vie que l'on espère avoir à la retraite. Ensuite, nous avons analysé les besoins actuels et futurs de logement, en essayant de voir quel serait l'impact du changement de notre style de vie sur les êtres qui nous sont chers. Puis, nous nous sommes fixé des objectifs financiers et avons établi des priorités. Enfin, nous avons parlé de santé.

Il est maintenant temps de faire la synthèse et d'élaborer un plan d'action qui permettra d'atteindre nos objectifs de sécurité et d'indépendance. Vous possédez les outils nécessaires; servez-vous-en.

Les objectifs

Il faut d'abord se concentrer sur ses objectifs personnels. Nous avons précisé les objectifs aux chapitres 2 et 5. Révisez maintenant ces objectifs en retournant aux chapitres en question. Vous mettrez toutes les chances de votre côté si vous vous concentrez sur un petit nombre d'objectifs formulés précisément. Vos objectifs généraux devraient être précisés en termes de mesures à prendre. Il va de soi que vous recherchiez une certaine forme de sécurité financière à la retraite. Bien entendu, vous ne voulez pas poursuivre cet objectif de sécurité éventuelle au prix de privations actuelles indues. Si vos objectifs sont trop vagues, ils ne vous permettront pas de prendre les mesures appropriées pour les atteindre.

Nous avons passé en revue votre situation financière actuelle et déterminé combien d'argent vous devrez accumuler pour atteindre l'indépendance financière. Trop souvent, nous nous laissons porter par nos rêves et ne faisons rien pour infléchir le cours des événements. Nous nous laissons bercer par une certaine complaisance; nous sommes portés à croire que nous atteindrons nos objectifs sans efforts. Cela n'arrivera pas tout seul. Il n'y a qu'à se rappeler nos rêves de jeunesse: certains ne se sont jamais réalisés. Nous connaissons maintenant l'ampleur du défi que pose l'indépendance financière à la retraite. En calcu-

lant bien, vous trouverez la volonté de prendre les mesures qui s'imposent pour atteindre vos objectifs.

Voici quelques exemples d'énoncés précis à formuler: je prendrai ma retraite à 62 ans; mes ressources financières me procureront des revenus annuels de 50 000 $ (en dollars de 1995) après impôts, pour le reste de ma vie; je recourrai à des stratégies financières pour épargner, faire croître mes régimes de retraite et mes REER, et pour augmenter mon capital.

Lorsque vous aurez précisé vos objectifs et que vous les aurez mis par écrit, vous pourrez déterminer des objectifs réalistes sur lesquels vous vous concentrerez et que vous pourrez mesurer.

La forme de retraite

Planifier sa retraite consiste d'abord à se demander comment on veut occuper son temps durant cette période de la vie. Plusieurs des retraités que nous rencontrons ont des vies bien remplies; ils sont actifs et satisfaits, voyagent, développent de nouveaux talents ou s'occupent bénévolement d'organismes charitables. En planifiant un peu et en vous disant que vous pouvez faire de votre retraite la meilleure période de votre vie tout en réalisant ce que vous avez toujours voulu faire, mais que vous n'avez pas pris le temps de faire lorsque votre vie était plus active.

Assurez-vous que votre plan d'action précise les activités auxquelles vous voulez vous adonner à la retraite. Voudrez-vous travailler à temps partiel? vous établir à votre compte? faire du bénévolat? faire des safaris en Afrique? réaliser vos rêves les plus farfelus? Précisez tout ce qu'il y a à faire pour réaliser vos rêves. Qu'est-ce que vous devez savoir? à qui devez-vous le demander? quand les rencontrerez-vous? Il est très important de planifier financièrement sa retraite: vous pourrez ainsi vivre comme vous l'entendez jusqu'à la fin de vos jours. Précisez d'abord vos objectifs de vie à la retraite; puis, établissez vos stratégies financières.

Vos objectifs financiers

L'indépendance financière constitue probablement l'objectif financier ultime. En déterminant votre valeur nette (chapitre 5), vous avez pris conscience de votre situation actuelle. Aux chapitres 6 à 8, vous avez déterminé ce que seront vos revenus et dépenses à la retraite; vous savez combien vous devez épargner. L'écart entre les deux totaux vous permet de déterminer la somme des épargnes que vous devez accumuler d'ici à la retraite. Il s'agit de votre objectif financier le plus pressant; c'est l'atteinte de celui-ci qui déterminera votre situation réelle à la retraite.

Votre plan d'action devrait préciser l'âge auquel vous désirez prendre votre retraite, ce que seront vos revenus et dépenses, le montant de capital requis et la somme des épargnes annuelles à accumuler. Ces calculs ont été faits au chapitre 9. Résumez vos objectifs sur le plan d'action qui se trouve à la fin du présent chapitre.

Ensuite, établissez les stratégies financières auxquelles vous recourrez pour atteindre vos objectifs d'épargnes annuelles. L'approche de la pyramide vue au chapitre 10 vous a permis d'établir des priorités. Commencez au bas de la pyramide: précisez comment vous maîtriserez vos dépenses et réduirez vos dettes. Énumérez les façons d'augmenter immédiatement vos épargnes en coupant dans les dépenses qui ne sont pas essentielles. Si vous avez des dettes, établissez les mesures à prendre pour les réduire et en faire une bonne gestion. Fixez les dates où chacune des dettes sera éteinte.

Puis, établissez les stratégies qui vous permettront de minimiser les pertes financières. Veillez à bien protéger les êtres chers et à assurer adéquatement votre maison et vos biens contre le feu et le vol. Révisez le montant capital de votre assurance-vie et celui de votre assurance-invalidité. Révisez aussi les protections que vous offrent vos polices d'assurance à l'égard des incendies, des accidents et des risques divers. Le cas échéant, apportez les correctifs nécessaires le plus tôt possible.

Le chapitre 11 présente une foule de stratégies vous permettant de réduire votre facture d'impôt. Vous pourrez ainsi consacrer plus d'argent en vue de la retraite. Passez en revue votre situation fiscale actuelle. Inscrivez au plan d'action les stratégies fiscales qui s'imposent.

Après avoir passé en revue ces objectifs financiers de base, établissez les stratégies de placement qui vous procureront les rendements requis pour épargner suffisamment en vue de l'atteinte de vos objectifs. Au chapitre 8, nous avons vu que les sommes versées dans un REER ou dans un régime enregistré de retraite s'accumulent trois fois plus vite que si elles avaient été placées dans votre portefeuille personnel. Disciplinez-vous pour verser chaque année les maximums admissibles. Les stratégies de placement adoptées pour le REER devraient vous permettre d'en maximiser le rendement.

Élaborez votre plan de placement tel qu'indiqué au chapitre 12. Arrêtez une répartition idéale de vos éléments d'actif dans votre plan d'action et déterminez le temps qu'il vous faudra pour l'atteindre.

Votre période de retraite s'étendra probablement sur 20 ou 40 ans; tenez-en compte dans votre planification. Prévoyez ne pas commencer à retirer l'argent de vos REER avant la fin de l'année au cours de laquelle vous aurez 71 ans. Vous pourrez alors virer les sommes des REER dans un FERR et continuer à différer les impôts à payer ou acheter une rente viagère si vous avez besoin de revenus pour vivre. Examinez bien les possibilités qu'offre le FERR, établissez les stratégies de placement requises pour continuer de faire croître le capital et vous assurer toute la sécurité voulue. Fixez-vous des objectifs dans le cas de votre portefeuille de placement personnel et appliquez les stratégies appropriées.

N'oubliez pas de bien planifier votre succession. C'est un service à rendre à vos proches. Il est de première importance de mettre votre testament et votre mandat à jour. Le chapitre 14 vous suggère quelques trucs pour préparer ces documents. Reportez-vous à ce chapitre pour mettre votre testament et votre mandat à jour. Organisez dès maintenant le règlement de votre succession et informez-en vos principaux conseillers. Conservez tous ces renseignements dans un endroit sûr et informez-en vos proches. Vous leur faciliterez ainsi la vie.

Santé, énergie et harmonie

Il est essentiel de s'allier santé, énergie et harmonie quand on veut atteindre ses objectifs de retraite. Votre plan d'action devrait comprendre des moyens de conserver et d'améliorer votre état de santé et votre forme physique. La lente croissance et la restructuration économiques actuelles ne vous faciliteront pas la tâche. Vous essuierez occasionnellement des échecs, vous vous découragerez même. Continuez, persévérez. Vous devez vous armer de toutes les forces positives, aborder la vie avec enthousiasme, bonne humeur et optimisme. Vous découvrirez ainsi les bons côtés de chaque situation et des gens que vous rencontrerez.

Vos consacrez aujourd'hui vos énergies à conserver votre emploi, à augmenter votre productivité et à développer vos compétences de façon à devenir le meilleur dans votre domaine; vous serez ainsi en mesure de relever de nouveaux défis. De nos jours, il faut toujours en donner plus que ce qui est demandé. Au travail comme en affaires, l'amélioration doit être une préoccupation constante; il faut trouver de nouvelles façons de faire, apprendre sans cesse et recourir à de nouvelles compétences. Un fardeau d'endettement excessif et des pertes d'occasions de croissance ont menacé tous les types d'organisations. La restructuration et la reprise mettront encore quelque temps à se déployer pleinement, mais le reste de la décennie devrait vous offrir de bonnes occasions de croissance financière personnelle. Que ce soit dans le cadre d'un travail pour le compte d'un employeur ou de l'exploitation de votre propre entreprise, vous aurez besoin d'énergie, d'une bonne santé et d'un désir d'apprendre et de vous améliorer si vous voulez atteindre vos objectifs de retraite.

Maîtrisez et révisez votre plan

Après avoir bien rempli votre plan d'action, vous pouvez appliquer les stratégies qui vous mèneront à une retraite heureuse et en santé. Vos objectifs doivent être complets, préciser qui prendra action et à quel moment. Soulignez vos succès; cela vous encouragera à continuer à suivre votre plan d'action.

Planifier la retraite est un processus continu. S'il est complet, votre plan d'action vous aidera à atteindre la sécurité, l'indépendance et le bonheur à la retraite. Au moins une fois l'an, évaluez vos succès; mettez à jour votre valeur nette. Cochez les objectifs que vous avez atteints au cours de l'année et fixez-vous-en de nouveaux pour l'année qui vient.

Faites participer les êtres qui vous sont chers à l'élaboration de votre plan de retraite. Votre conjoint et votre famille devront aussi s'adapter aux nouvelles réalités économiques. Pour atteindre vos objectifs, toute la famille doit vous appuyer; les amis et associés d'affaires devraient faire de même. Celui qui développe un esprit d'équipe et communique ses objectifs part avec une longueur d'avance. Si vous pouvez motiver les autres à être les meilleurs, vous leur rendrez service car vous leur donnerez les moyens d'atteindre leurs propres objectifs et de vous bien seconder dans l'atteinte des vôtres.

Surtout, n'oubliez pas que vous agissez dans votre propre intérêt. La vie est un voyage dont le succès dépend en grande partie du sérieux de la planification!

Votre plan d'action

Un plan d'action est une liste de choses à faire à des moments déterminés et d'objectifs précis à atteindre. Vous devriez vous fixer des objectifs précis à atteindre pour chacun des points du plan d'action suivant.

Activités à la retraite

Vous pouvez décider, par exemple, de faire du bénévolat à la retraite. Si c'est le cas, énumérez précisément ce que vous aurez à faire pour que cela se produise. Communiquez avec un centre de bénévolat local à une date déterminée pour savoir quels organismes ont besoin de bénévoles. Fixez une date limite pour rencontrer les représentants de ces organismes et arrêter votre choix. Fixez-vous un objectif, par exemple, de commencer un nouveau travail bénévole dans un an à compter d'aujourd'hui.

_____

_____

_____

Année de la retraite: _____

Besoins financiers à la retraite: _____

Capital requis: _____

Épargnes annuelles requises jusqu'à la retraite: _____

Logement

Où vivrez-vous? Si vous avez décidé de passer votre retraite à la campagne, votre plan d'action devrait prévoir la rencontre d'un agent immobilier de la région où vous désirez habiter. Si vous optez pour le Sud, écrivez aux pays où il fait chaud l'hiver et faites venir de l'information sur les endroits pour retraités. Énumérez les réparations et rénovations qui rendront votre maison plus attrayante aux yeux d'acheteurs éventuels; fixez une date limite pour chaque projet.

_____

_____

_____

_____

_____

Puis, énumérez précisément ce que vous avez à faire pour atteindre ces objectifs:

Épargnes

Indiquez le total des épargnes que vous pouvez réaliser en coupant dès maintenant dans certaines dépenses. Si vous avez des dettes, précisez les dates où elles s'éteindront.

_____

_____

_____

_____

Relations

Discutez de votre plan de retraite avec votre conjoint. Si vous ne vous entendez pas sur certains points, par exemple la répartition des tâches ménagères, fixez-vous une date pour arriver à une solution.

_____

_____

_____

_____

_____

Stratégies fiscales

Énumérez les mesures que vous pouvez prendre pour réduire votre fardeau fiscal. Avez-vous omis de réclamer des déductions ou crédits d'impôt dans le passé? Utilisez-vous ces déductions et crédits le plus efficacement possible? Tirez-vous avantage des possibilités de fractionnement du revenu en cotisant au REER du conjoint ou en laissant le conjoint dont le revenu est le plus faible gagner des revenus de placement?

_____

_____

_____

_____

Sécurité et indépendance financières

D'abord, résumez vos objectifs financiers pour les intégrer à votre plan d'action; gardez-les à portée de la main pour pouvoir les réviser au besoin.

Stratégies de placement

Comment et quand pensez-vous mettre en pratique la politique de placement que vous avez élaborée au chapitre 12?

Changements requis pour une meilleure répartition des éléments d'actif:

_____
_____
_____
_____
_____

Date à laquelle les changements seront terminés:

_____
_____
_____
_____

La façon d'y parvenir:

_____
_____
_____
_____

Stratégies REER

Cotisez-vous le maximum permis chaque année? Sinon, que devez-vous faire pour que cela devienne possible? Quand commencerez-vous à troquer vos placements en actions contre des placements à revenus fixes dans vos REER? Choisissez la longueur des termes de vos placements.

_____
_____
_____
_____
_____

Planification successorale

Si vous n'avez pas révisé votre testament récemment, fixez une date limite pour le faire. S'il s'agit d'un nouveau testament ou d'un mandat, prenez rendez-vous avec un notaire. Prévoyez mettre de l'ordre dans vos affaires d'ici à la fin de l'année.

_____
_____
_____
_____

Mise en forme

Si vous n'êtes pas engagé dans un programme régulier d'exercices, mettez par écrit votre promesse de commencer à faire des étirements et de la marche avant la fin du mois. Fixez-vous des objectifs: faites 10 minutes d'étirements en regardant les nouvelles tous les soirs; montez l'escalier trois fois par semaine au lieu de toujours prendre l'ascenseur; marchez au moins une demi-heure trois jours par semaine. Allez à un club de conditionnement physique; décidez plus tard s'il y a lieu de s'y abonner. Si vous faites de la course à pied, inscrivez-vous à un marathon dont les profits seront versés à un organisme charitable.

_____
_____
_____

Alimentation

Nous pouvons tous améliorer notre régime alimentaire. Par exemple, optez pour une coupe de fruits frais plutôt que pour un gâteau au chocolat. Prenez un petit déjeuner équilibré tous les matins. Vous connaissez vos faiblesses, fixez-vous une date limite pour les surmonter.

_____
_____
_____

COMMENT SE FAIRE DES AMIS ET INFLUENCER LES AUTRES

Dale Carnegie

Ce best-seller mondial a été traduit en 37 langues et vendu à plus de 40 millions d'exemplaires. Vous y trouverez des conseils efficaces pour créer l'harmonie autour de vous, influencer vos semblables et développer votre talent de leader.

Si vous avez un désir profond et irrésistible de vous perfectionner et la volonté d'apprendre à mieux vous entendre avec votre entourage, ce livre est pour vous.

En vente au Canada seulement.

FORMAT: 15 × 23 cm
PRIX: 15,95 $
PAGES: 208
ISBN: 2-89089-575-0

COMMENT PARLER EN PUBLIC
Dale Carnegie

Ce livre a aidé plus de quatre millions de personnes. S'entraîner selon la méthode Dale Carnegie peut donc faire toute une différence dans votre vie. Si vous avez de la difficulté à faire passer vos idées, désirez améliorer vos présentations, valoriser vos compétences, alors cet ouvrage vous aidera non seulement à améliorer votre chiffre d'affaires mais également la qualité de vos relations humaines.

En vente au Canada seulement.

FORMAT: 15 × 23 cm
PRIX: 15,95 $
PAGES: 208
ISBN: 2-89089-622-6

RÉDUISEZ VOS IMPÔTS

Danièle Boucher, c.g.a.

Cet ouvrage vous permet de profiter des judicieux conseils d'une fiscaliste réputée et constitue un ouvrage de références facile à consulter. L'auteure est membre de la Corporation professionnelle des comptables généraux licenciés du Québec.

En vente au Canada seulement.

FORMAT: 15 × 23 cm
PRIX: 18,95 $
PAGES: 304
ISBN: 2-89089-975-6